KB260746

정치생태학

정치생태학

데이비드 V. J. 벨 외 편 · 정규호 외 옮김

당대

정치생태학

ⓒ 도서출판 당대 2005

지은이/데이비드 V. J. 벨 외
옮긴이/정규호 외
펴낸이/박미옥
펴낸곳/도서출판 당대

제1판 제1쇄 인쇄   2005년 1월 28일
제1판 제1쇄 발행   2005년 2월 5일

등록/1995년 4월 21일(제10-1149호)
주소/서울시 마포구 연남동 509-2, 3층   ㉾ 121-240
전화/323-1316 팩스/323-1317
e-mail/dangbi@chol.com
ISBN 89-8163-119-0   03300

차례

옮긴이의 말

정치생태학, 생태적 상상력과 급진적 실천의 결합

정규호(바람과물연구소 선임연구원)

성장주의 신화의 도전과 균열

최근 한 여론조사 결과를 보면, 국민 70%가 "분배를 해줄 만한 경제적 여유가 없다"고 응답하였으며, 성장이 분배보다 우선돼야 한다는 사람들이 여전히 많은 것으로 나타났다.

치열한 정치적 공방을 벌이고 있는 정치권에서도 여야 모두 '경제 살리기'를 통해 성장의 추동력을 이끌어내는 것이 국가정책의 최우선 과제라는 점에 인식을 같이하고 있다. 제1야당 대표는 '경제문제부터 챙겨라'고 여당을 압박하고 있고, 여당대표는 참여정부가 내세운 국민소득 2만 달러를 달성하려면 분배 위주에서 성장우선으로 정책 기조를 바꿔야 한다고 이야기한다.

지난 세기 근대화과정이 남겨놓은 성장주의의 신화가 정치권은 물론 우리 국민들의 의식을 여전히 강력하게 지배하고 있음을 확인할 수 있다. 압축적인 근대화과정을 이끈 초고속 성장체제가 만들어놓은 부작용을 치유하고 삶의 질을 높이기 위해 '분배'와 '보존'을 요구하는 목소리들도 '선성장'(先成長) 논리 앞에서는 무기력할 뿐이다. 오히려 세계경제질서의 급속한 변화가 만들어내는 무한경쟁체제에서 생존을 위한 전략으로 '국가경쟁력 강화'가 더욱 힘을 얻어가고 있다.

하지만 이러한 상황 속에서도 우리는 경제의 세계화와 생태위기의 지구화가 우리의 인식과 통제능력을 넘어서 급속히 확대·심화되고 있다는 사실에 주목해야만 한다. 우리의 생존과 행복, 미래를 위한 길이 무엇인지에 대해 다음과 같은 물음들을 던지지 않을 수 없다.

· 근대화과정에서 우리의 발전좌표 역할을 했던 미국을 중심으로 한 이른바 선진국가들은 과연 발전의 본래적 목표를 달성했는가?
· 갈수록 확대되고 있는 신빈곤문제와 사회경제적 양극화 문제는 지금의 성장체제를 지속시키면서 과연 해결 가능한가?
· 지구적인 차원으로 확대되고 있는 생태위기가 생산조건 자체를 파괴하고 있는 상황에서 지금과 같은 성장체제는 과연 얼마나 지속될 수 있는가?

이와 같은 물음들은 지난 시절 우리의 성장체제를 이끌어온 '파이 (pie) 키우기' 전략이 과연 미래에도 가능하고 또 바람직한 것인지를 되묻게 하고 있다. 특히 '풍요'의 시대가 만들어놓은 새로운 '결핍'의 문제들에 주목하는 사람들은 키울 수 있는 파이의 '크기'가 제한되어 있을 뿐만 아니라 갈수록 파이의 '질'도 심각하게 떨어지고 있다고 주장한다. 더 이상 '썩은 파이'를 키우고 나눠먹는 데 우리의 미래를 맡길 수 없다는 것이다.

하지만 현실자본주의 체제는 위험사회적 징후들이 노골화되면서 나타나는 존재론적 불안감과 공포를 오히려 경쟁사회를 움직이는 동력으로 역이용하고 있다. 결국 현실을 지배하는 합리성, 확실성, 정상성 이데올로기 속에 내재된 비합리성과 불확실성, 비정상성을 드러내고 바로잡을 필요가 있으며, 같은 문제의식 속에서 사회경제적 불평등과 생태적 불평등을 동시에 확대 재생산시키면서 이를 정당화시켜 온 기존의 발전 이념과 전략에 대한 총체적인 진단과 대안모색 노력이 필요하다. 이 점에서 자연과 사회의 상호 구성적인 특성들을 총체적으로 진단하면서 급진적 실천을 모색하는 '정치생태학'(political ecology)은 이론과 실천의 측면에서 의미 있는 함의를 제공해 줄 수 있다.

정치생태학의 의미와 특성

현실사회에 대한 진단에서 새로운 생태학적 상상력을 제공해 주는 것으로 주목받고 있는 정치생태학(political ecology)은 70년대 이후 생태위기가 세계적인 양상으로 확산되면서 등장한 비판이론이다.

정치생태학은 생태문제가 생태계 자체의 요인에 의해 발생되는 것이 아니라 바로 인간이 생산·소비하는 사회체제의 특성에서 기인한 것으로 보고 사회와 자연의 역동적인 관계성을 비판적으로 탐색하는 데 초점을 맞추고 있다.

모든 사회 관계 및 구조들과 생태적 기능, 물리적 환경은 상호 밀접한 관계를 맺고 있는 만큼, 생태위기 문제를 해결함에 있어서도 사회체제의 구조와 관계적 특성들이 자연생태계의 파괴에 어떻게

영향을 주는지를 깊이 살펴봐야 한다는 것이 정치생태학의 문제의식
이다. 즉 자원이용과 생태계 개발방식이 인간사회의 구조적 조건에
의해 영향 받고 있다는 점에서 생태적 자원의 이용과 분배체계를
만들어내는 사회구조적 문제에 대한 분석과 함께 이러한 사회구조적
문제가 다시 자연생태계에 미치는 영향까지 종합적으로 다루어야
한다는 것이다.

정치생태학의 이러한 입장은 환경결정주의와 사회결정주의, 환원
주의와 구조주의의 이분법적 틀을 넘어 자연과 사회의 상호 작용적
관계를 종합적으로 바라보고자 하는 데서 비롯된 것으로, 자연에
대한 이해 또한 객관적으로 주어진 실체가 아니라 사회생태적 힘의
작용에 따른 사회적 구성물로 바라보고 있다.

나아가 정치생태학은 기존의 낡은 사회발전논리와 체제 그리고
지배집단(제1세계, 개발집단, 백인, 남성 중심)들의 자기이익 중심적
인 활동을 비판하면서, 기존체제에서 배제·억압된 집단들의 생존과
복지를 균형 있게 고려할 수 있는 생태적인 사회발전 방향을 지향한
다는 점에서 규범적 특성을 가지고 있다.

또한 정치생태학은 인간의 생산 및 소비 활동과 자연생태계 사이
에서 일어나는 다층적인 변화들을 다루기 위해 분석의 차원을 세계체
제의 정치경제적 구조가 자연자원 및 생태계 이용방식에 미치는
영향을 다루는 거시적 측면에서부터 개인의 의식과 행동이 미치는
생태적 영향요인 분석이나 생태적 감수성의 실현방안 등을 다루는
미시적 측면까지 다양하게 두고 있다. 이중에서도 인간활동으로 인해
자연이 재구성되고 재구성된 자연이 현재와 미래의 인간 삶과 활동의
조건으로 작용하는 현상들을 제도론적 관점에서 분석하는 중범위
수준의 접근들이 주로 이루어지고 있다.

여하튼 생태위기의 지구화, 경제의 세계화가 국민국가 단위를 넘어 확대되면서 현실 사회체제의 지배구조와 작동논리에 대한 우려와 비판의 목소리가 높아지고 있는 만큼 기존의 경제성장 중심의 발전(근대화) 패러다임에 대한 생태적 성찰을 통해 새로운 사회발전 방향을 모색하는 데 있어 정치생태학은 중요한 함의를 제공해 주고 있다.

정치생태학이 가지는 이론적·실천적 특성은 특히 현실사회의 구조적 특성과 작동논리에 대한 정치경제학적 인식과 생태위기에 따른 자연과 사회의 새로운 관계설정을 모색하는 생태학적 인식을 창조적으로 결합시켜 주고 있다는 점에서 확인할 수 있다.

먼저, 생태학(ecology)과 비교하여 정치생태학(political ecology)이 가지는 특성들을 살펴보자.

생태학은 인간을 포함한 생명체와 그들의 생물적·무생물적인 환경간의 상호 작용적 관계를 다루는 학문이다. 생물학과 지리학의 분과학문 영역에서 출발한 생태학은 생태계의 구성체계와 물질 및 에너지의 흐름을 다루면서 우리에게 자연의 생명체계와 질서에 대한 총체적인 인식을 제공하였다. 즉 인간의 자연생태계에 대한 개입과 교란을 통한 생태문제가 표면화되자 자연계에서 인간의 존재적 위치와 역할을 자각하는 데 있어 생태학은 중요한 관점을 제공해 주었다. 생태문제의 근본원인을 이성과 합리성을 중심을 한 인간중심주의적 가치관에 두고 생물평등주의적 관점에서 자연계의 내적(內的) 존재체로 인간의 위치를 재설정하기 위한 근본주의적 생태론은 대표적인 예라 할 수 있다.

하지만 생태학의 초점을 자연영역에서 인간사회영역으로 확장해 보면, 현실사회에서 생태적 자원과 사회경제적 자원은 매우 불균형하게 분포되어 있고 이로 인한 긴장과 갈등이 현실 사회체제를 움직이는 중요한 힘으로 작용하고 있음을 알 수 있다. 이는 물리적 자연환경과 경관을 대상으로 한 과학적 생태학을 사회생태학의 영역으로 확장시킬 필요가 있음을 말해 준다. 기존의 생태학적 방법론은 정치·경제적인 구조와 문화활동이 자연생태계에 미치는 영향들을 소홀히 다루었다. 마찬가지로 생태적 감수성을 기반으로 한 의식전환과 생활양식의 변화에 초점을 맞춘 '소박한 생태주의' 노선 역시 생태위기를 발생시키는 현실사회의 정치경제적 특성을 분석하는 데는 취약하다.

그러나 그동안 자연에 대한 인간의 통제능력 발달과 함께 자연생태계에 미치는 영향력 또한 급속히 높아져 왔고, 그 결과 사회와 자연의 변화된 관계가 다시 인간사회의 생산과 소비 구조 및 의식체계에 상당한 영향을 주고 있는 것이 지금의 현실이다. 따라서 당면한 생태위기 문제도 이러한 변화된 조건을 고려하여 진단될 필요가 있다. 이 점에서 정치생태학은 사회와 자연의 균형과 지속가능한 관계를 유지하기 위해 사회 구조와 문화의 총체적인 변화를 이끌어내기 위한 노력을 담아내는 이론적 특성을 가지고 있다.

한편 정치생태학은 기존의 정치경제학(political economy)적 접근을 생태적 관점에서 보완·대체하고자 한다.

어원적으로 경제학(economy)과 생태학(ecology) 모두 'Oikos'에서 파생되어 나왔음에도 불구하고 접미어인 'nomos'와 'logos'가 다르듯 경제학과 생태학은 내용과 방법론에서 상당히 차이가 있는데, 여기에 '정치적'(political)이라는 접두어가 결합된 정치생태학(political ecology)과 정치경제학(political economy) 역시 분명한 차이를 가지고 있다.

정치생태학은 특수한 종(種)으로서 인간과 인간조직(국가, 경제 체제 등)의 집단활동이 자연(생태계)과 맺는 상호 작용 및 관계를 다루는 이론체계로서, 근대세계에서 정치와 경제의 구현체로서 국가와 시장의 긴밀한 상호작용을 연구해 온 주류 정치경제학이나 생산력과 생산관계의 상호작용을 통해 인간사회 발전을 설명하려 한 마르크스 정치경제학과는 현실인식과 문제해결 방식에서 뚜렷한 차이점을 가지고 있다. 특히 정치생태학은 혁명적 낙관주의를 기반으로 한 마르크스주의가 자본주의적 생산양식의 위기에 따른 생태적 파국의 가능성을 간과하였다는 점을 비판하면서, 경제적인 목표를 추구하는 과정에서 자연이 착취되고 그 결과가 어떻게 되는지에 대해 기존 정치경제학이 충분히 설명해 주지 못하는 한계가 있다고 지적하고 있다.

따라서 정치생태학의 자본주의 비판 역시 정치경제학적 자본주의 비판의 틀을 넘어서고 있다. 정치생태학에서는 자본주의가 서로 상이한 사회의 시공간적 과정을 추상화하고 압축시켜 경제적 잉여 창출 목적에 맞게 교환 가능하도록 재조직화함으로써 사회·생태적 과정들을 위기로 몰아넣고 있다고 보고 있다. 이들은 생태마르크스주의자 제임스 오코너의 지적처럼, 생산력과 생산양식 간의 '자본주의의 1차모순'뿐만 아니라 생산양식과 생산조건(생태학적 조건) 간의 '자본주의의 2차모순'에 대해서도 비판적으로 함께 다루어야 한다는 입장을 가지고 있다.

정치생태학의 자본주의 비판

근대 과학기술 발달과 생산력 증대로 인해 자연적 영역(생태)과

사회적 영역(경제)이 급속히 분리되면서 이들 상호간에 긴장과 갈등
이 발생하기 시작했다. 화석에너지로의 전환과 과학기술의 발달이
결합되면서 인간의 생산과 이동 능력은 생물학적 노동에너지의 속박
에서 벗어나 혁명적일 만큼 발달하였으며, 그 결과 자연에 대한 인간
의 영향력도 급속히 높아지기 시작했다. 자연생태의 황폐화 현상은
특히 자본주의가 확산되면서 사회관계 속에 배태되어 있던 경제체제
가 분리되면서부터 전면화되기 시작했다. 자본주의 체제는 비균질적
이고 비가역적이며 질적인 자연의 시간과 공간을 균질화하고 가역적
인 것으로 양화(量化)하여 교환가치로 전환시켰으며, 자연의 생산
및 재생산 과정과는 전혀 다른 자본의 가치증식 과정을 통해 생태와
경제의 모순을 심화시킨 것이다.

　물론 지금의 생태위기는 자본주의 국가들에서만 한정된 것은 아니
다. 그러나 자본주의와 체제대결을 해오던 구소련과 동유럽권 사회주
의 국가들은 이미 붕괴했고, 이후 남은 중국을 비롯한 사회주의 국가
대부분은 자본주의적 경제논리를 급속히 도입·확산시키고 있는
것이 지금 현실이다. 여기에다 국민국가 단위의 통제력을 넘어선
경제의 세계화를 통해 세계경제 질서를 재편하고 있는 핵심에 자본주
의 체제의 논리가 자리하고 있으며, 이것이 사회경제적·생태적
불균형과 부작용을 심화시키고 있다. 하지만 자본주의 체제는 이러한
문제들에 대한 인식과 실천에 있어 심각한 무감각과 무능력, 무책임
성을 드러내고 있는 만큼, 기존의 정치경제학적 자본주의 비판의
차원을 넘어 정치생태학을 기반으로 한 새로운 인식과 실천노력이
필요하다는 것이다.

　정치생태학의 비판의 핵심은 자본주의적 생산양식이 자연과 사회
의 지속가능한 관계들을 파괴시키고 있다는 데 있다. 자본주의는

경제적 생산의 극대화를 추동하는 과정에서 인간과 자연의 신진대사(metabolism) 과정을 변형시키면서 체제유지에 필요한 재화와 서비스를 생산해 왔다. 또한 경제행위자들의 욕구를 충족시키기 위한 자본주의의 생산 및 소비 방식은 생태계의 재생산과 정화 능력을 초과한 오염물질 배출과 생태계 파괴를 가져왔으며, 그 결과 급속한 환경변화 속에서 인류와 진화의 동반자인 수많은 생물종들을 멸종시켜 지구상에서 영원히 추방시키고 있다. 그리고 매장량이 제한된 재생 불가능한 자원의 고갈에 따른 파국적 상황은 이미 예견되어 있고, 재생 가능한 자원 역시 자연적 재생능력을 초과하여 과다 이용되고 있는 것이 현실이다.

하지만 자본주의 체제는 핵심 정책의 의사결정에서 여전히 잉여가치의 극대화를 우선적 목표로 삼고 있으며, 생태적이고 사회적인 모든 관계를 축적을 위한 방향으로 전환시키고 있고, 이윤과 경쟁의 논리로 생물종과 서식지, 인간 삶이 영위되는 사회적 조건 모두를 지속적으로 파괴시키고 있다.

지금의 세계질서는 생태학적 자연자원에 대한 관리 및 이용을 둘러싼 치열한 경쟁체제로 변모했으며, 높은 기술과 자본력을 바탕으로 자원을 가공하고 자본화할 수 있는 능력을 갖춘 미국을 중심으로 한 소수의 패권적 국가들이 중심이 되어 자연자원 수출국가들의 희생을 대가로 자국의 번영을 유지하고 있다. 하지만 이러한 방식도 결국에는 지구생태계의 과잉착취와 경제적 불평등을 확대·심화시킴으로써 개도국과 선진국 모두에게 사회·생태적인 파국을 가져다 줄 수밖에 없다. 이미 사회·생태적 양극화 현상은 국가간은 물론 선진국이라 불리는 국가 내에서도 확대되고 있으며, 높은 실업률과 낮은 고용율, 사회서비스의 축소는 물론 안전한 먹거리와 물·공기에 대한 시민들의 접근성 또한 급속히 제한되고 있는 것이 현실이다.

결국 생태적 한계를 고려하지 않는 자본주의적 생산방식은 사회·생태적 비용을 외부화시킴으로써 성장체제를 작동시키는 구조로서, 생태적 지속불가능성과 사회적 지속불가능성을 확대·심화시킬 수밖에 없으며, 자본주의적 계급관계를 지배하고 있는 사회체제와 집단들에 있어서도 예외가 없다는 사실이 분명해지고 있다. 생태위기의 파국적 결과는 결국 인간사회의 질서와 생존에 직접적으로 영향을 줄 수밖에 없기 때문이다.

따라서 경제의 세계화와 생태문제의 지구화에 따른 문제, 선진자본주의 국가들의 풍요와 가난한 국가들의 빈곤이 만들어낸 사회·생태적 문제들을 총체적으로 해결하기 위해서는 국민국가의 주권적 틀을 넘어선 구체적인 대응전략이 마련되어야 한다. 자본주의 체제가 강요하는 지구적인 차원의 차별과 자연생태계에 대한 무분별한 파괴와 착취를 막아내기 위해서는 사회·생태적 전환을 통해 새로운 공간적 질서와 정치경제적 질서를 만들어내는 급진적인 정치생태학적 실천이 요구된다.

정치생태학적 실천전략

정치생태학은 경제의 세계화와 생태문제의 지구화가 자연생태계와 인간사회 모두를 지속 불가능한 상황으로 몰아넣고 있으며, 이는 문제발생의 원인이자 해결의 주체인 인간사회가 인식론적으로나 실천적으로 위기적 상황을 맞고 있음을 보여주고 있다.

자연과 사회는 서로 분리되어 있는 것으로 생각하고 행동하도록 만드는 '이분법적 사고', 인간은 자연계 생물종들에 비해 우월하며 인간사회가 자연을 지배하는 것은 정당하다고 생각하는 '인간중심논리', 인간사회를 구성하는 다양한 가치들 중 경제적 가치가 가장 우선되어야 한다고 믿는 '경제중심논리'가 지금의 자본주의 사회를 지배하면서 인식과 실천에서 한계를 만들어내고 있다. 이러한 상황에서는 경제성장에 대한 강박관념이 클 수밖에 없으며, 분배와 보존에 대한 가치는 항상 성장우선주의에 밀려 지속불가능은 확대 재생산될 수밖에 없다.

이러한 문제에 대응하여 자본주의 경제를 국가통제로 대체하려는 시도는 기존 사회주의 국가들의 실험에서 드러났듯이 바람직하지도, 가능하지도 않다. 또한 단순히 개인 차원의 의식과 생활양식의 변화를 통해 지속가능한 사회를 달성하려는 시도 역시 우리의 일상적인 생활이 경제체제를 기반으로 하고 있으며 이것이 환경파괴를 가져온다는 사실을 소홀히 다루고 있다.

정치생태학적 실천은 다른 생물종들처럼 인간 역시 자연과 밀접한 연계를 통해 생존을 영위하는 존재이지만 그럼에도 인간은 다른 생물종과는 달리 새로운 가치와 제도를 창출함으로써 생태적으로 건전하고 지속가능한 사회를 만들어나가는 능력을 가지고 있다고 보는 실천적인 인간관에 바탕을 두고 있다.

정치생태학은 오늘날 우리가 당면하고 있는 생태위기 문제가 근대화가 추구해 온 목표의 미달성이나 실패 때문이 아니라 근대화를 추동시킨 발전논리와 이를 뒷받침해 온 자본주의 체제 자체의 필연적 결과물이라는 점에 주목하고 있다. 따라서 정치생태학은 자연과 사회의 상호관계성에 대한 새로운 인식을 통해 이들 상호간의 관계를 변형·왜곡시킴으로써 등장하는 생태위기 문제의 발생 메커니즘을 총체적으로 진단하는 '인식론적' 과제와 함께, 사회구조 및 제도개혁과 정책의 변화를 통해 생태적 대안사회를 만들어나가는 '실천적' 과제를 모두 안고 있다. 생태위기는 곧 자연과 사회의 관계맺음 속에서 발생하는 문제인 만큼, 자본주의 체제가 드리워놓은 생태학적 그늘을 벗어나기 위해서는 새로운 인식과 실천노력이 필요하기 때문이다.

이와 관련하여 인식론적 측면에서 정치생태학은 우선 경제적 합리성을 생태적 합리성으로 전환함으로써 발전이념을 재정립하는 데 초점을 맞춘다.

사실 발전의 의미가 근대화·산업화를 통한 경제성장으로 좁혀지고 GNP와 1인당국민소득으로 정당화된 것은 인류역사에서 극히 최근의 일이다. 따라서 이와 같은 근대적 발전 이념과 전략이 얼마나 지속가능한지, 그리고 빈곤과 기아라는 인류의 오랜 과제를 얼마나 효과적으로 해결해 낼 수 있는지에 대해 본질적인 물음제기를 통해 발전의 본래적 의미를 되살리고자 하는 것이 정치생태학의 문제의식이다. 즉 기존의 발전이념을 폐기하고 생존에 핵심적인 기본필요(basic needs)의 충족과 함께 인간과 자연이 공존·공생할 수 있는 새로운 발전이념을 정립하는 것을 정치생태학의 주요 실천과제로 설정하고 있다.

이 점에서 정치생태학은 최근 생태문제와 관련하여 새로운 발전담론으로 주목받고 있는 '지속가능한 발전'(sustainable development)에 대해서도 비판적인 입장을 가지고 있다. 90년대 이후 널리 확산되고 있는 지속가능한 발전의 논의는 70년대부터 제3세계 국가들을 중심으로 등장한 지역사회를 기반으로 한 내발적이고 상향적이며 노동중심적 중간기술에 근거한 '생태발전론'(ecodevelopment)의 문제의식을 배제한 채 서구 선진국가들이 주도하는 제1세계 중심의 발전담론이라는 것이다. 정치생태학은 '환경과 경제의 조화'를 강조하는 현재의 지속가능한 발전 논의는 '생태적으로 건전하고' '사회적으로 정의로우며' '문화적으로 수용가능한' 대안적 발전 논의를 소홀히 한 채 기술과 경제 중심의 지속가능성 논의로 경도되고 있으며, 경우에 따라서는 '지속가능한 자본주의' 또는 '국가경쟁력 강화'를 위한 수단적 논리로 오용되고 있다고 비판하고 있다.

이처럼 정치생태학의 발전이념에 대한 본질적인 문제제기는 실천전략에서도 재현된다. 흔히 생태위기 문제에 대해 기존 자본주의 체제의 틀 내에서 해결하려는 입장과 자본주의 체제의 내재적 한계를 넘어서고자 하는 입장으로 구분할 수 있는데, 정치생태학은 후자의 입장에 서 있다. 따라서 환경친화적이고 자원절약적인 기술혁신을 통해 경제적 효율성과 생태적 효율성을 동시적으로 달성하고자 한 서구 선진국가들의 생태근대화(ecological modernization) 전략은 자본주의적 틀 내에서 전문적 지식과 기술, 행정역량을 활용하여 생태문제 해결의 가능성을 찾는 것으로, 생태위기 해결을 위한 보편적 실천전략으로서는 한계가 있다고 지적한다. 정치·경제·사회제도의 점진적 개혁을 통해 경제성장과 환경보존의 조화를 도모하는 생태근대화 전략은 서구사회의 정치·사회·문화적 조건, 즉 민주주의적이고 개방적인 정치체제, 보다 분화된 사회적 하부구조, 국민들의 높은 환경의식 수준, 잘 조직화된 시민사회단체 활동 등을 배경으로 등장하고 있는데, 이것을 사회·생태적 조건이 상이한 비서구 국가들에 그대로 적용시키는 것은 가능하지도 바람직하지도 않다는 것이다.

결국 제1세계와 제3세계의 문제를 모두 포괄하고자 하는 정치생태학은 생태정치와 문화 전략을 통해 생산과 소비 체계의 생태적 재구조화를 지향하는 다소 급진적인 전략을 추구한다. 물론 정치생태학 역시 기술의 활용을 강조하고 있으나 접근방식에서는 생태근대화론 자들과 분명한 차이를 두고 있다. 즉 기술발달을 통한 노동시간 단축과 생산력 증대가 사회경제적 불평등과 소비사회의 가속화로 이어지지 않도록 사회생태적 책임성을 갖춘 시민이 중심이 되어 일자리를 나누고 공동체적이고 성찰적인 방향으로 경제체제의 변화를 이끌어 내는 노력을 강조하고 있다. 기존 지배적 가치체계와 제도에 의해 소외되고 배제된 것들(생물종, 여성, 소수자, 소수민족, 제3세계 국가)이 중심이 된 생태민주주의 기획을 통해 권리와 책임을 갖춘 시민들의 참여에 의한 사회경제 체제의 생태적 재구조화 전략이 필요하다는 것이다. 또한 정치생태학은 현실사회의 구조적 문제와 함께 이러한 사회구조를 지탱·재생산시키는 사회적 욕망구조의 생성 및 확대재생산에도 관심을 가짐으로써 계급정치의 틀을 넘어 새로운 삶의 양식과 문화적 전환을 위한 실천을 강조한다.

정치생태학의 한국적 함의

압축적인 근대화과정을 통해 초고속 경제성장을 이룩해 온 한국사회에서 생태문제는 80년대 이후에야 표면화되기 시작했다. 여기에는 연이어 터진 대형 환경사고와 이에 따른 시민들의 환경의식 증대 그리고 시민환경단체들의 급성장이 크게 작용하였다.

하지만 생태문제에 대한 총체적 진단과 함께 현실적합한 실천전략들을 뒷받침해 줄 수 있는 이론들은 매우 빈약하였다. 80년대까지 한국사회의 진보적 사회운동을 이끌어왔던 정치경제학은 한국사회 전체의 민주화를 위한 반(反)자본운동의 한 부문으로 환경문제를 다루었으며, 따라서 자본주의 체제의 모순을 진단하면서도 생태문제 자체에 대한 깊이 있는 분석은 이루어지지 못했다. 한편 80년대 말부터 폭발적으로 등장하기 시작한 시민환경운동은 주로 서구의 신사회운동론과 생태주의의 영향을 받았으며, 자본주의와 사회주의를 포괄하는 산업사회 전체의 문제로서 생태문제를 다루었다. 여기에는 사회주의권의 붕괴에 따른 정치경제학의 인식론적 위기도 함께 작용하였다. 또한 90년대 들어 김지하를 중심으로 한국의 전통사상을 기반으로 한 자생적 생명담론이 등장하였으나 추상수준이 높고, 새롭게 등장하기 시작한 생협운동·생태공동체운동 같은 대안적인 생명운동진영과의 실천적 연계성은 높지 않았다.

이처럼 생태문제와 관련하여 다양하게 존재해 오던 논의들은 90년대 말 경제의 세계화에 따른 파장이 국가정책은 물론 국민들의 일상 삶의 영역으로 깊숙이 영향을 주기 시작하면서 새로운 국면을 맞게 되었다.

생태위기의 지구화와 경제의 세계화가 동시적으로 진행되면서 나타나는 부작용에 주목하면서 정치경제학을 기반으로 한 좌파운동 진영에는 생태학적 상상력을, 생태주의를 기반으로 한 대안운동 진영에는 세계경제구조의 변동에 따른 총체적 전략이 요구되기 시작하였다. 인간과 자연을 함께 소외시키는 현실자본주의 체제의 지배가치와 작동 논리 및 구조에 대한 엄밀한 진단이 필요한 상황에서 생태학적으로 무지한 정치경제학과 사회구조적 특성에 무지한 생태론의 한계를 넘어설 필요성이 강하게 제기되면서 정치생태학은 의미 있는 이론체계로 주목할 만하다. 한국사회의 발전방향을 생태지향적인 방향으로 재설정하고, 이를 단계별 발전전략으로 구체화하며, 궁극적으로 한국사회에 적합한 생태적 발전을 주도할 국가와 사회의 관계와 체제를 재설계하는 데 있어 정치생태학을 준거로 한 대안적인 발전 이념과 전략의 수립은 시사하는 바가 크다.

정치생태학은 우리보다 이른 근대화과정을 통해 생태문제 또한 일찍이 경험한 서구사회를 배경으로 등장했지만, 경제의 세계화와 생태문제의 지구화가 복합적으로 결합되어 있는 상황에서 자본주의 체제의 구조적인 문제에 대한 진단과 극복방안 모색은 한국을 비롯한 세계인류의 공통과제라 할 수 있다. 제1세계와 제3세계 문제의 보편성과 특수성을 함께 다루어야 하는 정치생태학의 입장에서 한국이 가지고 있는 발전경로적 특수성과 자본주의적 보편성을 함께 다루어야 하는 이유도 여기에 있다.

한국은 좁은 국토에 인구밀도가 높으며 물리적으로 생태적 자립기반이 매우 취약한 상황에서도 매우 기형적인 자원소비구조를 가지고 있다. 예를 들어 유엔이 지정한 물부족 국가이지만 1인당 물소비량은 세계적인 수준이며, 에너지자원의 자립도가 5%에도 못 미치는 상황에서 에너지소비 증가율은 세계 1위이고, 식량자급도 역시 30%가 채 안 되는 상황에서 음식쓰레기로 인한 자원의 낭비가 연간 15조원에 달하는 것이 한국의 현주소다. 이러한 현실을 외면한 채 삶의 질을 이야기하고 한국사회의 미래를 이야기할 수는 없는 일이다.

90년대 들어 생태환경문제에 대한 시민들의 관심이 높아지고 국가정책의 주요 과제로 다루어지고 있기는 하지만 정부는 물론 개인에 이르기까지 인식과 실천의 괴리는 상당히 크며, 개발을 통한 파괴의 규모와 속도가 생태계 보존과 복원 노력을 압도하고 있다. 지난 근대화과정을 이끌어온 개발국가 체제가 우리 사회의 가치와 제도를 '국가(중심)주의'와 '성장(제일)주의'의 틀 속에서 획일화시켜 온 결과이다. 그리고 이러한 개발국가 체제의 유산은 민주화·지방화시대를 맞아 개발주체가 더욱 다원화되고 세계화의 무한경쟁시대에 살아남기 위한 생존논리가 지배담론을 구성하면서 더욱 위력을 발휘하고 있다. 문민정부 이후 본격화된 세계화과정은 신자유주의 물결에 편승한 국가경쟁력 강화 논리를 통해 개인과 지역들을 숨가쁜 생존경쟁의 쳇바퀴 속으로 몰아넣고 있으며, 지방화과정 역시 상대적 박탈감을 기반으로 한 신개발주의 실현의 통로가 되어 시민들이 당면한 삶의 절박한 문제들을 비켜가거나 왜곡시키고 있다. 현 정부에서 '개혁'의 이름으로 의욕적으로 추진하고 있는 지방분권화와 균형개발 전략들 역시 국가중심주의와 성장제일주의의 논리에서 여전히 자유롭지 못하며, 오히려 신개발주의를 확산시키면서 지역공동체 해체와 생태계 파괴를 가속화시킬 우려마저 제기되고 있다.

이러한 상황에서 생태주의 원리를 기반으로 한 사전예방적이고 통합적인 접근, 민주주의 원리를 기반으로 한 자율적이고 협력적인 접근을 실현시키기란 쉽지 않다. 문제해결을 위한 총체적인 전환노력을 뒤로한 채 파편적이고 단기적인 처방 중심의 접근이 계속된다면 결국 문제해결의 적정시기까지 놓쳐버릴 가능성이 높다. 기존의 개발국가 체제가 남긴 낡은 유산을 떨쳐버리고 지속가능한 사회를 향한 거대한 구조전환이 필요하다.

지속가능한 사회로 가기 위해서는 생태위기와 경제의 세계화 국면에서 한국사회가 당면한 복합적 모순들을 동시적으로 극복할 수 있는 대안을 찾아야 한다. 이와 관련하여 연고주의를 기반으로 한 전근대적 과제들과 복지문제를 비롯한 근대적 과제들을 생태위기에 따른 탈근대적 과제들과 함께 종합적으로 해결해 나가야 한다. 또한 도구화된 국가주의와 신화화된 성장지표, 대상화된 시민사회 그리고 제도화된 무책임성 등 한국사회에 내재된 복합적인 과제들을 종합적으로 진단하고 대안을 찾아야 한다.

IMF 이후 신개발주의가 가속화되면서 지역공동체와 생태계 파괴에 대한 우려가 높아지고 있다. 이러한 상황에서 지속 불가능한 사회관계들, 특히 지속불가능성을 재생산하는 구조와 제도, 신념 및 실천양식 들을 바꾸어내는 데 있어 정치생태학적 인식과 실천이 가지는 의미는 크다.

권위주의적 통치체제가 성장을 주도해 온 개발국가 체제의 유산에서 벗어나기 위한 정치생태학적 실천의 한 예로서 풀뿌리민주주의를 기반으로 한 '지역' 중심의 전략을 들 수 있다. 자본주의 시장의 맹목적인 힘에 의해 통제되지 않도록 지역에 근거한 경제구조의 생태적 전환을 이끌어내기 위한 방안으로 경제민주화와 함께 지역사회를 기반으로 한 생산위원회 설립 등을 통해 지방적 생산을 육성하고 생산물과 서비스의 지방적 통제를 강화함으로써 초국적기업의 일방적 지배력으로부터 지역 생태계와 공동체를 보호하는 것이 있을 수 있다. 또한 정치구조의 생태적 전환을 위해서는 구조화되고 제도화된 중앙권력을 해체하기 위한 분권화와 관료제의 민주화 노력과 함께 풀뿌리를 기반으로 한 지역자치운동을 통해 지방권력을 민주화하는 노력들이 함께 병행될 필요가 있다.

세계 정치생태학의 관점

로저 케일, 데이비드 벨, 피터 펜즈, 리사 포우셋

이 책은 토론토 요크대학교(York University) 환경대학원(Environmental Studies) 교수들이 조직한 '세계정치생태학' 회의에서 탄생했다. 이 회의는 1994년 캐나다의 가장 중요한 정치경제학자인 해럴드 이니스(Harold Innis)의 탄생 100주년을 기념하여 캐나다 전역에서 개최한 일련의 행사 중 하나였다. 토론토대학교에서 일생을 대부분 보낸 이 위대한 학자는 1894년 온타리오주 오터빌에서 태어났다. 1953년 세상을 떠날 때, 이니스는 역사연구의 풍부한 유산, 독특한 연구전통 그리고 그의 접근방법에 감명을 받은 후대 학자들이 더욱 깊이 탐색하게 될 많은 흥미로운 미해결문제들을 캐나다의 학문적 과제로 남겼다.

세계정치생태학 회의는 이니스가 판단하기에 오늘날의 정치생태학의 핵심적인 문제영역들을 구성하는 주제들을 현대적인 관점에서 추적하고자 마련되었다. 환경대학원에 있는 우리들의 학문정향을 가정하면, 회의조직자들에게 이러한 초점은 '자연스런' 것이었다. 정치경제학의 이슈들이 결코 해소되는 것은 아니지만, 지속가능한 지구를 위한 정치생태학을 확립하는 데 정치경제학에서 많은 실마리들을 발견한다.

그런데 정치생태학이란 무엇인가?[1] 우리에게 그것은 간단히 정치경제학과 문화연구에 뿌리를 두고 있고, 사회와 자연세계의 관계를 이해하기 위해 비판적으로 분기한 새로운 접근방법이다. 정치생태학은 상대적으로 새로운 비판적 탐구영역이다.[2] 그리고 현재는 해답을

___

1) '생태학'이라는 말은 복잡하고 이념적으로 양면가치를 가지고 있다. 닐 에번던(Neil Evernden)은 "자연이 가장 잘 알고, 생태학이 자연을 안다"(Evernden 1992, p. 8)는 의미의 대중적인 '생태학'에 대한 해석과 '생태학의 과학'은 아주 상이한 것임을 깨닫게 해주었다. 과학으로서의 생태학은 상당히 몰역사적이고 무비판적이고 경제적인(경쟁, 배제, 착취이론) 바탕을 두고 있다. 에번던의 경고는 반복할 만하다. "이런 생태학의 어느 정도 어두운 측면을 무시하면서, 선의를 가진 저자들조차도 무심코 자신들의 목적에 맞게, 즉 자신들의 주장을 더 잘 지지할 수 있는 새로운 생태학을 창출한다. …지금까지 나는 사회개혁을 옹호하는 사람들의 생태학을 이야기해 왔다. 하지만 현상유지를 옹호하는 사람들의 생태학에 대한 상당히 큰 신뢰가 존재한다."(Evernden 1992, p. 9)

2) 그 새로움에도 불구하고, 아니나다를까 정치생태학은 이미 새로운 학술저널의 주제이고 제목이다(전자포맷으로만 접근가능하다). 『정치생태학』(*The Journal of Political Ecology*) 창간호에서 편집자들은 "생명-문화-정치의 복잡성으로 조망되는 인간사회와 인간의 본질 간의 관계에 대해 사회과학이 제기하는 중심적인 질문들의 역사적인 산물"이라고 정치생태학을 정의한다. 그들은 "정치생태학의 형성에 가장 큰 영향을 준 두 가지 이론적 추동력"을 밝힌다. "생산활동과 권력배분을 연계시킬 필요성을 주장하는 정치경제학 그리고 생명과 환경의 관계에 대한 광범위한 비전을 가진 생태분석이 그것이다."(James B. Greenberg and Thomas K. Park, *The Journal of Political Ecology* vol. 1, 1994, p. 1) 흥미롭게도 거의 20년 전 환경대학원 교수였던 분이 이 주제에 대한 에세이들 중의 하나를 출간했다(Grahame Beakhurst, "Political Ecology", William Leiss ed., *Ecology Versus Politics in Canada*, Toronto: University of Toronto Press, 1979 참조).

제시하는 것보다는 문제제기를 더 많이 하고 있다. 하지만 시의적절하고 일부의 경우 독특한 문제제기이다. 환경위기를 이해하려는 시도들이 이전에는 보지 못한 조망을 확대해 왔고 이론화도 시작되었다. 세계정치생태학 회의는 정치생태학의 이론적 틀과 연구 패러다임의 경계를 확대하고자 시도한 것이다.

해롤드 이니스의 유산

캐나다 정치경제학 전통에서 독창성이 풍부한 인물로 오랫동안 인식되어 온 이니스는 또한 정치생태학을 위해 중요한 지적 씨앗을 제공했다. 이니스는 문화와 자연의 연계를 이해하는 데 자신의 지적 활동의 상당 부분을 바쳤다. 구체적으로 그의 저작은 자연환경에 대한 인간존재의 영향에 초점을 맞췄다. 그는 자원추출 기술과 교통의 역할을 특히 강조했다.

이니스는 공간과 시간의 중요성을 인식하도록 가르쳤는데, 공간에 대한 그의 분석은 어떤 환경에서의 활동이 다른 환경에서의 활동에 미치는 (시장과 관료제 지배를 통한) 영향을 탐색했다. 여기에서 그는 세계의 제국들과 세계시장을 설명함으로써 정치학과 경제학에 대한 통찰력을 제공했다. 그는 공간으로 권한이 확산되기 위한 물질적 전제조건의 분석을 제안했다. 그리고 이로부터 정치적 권한의 토대로서 의사소통의 역할을 간파했는데, 기념비적으로 중요한 통찰이었다. 동시에 그의 경제발전 주산물이론(staples theory)은 탈중상주의 시대의 복잡한 세계시장을 분석하고, 다양한 환경과 각 시대(물론 캐나다의 경험에 특히 주목했다. Drache 1995 참조) 제국의 지배를 특징지은 경제적 통제와 정치적 통제의 상호관계를 분석하는 데 연계되었다. 간단히 말하면, 그는 우리가 지금 세계화라고 부르는 원형의 초기 이론가였다.

마찬가지로 이니스는 그 이전 사회과학자들이 거의 다루지 못한 방식으로 시간의 중요성을 이해했다. 여기에서 그의 통찰과 마르크스(Marx)와 엥겔스(Engels)의 통찰이 유사함을 짚고 넘어가는 것이 흥미로울 것이다. 엥겔스는 자신들의 저작이 가장 중요하게 기여한 것 중의 하나가 시기별 변화를 올바로 판단하여 사회과학 분석에 투영한 것이라고 믿었다. 우리는 이것을 발생통찰력(developmental insight)이라고 특징지을 수 있다. 이 점에서 엥겔스는 역사적 변화와 역사적 분석의 중요성을 분명히 함으로써 다윈(Darwin)이 자연과학에서 이뤄놓은 것을 그와 마르크스가 사회과학에서 이뤄냈다고 말했다. (18세기 비변증법적 유물론에 대한 비판에서 뽑은) 다음과 같은 엥겔스의 글은 주목할 만한 논평이다.

지난 세기의 유물론은 아주 기계적이었다. …동물과 데카르트의 관계처럼, 사람과 18세기 유물론자, 즉 기계의 관계와 같다….

[이런 유물론은] 우주를 중단 없는 역사발전의 경험을 겪는 과정으로 이해할 수 없다. 이는 그 시기 자연과학의 수준과 일치한다. …자연은——잘 알려진 것처럼——영구적으로 운동한다. 그러나 그 시대의 생각에 따르면, 이 운동이 영구적으로 원운동으로 바뀌었다. 그러므로 결코 점으로부터 이동하지 않는다. 이 운동은 계속적으로 동일한 결과를 생산했다. …지구, 지질학의 발전사는 여전히 전혀 알려지지 않았다. 그리고 오늘날의 생물종들은 단순한 것에서 복잡한 것으로의 오랜 발전의 연속으로 인한 결과라는 개념이 그 시대에는 과학적으로 전혀 이해될 수 없었다. 자연에 대한 비역사적인 관점이 불가피했다.(Engles in Feuer 1959, pp.

211~12)[3]

    마르크스와 엥겔스처럼, 이니스는 '시간을 진지하게 받아들이고' 역사발전을 시간의 진행에 따른 근본적인 변화로 볼 필요성을 정확히 인식했다. 따라서 이니스는 원시문명 시대까지 거슬러 올라가 자신의 비전을 확장했으며, 문화적 변화와 의사소통 및 교통수단의 발전 간의 상호관계에 대해 초보적으로 간파했다.

    이니스는 또한 발전의 하강부분을 인식하고 있었다. 발전은 독특하게도 돌이킬 수 없는 변화를 수반한다. 그 변화가 긍정적일지는 전적으로 변화가 평가되는 가치의 관점에 달려 있다. 이는 이니스식의 또 다른 주제를 강조하는데, 우리 회의를 꿰뚫는 주제로서 이 책 여기저기에 반영되어 있다. 이니스가 단순히 변화의 연대기를 기록한 것도 아니었고, 공간과 시간에 대한 불편부당한 이론가도 아니었다. 오히려 그는 자신의 저작에 열정적으로 일련의 가치를 몰입시켰다. 그는 판단을 주고받고, 평가를 내리며, 오늘날 지속적으로 우리에게 문제가 되는 윤리와 정의의 문제를 제기할 것을 주장했다. 이니스는 이런 종류의 분석은 가치몰입과 관련한 결과의 평가를 수반해야 한다고 주장했다. 처음부터 그는 돌이킬 수 없는 많은 변화의 가치가 의심스럽다고 보았다. 경제사학자들 중에서 거의 유일하게 그는 성장을 발전과 구분했고, 지금은 (점차 우리가 성장을 포함하지 않을 수도 있다고 인식하는) 지속가능한 발전이라고 불리게 된 개념의 지적 토대를 제공했다.[4] 그는 자원개발에 의한 자연환경의 피해

---

3) 또한 엥겔스가 "다윈이 유기체 자연의 발전법칙을 발견했듯이 마르크스는 인간역사의 발전법칙을 발견했다"고 쓴 칼 마르크스 비문을 참조할 것(Tucker 1978, p. 681).
4) '생태경제학' 창시자 중의 하나인 허만 데일리가 '경제법칙에 맞지 않는 성장'에 대해

(물론 가치가 부여된 개념이다)에 특히 민감했다. 그리고 제국들이 식민지에 가한 부정을 인식했다. 그는 중요한 자원채취의 불공정성, 그것이 야기한 왜곡, 주요 산물의 추출과 수출을 둘러싸고 성장하는 경제 및 정치 체제를 깨달았다. 그는 모국의 자율성 결핍을 한탄했는데, 식민지에서 국가로 다시 식민지로 되었던 것이다.

1994년 회의의 브로셔와 포스터는 이 책의 일면을 상징화했다. 해롤드 이니스가 가진 '유기적인' 지식의 지점(해러웨이의 특정 지점에 위치한 지식)은 자연세계의 경험에 근거하고 있는 활동적인 학자임을 나타내기 위해 온타리오 호수 위의 카누 속에 있는 그의 이미지를 보여주고 있다. 포스터는 낚싯바늘에 걸린 물고기 머리를 쥐고 있는 인간의 손을 보여주고 있다. 물고기의 머리는 죽음의 문 저편에서 산소와 물을 갈망하고 있는 것 같다. 인간의 손이 단단히 통제하고 있는 것 같다. 다시 보면, 그 낚싯바늘은 물고기의 상품화 가능한 속성이 명기된 플라스틱 인식표이다. 인간과 기타 생물의 상호작용을 상징하는 외에도 포스터는 이 책의 핵심적인 관심사 중의 하나를 표현하고 있다. 눈을 가늘게 뜨고 인간의 손과 낚싯바늘, 물고기의 머리를 보면, 흐릿하게 북미와 남미 대륙이 된다. 이는 북반구와 남반구의 관계를 조절하는 역학을 보여주는 이미지이다.

환경주의의 정치경제학과 그 영향

칼 마르크스(Karl Marx)는 『정치경제학 비판 요강』 서문에서

___

글을 쓰고 강의를 하기 시작했는데, 주류 신고전주의 경제학의 관점에서는 자기모순적일 수 있는 용어이다. 그는 요크대학 환경대학원 교수들에 대한 강의에서 이 용어가 의미하는 바를 설명했다(March 1997).

그가 생각하기에 정치경제학 분야를 탐구하기 위해 필요한 범주로 자본, 토지, 임노동, 국가, 해외무역, 세계시장 등을 열거했다. 이 영향력 있는 짧은 글은 또한 토대-상부구조 문제에 대한 마르크스의 입장을 설명한다. 정치경제학 분야에 대한 환경주의의 영향을 평가하기 위해, (신고전주의 관점에서) 또 다른 생산요인에 (마르크스 관점에서) 물질생산 과정에서 사회적으로 결정된 또 다른 힘에 들어맞을 것으로 기대하면서 그 목록에 단순히 '환경'만 추가하면 되는 것으로 가정하는 것은 어리석은 일일 것이다. 문제는 그보다 훨씬 더 복잡하다. 환경 그리고 경제와의 관계에 대한 담론은 상부구조의 특징이 된다. 이런 의미에서 주류담론의 상당 부분에서 환경문제에 관한 논의는 개발과 성장 이데올로기로 흡수된다.[5]

이것이 현재 환경과 관련된 하나의 측면이다. 또 다른 측면은 환경주의 내의 더욱 급진적인 목소리들로 구성된다. 그러나 둘 다 긍정적인 힘이든 위험한 힘이든 경제 및 기술성장의 과정과 관련되어 있다. 더 정확하게 그람시의 용어를 빌리자면 "사회적 토대가 항상 형성하고 해체하고 있는 경쟁적인 담론상황"이 헤게모니 혹은 대항 헤게모니를 분명히 한다(Adkin 1992, p. 135).[6] 그리고 대항 헤게모니는

---

5) 회의론자들은 지속가능한 발전이라는 용어가 그 주창자들의 상대적 권력을 반영한 것이라고 지적했다. "환경주의자들은 형용사를, 기업인들은 명사를 취하고 있다." 확실히 일부에서는 '지탱되는 발전'을 말하는 것이라고 주장하면서 그 용어의 의도를 곡해했다. 이런 곡해는 발전이라는 용어를 낮추고 '지속가능한 발전'을 '지속가능성'으로 교체하려는 경향을 설명한다(Wackernagel and Rees 1996, p. 160 참조). "지속가능성 격차란 생태적 생산과 현 인간의 과도한 소비 사이의 차이를 말한다. 지속가능성(지속가능한 발전보다 필자가 더 선호하는 용어)이란 지속가능성 격차를 줄인다는 것을 의미한다."(강조는 인용자)

6) 환경주의의 명칭은 경제적 축적 논리에 대한 몇 가지 함의를 갖고 있다. 물론 공적으로 그들의 입장을 구분하는 데 도움이 되는 일정한 정치적 틈이 존재한다. 애드킨은

최소한 어느 정도는 헤게모니적인 이데올로기가 확립해 놓은 틀 내에서 대응해야 한다.

그러나 환경은 단순히 이데올로기적 구성이 아니다. 환경은 또한 '이데올로기를 분명히 하는' 것, 물질적 실천, 정치경제학의 생생한 부분이다. 우리가 자연, 생태 혹은 환경을 개념화하는 방식은 자연과의 사회적 관계를 재조직하려는 구체적인 실천의 일부이다.(Keil 1994)

단순히 환경을 경제방정식에 추가한다기보다는 더 많은 것들이 포함되어 있다는 사실이 학계의 전통적인 정치경제학 전공자들에게 분명해지기 시작했다. 사실 그들 중 일부는 이념적 차이가 있음에도 불구하고, 수세기 동안 상당히 안정적이었던 분야를 다시 개념화하는 데 강하게 반발해 왔다. 이 책의 몇몇 글은 이런 관계를 직접적으로 다루고 있다. 자연과 사회관계의 지구적 질서를 다룬 엘마 알트파터(Elmar Altvater), 세계경제의 식량 및 무역 체제에 대한 해리엇 프리드만(Harriet Friedmann)의 연구, 인구생태학과 경제학의 관계에 관한 네이선 키피츠(Nathan Keyfitz)의 연구, '성장의 한계'를 다시 검토한 에곤 베커(Egon Becker)와 토마스 잔(Thomas Jahn)의 연구는 재개념화가 기여하고자 한 경제-생태관계의 상이한 측면들을 제시한다.

우리의 관점에서 보면, 정치경제학 내에서 이러한 재개념화 노력

______

환경운동을 기타 신사회운동에 견주며, 다음과 같은 결론을 내린다. "대항 헤게모니 담론이 무엇인지에 대해 좌파이론가들 사이에 합의가 존재하는 한, 그런 담론이 이들 운동의 여러 요소들, 예컨대 생산주의, 성장의 기술관료적인 성장논리 혹은 후기포디즘 적인 자본주의 축적전략을 강화하는 요소들을 회피하고, 그리고 근대성의 위기에 대한 보수적인 대응들을 거부한다는 것은 분명한 것 같다."(Adkin 1992, p. 1351)

에는 두 가지 주된 흐름이 있다. 첫째, 허만 데일리(Herman Daly) 같은 비판적인 '생태'경제학자들은 경제가 자연환경에 의존함을 인식하지 못한 신고전주의 경제학의 가정에 문제를 제기해 왔다(Daly and Cobb 1989; Georgescu-Roegen 1971). 그리고 둘째, 마르크스주의 전통의 경제학자들은 생태사상을 중심적인 특징으로 포함하면서 혁명적이고 반자본주의 프로젝트를 다시 정의하고자 한다.[7]

이 책은 경제와 생태 간의 몇 가지 모순에 주목하고, 각각에 대한 새로운 접근포인트를 발견하고 종합하려고 시도한다.[8] 이 책에서 알트파터는 잠재적으로 자연환경을 황폐화시키는 결과에 주목하면서 자본주의 생산 및 축적과 화석에너지의 관계를 이니스식으로 분석한다. 그에 따른 지구 차원의 생태적 영향은 남반구와 북반구의 극심한 불균형을 초래한다. 그리고 미래의 고통스러운 문제로 제기되

---

7) 일부 마르크스주의 경제학자들(James O'Connor, Martinez-Alier, Altvater, Lipietz)은 구 개념들에 만연해 있는 자원론적 자연 개념을 거부하는 정치경제학 이론을 개발해 왔다. 이런 관점 내에서 생태와 경제에 대한 새로운 논쟁(Grundmann, Benton, Harvey)이 『자본주의, 자연, 사회주의』(*Capitalism, Nature, Socialism*), 『신좌파논집』(*New Left Review*)을 통해 전개되어 왔다. O'Connor는 '자본주의의 2차적 모순', 즉 자본과 자연의 관계라는 개념을 가지고 이론적으로 그리고 실천적으로 다룰 필요가 있음을 강조해 왔다. 열역학이론의 영향을 받은 Altvater, Déléage, Martinez-Alier 등은 오늘날 가차없이 엔트로피가 증가하는 방향으로 자본주의 생산이 맞춰져 있고, 우선 생산의 조건(마르크스가 말한 토지와 노동)을 침식하는 것으로, 그리고 결국은 우리가 알고 있는 것처럼 지구상의 인간존재의 종말로 이어질 수 있음을 주장한다.

8) Altvater(1993)는 경제와 생태가 다섯 가지 영역에서 모순적인 것으로 보았다. (1) 경제는 양적인 변화사이클이지만, 자연과정은 본질적으로 질적이다. (2) 자연과정에서 (물질적인 조건으로서) 실제 시간과 공간이 중심이지만, 경제사상에서는 시간과 공간이 무한하다. (3) 경제과정은 그 역학의 순환성과 가역성에 의존하지만, 생태과정은 변화를 돌이킬 수 없다. (4) 마찬가지로 자연과정에서 엔트로피의 변화는 일방향적이고 최종적이지만, 이윤과 이익은 경제활동에서 계속 갱신할 수 있는 목표로 보인다. (5) 마지막으로, 경제과정은 몇 가지 합리성의 아이디어에 의존하지만, 자연과정은 고도로 비합리적이다.

고 있다.

정치경제에서의 격차를 가로지르는 것이 환경과 사회 관계의 윤리이다. 이 역시 예컨대 로빈 에커슬리가 제시한 구분이 존재한다(Robyn Eckersley 1992, pp. 33~47). 지속적인 경제발전을 위한 자원기반의 유지를 강조하는 자원보호(resource conservation), '환경의 질'이라는 보다 광범위한 개념으로 인간의 건강과 환경의 쾌적함을 포함하는 인간복지생태학(human welfare ecology), 야생동물에 대한 인간의 인정에 기초한 보존주의(preservationism), 인간의 고통과 복지에 대한 관심을 감각력이 있는 생물에까지 확장시키는 동물해방(animal liberation), 인간의 가치나 인식에 관계없이 모든 형태의 생태계에 가치를 두는 생태중심주의(ecocentrism) 등이 그것이다. 이 책에 있는 글의 대부분은 에커슬리의 인간복지생태학 범주에 해당된다. 즉 환경에 대한 계몽적인 인간중심적 접근방법(enlightened anthropocentric approach)이다. 하지만 보존주의와 생태중심주의 주제 또한 등장한다. 에커슬리는 '권리담론'을 환경이슈에 적용하여 평가하는 것으로 이 책을 맺는데, '권리회의론' 관점을 균형감 있게 비판하고 있다.

생태학자이자 역사가로서 이니스 자신의 방법은, 오늘날에는 중요한 것으로 간주하고 있는 자연세계의 물리적·상징적 질과 자연세계에서 인간존재의 사회적·경제적 측면의 연계를 인식하고 있다. 캐나다 모피무역의 역사에 대한 이니스의 분석은 비버를 묘사하는 것으로 시작한다. 캐나다의 대서양연안 어업에 대한 그의 이야기는 대구의 이미지와 물리적 속성으로 시작한다. 자연의 객관화는 인간이 아닌 존재의 몇 가지 비인간존재의 주관성을 인식하는 것으로 시작한다. 대구가 상품이 되기 전에는 물고기이다. 교환가치와 주산물이기 전에는 인간도 속해 있는 자연세계의 생물이고 일부이다.

잠깐 동안 1950년대 초반 헤롤드 이니스의 죽음 직전을 생각해 보자. 역사상 가장 폭력적인 갈등 중 하나의 여파로 인류는 스스로의 손으로 절멸할 수 있는 가능성에 직면하기 시작했다. 화학물질이 서서히 야기한 죽음을 폭로한 레이첼 카슨(Rachel Carson)의 『침묵의 봄』(*Silent Spring*) 출간 이전에 나치의 살인기계와 핵 위협은 아주 명쾌한 계몽주의의 변증법을 보여왔다. 그러나 이런 끔찍한 경험에도 불구하고, 억제할 수 없는 산업주의와 자본주의 규모의 경제에 연계된 근대화가 그 일생을 마치지는 못했다. 반면 전체주의에 대한 '민주주의'의 승리와 연계된 낙관론의 부활 혹은 도취감이 팍스 아메리카나(Pax Americana)하에서 세계를 휩쓸었다. 미국패권의 신식민주의적 지도하에 개발은 경제적·기술적 증가의 주문이자 독트린이 되었다. 세계 전역, 특히 제3세계 '저개발'국가에 성공적으로 적용함으로써 경제적·이념적 구제를 약속했다.

네이선 키피츠가 이 책에서 일깨워준 것처럼, 개발과 인간의 우월성에 대한 새로운 신념이 너무 강해 "기술을 통해 전례 없는 대체가능성이 등장하고 있고 어디서나 합성화학이 가능하다"는 인식과 함께 1930년대와 40년대 이후 토지(=자연)는 경제적 비전과는 거리가 멀게 느껴지게 되었다. 지구 위에 사는 우리의 존재 바로 그 토대를 부당하게 변형시키고 있음을 마르크스와 폴라니(Polanyi)와 같은 여러 정치경제학자들이 경고했음에도 불구하고, 이니스가 죽을 때까지 경제학은 이니스적 경제세계관의 핵심에 있는 외로운 비버와 버려진 대구에 대해 잊고 있었던 것 같다.

거의 반세기 뒤 우리는 몇 가지 교훈을 얻은 것 같다. 1920년대 미국 자본주의를 비판적으로 분석한 안토니오 그람시(A. Gramsci)

의 영향을 받은 프랑스의 조절이론 경제학자들이 포디즘(Fordism)이라고 불러왔던 두드러진 자본주의 축적기간이 2차대전 이후 지난 50년과 일치한다. 오늘날 우리 스스로가 휘말린 (아래에서 설명하는) 세계 사회적·생태적 위기는 1970년대 이래 포디즘 기간과 그 위기의 역사에 상당 부분 뿌리를 두고 있다.

포디즘은 선진자본주의 국가에서 자본과 노동의 사회적 타협에 바탕을 툰 사회경제적 통합 모델이다. 이 사회적 타협은 자연적인 조절양식인데, 타협이 지속되는 한 노동자의 임금이 국가경제의 성장률에 대응하는 방식으로 사회적 노동의 산물을 정하는 것이다. 그 결과가 서구국가들의 예기치 못한 경제성장, 중산층의 번영, 대량소비주의로 나타났다. 세계적으로 포디스트 체제는 브레턴우즈회의 기구들과 북대서양조약기구(NATO)가 지탱하고 있는 미국의 헤게모니에 의존했다. 미국은 경제지배와 문화제국주의를 통해 미국 쪽 진영을, 공포의 균형(서로 핵무기를 보유함으로써 전쟁을 억제하고 있는 상태—옮긴이)을 통해 구소련을, 야전(野戰)·식민지억압·개발정책과 문화지배를 통해 '제3세계'를 통제했다. 포디즘이 (심지어 서유럽에서도) 모든 곳에 적용되지는 않았지만, 디트로이트 '중심부', 로스앤젤레스 혹은 루르 강(Rhine강에 흘러드는 독일 서부의 강—옮긴이)에서부터 중동의 유전뿐만 아니라 아마존 '주변지방', 사하라사막 주변지대 혹은 인도차이나에 이르기까지 광범위하게 확산되었다.

포디즘의 지정학적 경제는 동시에 자원주의의 지리생태학이었다. 그 결과 포디즘의 위기는 세계 생태적 균형의 위기이다. 정치경제의 녹색화에 관여하는 사람들은 포디스트 축적체제, 그리고 현 환경위기에 대한 개념정의에서 포디스트 축적체제의 위기를 비판적으로 이해한다는 데 동의하는 것 같다. '화석연료주의'(Fossilist) 포디즘(Altvater

1993)은 오늘날 우리가 직면해 있는 (쌓이는 쓰레기, 산성비, 오존층의 구멍과 지면상의 오존오염, 지구온난화, 자연환경 이용과 관련되는 분배정의 이슈 등) 대규모 생태문제 대부분의 주 요소였다. 세계 포디즘의 위기를 세계환경의 위기와 연계시킨 가장 중요한 이론가들 중의 하나가 알랭 리피에츠(Alain Lipietz)인데, 지난 10년의 자유주의 식량생산(liberal-productivism)에 대해 다음과 같이 기술한다.

> 지난 10년 자유주의 식량생산이 인류가 이전에 직면했던 생태위기 중 가장 극적인 위기를 초래했다. 한 세기 동안 자본주의는 많은 요인에 의해 세계산업의 산출을 배가시켜 왔다. 그러나 이 성장 중 4/5는 2차대전 후의 포디스트 기간중에 발생했다. 포디즘과 마찬가지로 자유주의 식량생산은 과거 및 현 세대가 미래세대에게 넘겨주고 있는 생태적 빚은 다음 40년 내에 청산될 것이라는 말도 안 되는 자연환경 이용을 조장한다.
> (Lipietz 1992, p. 321)

포디스트 위기가 많은 산업노동자들을 궁지에 빠뜨렸고, 산업조직의 축소로 전지역을 황폐화시켰다. 또한 전례 없는 규모의 환경유산을 우리에게 남겨주었다.

이 책에서 두 편의 글은 그런 강고한 식량생산체제의 결과로 등장하고 있는 한 가지 특정한 환경유산을 소개하는데, 이른바 지구온난화 이슈이다. 그 글들은 환경 정의와 윤리의 관점에서 논의하고 있다. 주로 이상론적으로 논의하는 철학자인 로드니 페퍼(Rodney Peffer)는 이 이슈가 세계정의에 주는 함의를 탐구한다. 그는 사회계약이론에 대한 세계주의적 접근방법에서 도출한 틀이 세계 탄소권계획에 들어맞는 것으로 본다. 그 계획하에서, 가난한 나라들은 풍요한 나라들로부터 재분배받을 자격을 가져야 할 것이고, 산업화의 '더러운' 국면을 건너뛸 수 있는 인센티브를 가져야 할 것이다. 페퍼와 대조적으로 마크 루츠(Mark Lutes)는 세계 사회정의에 관심을 두면서, 우리의 세계 정치경제체제의 틀 속에서 지구온난화 문제를 '세계주의적'으로 구성하는 것은 적대적인 상의하달식(top-down) 접근방법으로 이어지게 될 것이라고 경고한다. 루츠에 따르면, 그것은 지배의 구조로부터 벗어나고자 하는 지역의 투쟁에 적대적일 뿐만 아니라 지역 공동체·상황·제도와 이익들을 억압적으로 다루게 되어 효과적이지 못하게 될 것이다.

포디스트 식량생산으로 비롯된 분명하고도 통탄할 피해에도 불구하고, 이런 상황은 또한 (포디즘과 밀접한 관계가 있는) 산업생산과 대량소비의 방향을 모두 바꿀 사회운동과 정치적 활동가들에게 기회를 제공해 준다. 이 모든 생산과 관련된 문제를 제기할 수 있는 여지 그리고 환경친화적인 생산과 소외를 줄이는 노동조건의 가능성을 제공한다. 리피에츠가 언급했듯이 "생태주의 경제학이란 무엇보다도 상이하게 노동하는 방식"(Lipietz 1995, p. 45)임을 우리는 확신한다.

정치경제학: 근대화와 진보주의 전략

마르크스의 정치경제학과 그의 역사적 유물론은 근대화전략에 달려 있다. 그에 따른 정치경제 사상의 변화에 세 가지의 발전이 반영되고 있다. 세계 자본주의 재구조화의 현 국면이 가지는 내용, 특성, 범위를 말한다. 이는 엔트로피의 문제와 사용가치를 위한 생산의 필요성, 세계 곳곳의 축적체제 및 생산양식의 변화 그리고 경제의 세계화를 다룬다.

사회마다 경제와 생태 혹은 환경과의 관계가 독특하긴 하지만, 우리는 모든 현대자본주의 사회가 재생산에 연계된 일련의 공통적인 패턴을 공유하고 있다고 일반화할 수 있다. 첫째, 생산과 소비를 위한 복잡한 작용의 증가 둘째, 생산과 소비를 위한 전자정보 및 조종체제의 관련성 증가 셋째, 에너지를 단순히 판매가 극대화되어야 하는 상품으로 다루는 에너지체제 넷째, 엄청난 개별화로 특징지을 수 있는 교통체제 그리고 마지막으로, 응집하는 경향이 있는 경제활동의 공간적 분포 등이다.[9]

이런 특징들이 현시기 경제와 생태의 관계를 비판적으로 다시 생각해 볼 수 있는 배경을 제공하는 것 같다. 이들 특징이 자본주의 내부 생산관계의 개혁범위를——부정적으로——정의하는 틀을 설정한다. 이들의 중요성을 무시하는 것은 환경운동에 자멸적인 일일 것이다. 정치경제의 역학에서 근본적인 전환을 위해서는 이런 복잡성을 이해하는 것이 필요하다. 기업운영을 전환하고 독소와 오염물질 생산을 중지하지 않는다면, 현대 화학 및 생화학 산업이 명백히 생산과 소비를 지배하면서 쓰레기문제 등을 감당할 수 없게 될 것이다.[10] 노동과정의 변화 그리고 컴퓨터를 기반으로 한 생산의 중요성 증가, 정보기술의 기타 특징 등으로 인해 작업장 및 지역사회에서 투쟁의 영역과 기술에 대해 근본적으로 비판적인 견해가 두드러지게 되었다

---

9) 이들 경제는 모두 세 가지 종류의 사회적 비용을 안고 있는데, 경제가 유발하는 사회적 비용, 생태가 유발하는 사회적 비용, 노동이 유발하는 사회적 비용 등이다(Beckenbach 1994).

10) 화학제조업자들과 노동자들 모두 산업의 위해한 환경영향을 줄이고자 하는 프로그램에 착수했다. 캐나다화학생산자연합(The Canadian Chemical Producers Association)은 1980년대 초에 'RC'(Responsible Care) 프로그램을 도입했다. 그 이후 세계적으로 수십 개 국가에서 이를 채택했다.

(Keil and Kipfer 1994). 그리고 마지막으로, 대단위로 팽창한 도시에서는 자가용과 나홀로차량(single-occupancy vehicles, SOVs)에 의존하는 교통체계가 점차 붕괴되고 있다.[11] 도시과정과 교통의 연계는 포디스트 조절양식과 오늘날 환경위기 원천의 중심이다.

이 모든 것에도 불구하고, 현대자본주의의 파괴적인 속성을 확인하는 것이면 '자연'에 대한 광범위한 담론에서 종종 들리는 사회 대 자연의 잘못된 이분법으로 나아가서는 안 된다.

> 서로간의 상호작용에 두 개의 분리된 체제가 존재하는 것처럼 생태계에 대한 사회의 영향을 말하는 것은… 근본적으로 잘못이다. 환경이라는 '이름이 붙은' 상자와 상호 작용하는 '사회'라는 상자로 세계를 묘사하는 전형적인 방식은 직관적으로 이해가 되지 않을 뿐 아니라… 근본적인 이론적·역사적 정당화가 거의 되지 않는다.(Harvey 1993, p. 28)

우리가 아무리 그런 용어로 특징을 묘사하더라도 자연은 경제의 외부적인 것이 아니다. 월리 세콤브(Wally Seccombe)가 지적한 것처럼, 현실에서 "산업경제는 자연에 깊이 빠져들어 있다. 그러나 산업경제는 무난하게 파내고 내버리고 짓밟을 수 있는 자연이라는 형판 위에 구축되어 온 것처럼 움직인다"(Seccombe 1993, p. 103).

경제학과 생태학은 좋든 싫든 간에 많은 개입과 변화의 옵션을 열어두고 있는 근대화복합체에 연결되어 있다. 경제와 생태의 대치는

---

11) *A Strategy for Sustainable Transportation in Ontario*, Report of the Transportation Climate Change Collaborative, co-sponsored by the Ontario Round Table on Environment and Economy and National Round Table on the Environment and the Economy, November 1995 참조.

오해를 불러일으킨다. 자연생태는 항상 자본주의 사회 안팎에서 경제 주도의 근대화과정에 관련되어 있는 것이다. 둘 사이를 현혹시키는 데 잘못 빠져들어 이 함의를 부정하기보다는 오히려 그 관계를 오늘날 자본주의 정치경제 비판의 토대로서 논의할 필요가 있다. 바로 이런 관심이 이 책의 핵심이다!

하지만 우리가 오늘날의 생태적 근대화를 말할 때는 1980년대 초반 이래 세계를 지배해 온 특정한 담론을 의미한다. 생태적 근대화란 단지 이념적 수사어구를 나타내는 것이 아니라 복잡한 사회적 프로젝트이다.

> 가장 최근의 생태적 딜레마에 대한 정치행정적인 대응이 그 핵심이다. 오존층 고갈과 지구온난화와 같은 지구적 생태위협은 경제성장과 생태문제의 해결이 원칙적으로 조화될 수 있다는 가정에서 출발하는 규제적 접근방법으로 대처된다. …[한편에서 생태적 근대화는] 환경문제의 구조적 특성을 인식한다. 다른 한편에서 생태적 근대화는 급진적인 녹색 관점과 근본적으로 다르다.(Hajer 1996, pp. 248~49)

생태적 근대화의 헤게모니는 정치생태학의 딜레마로 옮겨진다. 도처에 처리해야 할 것이 있고 근대화 경로를 만들면서 자유주의와 마르크스주의 전통의 요람에서 벗어날 수 없는 반면, 세계의 어릿광대 역할을 넘어서 어떤 적실성을 갖기 위해 근대화와 개발 논리 외부에 분명하고 강하게 자신의 위치를 정해야만 한다.

생태적 위기

현재 정치생태학에 관한 대부분의 담론은 위기의식의 영향하에서 발생한다. 그러나 생태적 위기의 의미 역시 간략히 다시 생각해 볼 필요가 있다. 세계에서 우리의 존재는 불가피하게 지구의 생태적 건강과 연계된다. 하지만 거꾸로 말하면 정치생태학에 대한 우리의 개념으로는 우리 연구에서 생태적 위기를 구체화하지 못한다. 자연과 사회의 분리는 근대주의의 유산이었다. 그것은 현대사회에서 (인간과 생물) 자연의 지배, 궁극적으로는 이런 지배와 연계된 생태위기를 이해하게 했다. 반면 일부 사회생태론자들은 최근 '자연과의 사회적 관계의 위기'(Jahn 1996, p. 58)라고 생태적 위기를 공식화하기 시작했다. 이런 관점은 인간과 자연의 물질적 관계가 구성되는 상징적 형태를 가진 관계라고 통합적으로 이해한다. 생태적 위기의 모든 측면이 사회적 차원을 갖고 있고, 모든 사회적 비판은 자연과의 사회적 관계를 염두에 둘 필요가 있음을 의미한다(같은 곳).

자연과의 사회적 관계에서 물질적·상징적 변증법이 세계정치생태학 회의와 이 책을 설계하는 데 반영되었다. 우리는 정치경제학의 비판적 전통과 문화연구 간의 대화를 시도했다. 우리는 고전적인 경제/생태 이분법에 비해 최근 정치경제학의 녹색화에서 큰 진보를 이뤄낸 것으로 보았다(이 책 키피츠의 글 참조). 하지만 여전히 생태적 위기의 담론적·정치적·문화적 측면은 불충분하게 조사된 채로 남아 있다. 정치경제학과 문화연구를 결합한 것은 정치경제학과 문화연구의 한 분야로서 의사소통 연구 사이에 이니스가 만들어놓은 다리를 떠올리게 했다. 세계정치생태학 회의의 암묵적인 함의 중의 하나는 경제·생태·문화에 대한 조사와 맞물림이 정치생태학을 더욱 잘 이해할 수 있게 했다는 것이다. 이런 결합을 통해 자연세계에서 인간의 제약, 필요, 그리고 가능성이 가시화될 것이다.

어떤 의미에서 이런 가정은 자본주의하의 사회운동사에서 일정한 '단계'의 산물로서 생태주의에 대한 역사적·경험적 분석에 의존해 있다. 알트파터에 따르면, 현 단계에서 경제와 생태 관계의 모순은 새로운 형태의 사회적 행동주의를 가능하게 할 일련의 문제를 야기한다(Altvater 1993). 인간의 (개인적·사회적) 자연전유를 확장시켜 생산성이 증가한다. 이런 증가는 엔트로피의 가속화로 해석될 수 있다. 대규모 산업생산은 그 성공의 원천인 노동과 자본을 침식한다. 자연과의 이들 모순적인 사회적 관계가 점차 정치화되고 있는데, 엔트로피 증가의 생태파괴적 과정은 현재 및 미래의 사용가치 축소를 의미하기 때문이다. 그 결과 사회적 저항의 잠재력 또한 증가하고 있다. 역사적으로 보면 자본주의 사회에서 세 가지 유형의 갈등이 확인될 수 있는데, '전근대적인' 생활공간의 방어, 근대적 문제인 분배의 갈등, 그리고 탈근대적인 '새로운' 사회적 갈등과 운동 등이다(Altvater 1993). 세번째 유형으로의 이동은 이런 새로운 유형의 논리를 벗어나지 않고, 초기의 생산주의/소비주의 투쟁과 갈등의 논리를 근본적으로 재정향한다. 알트파터가 주장하는 것처럼, 엔트로피를 가능한 한 적게 생산하는 원리 그리고 체계적 지식(새로운 형태의 생산 및 재생산뿐만 아니라 기술)의 동원이 사회진보의 지침이 되는 아이디어이다. 그러므로 환경정치와 정책형성에 참여하는 행위자들은 초기의 사회운동, 정책결정자 등과 다른 경향이 있다. 금전적인 보상은 그들 노력의 중심적인 목표가 아니다(같은 책, pp. 282f).

이것이 이 책의 마지막 중심 기둥이다. 우리는 지금까지 세번째 기둥으로서 윤리를 일정 정도 참조하면서 정치경제학과 생태학을 강조해 왔다. 여기에서는 정치적 담론과 정치문화가 다뤄지고 있다 (Bell 1992). 담론과 문화는 정치생태학의 결과적인 형태뿐만 아니라 경제학, 생태학, 윤리학의 명료화와 이해의 틀을 짓는다. 마틴 하이예르(Maarten Hajer)가 최근에 지적한 것처럼, "환경정치의 발전은 결정적으로 환경문제에 대한 특정한 사회적 구성에 달려 있다"(Hajer 1995, p. 2)는 것은 이제 널리 받아들여지고 있다. 생태적 위기의 이런 담론적 성격이란(생태문제의 구체성을 부인하는 것은 아니다) 오염, 퇴화 등을 우리가 어떻게 말하는가 하는 것만이 아니다. 문화 그리고 환경의 문화정치에 대한 것이기도 하다.

최근 정치생태학 문헌에서 위기의 개념과 연계하여 '위험'(risk)이 중요한 개념이 되었다(Lash et al. 1996; Beck et al. 1994). 세계적으로 위험은 후기근대 혹은 탈근대적 본질의 결정요인으로 간주된다. 이 책은 이런 위험의 몇 가지 차원들을 조사한다. 세계 환경문제의 공유와 그 과정에서 위험의 할당을 가장 두드러지게 조사한다. 이 책은 일부 생태학자들의 예언적인 개념과 주류경제학의 극단적 낙천주의자(Pollynnaish) 입장을 크게 구분하는 극단주의의 양쪽 측면을 받아들이지 않는다(이런 구분에 대해서는 이 책 키피츠의 글 참조). 계시의 위험은 가능성을 봉쇄한다는 것이다. 그 대신 이 책은 전반적으로 자연과의 사회적 관계의 위험 그리고 조절의 개선이 결합된 중간입장을 취한다. 이런 의미에서 조절이란 인간중심주의의 오만으로 가득 찬 용어인 위험관리가 아니다. 오히려 우리의 존재를 구성하는 사회적·환경적 갈등과 투쟁을 말해 주는 모순적인 과정이다.

(마르크스주의자들이 말하는) '모순'——각자와 모두의 관계——은 어떻게 조절되는가? 모든 사회적 모순과 같은 방식으로, 예절과 관습(습관,

가치 혹은 피에르 부르디외가 말하는 아비투스[habitus, 사회문화적으로 물려받은 성향이나 기질—옮긴이])로, 그리고 제도로.(Lipietz 1995, pp. 12~13)

우리는 정치생태학을 자연과의 사회적 관계의 조절이 발생하는 중요한 분야로 본다. 하지만 정치생태학을 사회이론의 마르크스주의 및 자유주의 프로젝트를 넘어서고 대체하는 이데올로기로 보는 리피에츠와 대조적으로, 우리는 이들 프로젝트를 보완적으로 완결하는 것이 정치생태학이라고 본다. 우리는 이 책이 이런 목표에 기여하기를 희망한다.

요구되는 것은(그리고 아직 등장하지 않은 것은) 새로운 틀이나 패러다임인데,[12] 이는 국가 내 및 국가간 불평등을 개혁하면서 인간이 '생태적 발자국'(ecological footprint)[13]을 가볍게 하게 만들 것이다. 물론 이를 위해서는 우리의 자연과의 관계뿐만 아니라 서로와의 관계를 다시 생각해 보아야 한다. 페미니스트 문헌들은 정치적 담론, 윤리 그리고 문화연구 간의 경계를 확장해 왔다. 에코페미니즘은 훨씬 광범위한 형태의 반인간 중심주의적이고 지배에 반대하는 입장이다(Vance 1995). 그리고 정당한 것으로 고려되던 문제들의 지평을

---

12) Lipietz 1995 참조. "정치생태학이 이런 새로운 패러다임이 될 수 있고, 희망들을 하나로 묶을 이런 사고의 틀이…라고 지금 나는 확신한다"(Lipietz 1995, p. xiii).
13) 와커나겔과 리스는 "현대도시들과 전체국가들이 자연의 흐름에서 전유된 혹은 전세계의 상업교역을 통해 얻은 생태적 재화와 서비스에 의존해서 살고 있다"는 개념을 논의하며 '생태적 발자국'을 지적한다. 생태적 발자국이란 하나의 목표로 대기의 안정성을 가정할 때, "1인당 화석연료(석탄, 석유, 천연가스) 소비로 배출된 이산화탄소를 흡수하는 데 필요한 탄소를 흡수할 수 있는 토지의 면적"을 비롯하여 이에 부합하는 인구의 총 '전유된 수용능력'을 대표한다(Wackernagel and Rees 1996, p. 11).

여는 데 크게 기여해 왔다. 젠더에 대한 초점과 함께 새로운 담론으로 이들 관심을 조사하고, 이런 프로젝트를 프로그램과 행동으로 전환시키려는 에코페미니스트들이 이 책의 비나 아가월(Bina Agarwal), 보니 케틀(Bonnie Kettel), 카트리오나 샌딜랜즈(Catriona Sandilands)의 글에서 비판적으로 평가된다.

정치생태학의 논의에서 종종 무시되는 것이 정치 그 자체이다. 미래세대의 필요와 권리를 설명하기 위해 민주적이고 충분히 광범위한 새로운 의사결정 접근방법들을 발견하는 것이 문제이다. 이는 지방의 자율성을 무시하지 않는 전세계적인 관점을 촉진한다. 또한 경제를 파괴하지 않으면서 환경에 대한 관심을 확보한다. 그 반대의 경우도 마찬가지이다. 그리고 21세기 지구촌에 적절한 정의와 공평성의 원리를 구체화한다. 간단히 말하면, 우리는 새로운 지속가능성의 정치를 필요로 한다. 이 책의 마지막 부분에서 프란츠 하트만(Franz Hartmann), 로빈 에커슬리(Robyn Eckersley)가 이 문제를 다룬다.

로저 케일(Roger Keil, 요크대학 환경학과, 정치학과 부교수), 데이비드 V. J. 벨(David V. J. Bell, 요크 응용지속가능성연구소 소장이자 온타리오 지속가능성파트너십 교육기관 책임자이며, 요크대학 환경학과 학과장을 역임), 피터 펜즈(Peter Penz, 요크대학 환경학과 부교수), 리사 포우셋(Leesa Fawcett, 요크대학 환경학과 조교수).

참고문헌

Adkin, Laurie E. (1992), "Counter-hegemony and environmental politics in Canada," William K. Carroll ed., *Organizing Dissent: Contemporary Social Movements in Theory and Practice*, Toronto: Garamond Press.

Altvater, Elma (1993), *The Future of the Market: An Essay on the Regulation of Money and Nature after the Collapse of 'Actually Existing Socialism'*, London: Verso.

Athanasiou, Tom (1996), *Divided Planet: The Ecology of Rich and Poor*, Boston: Litte, Brown, and Company.

Beakhurst, Grahame (1979), "Political ecology," William Leiss ed., *Ecology Versus Politics in Canada*, Toronto: University of Toronto Press.

Beck, Ulrich, Giddens, Anthony and Lash, Scott (1994), *Reflexive Modernization: Politics, Tradition, and Aesthetics in the Modern Social Order*, Stanford: Stanford University Press.

Beckenbach, Frank (1994), "Social costs in modern capitalism," Martin O'Connor ed., *Is Capitalism Sustainable?: Political Economy and the Politics of Ecology*, New York: The Guilford Press.

Bell, David V. J. (1992), *The Roots of Disunity: A Study of Canadian Political Culture*, Toronto: Oxford University Press.

Carson, Rachel (1962), *Silent Spring*, Boston: Houghton Mifflin Company.

Daly, H. and Cobb, J. (1989), *For the Common Good: Redirecting the Economy Toward Community, the Environment, and a Sustainable Future*, New York: Beacon Press.

Drache, Daniel ed. (1995), *Staples, Markets and Cultural Change: The Selected Essays of Harold Innis*, Montreal: McGill-Queen's.

Eckersley, Robyn (1992), *Environmentalism and Political Theory*, Albany: State University of New York Press.

Evernden, Neil (1992), *The Social Creation of Nature*, Baltimore: John Hopkins University Press.

Feuer, Lewis C. (1959), *Basic Writings on Politics and Philosophy: Karl Marx and*

Friedrich Engels, New York: Anchor Books.

Georgescu-Roegen, Nicholas (1971), *The Entropy Law and the Economic Process*, *Cambridge*, MA: Harvard University Press.

Hajer, Maarten A. (1995), *The Politics of Environmental Discourse: Ecological Modernization and the Policy Process*, Oxford: Clarendon Press.

__________ (1996), "Ecological modernisation as cultureal politics," S. Lash, B. Szerszyski and B. Wynne eds., *Risk, Environment and Modernity: Towards a New Ecology*, London: Sage.

Harvey, David (1993), "The nature of environment: dialectics of social and environmental change," Ralph Miliband and Leo Panitch eds., *Real Problems, False Solutions: The Socialist Register 1993*, London: Merlin Press.

Jahn, Thomas (1996), "Urban ecology: perspectives of social-ecological urban research," *Capitalism, Nature, Socialism* 7/2.

Keil, Roger (1994), "Green Work Alliances: the political economy of social ecology," *Studies in Political Economy* 44.

Keil, Roger and Kipfer, Stefan (1994), "Weltwirtschaft/wirtschaftswelten: globale transformationen im lokalen raum," Peter Noller, Walter Prigge and Klaus Ronneberger eds., *Stadt-Welt: Uber Die Globalisierung Stadtischer Milieus*, Frankfurt: Campus Verlag.

Lash, Scott, Szerszynski, Bronislaw and Wynne, Brian (1996), *Risk, Environment and Modernity: Towards a New Ecology*, London: Sage.

Lipietz, Alain (1992), *Towards a New Economic Order: PostFordism, Ecology And Democracy*, Oxford: Oxford University Press.

__________ (1995) *Green Hopes: The Future of Political Ecology*, Malcolm Slater trans., Oxford: Polity Press.

Marx, Karl (1955), "Preface to 'A Contribution to the critique of political economy'," *Karl Marx and Frederick Engels, Selected Works in Two Volumes*, Volume 1, Moscow: Foreign Languages Publishing House.

Seccombe, Wally (1993), "Democracy and ecology: Envisioning a transition to a green economy," Greg Albo, David Langille and Leo Panitch eds., *A Different Kind of Stat? Popular Power and Democratic Administration*, Toronto: Oxford University Press.

Transportation and Climate Change Collaborative (1995), *A Strategy for Sustainable Transportation in Ontario*. A report co-sponsored by the Ontario Round Table on Environment and Economy and National Round Table on the Environment and Economy.

Tucker, Robert C. ed. (1978), *The Marx-Engels Reader* Second Edition, New York: W. W. Norton.

Vance, Linda (1995), "Beyond Just-So Stories: Narrative, Animals, and Ethics," Carol Adams and Josephine Donavan eds., *Animals and Women: Feminist Theoretical Explorations*, Durham, NC: Duke University Press.

Wackernagel, Mathis and Rees, William (1996), *Our Ecological Footprint*, Gabriola Island, BC: New Society Publishers (New Catalyst Bioregional Series).

지구질서와 자연

엘마 알트파터(Elmar Altvater)

머리말

20세기에 들어서야 처음으로 '세계질서'라는 말을 할 수 있게 되었
다. 자본주의 발전이 포디스트적 시기를 거치는 동안 인류 대다수는
지구적 관계망 속으로 완전히 통합되었다. "자본에 의한 노동과 자연
의 실질적인 포섭"이라는 마르크스의 말처럼 삶의 모든 영역에서
상품화가 진행되었고, 그 결과 자본에 의해 가격이 결정되는 경제논
리가 거의 모든 영역의 사회관계들 속으로 침투하였다. 폴라니는
"인간경제는 보통 사회관계들 속에 배태되는데, 이러한 사회형태로
부터 벗어나 경제체제 속에 배태된 사회로의 전환이 일어난 것은
완전히 새로운 발전"이라고 지적한 바 있는데, 이런 일들이 포디스트
적 조절양식이 진행되는 기간에 이루어진 것이다(Polanyi 1957a, p.
135).

유럽에서 자본주의적 생산양식이 등장하기 이전의 '지구적 질서'
라는 것은 오랜 세월 동안 항상 당대에 알려지고 접근 가능했던

'세계'만을 다루었다.[1] '세계체제'를 신석기 혁명 이후 '선사시대'까지 거슬러 올라가 수백 년 동안 지속되는 경제·정치·문화의 장기적인 순환으로, 세계제국과 세계문화들의 흥망을 해석하기도 한다. 하지만 이것은 단지 소수 도시들에 집중된 미약한 장거리 무역관계와 화폐흐름들을 세계체제의 소통채널로 보는 것일 뿐이다. 이러한 관점은 형식적인 것에 특권을 부여함으로써 자본주의적 사회형태 속에 놓여 있는 사회적 관계들을 실질적으로 담아내지 못한다(Frank and Gills 1993). 유럽에서 근대가 시작되기 전이던 오랜 16세기 동안에는 단지 특정 분야의 상품과 화폐순환만이 대륙 또는 지구 전체에 펼쳐져 있었다. 19세기가 될 때까지 활동인구의 90%는 농업에 종사하고 있었으며 대부분의 경제활동은 지방 또는 지역적 수준에서 이루어졌었다. 자본주의적 세계체제는 지난 5세기 동안 발전되었다고 결론 내린 월러스틴의 주장은 타당할 것이다(Wallerstein 1974; Modelski 1987). 그러나 '푸른 지구'와 '하나의 세계'(eine Welt)에 대한 대중적 이미지는 1960년대 아폴로 우주선이 발사되어 우리 지구행성에 대한 사진촬영이 가능하면서부터 비로소 나타나게 되었다. 경제체제, 정치질서, 사회단위 그리고 무엇보다 '지구생태계'로서 하나의 지구는 불과 몇십 년 전부터 존재하게 되었으며, 이러한 연유로 '세계질서'의 담론은 20세기 말의 은유적 의미 이상이 되고 있다.

'자연과의 사회관계'가 생물에너지, 토양과 비옥도, 소나 말이 마차를 끄는 속도와 범위, 선박의 톤수, 항해 전략과 속도 그리고 항해술 등에 의존할 경우 시공간적 제약을 극복할 실질적 가능성은 미약하며

---

1) 브로델(Braudel 1977)은 'économie-mondiale'와 'économie-monde'를 분명하게 구분하였다. 그는 16세기 중세에 대한 연구에서 'Économie-monde'는 지구 전체(économie-mondiale)를 포함할 필요가 없다는 것을 보여주었다.

단일한 세계질서를 만들어내는 능력 또한 제한될 것이다. 하지만 20세기에 들어 세계 모든 지역에서 엄청난 밀도로 경제와 정치의 연계가 일어나면서 세계정치와 세계경제는 물론 지구적인 생태문제가 등장하였다. **세계경제**는 불과 몇십 년 전만 해도 지리적 장벽으로 분리된 채 서로 다른 세계에 속해 있던 원거리 생산지역에 있는 기업들도 서로 경쟁하도록 만들면서 세계시장 속으로 강하게 편입시켜 버린다. 이제는 일본과 독일에서 만들어진 차가 라틴아메리카 시장에서 서로 경쟁하고 있다. 이는 1950년대만 해도 상상할 수 없는 일이었다. 유럽연합이 중앙아메리카와 남아메리카의 값싼 바나나에 대항해 일으킨 '바나나전쟁'은 20년 전만 해도 어설픈 농담거리 정도였을 것이다. 하지만 이제 기업들은 생산과정의 핵심부문에서 다국적·초국적화되어 가고 있으며, 국제자본시장에 강하게 통합되어 형성된 이자율과 비교해서 투자된 자본의 수익성을 고려해야만 한다.

국가간 경쟁은 기업들로 하여금 세계 속에서 기존에 분리되어 있던 지역들간에 생산조건과 소비규범 그리고 궁극적으로 수익률의 균등화를 이끌어내고 여기에 적응하도록 만들고 있다. 기업들이 지역시장만을 위해 생산하지 않는다는 것은 결국 이들의 수익성이 지구적인 자본시장에서 형성된 이자율에 의해 주어진 최소수준에서 결정되는 것을 말해 준다. 케인스(Keynes 1936)는 이자율의 정립이 필수적인 요소이자 국가주권의 핵심적인 표현이라고 여전히 생각하겠지만 오늘날 국민국가는 이자율(Zinssouveränität)을 결정할 주권을 상실하고 있다(Scharpf 1987). 경제적 경쟁이 정치적 주권의 기반을 침식하면서 국민국가의 역할은 변하고 있는 것이다. 자유무역체제하에서 영토가 세계 속의 다른 지역들과의 경쟁으로부터 더 이상 보호받을 수 없고, 시민(citoyens)이 더 이상 부르주아와 같지 않으며, 국가의 정치권력이 시장의 힘에 의해 훼손되고 있다. 이러한 상황에서 국민국가와 지역들은 특정 영토들의 '체계적 경쟁력'을 고양시키는 정치적 프로그램을 통해서 이자율과 교환율 그리고 상품가격으로 인한 손실을 보상받음으로써 자신들의 주권을 되찾으려 하고 있다(Porter 1990). 노동비용의 감소(또는 보다 덜 완곡하게는 임금과 봉급의 감소), 네트워크를 통한 정(正)의 상승작용(positive synergies)과 기술추진력의 창출 등은 미시와 거시 경제적 주도권의 중요한 중심축을 구성한다.[2] 상품가격, 교환율과 이자율이 개별국가의 영향력을 넘어서 결정되는 조건에서 경쟁력을 유지하기 위해서는 비용이 감축되어야 한다. 이러한 맥락에서 국민국가는 '자국'의 생산영역을 경제적으로 촉진하고 이를 '외국'의 생산지역들과 대항해서 정치적으로 보호하는 경쟁국가(Wettbewerbsstaat) 형태로 변모하고 있다(Hirsch 1997). 물론 이러한 전략들이 팽창하는 세계시장이 모두에게 이득이 되는 상황(positive-sum-games)을 제공한다면 문제가 되지 않는다. 하지만 만일 어느 누구에게도 이득이 되지 않거나(zero-sum-games) 또는 모두에게 손해가 되는(negative-sum-games) 상황에서 규칙이 정해진다면 경쟁을 위한 정책은 합리화를 명분으로 노동의 대체와

---

2) 정책결정의 원칙으로 '체계적 경쟁력'(systemic competitiveness)이 확산되는 것은 자본주의적 생산양식이 세계체제 형태로 받아들여졌다는 사실의 좋은 본보기다. 개별국가는 세계시장경쟁의 '세계주의'(cosmopolitanism)에 직면하기 전에 스스로 자국의 '생산력'을 극대화해야만 한다는 프리드리히 리스트의 주장은 타당하며(List 1841; Fallows 1993), 세계 모든 부분에서 경쟁자들에 대항한 비교우위의 촉진이 최고의 전략이 되고 있다(EU 1993; CEPAL 1990). 19세기 초 이래 세상은 변했다. 지구화된 금융시장 앞에서 관세장벽으로 국가경제를 보호한다는 전망은 약화되고 있다. 대신 세계은행, IMF 또는 새로운 WTO와 같은 지구적인 행위자들에 의해 보다 많은 시장의 자유를 요구하는 정책적 접근들이 개발되고 있다.

실업증가를 낳는 파괴적인 경주가 될 뿐만 아니라 사회적·생태적 비용을 외부화시키는 위험스런 전략이 될 것이다.[3] 이러한 상황에서 EC, EFTA, CUSFTA, NAFTA와 같이 지역을 통합한 경제공간의 형성과 같은 '거시 지역주의'(macro-regionalism)의 경향과 국민국가 하위수준에서의 '미시 지역주의'(micro-regionalism)의 경향을 함께 발견할 수 있다. 이러한 상황에서 국민국가는 해체되고(Cox 1993), 사회는 근대적인 민족갈등의 이데올로기적 압력에 노출되게 된다.

세계정치의 틀을 제공한 전후(前後)질서[4]는 1945년에서 89년까지 약 50년 가까이 지속되었다. 1989년 베를린장벽의 붕괴는 '현실 사회주의'와 양극 체제의 종말을 상징하는 것이었다. 이때부터 사람들은 '단일극'(unipolarity)의 '새로운 세계질서'에 대해 이야기하기 시작했다(Krauthammer 1991). '냉전의 정복'과 '역사의 종말'[5] 이후

---

3) 이 맥락에서 리오 파니치는 '이상한 나라 앨리스'에서 빨리 달리고자 하는 노력에도 불구하고 그것이 경주자 누구에게도 도움이 되지 않는 앨리스와 여왕의 경주 이야기를 언급한다. 이러한 비유는 경쟁정책의 모순을 극명히 보여주는 것이다(Panitch 1993). 국민국가는 여전히 자본축적의 주요 영역을 구성한다는 파니치의 결론은 북아메리카의 관점에서는 그럴듯해도 서유럽에는 더 이상 적용시킬 수 없다.

4) 1917년에서 89년까지 지속된 20세기의 양극적인 세계질서는 더 이상 국민국가의 반발력이나 유인력에 의해 정의되지 않고 있다. 이것의 주요 특성은 서구 자본주의와 현실사회주의 양대 진영간의 경쟁적인 '체제'와 국가연합간의 경쟁이다. 양체제는 세계에 대안적인 사회질서를 제공해 줄 것이라고 주장하면서 '남부'의 비동맹지역들에 대한 영향력을 추구하였다. 분화되고 국제적이며 초국적인 규칙과 통제의 망이 서구에서 등장하였는데, 이것들은 동구 국가연합(East Bloc)과의 경쟁을 목적으로 했을 뿐만 아니라, 축적의 가속화와 공간적 확장을 위한 유용한 틀을 제공하였다. '현실사회주의'의 붕괴와 양극체제의 종말 이후 동구와 서구 지역에서 민족주의적인 경향이 강화되고 평화로운 상호 의존과 협력에 대한 위협이 증대하는 것은 놀랄 만한 일이 아니다.

5) 현실사회주의의 붕괴 이후 등장한 '후기역사'(posthistoire)에 관한 논쟁에 대해서는 Niethammer(1992)와 Anderson(1992)의 글 참조.

21세기를 시작하려는 시점에서, 시장에 의해 경제적으로 인도되고 형식적인 민주주의 절차들에 의해 정치적으로 조종되는 과정들 속에서 배태된 세계지배의 합리주의에 대한 대안은 아직 나타나지 않고 있다. 이러한 명백한 대안의 부재는 형식과 실천의 양 측면에서 자본주의적 사회형성 속에 자본주의적 생산의 모든 차원이 포함되어 있다는 사실을 말해 준다.

비록 '결정'(determination)의 과정들이 개인적 행동의 여지를 충분히 남겨둔다고는 하지만 미래의 발전에 대한 **생태학적** 제약들은 지금 현실이 되어가고 있다. 경제적인 세계체제와 정치적인 세계질서의 창조와 함께 인간, 사회 그리고 자연의 '신진대사'(metabolism)는 지금 지구적인 규모에 도달했다. 자연과의 사회적 관계는 지구적인 수준이며 따라서 이것을 조절하는 것은 지구적인 규칙을 요구하고 있다. 지구질서의 창조와 기능을 위해 필요한 공동의 이해는 이제야 등장하기 시작했다.

세계지배의 합리주의를 추구하는 것은 많은 문제를 야기시킨다. 양극체제하에서 등장한 '낡은' 해답이 반생산적이지는 않다고 하더라도 적절하지 못하므로 새로운 해답은 '새로운 세계질서' 속에서만 찾을 수 있다. '북부'와 '서부' 국가를 모델로 한 근대화와 산업화가 '남부'와 '동부'의 '후기사회주의' 국가들의 모든 지역에서 실질적인 사회적 목표를 지속적으로 구성할 수 있을 것인가? 만일 그렇다고 한다면 지리적인 것이 아니라 정치적으로 규정된 '남부'에서 지난 수십 년 동안 시도된 개발노력들의 실패를 어떻게 다룰 것인가? 오늘날 통제영역을 벗어난 국제적인 금융 및 통화 관계들에 대해 '질서'를 부여하기 위해서라면 어떠한 종류의 조절의 틀을 합의할 것인가? 그리고 궁극적으로 세계지배의 합리주의가 완성되어 감과 동시에 물·공기·토지·쌀경작과 같은 지구생태계가 위협을 받고 균형을 잃어가고 있는 사실에 대해서는 어떻게 대처할 것인가? 이하의 글들에서는 이러한 시급한 질문들에 대해 해답을 찾아보겠다. 이를 위해서는 앞에서 언급한 세계경제와 세계정치, 지구생태계 문제의 관점에서 지금 해결해야 하는 과업들의 종류를 정의할 필요가 있으며, 여기에서는 역사적 관점을 취하는 것이 타당할 것이다.

잉여생산의 사회적 양식과 에너지체계

경제적 과정들의 지구적인 공간점령과 시간의 가속화는, 기원전 6000년을 중심으로 천년 정도는 아닐지라도 적어도 수백 년 동안 지속되었던 '신석기혁명'까지 거슬러 올라갈 만큼, 오랜 역사를 가지고 있다.[6] 현재의 관점에서만 보면 메소포타미아와 같은 서남아시아, 중국 또는 중앙아메리카에서의 발전들이 병행적으로 진화하는 것 같지만, 사실은 동시대인들끼리 서로를 잘 몰랐기 때문에 화약과 수레바퀴, 문자는 독립적으로 발명되었다(Ponting 1991, pp. 37~67).

성별 특화된(gender-specific) 전문화[7]에 의해 촉발되고 농업으로의 전환이 가능해지면서 보다 강도 높은 자연자원의 이용을 촉진시킨 인간진화의 역사에서, 역사적 잣대의 이점을 가지고 논리를 식별하는 것은 여전히 가능하다(〈그림 1〉 참조). 노동생산성의 증대로 인한 잉여의 발생은 사회적 분화를 가져왔다. 사회에서 노동의 분화가 심화되

---

6) 이처럼 오랜 기간 지속된 관계로 클리브 폰팅은 수십만 년 동안 이어져 온 수렵과 채취 사회에서 농경과 정착 생활양식으로의 '신석기적'(neolithic) 전환을 '혁명'으로 부르는 것을 거부하였다(Cameron 1989, p. 24 참조).
7) 남자가 사냥을 하는 동안 여자는 식물을 키우고 동물을 길렀다. 이러한 전문화 과정은 수세기 동안 지속되었다.

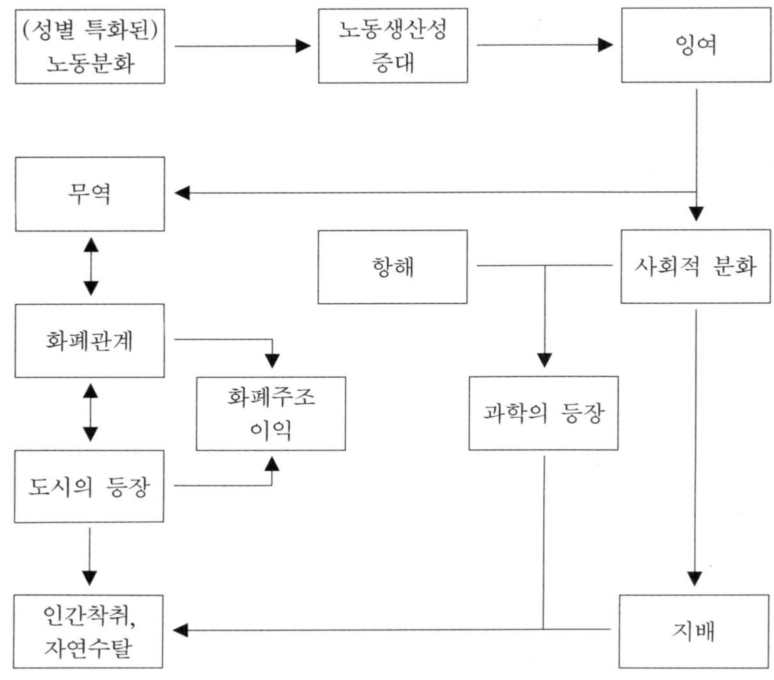

〈그림 1〉 '신석기혁명' 동안의 전환요소들

면서 전사(戰士)와 성직자, 행정가, 통치가 계급들이 잉여물의 사용과 분배 역할을 맡았으며, 동시에 사회 내부와 사회 상호간의 무역확장을 위해 잉여생산이 허용되었다. 교환을 위한 상품생산과 등가성(equivalence)의 원칙이 사회적 규범이 되었다. 통화관계가 확산되고 강화되면서 주조화폐가 도입되었다. 주조화폐에 대한 독점적인 통제력을 행사할 수 있다는 것은 통화(seigneurage)[8]의 명목적 가치와

---

8) 카메론은 아테네의 권력은 화폐주조에 따른 이익의 차이(seigneurage)를 얻는 데 상당 정도 의존하고 있다고 보고하고 있다. "라우리움(Laurium)산 은(silver)은 계속

실질적 가치의 차이에 근거한 이윤을 만들 수 있는 위치를 말한다. 잉여생산과 분배, 저장의 조직화는 도시 엘리트들의 권력과 특권의 원천이 되었다. 잉여의 축적은 간단히 중단시킬 수 없는 지배프로젝트를 구성하여 메소포타미아나 중앙아시아, 동아시아, 유럽에서 초과착취와 환경파괴 같은 인간과 자연에 대한 과잉착취를 가능케 하였다. 수메르의 염화(鹽化), 중국과 메소포타미아의 토양침식, 인더스계곡과 지중해의 산림황폐화는 조각품·기념물·천체 발견과 같은 문화적 성취로 지금도 우리가 존경해 마지않는 세계제국들을 파멸시켰다. 생태적 한계에 대한 무시는 산업사회보다 역사적으로 훨씬 오래된 것이다. 그럼에도 당시의 자연파괴는 지방이나 지역적 수준에 머물러 있었지 결코 지구적인 수준에는 이르지 못했다.

생태학적 문제들의 공간적인 차원은 에너지체계에 대한 분석을 통해 정의가 가능하다. 생물에너지를 기반으로 한 생산양식에서 노동생산성은 특정의 제한된 수준까지만 성장할 수 있다. 인간이나 말, 소의 속도는 물리적 고갈 지점까지만 끌어올릴 수 있다. 하지만 화석연료로의 전환과 에너지변환(생산의 산업적 힘)을 위한 기술체계와의 결합 그리고 사회양식(자본주의적 생산양식)은 가히 혁명이라고 부를 만큼 인간역사에 질적인 진전을 가져왔다. 18세기 말 이후 화석에너지 연료, 즉 '신체 외부의'(exosomatic) 힘(Lotka 1925; Smil 1993, p. 3)의 사용은 인간활동의 속도와 범위를 비약적으로 확장시켰다. 노동생산성의 엄청난 성장과 사회적 잉여생산이 가능해진 것이다.[9] 매디슨의 계산에 따르면 OECD국가들의 1인당 평균GDP(1980

불리한 무역균형 상태에 있던 아테네의 재정에 도움을 주었을 뿐 아니라 아테네를 유명하게 만들어준 공공건물과 기념물의 건축을 간접적으로 도왔다. 사실 아테네의 황금기는 라우리움에서 나온 은 때문에 가능하였다"(Cameron 1989, p. 35).

년 US달러 기준)는 1900~87년에 1817달러에서 10205달러로 약 60배 증가한 반면, 낮은 총생산 수준에서 출발했던 구소련은 같은 기간 동안 GDP의 증가가 7.45배에 불과하였다(Maddison 1989, p. 19).

이러한 맥락에서 조제스쿠-뢰겐(Georgescu-Roegen 1971)은 초기 유럽인들에 이어 인류 전체가 에너지체계를 화석연료로 바꾸고 생산 양식과 사회·정치적 조직형태를 전환시킴으로써 생산력을 증대시 킨 경험을 두고 '프로메테우스적인 혁명'이라고 불렀다. 인류는 '신석 기혁명'을 통해 등장한 농업에서 근대 산업사회로 진화하였다(같은 글, p. 292). OECD국가들의 전체 노동력에서 농업에 종사하는 비율이 1870년에 49%이던 것이 1987년에는 6%로 바뀌었다(Maddison 1989, p. 20). 마르크스는 '자본의 생산과정'에 대한 분석을 통해 중공업에서 자본에 대한 노동의 편입이 실질적으로 이루어짐으로써 운동과 전달, 공작기계 설비의 조합이 상대적 잉여가치의 생산을 어떻게 가능하게 했는지를 보여주었다(Marx 1936, p. 342).[10] 이는 생산성 유형이 더

---

9) 생산의 자본주의적 양식은 심리적 성향(축적과 실행의 동기화 원칙들), 개인적 성취를 위한 동기(이윤), 그리고 사회적 규칙들(경쟁과정에서 정[正]과 부[不]의 제재)을 지속적으로 결합시키고 이러한 조절체계를 화석연료와 연결시킴으로써 매우 독특하고 응집력이 있다. A. G. 프랭크는 1959년에 이미 "산업자본 저량 성장에서 주어진 수단과 화석연료에 의한 에너지소비의 완벽한 상호연관"이 미국과 영국에 존재하고 있음을 밝혀냈다. Martinez-Alier는 이에 대해 언급하면서 "프랭크나 월러스틴 모두 현재 발전 하고 있는 생태학적 역사와 같은 유형의 문제를 다루지는 않았다"고 하였다(Martinez-Alier 1987, p. 15).

10) 마르크스의 1861~63년의 노작에서는 "자본하에서의 노동의 외형적 편입은… 다른 생산양식들과 오직 형식적으로 구분된다. …**생산양식** 자체에는 차이가 없다. 분명 노동과정들은 기존에 해오던 것을 지속한다. 기술적 관점에서 지금은 단지 노동과정 으로서 자본에 편입되어 있다"라고 밝히고 있다(Marx 1994, p. 95). 또한 마르크스는 실질적인 편입에 대해서 "자본에 대한 노동의 실질적인 편입으로 기술 및 노동과정 그리고 노동자들의 자신의 생산 및 자본과의 관계에서 우리가 말한 모든 **변화들**이 일어날 뿐만 아니라 궁극적으로는 사회적 노동의 생산력이 발전된다는 점에서 노동생

이상 농경사회처럼 느리거나 지리적으로 제한되지 않고 자본주의 시장에서 개별기업들간의 경쟁을 통해 지구적이고 지속적으로 강화되는 것을 표현한 것이다.[11]

13~14세기까지만 해도 중국이나 인도제국[12]에 비해 '낙후된' 대륙이었던 유럽이 '16세기'의 발견을 통해 나머지 세계를 지배할 수 있었던 사실은(Braudel 1977) '경쟁적인' 제국들(Frank and Gills 1993; Ponting 1991) 내에서의 분할경향과 유럽이 대서양을 거쳐 정복에 대해 상대적으로 저항이 적었던 서반구로 확장(Crosby 1986)된 것으로써 설명될 수 있다. 유럽은 신대륙발견에 의한 무자비한 착취의 세기를 통해 스스로를 살찌웠다. 아테네 라우리안 지역의 은(silver)과 마찬가지로 라틴아메리카의 은(silver)은 서유럽국가의 초기 자본주의 축적에 중요한 요소가 되었다. 은의 중요성은 19세기에 오토만 제국, 라틴아메리카 국가들, 미국 그리고 제정러시아 등이 모두 유럽의 식민주의적 권력하에 있었다는 사실에서도 확인된다(Kindleberger 1985, p. 213).

이들 식민지들은 또한 유럽의 인구과잉으로 인한 이민으로부터도 상당한 영향을 받았다. 이민자들은 본국으로부터 미국, 오스트레일리아, 뉴질랜드 그리고 적게는 아프리카로 떠날 것을 권유받은 사람들이다. 1820~1930년에 유럽은 약 5천만 명을 밖으로 내보냈다.

산력의 발전이 일어난다. 그리고 오직 그러한 점에서만 직접생산에 대한 거대한 규모의 이성적 힘의 적용과 과학과 기계의 응용이 가능해진다. 따라서 형식적 관계는 물론 노동과정 자체에서도 변화가 일어난다"고 쓰고 있다(같은 책, p. 106).

11) 산업적 방식은 고도로 산업화된 국가들에 한에서 농업생산성을 배가시켰으며 인류역사에서 최초로 기아를 추방시킬 수 있게 하였다(Ponting 1991, p. 88).

12) 당시에는 20세기 후반과 비교할 만한 발전된 세계체제가 없었으며, 낙후성 개념을 정당화시킬 수 있는 단일한 발전모델도 없었기 때문에 이에 대한 기준은 질적일 수밖에 없다.

축적을 가속화시키는 과정에서 발생하는 비용은 이렇게 외부화되었던 것이다. 유럽국가들은 상당한 구매력을 가진 식민지를 새로운 시장으로 개척하는 동시에 이들로부터 천연자원을 공급받고 자본을 흡수함으로써 거의 기적에 가까울 정도로 사회적 비용들을 **사회적 편익**으로 전환시켰다. 이렇게 고결하게 보일 수도 있는 순환고리가 작동하기 시작한 것이다. 유럽의 식민지적 팽창은 자본의 내적 축적을 지원하고 자본축적은 또한 식민지적 팽창주의를 키워냈다. 16세기 유럽은 세계체제에서 지배적인 대륙이 되었으며, 이 지위를 20세기까지 유지해 왔다. 이러한 패권적 기능들은 국민국가와 지속적으로 연결되었다. 하지만 이 국가들은 헤게모니 순환이론에서 예언한 것처럼(Modelski 1987), 심각한 갈등에 빠지게 되며 궁극적으로는 두 차례의 세계대전을 거치면서 패전국은 물론 유럽 승전국들(영국, 프랑스) 조차도 약화되는 결과를 초래하였다. 20세기 중반 이후 지구적인 패권의 행사는 미국의 손으로 넘어갔다.

자본축적, 지구적 팽창, 다른 문화의 포용 또는 소멸 그리고 정치적 패권의 행사는 상호 우연적인(mutually contingent) 과정을 통해 이루어졌다. 낡은 '세계제국들'과 새로운 세계체제를 구분하는 것은 질서의 지구성(globality)이다. '자본하에서 노동의 실질적 포용'과 물질적 노동에서 비물질적 문화로 삶의 모든 조건의 전환은 생산에서 에너지 및 물질 전환의 체계 유지, 일상적 가계활동의 영위, 그리고 교통과 통신 체계의 운용을 위한 화석연료의 유용성을 기반으로 하고 있다. 연속성이 불황이나 심지어 위기의 의미를 내포하는 동안 사회적 변화는 인간과 사회생활의 규범이 되고 있다(Cipolla 1985, p. 2). 시장경제의 '거대한 전환'(Polanyi 1957b)은 마침내 '프로메테우스적인 혁명'과 산업사회의 등장(Georgescu-Roegen 1971)으로 연결되었고, 인권과 민주주의 원칙을 향한 일련의 전진을 포함한 영국·프랑스·미국의 '부르주아혁명'에 의해 뒷받침되었다. "세계시장을 창출하려는 확장적 경향"(die propagandistische Tendenz, den Weltmarkt herzustellen, *Marx-Engels Collected Works*, 1994 참조)을 지닌 근대 자본주의적 생산양식은 의기양양하게 그리고 오늘날 많은 사람들이 생각하듯이 인간과 자연의 신진대사(metabolism)를 조직하는 유일한 가능성의 원칙으로 남게 되었다.

지금까지의 설명을 요약하면 다음 표와 같다.

인류는 진화과정을 거치면서 잉여생산과 생산성 증대의 사회적 조직화와 함께 새로운 에너지체계를 생산해 냈으며, 죽은 자연과 살아 있는 자연의 요소와 에너지로서의 자원과 지구적 영역에서의 흡착능력(sinks)[13]이 사용되는 독특한 방식을 만들어냈다. 생산과

〈표 1〉 인류역사에서 프로메테우스적인 혁명의 간략한 특징들

시대	자원		흡착능력	생산성과 잉여	가치/상품/화폐	사회적 범위	사회의 사회적 유형
	에너지	물질					
구석기	태양	재생가능	지방생태계의 수용 능력에 대한 과부하가 없음	없거나 소량의 잉여	초기단계/호혜성	지방적	수렵 및 채취 사회
신석기	태양	재생가능/재생불가능	지역생태계에 대한 부분적인 과부하	생산성의 증대; 농업에 국한해서 잉여생산	부분적인 화폐주조/호혜성과 등가교환	지역적	농업사회
산업사회	화석	재생가능/재생불가능	지구생태계에 대한 과중한 과부하	지속적인 생산성 증대의 사회적 규범; 잉여 가치 형태로서의 잉여	완전한 화폐주조; 보완적 규칙으로서 호혜성	지구적	산업사회
후기 산업적 태양사회	태양	재생가능	지구생태계의 수용 능력 한계 내로 부담을 줄임	생태적 생산성; 사회화된 형태로서 잉여	부분적 화폐주조; 호혜적 규칙	지구적	후기산업 사회

13) 생태학에서 sink는 지구온난화 물질인 이산화탄소(CO_2)를 산림생태계가 흡착하는 것과 같이 오염물질을 자연환경이 처리하는 생태적 기능을 의미한다—옮긴이.

이용, 분배의 사회적 형태는 전환을 위한 사회적 역동성을 이끌어내는 데 결정적인 요소이다. 지방과 지역, 지구적인 생태계에 대한 생태학적 영향들은 활동이 미치는 경제적·생태적 범위에 따라 달라진다. 각각의 사회적 구성은 궁극적으로 잉여생산을 확장시키는 능력의 범위 내에서 이루어진다. 사회적 구성 내에서 조절양식[14]의 채택이 새로운 선택범위들을 제공하지만 에너지체계와 사회적 구성들이 함께 전환되지 않는다면 선택의 범위는 제한될 것이다. 비록 우리가 '혁명'이라는 개념의 적용에 대해 신중하라는 폰팅(Ponting)과 카메론(Cameron)의 충고를 따른다고 할지라도 신석기혁명, 산업혁명, 태양혁명과 같은 '혁명들'(Altvater 1992)을 통한 전환은 인류의 역사를 크게 구분지어 주고 있다.

'화석(연료)' 생산양식에서 화폐의 역할

산업혁명의 새로운 역사적 동학의 윤곽은 자본주의적 산업화과정에서 화폐의 역할을 고려할 때 훨씬 더 확실해질 수 있다. 생물에너지의 주어진 한계 속에서 이루어지는 생산성 증대와 잉여생산, 선진자본 총합의 잠재적 증가는 유한할 수밖에 없다. 오직 화석연료를 통해 생물에너지의 한계들을 극복함으로써 이윤율 증가가 공동체적 결합의 붕괴를 가져오지 않고 경제활동을 자극하는 사회적 규범을 만들 수 있었다. 기술-에너지체계가 인간과 동물의 신체 내부의 힘을 신체 외부의 에너지로 증폭·전환시키고, 인간활동이 'oikos'와 'polis'의 시공간적 제약으로 부적절함을 느끼기 시작한 이래, 아리스토텔레

---

14) 이것은 조절이론의 주제로서 유감스럽게도 여기서는 자세히 다룰 수 없다.

스(후에는 성 아우구스틴 또는 성 토마스 아퀴나스)가 사회적 분열효과[15] 때문에 끊임없이 비판했던 '화폐의 정량주의'(quantitativismus)는 거의 무제한으로 팽창될 수 있었다. 근대 화폐경제에서 화석연료는 프로메테우스적인 혁명을 추동시켰으며, '가치의 자기안정성'(*Marx-Engels Collected Works*, 1994 참조)을 역사적 힘으로 지구적인 금융투기의 세계로 진입시켰다.

아리스토텔레스적 전통에서 성 토마스 아퀴나스는 화폐가 비생산적(Le Goff 1988, p. 27)이라고 가르쳤으며, 이는 초기 농경사회에서 자명한 결론이었다. 화폐는 재생산할 수 없으며(nummus non parit-nummos) 고리대금 행위는 죽음과 같은 것이었다(같은 책, p. 31).[16] 화폐는 화석에너지 원료를 통해 실질적 생산과 잉여 창출 및 증대를 자극하는 것이 가능해지면서, '작업'(work)에 투입될 수 있었다. 물론 '교회의 신부들'(Fathers of the Church)이 매우 온당하게 존속하면 화폐는 어느 것도 생산할 수 없다. 하지만 자본으로 전환되면서 화폐는 노동과 자본을 먼저 공식적으로 '포섭'하였으며, 이어서 과학과 기술을 생산성 향상과 잉여추출의 수단으로 환원시키고, 화폐가 이자의 형태로 '잉태'되는 것을 허용하는 노동조직 유형을 발전시켰다. 이윤의 화폐가치는 이익의 사회적 형태에서 물질적인 잉여생산이라는 등가성을 요구한다. 만약 이익이 이자지급을 충당시킬 만큼 충분

---

15) 이런 원칙(학설)은 기독교(근대에 이르기까지)와 이슬람문화(어떤 면에서 오늘날에 이르기까지)에 의해 지지되었다.

16) 중세유럽에서는 만약 상업적 거래를 통해 누군가가 투입한 것에 비해 많은 것을 수취하는 것이 허용된다면 이 모든 상업적 거래는 고리대금(usury)이라 불렸다(Usuram appellari et superabuntantiam quidquid illud est, si ab eo quod dederit plus acceperit). Decretum Gartiani에는 "자본 그 이상의 것을 요구하는 모든 것은 고리대금이다"(Quicquid ultra sortem exigitur usura est)라는 구절이 있다. 이러한 이해에 따를 때 고리대금은 범죄 이상의 것으로 이것은 죄악이라 할 수 있다(Le Goff 1988, p. 24).

치 않고 물질적 생산의 실질적인 잉여가 재정압박과 비교하여 지나치
게 작을 경우에는 화폐는 인플레이션을 통해 평가절하되거나 생산자
(채무자)들의 물질적 기반은 잠식된다. 화석에너지 없이는 자본주의
적 생산 및 축적 과정과 근대적인 통화의 세계시장은 존재하지 않았
을 것이다. 화석연료들은 생산체계를 생물에너지의 속박으로부터
해방시켰으며, 사회적으로 파괴적이고 죄악인 고리대금이라는 오명
으로부터 자유로운 통화이자가 물질적인 성장을 할 수 있게 만들었
다. 이처럼 고상한 수준으로 격상된 통화이자는 긍정적인 사회규범으
로 발전하였으며, 현재와 같은 세계경제 제도를 만들어냈다. 화석이
나 원자력[17] 에너지로부터 전기가 생산되지 않았더라면 단 몇 초
만에 수억 달러가 홍콩이나 도쿄에서 런던으로 전달될 수 있었겠는
가? 세계은행 근무자들이 브라질에서 아크라(가나의 수도)로, 그리
고 그곳에서 워싱턴과 마닐라로 날아갈 수 없었더라면 자신들의
구조조정 프로그램을 브라질·가나·필리핀 같은 지역에 적용할
수 있었겠는가? (실시간으로 경제관련 대화를 하는 것이 가능하도록
하는) '기술진보'에 의해 시공간이 소멸됨으로써 리우그란데(브라
질), 온타리오(캐나다 남부), 라인강(독일), 포강(이탈리아), 볼가
강(러시아) 등에 위치한 실질적인 지역들에는 임금비용, 하부구조,
행정효율성 등과 같은 '경쟁적 우위'에 필요한 물질적 요인들이 상당
량 제공되었으며, 이들 지역이 '실질적인'(virtual) 세계통화시장에서
유동성 투자재원 확보를 위한 치열한 경쟁을 할 수 있게 해주었다.[18]

---

17) 원자력과 화석 에너지의 차이에 대해서는 더 이상 논의할 수가 없다. 원자력에너지의
　　자원은 화석주의(fossilism)의 문제를 확대시킨다는 정도로만 말해 두자.

18) 전근대시기 동안 인간은 수송에너지원(주로 나무)에 대한 자신들의 능력에 의해
　　제한되었다(Debeir 1991). 따라서 유용한 에너지원으로부터 상대적으로 근접한 곳에
　　서 생산하였다. 하지만 근대 자본주의 사회의 에너지원과 원료물질은 세계 모든

화석주의(fossilism)와 통화관계의 지구화(지구적인 통화체계와 세계금융시장)는 결코 근대 산업발전의 균형과 조화를 이루거나 세계 모든 곳에서 생산체계를 통한 추출의 통합을 이끌어내지는 못한다. 대신 20세기 후반의 '세계질서'는 '북부'의 선진산업사회와 '남부'의 후진적인 자원지향적 추출경제 간의 에너지와 물질 전환체계의 모순으로 특징지을 수 있다. 물론 천연자원이 풍부한 국가와 지역들(아열대지역 섬들)이 부와 풍요를 축적할 수 있는 더 좋은 기회를 가지고 있다는 것을 말하는 것은 아니다.[19] 19세기 국가의 천연자원은 경쟁우위의 중요한 요소였지만, 20세기 들어 노동의 세계적 분화 경향은 천연자원에 의존하지 않으면서도 세계시장에서의 혁신과 경쟁에 필요한 조직적·기술적 잠재력과 숙련노동력을 가진 국가들을 유리하게 만들었다. 자원이 풍부한 국가들은 천연자원의 수출을 통해 산업화된 국가들이 번영을 유지·증대시킬 수 있는 기회를 제공해 준 반면, 정작 자신들의 영토는 자원수출 과정이 종료된 후에는 '블랙홀'[20]로 남게 되었다.

자원수출 국가들이 정치적 수단을 동원하여 상대적인 요소가격을

지역에서 얻으며 이것들을 물질·에너지 전환 센터에서 가공하여 '근대 풍요사회'의 가계 진열대와 '국가의 부'를 장식하는 사용가치들로 가공하였다. 이 모든 것들은 정교한 저장능력과 고도의 수송체계, 그리고 1차와 2차 에너지를 최종적인 에너지생산물, 즉 석탄은 열과 운동 에너지로, 운동에너지는 다시 열과 전기 에너지 등으로 변환하는 것을 전제하고 있다. 이 모든 조건들이 화석연료에 의해 충족되었다.

19) 구소련이 천연자원이 풍부하다는 이유로 세계시장 속으로 성공적으로 통합되리라는 낙관적인 주장들이 제기되곤 했다. 하지만 이들은 자연적 부에도 불구하고 근대적 산업체계를 발전시키는 데는 어려움을 겪을 것이다. 경쟁적으로 산업화된 근대국가들에서 산업가동을 위한 천연원료들이 수출됨에 따라 구소련 공화국과 선진국가들 간의 격차는 더욱 커질 것이다.

20) 에우클리데스 다 쿠냐(Euclides da Cunha)는 미나스 제라이스(Minas Gerais) 주에 있는 광산을 이렇게 묘사했다.

형성함으로써 자원부문에서 발전하는 산업부문으로 생산의 직접적 요인들(노동과 자본)을 이전·관리하지 않는다면, 산업화된 세계의 '질서'라는 것은 곧 추출경제의 '무질서'를 말하는 것이다. 하지만 이것을 관리하는 전략은 세계시장에서 그 국가의 산업생산 경쟁력에 달려 있는데 이는 달성하기가 매우 힘들 것이다. '체계적 경쟁력'의 강화는 한 나라에서 만든 생산품(독일제 차, 브라질산 철광석, 캐나다산 와인 등)이 다른 나라들에서 제조된 비교상품(일제 차, 오스트리아 광석, 프랑스산 와인)과 부문 내(intra-sectoral) 경쟁에 들어가게 됨을 의미하는 것이다. 하지만 이러한 경쟁은 두 가지 차원을 가지고 있다. 비교우위의 고전적 규칙을 따르는 생산가격과 비용 및 질을 기반으로 한 '부문 내 경쟁'과 산업부문과 자원부문에서처럼 이윤율의 차이에 근거한 '부문간 경쟁'이 그것이다. 자원에서 산업부문으로 생산요소를 이전하기가 어려운 것은, 세계시장의 경쟁조건 아래서 자원부문에 비해 산업부문에서 높은 이윤율이 발생함에 따라 저개발국가들이 처한 어려움과 관련이 있다. 이런 문제들은 해럴드 이니스의 캐나다 중요상품(대구 같은 생선, 모피, 목재)에 대한 분석(Innis 1965)과, 스티븐 벙커(Bunker 1985)의 열역학적 범주를 가지고 아마존의 저개발을 설명하고자 한 시도들에서 자세히 드러난다(Altvater 1987; 1993a 참조). 또 요소가격(factor prices)의 역비례에 따른 '네덜란드 병'(Dutch disease)의 영향(Gregory 1976)과 계급 특화적인 이윤구조 측면에서도 같은 주제가 논의된 바 있다.

자원추출 국가와 자원소비 산업국가들 간의 발전양상의 차이가 문제가 되는 이유는 생산과 소비의 기준과 모델, 참여 또는 문화적 실천의 정치적 형태의 세계화와 관련이 있다. 이러한 것들은 오늘날 화폐와 통신을 포괄하는 지구적인 체제에 의해 조정된다(Bell 1993,

p. 159; Innis 1986; Godfrey 1986, p. IX). 지구화된 금융시장에서 이자율에 의해 최소수준의 가격결정이 이루어지는 곳에서 표준화 양상은 매우 분명하다. 하지만 측정과 표준의 기준점들은 경쟁자들 중 가장 성공적인 것들을 중심으로 이루어짐으로써 변화시키기가 매우 어렵다. 앞에서 언급한 화폐의 정량주의(quatitativism)는 따라서 국가간 경쟁의 동학과 규칙들을 결정하면서 모든 경쟁자들에게 경쟁의 수준을 높일 것을 요구하고 있다.

화폐의 사회적 규범(통화예산 제약) 또는 자본의 가격설정 원칙과 생산과정과 (근대 산업체계에 의해 동력화된) 화석에너지원의 활력 있는 잠재력이 지구를 변형시킴에 따라, 지구 차원의 생태적 문제는 축적되어 왔다. 경쟁력의 향상은 생산수준의 향상, 잉여축적 그리고 성장의 증대를 가져왔다.[21] 하지만 에너지 효율성의 향상이라는 조건 하에서도 대량생산과 대량소비는 물질과 에너지의 '처리량'이 함께 증가할 경우에만 가능하다(Daly 1991).[22] 지구적인 생태문제들은 세 가지 차원을 가지고 있다. 첫째, 유한하고 재생 불가능한 자원들은 고갈되고 재생 가능한 자원들 또한 재생능력을 초월하여 채취되어 왔다. 이 경향은 매우 오래되었으며 폰팅이 이스터 섬(Easter Island)을 사례로 보여준 것처럼 많은 고대문명들을 파괴시켜 왔다(Ponting 1991, pp. 1~7). 오늘날 재생가능 자원과 재생불가능 자원에 대한 과잉착취는 지구적인 수준에 달했으며 인류 전체에 영향을 주고 있다. 둘째, 산업자본주의적 생산양식의 무제한적인 양적 논리는

---

21) 이러한 진술은 다른 변수들의 불변을 가정하고 있다.

22) OECD국가들은 1970년대 석유파동 이후 국가 총생산단위당 에너지소비 감축을 관리해 왔다. 그럼에도 에너지 소비(그리고 폐기물 생산)는 국가 총생산량의 증가가 에너지효율을 초과하면서 증가되어 왔다(OECD 1991).

생태계의 흡수 및 재생산 능력을 초월한 수탈을 야기하고 있다. 산업화가 시작되면서 이로 인한 영향은 지배적인 것이 되었으며 자본주의적 세계체제의 물질적 구성과 더불어 지구적인 차원에 이르렀다. 셋째, 자원과 생태적 기능의 과잉사용은 인간처럼 '신체 외적 도구들'을 개발하여 변화하는 환경조건에 적응하기 위한 2차 자연을 구성할 수 없는 다른 생물종들을 위협하고 있다. 만약 생물들의 적응을 위한 '내적' 특성보다 환경변화가 빠르면 생물들은 멸종할 수밖에 없다. 근대의 생태적 파괴의 파국은 역사적·지리적 제국주의의 원칙과 시간을 압축시킴으로써, 급격하게 변화하는 환경에 신속히 적응할 수 있는 능력이 크게 감소하고 있다는 사실에 있다. 자본주의적 시장경제가 강력하게 추동하는 화폐의 예산제약(monetary budget constraint)과 '생태학적 예산제약'(ecological budget constraint) 간의 모순이 점점 심화되고 있는 것이 갈수록 분명해지고 있다. 지금까지 이러한 모순은 규범적으로 (생산과 소비의 '지속가능성'에 대한 준거를 가지고) 서술되어 왔으며 그저 엄격한 분석적 처방만을 기다렸다(O'Connor 1994).

이제 지금까지의 주장들을 정리해 보자. 통화조절은 경제활동과 함께 경제체제를 시간적으로 가속화시키고 공간적으로 확장시켜 나갔다. 화석에너지와 이에 수반하는 에너지체계 그리고 물질적 전환은 자본의 명령에 노동과 자본이 실질적으로 포섭되는 것을 허용함에 따라, 통화조절은 역사적 힘으로 발전해 왔다. 기존에는 '화폐의 법칙'(rules of money)이 이자율에 대한 교회법이나 이슬람식의 금지 또는 고리대금의 사회적 추방에 의해 순화될 수 있었다. 그러나 산업혁명과 화석연료혁명을 거치면서 자연의 포섭에 따른 생태적 문제와 노동의 포섭과 관련한 사회적 문제는 지구화되었다. 지금의 지구생태계의 과잉착취와 경제적 불평등은 따라서 '새로운 세계질서'의 구축 속에서 핵심적으로 다루어져야 할 이슈로 등장하였다.

생태적 '예산제약'의 정치학: 지구적 인종차별정책 또는 환경레짐?

생태적 한계는 지구수준에서 '성장의 사회적 한계'(Hirsch 1977)로 그 모습을 분명히 드러내고 있다. '세계지배의 합리주의' 추구는 한 가지 '비극적인' 결과를 수반한다. 이 의제가 더욱더 추구될수록 실질적인 세계지배는 더 불가능해진다. 왜냐하면 "자연변형에 따른 반작용을 고려하지 않는 사회는 적어도 자연을 지배했다고 할 수 없기 때문"이다(Grundmann 1991, p. 109). 대기에의 오염물질 방출과 같은 자연자원 이용의 한계는 자연적·영토적 경계로는 정의될 수 없으며 경제적 예산제약(budget constraint)에서 벗어나는 것이다. 이러한 유형의 시도들은 그 자체에 대한 영토적 경계설정이 힘들고 수익성의 추구가 '산업사회의 지구적 비용들'을 생산 프리미엄으로 제공하기 때문에 실패하게 된다. 대신 생태적 한계에 대한 정의는 생태적 '예산' 제약에 대한 이해를 필요로 하는데, 이는 다음 두 가지 방식으로 결정된다. 첫째, 생태적 예산제약은 인간중심적 영향들에 관하여 생태계의 수용능력이라는 측면에서 '수동적으로' 정의 내릴 수 있다. 두번째는 인간 생산과 소비에 의해 지구에 부가되는 부담(burden)이라는 측면에서 '능동적으로' 정의 내릴 수 있다. 생태적 능력과 경제적 부담의 경계, 생산과 축적의 '생태적 규모'와 '경제적 규모' 간의 경계는 '지속가능성'으로 불렸다. 이 지속가능성 개념은 1987년 브룬틀란트 보고서가 발간되면서 국제적인 논쟁으로 떠올랐는데(Brundtland 1987), 규범적 성격과 분석적 엄격함을 가지고 있다(O'Connor 1994).

따라서 열역학적 용어로 '지속가능성'을 정의하는 것이 훨씬 타당하다(Daly 1991; Altvater 1992). 엔트로피 생산속도는[23] 지구상에서 제로 상태로 맞추어져야 한다. 즉 태양으로부터 에너지투입은 열과 하수, 폐기물, 발산 등의 형태로 엔트로피를 증가시키면서 균형을 맞추어야 한다. 궁극적으로 이러한 균형흐름은 '태양전략'(solar strategy)이라는 수단을 통해서만 달성 가능하다(Altvater 1992; Scheer 1993).

생태계 수탈은 무엇보다 먼저 환경으로부터의 자원추출량과 생태계로 되돌려주는 방출량, 즉 '생산과 소비의 생태적 규모'에 의존하고 있다. 이 개념은 생산과 소비의 물리적이고 활동적인(사용가치) 측면, 자연과 인간의 대사를 의미한다. 둘째로 자원추출의 규모는 세계 사회에서의 성장수준과 속도 및 소득의 분배, '생산과 소비의 경제적 규모'에 의해 결정된다. 후자의 경우는 경제적 과정의 화폐나 가치 측면을 다루는 것이다. 예를 들어 이산화탄소 배출, 벌목, 수질오염 그리고 재활용을 포함한 폐기물 생산과 처리 등에 관해서 양적 상한선과 질적 기준을 설정하여 생태적 자원의 이용과 상환(생태적 규모)의 문제를 다룰 수 있는데, 이를 위한 기준설정의 요구는 권위주의적인 문제해결 방식을 자극할 수도 있다. 이에 대한 비판에 관해서는 하비의 글을 참조할 수 있다(Harvey 1993).

원칙적으로는 생산에 환경비용을 내부화시킴으로써 생태적으로 지속가능한 방향으로 사람들의 시장 참여를 촉발시켜 경제적 유인책을 통해 '경제적 규모'의 한계 내에 머무를 수 있다. 그런데 이러한 목적을 달성하기 위해서는 환경세를 부과하고, 교통·에너지·농업

---

23) 사회과학에서 이 용어의 사용은 이미 문제제기가 된 바 있다. 닫힌 계(closed system)에서 자유에너지의 '유용성' 개념뿐만 아니라 질서의 개념이 인간기준에 따라 정의되었기 때문에 이것은 강한 의인화를 함축하고 있다.

분야의 환경파괴적인 보조금을 없애며, 공공부문에서 적절한 요금과 운임 체계를 세워야 한다. 동시에 환경파괴 '비용'을 계산하고 이것을 시장가격에 포함시키는 방식으로 가격체계에 영향을 미칠 수 있어야 한다. 하지만 '정확한 가격확보'를 통해 환경에 대한 부담을 완화시키려는 시도가 실현 가능한 것인지에 대해 의문을 가질 필요가 있다. 자원과 흡착(sink) 능력의 이용에 대한 시장의 가격을 조절할 만한 어떠한 방법도 아직은 존재하지 않기 때문이다. 환경경제학은 이러한 문제들을 잠재가격(shadow prices)과 같은 부수적인 방안들을 통해 해결하려 한다. 그런데 비록 이러한 방식들이 '합리적인' 면을 가지고는 있지만, 근본적 과제는 상호 의존적인 생태계를 개별 단위로 분할한 후 이것들을 가격으로 측정하는 것이 도대체 가능한가 하는 점이다. 그리고 비록 이것이 가능하다고 하더라도 기존의 합리적인 가격형성 메커니즘이 해체되기란 쉽지 않으며 오히려 이것이 자연을 보호하기보다 파괴한다면 어떡하겠냐는 것이다.

또한 내부화를 통한 생태전략들에 대해 회의를 가지는 데는 시장구조의 문제점과도 연관되어 있다. 세계시장의 가격은 자유시장의 힘보다는 미시경제적으로 가격을 조절하는 초국적기업의 힘의 영향을 크게 받는다. 적어도 세계무역의 25%는 기업내부 무역(intrafirm trade)으로 고려되어야 한다(OECD 1993). 가장 중요하게 자본주의 화폐경제에서 예산제약의 원천인 화폐가격——이윤율——은 매우 불안정한 변수인바, 경제적으로 불안정한 시기에 특히 그러하다. 고전경제학자들의 가정과는 반대로 이자율 수준은 잉여생산의 실질적이고 '자연적'인 능력(생산능력의 증대로 나타난다)이나 투자수요와 유동성 자산의 선호도를 반영하는 것이 아니다. 지구적인 '채무과잉'(debt overhang)으로 인해 전세계적으로 국제신용은 국가적인 통화구역——투자를 위한 항구적인 인센티브——으로 분할되었으며, 이자율은 위험을 계산하는 수단이 되었다. 위험방지 목적에 부합하는 금융수단들은 급속도로 투기의 대상이 되고 있다. 따라서 화폐가격으로서 이윤율의 신뢰성은 급격히 상실되고 있다. 주어진 자본량을 가지고 생산될 수 있는 수익형태의 생산적 잉여는 세계화폐시장에서 혁신적인 금융수단들이 수익을 계산한 결과와는 크게 연관성이 없다. 이자율 수준은 채무자의 실질적인 생산력과 분리되고 있는 것이다. 자본주의나 화석(연료) 이전의 시기에 이러한 현상들은 아리스토텔레스나 교회법 및 이슬람이 이자(interest)를 금지하는 원인이 되었다. 그러나 이러한 이자에 대한 금지가 더 이상 존재하지 않게 되면서, 우리는 제3세계의 부채위기와 이것이 라틴아메리카와 아프리카에 미치는 사회적·생태적으로 파괴적인 영향에 의해 지구적인 부채에 대한 부담은 더욱 증폭되고 있음을 목격하게 된다. 이자율의 형성은 분명 경제적으로 합리적이다. 왜냐하면 화폐가격——매우 탄력적인 시장가격——은 '이론적으로 정확'하기 때문이다. 하지만 이자율 수준이 잉여생산의 실질적인 조건과 분리되고 다른 것 이상으로 부채의 부담을 반영함에 따라, 이자율은 생태적·사회적으로 '정확한' 용어가 될 수 없으며 합리적 의사결정을 위한 토대를 제공하는 데 실패할 수밖에 없다.

경제적 메커니즘은 산업국가와 자원지향국가 간의 발전격차를 완화시키지 못할 뿐만 아니라 생태적 문제 역시 해결하지 못한다. 산업자본주의의 생산과 소비가 한계가 있는 세계에서 자원과 흡착능력의 유한성으로 인해 제기되는 도전에 대해 어떠한 해답을 찾을 수 있을 것인가? 한 가지 해답은 '봉쇄'(containment)에서 찾을 수 있다(Sachs 1992). 이는 축적모델, 즉 북부의 특권화된 산업국가들의 조절과 생활 양식을 영속시키기 위해 '남부'에서의 자원과 흡착능력의 과잉착취에 따른 부정적 결과들을 제한시키는 것을 말한다. 자본주의의 초기 **식민지적** 국면 동안 지구상의 '비어 있는 장소들'(empty spots)은 정복·식민화·억압·착취되고 무자비하면서 심지어 대량학살적인 방식으로 자본주의적 도시들의 영향권 아래로 통합시켰다. 19세기와 20세기의 **제국주의적** 국가들은 모두 기존의 분할된 세계들을 공간적으로 재조직하고자 했으며, 이는 필연적으로 무력충돌을 일으켜 세계대전을 통해 최고조에 달했다. **봉쇄**전략은 지구상에 완전히 새로운 공간조직을 낳는다. 하지만 이것은 전후기간 동안 나타난 특권구조 위에 세워진다. 풍요로운 사회는 자원과 흡착능력에 대한 자신들의 접근을 확고하게 만들려고 애쓰지만, 다른 사회들은 알려져 있는 지구생태계의 한계 내에 머물게 하는 필연적인 희생을 수반한다. 이런 상황에서는 '맥스웰의 도깨비'(Maxwell's Demon)[24] 와 같이, 세계사회는 소득수준과 자연자원에 대한 평등한 접근으로부터 배제하면서 불평등한 질서를 무한히 지속하게 된다(Martinez-Alier 1987).

세계인류의 필요와 욕구, 권리에 대한 평등의 원칙[25]은 생태계(자

---

24) 19세기 스코틀랜드의 철학자 제임스 맥스웰은 입구에 일정한 속도로 움직이는 공기분자가 들어올 수 있게 하는 demon을 설치하면 방안의 온도를 조절할 수 있다고 가정했다. 여기서 demon은 방안의 입구를 지키고 서서 분자가 일정한 운동에너지 이상으로 올라가지 못하게 하는 문지기(gate keeper) 역할을 의미한다—옮긴이.

25) '제3세계'의 소득수준을 '제1세계' 수준으로 높이는 데는 (1) 산업국가 소득수준과 개도국 소득수준 비율 (2) 개도국의 인구증가 (3) 상정된 생산효율 증가를 반영하는 요인 (4) 전체 세계인구 중 개도국의 인구를 반영한 요인의 결과물의 증가를 필요로 한다. 만약 세계인구 중 개도국이 차지하는 비율이 0.8이고, 효율성 증가가 0.5, 개도국 인구증가가 두 배이며 선진국과 개도국 간의 소득비율이 4라고 가정하면, 소득은 3.2요인만큼 증가한다(0.8×0.5×2×4=3.2). 만약 경제적 메커니즘의 비중(monitary

원과 흡착능력)를 고도로 이용하면서 부분적으로 과잉부담을 주는 자원에 대한 제한된 할당의 원칙으로 대체된다. 인류의 일부는 많은 양을 할당받는 반면 나머지는 적은 양만 할당받는다. 연평균 소득수준이 2만 달러에 이르는 G7국가의 시민들은 1인당 연평균소득이 500달러인 G77국가의 시민들보다 더 많은 것을 요구하고 있다. '새로운' 세계질서 속에서 가격메커니즘의 배급효과는 경제적·정치적·군사적 의미에서 거의 완벽하다.

봉쇄와 지구적인 차별에 대한 대안은 정치적 조정과 원칙적으로 동등한 행위자들간의 협력에 달려 있다. 이는 공통의 가치와 정치적 규범·규칙 그리고 무엇보다 행위자들이 동등한 지위를 가지고 생태적 문제들에 대해 토론하고 효과적으로 소통할 수 있는 제도들의 역량을 기반으로 한 지구적인 생태적 레짐의 형성을 의미한다. 일련의 관찰자들은 1992년 6월 브라질 리우데자네이루에서 열린 유엔환경개발회의(UNCED)를 레짐 형성의 중요한 출발점으로 해석하고 있다(Buckmeier 1994; Simonis 1993; Oberthür 1993; Rowlands 1992). 이는 UNCED 회의가 인간과 자연의 대사(metabolism)를 지구적으로 조절하는 것을 다루기 위한 협약들에 뒤이어 나왔기 때문이다.[26] 이 협약들 가운데는 1973년 멸종위기종을 보호하기 위한 워싱턴협약, CFCs와 오존층 고갈에 대한 몬트리올협약(1987)과 후속협정들, 월경성 유해폐기물에 대한 1989년의 바젤협약과 1994년 3월 제네바에서의 협약강화, 도쿄와 요코하마에서의 열대목재무역 조직 그리고 최근

---

constraint)과 생태학적 제약(ecological constraints)을 고려한다면 이러한 증가는 믿기 어려울 정도로 커진다. 따라서 소득수준의 수렴은 지구적인 소득재분배를 통해서만 가능하다. 하지만 이러한 과업을 달성하기 위한 정치적 의지는 사전에 고려되지 않았다.

26) OECD(1991)는 대부분의 국제환경협정과 협약을 수립한 바 있다.

비준된 CO_2협약과 리우데자네이루에서 결론이 난 보다 덜 구속적인 삼림과 생물다양성 보호협정 등이 있다. 하지만 이 협정들을 두고 앞에서 언급한 국제적 영역에서의 생태적 레짐, 즉 행위자들에 의한 환경적 행동의 틀 구성과 목표 및 전략의 정의로 해석하는 것은 과장된 것이다. 앞에서 언급한 모든 규제들의 공통된 특징 하나는 19세기 세계질서에 근거한 국가보호주의를 넘어선 '자유무역'(비교우위의 원리)과 '자유기업'의 요구들에 제한을 가하는 (비록 매우 느슨할지라도) 조건부적인 형태라 할 수 있다.

만약 리우에서 열린 UNCED 회의에 영향을 끼친 의사결정을 심각하게 고려한다면, 무시할 수 없는 생태학적 조건부에 대한 원칙은 생태적 규범을 국민국가 차원에서 통제하거나 또는 국제무역협정과 국제기구에 의한 감시로 결합시키는 대안선택이 가능할 것이다. 첫번째의 경우 한편으로는 가격설정에서 생태학적 비용을 무시하는 '생태덤핑'(eco-dumping) 때문에, 또 한편으로는 생태학적 비용을 적절하게 반영하지 못한 가격의 상품에 대해 관세 또는 비관세 장벽을 설치하는 '생태보호주의'(eco-protectionism)에 의해 필연적으로 국가들간의 무역갈등을 불러일으키리라는 것은 쉽게 예상할 수 있다. 물론 이러한 전망이 환경규제가 없는 '자유무역'보다 더 불안하다는 것을 의미하는 것은 결코 아니다. 사실 고전경제학자들이 고안해 낸 '비교가격 우위'의 개념은 자본이동성과 국가간 노동력의 이동이 상당한 수준으로 이루어지고 있는 시대에는 이론적으로 근거가 없는 것이다(Daly and Cobb 1989). 따라서 두번째 선택이 UNCED 이후 레짐 형성을 진전시키는 데 더 적합할 수 있다(〈그림 2〉 참조). 재정적 분담금이 책정되고 환경 레짐이 소득수준 유지에 필수적인 자연자원 이용의 권리를 규제하면서 레짐 형성은 국민국가들간의 분배적 갈등

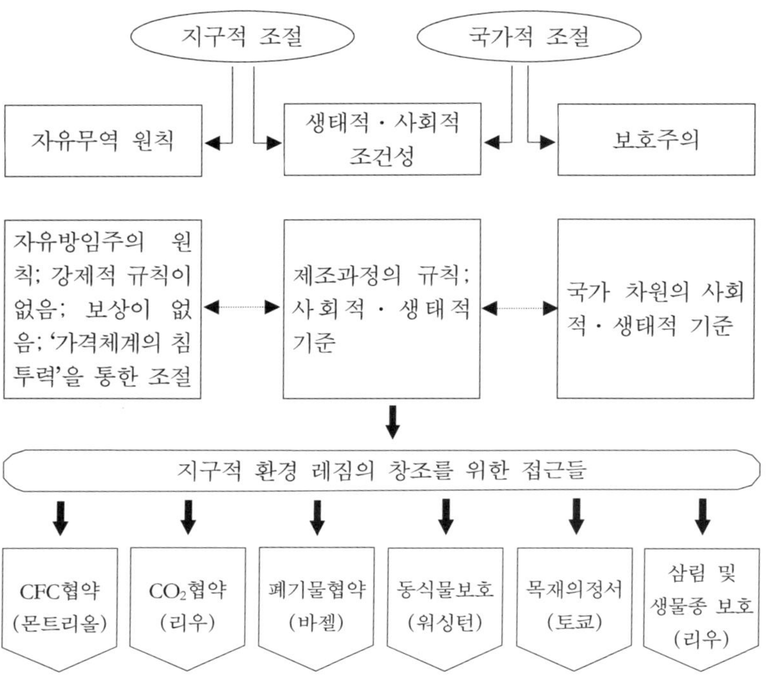

〈그림 2〉 생태적 기준의 조절: 국제적 레짐 형성을 위한 접근들

과 필연적으로 연결될 수밖에 없다.

국민국가를 넘어선 지구적 시민사회?

국제적 수준에서 국민국가들은 더 이상 유일한 것이 아니며 많은 경우에 있어 결정적인 행위자가 아니기까지 하다. 비록 국민국가에 의해 실행되는 재분배정책의 문화적·언어적·정치적 그리고 역사적인 유산이 범세계적인 추상적 공통성, 권리와 의무에 대한 호소보다는 정당화의 효과를 가지기는 하지만 말이다. 거대하고 강력한 유럽연합 또는 작고 약한 도서국가연합(Alliance of Small Island States, AOSIS) 같은 국가들과, G77 같은 약한 동맹관계와 G7처럼 견고하게 제도화된 협력관계에 비해서, 초국가 은행과 기업들은 자신들이 가진 경제력을 정치적 힘으로 변화시키면서 국제무대에서 활동한다. 세계은행과 IMF, GATT나 ILO와 같은 국제기구들은 흔히 선진산업국가들의 경제적·정치적 힘을 강화시키는 한편, 비정부조직들(NGOs)은 특히 환경과 개발 문제의 의사결정에 참여한다.

모든 행위자들은 이해관계를 추구하는데, 이것을 오염원인자의 이해관계와 오염피해자의 이해관계로 구분해 볼 수 있다. 하지만 오염원인자가 곧 피해자가 되는 '부메랑 효과'(Beck 1992) 때문에 양자 간의 명쾌한 구분은 사실 힘들다. 이 두 유형의 이해관계에 대해 프리트비츠(Prittwitz 1993)는 '후원자' 또는 '지지자'(Helferinteressen)라는 제3자의 이해관계를 세번째 범주로 도입하였다. 이러한 행위자와 역할들 간의 조합은 개발과 환경을 조절하기 위해 고안된 국제 레짐의 협상을 구성함에 있어, 복잡하고 모순적인 이해관계들의 집합을 올바르게 인식할 수 있도록 해준다. 지모니스(Simonis)가 개발한 〈표 2〉는 이러한 관계들을 보여주고 있다. 지구적 소통과 네트워크의 결과, 국민국가와 이를 대변하는 외교관들은 국제관계를 형성함에 있어 자신들의 독점을 상실하고 있다. '시민사회'는 국제화·초국가 화되는 과정에 있다.[27] 이런 경향조차도 화석(연료) 포디즘(fossil Fordism)의 지구화의 결과로 이해될 수 있다. 자연환경에 대한 위협

---

27) 여기서 '시민사회'는 최근 '새로운 세계질서'에 대한 많은 분석에서와 같은 진부하거나 소박한 방식의 의미가 아니다. '시민사회'의 국제화는 다름아니라 자본주의적 사회형 성의 사회적 관계, 이것들의 모순과 갈등의 국제화이다.

〈표 2〉 지구적 환경정치의 행위자들과 그 이해관계

국제적 행위자	(오염물질) 배출 생산자	(오염물질)배출에 영향받는 행위자	원조 제공자	원조 수혜자
국가와 국가집단				
미국	강함	약함	강함	문제없음
유럽연합(EU)	강함	강함	강함	문제없음
동유럽국가	강함	강함	약함	강함
석유산유국 (OPEC)	강함	약함	약함	약함
G77	약함	강함	약함	강함
도서국가연합 (AOSIS)	매우 약함	매우 강함	문제없음	약함
초국적기업들	강함	강함/약함	문제없음	문제없음
NGOs	문제없음	강함	강함	강함
국제기구들	문제없음	문제없음	강함	문제없음

은 한쪽에서는 '새로운 관심'(neue Betroffenheiten)을 다른 쪽에서는 점점 조직적인 형태를 띠어나가는 국제적인 네트워크[28]를 이끌어낸다. 그러는 동안 NGO는 특히 개발과 환경 영역의 국제협정을 협상하는 데서 중요한 과업을 맡게 되었으며, 이러한 경향은 국가이론과 관련하여 의문을 제기하고 있다.

근대성의 등장이 '국제질서'를 구성하고 국제관계에 관한 '현실주의학파'(realist school)의 출발점이 된 이래, 주권국가들은 가장 오랜 전통과 최고의 권력, 높은 정당성 그리고 국제체제에서 가장 큰 전문

---

28) 따라서 전자자료은행들은 NGO들의 국제적인 통합을 위해 그 중요성이 점점 높아지고 있다(*Le Monde Diplomatique*, July 1994).

성을 부여받은 행위자가 되었다. 국민국가의 주권은 두 가지 방식으로 정의되고 범위가 설정되었다. 국가권력은 영토에 귀착되므로 영토적인 공간적 차원을 가진다. 또한 국가권력은 역사적으로 시민(Staats-volk)으로부터 도출된다. 적어도 민주주의체제에서는 시민이 고유의 주권자이며, 이들이 정당성과 권한을 각각의 국민국가에 부여한다. 권력과 주권의 자원인 영토와 인민은 유한하다. 19세기와 20세기 국민국가의 경계들은 경제적 과정의 범주 및 물질과 에너지 전환의 공간적·시간적 영향과 비교할 때 매우 협소하였다. 근대 국민국가체계가 '유동적'(fluid)으로 된 것은 경제의 국제화가 이루어지면서부터다(Ruggie 1993, p. 139).

하지만 20세기 말에 나타난 이러한 경향들에서, 지난날 국민국가의 결정적인 역할이 과거의 것이라고 추론하는 것은 잘못된 것이다(Panitch 1993; Cox 1993). 정부행위의 정당성은 여전히 주요하게 선거민의 국적에 의해 정의된 사회들로부터 도출된다. 그래도 국가의 시민은 더 이상 자명한 단위가 아니다. 유럽역사에서 국민국가는 기존의 '민족'으로부터 자신의 통합성을 얻기보다는 자신들의 국가시민들을 창안해 내야 했다. 근대적인 '유목주의'(nomadism)는 정당한 사회적 보호를 요구하는 사람들을 구분해 내는 비영토적 경계들을 해체시켰다. 동시에 하위국가적이고 지역주의적인 실체들(콕스[Cox 1993]가 말하는 '미시지역주의')이 등장하여, 더 이상 전통적인 국민국가에 부속되지 않는 하위국가적인 정체성을 만들어내고 있다. 러기가 영토적 국민국가의 침식을 기능적 실체로 그리고 국가적 영토들의 파괴를 사회적 이미지 세계의 상징으로 불렀듯이 국민국가의 영토성은 '분할'되고 있다(Ruggie 1993). 통화구역으로서 국민국가들이 역설적으로 국가적 그리고 국제적 용어로 정의되고 있다. 이들은 다른 국민국가들과의 경제적 관계들이 국가회계수단과 지불균형을 통해 계산됨에도 불구하고 교환율을 매개로 해서 서로 연결되어 있다. 외국환율의 조절은 국민국가와 국제기구들의 영향력 내에서 오직 제한된 정도로만 의존하고 있다. 교환율은 통화시장에서 조절되지 않는 화폐의 힘들이 상호 작용한 결과이다. 통화시장에는 오늘날 1조 달러 이상이 교환되고 있는데, 이중 단 1%에 해당하는 100억 달러만이 연간 약 3조 5천억 달러의 세계무역을 거래하고 있다. 나머지 통화거래들은 투기의 결과로서 국가 통화규제와 지구적인 자본운동의 맥락에서 통화불안정에 대응한 화폐자산가치 보호에 필요한 것들이다.

경제와 생태적 문제의 지구성이라는 측면에서 국민국가 주권의 한계를 고려할 때 우리는 단일한 세계에서 지구적인 정부의 등장을 목도하고 있다고 주장할 수도 있다(Knieper 1991; 1993). 지구사회에서 국가가 논의의 주제가 되면서 어느 정도는 지구적 정부가 '의인화·상징화·이미지화'되고(Walzer 1967) 합의를 통해 정당성을 얻어가고 있다. 하지만 권위주의적 생태주의의 불길한 예감은 점점 커지고 있다. 이는 정치적·경제적·생태적 역설을 말해 준다. 정치는 권력의 재생산, 규칙의 정립, 정치적 개입의 정당성 보호, 합의의 형성에 관한 것이다. 이러한 원칙들이 지구화될 수 있겠는가? 정치의 지구화는 경계를 설정하는 정치적 원칙을 전제하고 있기 때문에 지구적 체계의 무한성으로 전환되기는 어렵다. 바야흐로 정치는 전환점에 와 있는 것 같다.

경제와 생태, 정치의 시간적 비균질성과 시공간적 양립불가능성은 지구적인 국가의 설립이나 국민국가 전통에 대한 호소 없이 파괴될 수 있다. 그럼에도 어떻게 이러한 단일한 지구에서 기능적 공간들의

‘역기능성’이 생산적인 힘이 될 수 있는지와 관련해서는 문제가 제기될 수 있다. 만약 국민국가들이 지구적인 생태적·경제적인 문제들을 해결할 수 없다면, 그리고 만약 지구적 국가가 환상이라면, 중간단계의 기구와 조직들은 국제적인 생태적 레짐을 형성하는 과정에서 두 가지 차원의 복잡한 과제에 직면하게 된다. 첫째, 국가 또는 지역 차원에서 정치제도들을 통해 대기·토양·수질 오염을 감소시키고 지속 가능하게 자원을 관리하며 ‘경제적 편익’으로 계산될 수 없는 생물종들의 서식지를 보존하는 새로운 급진적 수단들을 마련하기 위해 중재와 협의를 강화하는 데 있어서 비정부조직, 즉 NGO들의 역할이 필수적인 것이 되고 있다. 자연환경보호를 둘러싼 이해관계는 수직적으로 분할된 계급적 이해관계나 수평적으로 배치된 특정 집단들의 이해관계에 속한 것으로 취급될 수는 없다. 자연보호에 관한 이해관계는 모든 사람에게 다 속하며 모든 수직적 계급과 수평적 집단에 똑같이 관련되어 있다. 이러한 의미에서 울리히 벡(Ulrich Beck)이 스모그를 ‘민주적’이라고 말한 것은 정확한 지적이다. 자연보호나 환경관련 문제들은 특수 계급이나 집단의 이해관계로 환원될 수 없다는 점에서 이 문제를 보편적으로 옹호하는 역할은 NGO들이 해야 한다.

둘째, 국가영역 아래 속해 있거나 주권과 전통적인 외교의 영역 내에서는 앞에서 언급한 문제들이 제대로 다루어지지 못하기 때문에 국제적 네트워크 내에서 연결망들을 구축하는 데 NGO들은 핵심적인 역할자라 할 수 있다. 따라서 비정부조직 즉 NGO들은 말하자면 세계시민사회의 구성인자이다. 국가적 이해관계를 초월하는 ‘인류의 이해관계’와 또 인권과 자원에 관한 권리는 주권이나 국가의 영토적 권력에 의해 제약되지 않는 NGO들에 의해 보다 명확해진다. 왜냐하면 국민국가는 국가간 협상체계 속에서 국제적인 협약의 인준을 위한 중재절차와 조절에 의존하기 때문이다. NGO들의 국제적 연결망은 생태적 위기의 공식적인 정치적 표현이다. 하지만 리우의 경험을 볼 때, NGO들은 공통의 정치적 형태와 매개적 특성으로 인해 단순히 동일한 사고방식으로 소통하지는 않는다는 것을 알 수 있다. 롤랜즈는 "NGO 공동체성원들간의 전례없는 수준의 협력"을 발견한 동시에 활동의 전문성과 일반대중과의 연결정도 그리고 거대 국민국가 또는 국제기구들의 대표자들에 대한 영향 면에서 북부와 남부 NGO들간의 상당한 차이를 지적한 바 있다(Rowlands 1992, p. 215).

결론적으로 '후기산업사회'(Bell 1976)에 대한 담론에 의해 알려진 것처럼 일찍이 구석기와 신석기 시대가 당면했던 것과 같은 방식으로 산업자본주의 시대는 종말을 고하고 있다. 이전의 역사적 기간 동안에는 하나의 단일 발전모델이 인간의 사고와 열망을 결정했을 뿐만 아니라 국민국가와 국제기구의 정치를 이끌었다. 그러나 이와는 대조적인 세계에서 지구적인 생태적 문제들은 시장에 의한 불평등처럼 해결하기가 쉽지 않다. 지구적 불평등성의 질서를 유지하고 생태파괴, 갈등, 전쟁, 빈곤, 고통이라는 미개발(non-development)의 경제적·정치적·사회적·생태적 결과들을 담아내기 위해서는 '맥스웰의 도깨비' 같은 '새로운 세계질서'가 필요하다. 냉전의 봉쇄정책 이후 새로운 형태의 봉쇄가 등장하고 있으며, 심지어 새로운 군사전략에 의해 복제되고 있다. 그럼에도 이런 새로운 세계질서로부터도 벗어나는 경향들이 있다. 새로운 행위자들이 무대에 등장하고 태양에너지 모델이 더 이상 실현 불가능한 것이 아니게 된 것이다. 물론 새로운 사회·정치적 조절양식은 앞으로 찾아나가야 할 과제들이다.

84

엘마 알트파터(Elmar Altvater)는 베를린자유대학의 정치학 교수이다. 주요 관심영역은 위기이론, 계급이론, 세계체제에서 국가의 역할 등이며, UNCED 리우정상회담 이후에는 지속가능한 발전을 실현하기 위한 사회생태적 전환에서 노동조합과 NGO의 역할에 관심을 가지고 연구활동을 해오고 있다.

주요 저작과 논문으로는 『시장의 미래: 현실사회주의 실패 이후 화폐와 자연의 규제에 관한 연구』(1993) 『새로운 세계 (무)질서 속에서의 복지 및 환경 약탈의 대가』(1994) 「지속가능성 실패」(1998) 등이 있다. 사회과학 계간지 *PROKLA*의 공동 편집자이며, 프랑크푸르트 사회생태조사연구소(Institute of Social-Ecological Research)의 과학위원회 위원이고, 베를린 생태연구원(Institute of Ecological Research) 위원으로 활동했다.

참고문헌

Altvater, Elmar (1987) *Sachzwang Weltmarkt. Verschuldungskrise, blockierte Industrialisierung, ökologische Gefährdung-der Fall Brasilien*, Hamburg: VSA.

__________ (1992) *Der Preis des Wohlstands. Umweltplünderung in der neuen Welt(un)ordnung*, Münster: Westfälisches Dampfboot.

__________ (1993a) *The Future of the Market: An Essay on the Regulation of Money and Nature after the Collapse of 'Actually Existing Socialism'*, trans. Patrick Camiller, London: Verso.

__________ (1993b) "Die Ökologie der neuen Welt(un)ordnng," *Nord-Süd aktuell* 1: 72~84.

Anderson, Perry (1992) *A Zone of Engagement*, London and New York: Verso.

Beck, Ulrich (1992) *Risk Society: Towards a New Modernity*, London: Sage.

Bell, Daniel (1976) *The Coming of Post-Industrial Society: A Venture in Social Forecasting*, New York: Basic Books.

Bell, David V. J. (1993) "Global communications, culture and values implications for global security," in David Dewitt, David Haglund, John Kirton (eds.), *Building a New Global Order: Emerging Trends in International Security*, Oxford: Oxford University Press.

Braudel, Fernand (1977) *Afterthoughts on Material Culture and Capitalism*, trans. Patricia M. Ranum, Baltimore, MD: Johns Hopkins University Press.

Brundtland, Gro Harlem (1987) *Our Common Future: World Commission on Environment and Development*, Oxford and New York: Oxford University Press.

Buckmeier, Karl (1994) *Strategien globaler Umweltpolitik*, Münster: Westfälisches Dampfboot.

Bunker, Stephen (1985) *Underdeveloping the Amazon: Extraction, Unequal Exchange, and the Failure of the Modern State*, Chicago, IL: University of Illinois Press.

Cameron, Rondo (1989) *A Concise Economic History of the World: From Paleolithic Times to the Present*, New York and Oxford: Oxford University Press.

CEPAL(Comision Economica para America Latina y el Caribe) (1990) *Transformación Productiva con Equidad*, Santiago de Chile.

Cipolla, Carlo M. (1985) "Die industrielle Revolution in der Weltgeschichte," in Cipolla and Borchardt(Hrsg.), *Europäische Wirtschaftgeschichte*, Stuttgart and New York.

Cox, Robert (1993) "Global perestroika," *Socialist Register* 30: 26~43.

Crosby, Alfred (1986) *Ecological Imperialism: The Biological Expansion of Europe, 900~1900*, Cambridge: Cambridge University Press(Deutsch: Die Früchte des weissen Mannes, Darmstadt).

Daly, Herman (1991) *Steady-State Economics*, Washington, DC: Island Press.

———— (1994) "Die Gefahren des freien Handels," *Spektrum der Wissenschaft* (January): 40~46.

Daly, Herman E. and Cobb, John B. Jr. (1989) *For the Common Good*, Boston: Beacon Press.

Daly, Herman E. and Townsend, Kenneth N.(eds.) (1993) *Valuing the Earth: Economics, Ecology, Ethics*, Cambridge: MIT Press.

Debeir, Jean-Claude, Deléage, Jean-Paul and Heméry, Daniel (1989) *Prometheus-auf der Titanic: Geschichte der Energiesysteme*, Frankfurt: Campus.

EU (1993) *Kommission der Europäischen Gemeinschaften: Wachstum, Wettbewersfähigkeit, Beschäftigung*, Herausforderungen der Gegenwart und Wege ins 21. Jahrhundert, Weißbuch, Bulletin der Europäischen Gemeinschaften, Beilage 6/93, Brüssel.

Fallows, James (1993) "How the world works," *The Atlantic Monthly* 272(December): 61~87.

Frank, André Gunder and Gills, Barry K. (1993) "World system economic cycles and hegemonial shift to Europe 100 BC~AD 1500," *The Journal of European Economic History* 22, 1: 155~83.

Georgescu-Roegen, Nicholas (1971) "The entropy law and the economic process in retrospect," *Eastern Economic Journal* 12, 1: 3~25.

Godfrey, David (1986) *Foreword to Innis, Harold A, Empire and Communications*, Toronto: Press Porcépic.

Gregory, R. G. (1971) *The Entropy Law and the Economic Process*, Cambridge, MA: Harvard University Press.

_______ (1981) "Some implications of the growth of the mineral sector," *The Australian Journal of Agricultural Economics* 20, 2: 71~91.

Grundmann, Reiner (1991) "The ecological challenge to Marxism," *New Left Review* 187: 103~20.

Habermas, J. (1984, 1987) *Theory of Communicative Action*, Boston, MA: Beacon Press.

Hardin, Garrett (1968) "The tragedy of the commons," *Science* 162: 1243~48.

Harvey, David (1993) "The nature of environment: the dialectics of social and environmental change," *Socialist Register*, London: Merlin Press.

Hein, Wolfgang (1993) *Umweltorientierte Entwicklungspolitik*, Hamburg: Zweite-erweiterte Auflage.

Hirsch, Fred (1977) *Social Limits to Growth*, London: Routledge and Kegan Paul.

Hirsch, Joachim (1997) "Globalization of capital, nation-states and democracy," *Studies in Political Economy* 54, Fall: 39~58.

Innis, Harold A. (1956) *Essay in Canadian Economic History*, Toronto: University of Toronto Press.

__________ (1986) *Empire and Communication*, ed. David Godfrey, Toronto: Press Porcépic.

Keynes, J. M. (1936) *The General Theory of Employment Interest and Money*, London: Macmillan.

Kindleberger, Charles (1985) *A Financial History of Western Europe*, London: Allen and Unwin.

Knieper, Rolf (1991) *Nationale Souveränität: Versuch über Ende und Anfang einer Weltordnung*, Frankfurt: Fischer.

__________ (1993) "Staat und Nationalstaat: Thesen gegen eine fragwürdige Identität," *PROKLA, Zeitschrift für kritische Sozialwissenschaft* 23: 65~71.

Krauthammer, Charles (1991) "The Unipolar Moment," *Foreign Affairs* 70, 1: 23~33.

Le Goff, Jaques (1988) *Wucherzins und Höllenqualen. ÖKonomie und Religion im Mittelater*, Stuttgart: Klett-Kotta.

Lipietz, Alain (1993) *Berlin, Baghdad, Rio*, Münster: Westfälisches Dampfboot.

List, Friederich (1841) *Das nationale Systeme der politischen Ökonomie* (repr. Berlin: Akademie Verlag, 1982).

Lotka, A. J. (1925) *Elements of Mathematical Biology*, Baltimore, MD: Williams and Wilkins.

Maddison, Angus (1989) *The World Economy in the Twentieth Century*, Paris: Development Centre of the Organization for Economic Co-operation and Development.

Martinez-Alier, Joan (1987) *Ecological Economics*, Oxford: Basil Blackwell.

Marx, Karl (1936) "The production of relative surplus value," *Capital I: The Process of Capitalist Production*, New York: The Modern Library.

__________ (1994) "A contribution to the critique of political economy," (Economic Manuscript of 1861~63) *Marx-Engels Collected Works* vol. 34. London: Lawrence and Wishart.

Massarrat, Mohssen (1993) *Endlichkeit der Natur und Überfluss in der Marktökonomie*, Marburg: Schritte zum Gleichgewicht.

Modelski, George (1987) *Long Cycles in World Politics*, London: Macmillan.

Niethammer, Lutz (1992) *Posthistorie: Has History Come to an End?*, New York: Verso.

O'Connor, Martin(ed.) (1994) *Is Sustainable Capitalism Possible?: Essays on Ecological Crisis in Market Society*, New York: Guilford.

Oberthür, Sebastian (1993) *Politik im Treibhaus: Die Entstehung des internationalen Klimaschutzregimes*, Berlin: Sigma.

OECD (1991) *OECD Environmental Data, Compendium 1991*, Paris.

─────── (1993) *Intra-Firm Trade*, Paris.

Panitch, Leo (1993) *A Different Kind of State: Popular Power and Democratic Administration*, Toronto: Oxford University Press.

Polanyi, Karl (1957a) *Trade and Market in the Early Empires: Economies in History and Theory*, Glencoe, IL: Free Press.

─────── (1957b) *The Great Transformation*, Boston, MA: Beacon Press.

Ponting, Clive (1991) *A Green History of the World: The Environment and the Collapse of Great Civilizations*, Harmondsworth: Penguin.

Porter, Michael E. (1990) *The Competitive Advantage of Nations*, London: Macmillan.

Prittwitz, Volker von (1990) *Das Katastrophenparadox: Elemente einer Theorie der Umweltpolitik*, Opladen: Leske und Budrich.

Rigaux, François (1991) "Reflexionen über eine neue Weltordnung," *PROKLA* 84: 384~99.

Rowlands, Ian H. (1992) "The international politics of environment and develop ment: the post-UNCED agenda," *Millennium: Journal of International Studies* 21, 2: 209~24.

Ruggie, John Gerard (1993) "Territoriality and Beyond: Problematizing Moderni ty in International Relations," *International Organization* 47, 1: 139~74.

Sachs, Wolfgang (1992) "Von der Vereitlung der Reichtümer zur Verteilung der Risiken," *Universitas* 9: 887~97.

Scharpf, Fritz W. (1987) *Sozialdemokratische Krisenpolitik in Europa*, Frankfurt and New York: Campus.

Scheer, Hermann (1993) *Sonnenstrategie: Politik ohne Alternative*, Zurich: Piper.

Simonis, Georg (1993) "Der Erdgipfel von Rio-Versuch einer kritischen Verortung," *Peripherie* 51/52: 12~37.

Smil, Vaclav (1993) *Global Ecology: Environmental Change and Social Flexibility*, London: Routledge.

Wallerstein, Immanuel (1974) *The Modern World-System, Vol. 1*, New York: Academic Books.

Walzer, Michael (1967) "On the Role of Symbolism in Political Thought," *Political Science Quarterly* (June).

성장이냐 발전이냐[*]

에곤 베커(Egon Becker) · 토마스 잔(Thomas Jahn)

> 자본주의적 생산양식이 지배하는 사회에서
> 부(富)는 상품의 엄청난 축적으로 나타난다.
> —칼 마르크스(1867)

역사적 회고

마르크스는 사회적 부가 어떻게 생산되고 분배되는지에 대해 탐구하면서 지속적인 성장과 세계 전체의 혁신적인 전환을 통해서만 자신의 생존을 유지하는 '자본'이라고 불리는 독특한 실체를 발견하였다. 그는 이 자본이라는 실체가 성장함으로써 "토양과 노동력 같은 모든 부의 원천을 잠식"[1] 한다고 확신하였다. 그는 자본주의적 상황에서 사회적 부의 생산과 분배는 기술화되고 과학화된 생산이며, 이것이 인간과 자연 사이의 모든 형태의 순수한 자연적 '대사'(metab-

---

[*] 이 글은 1993년 2월 프랑크푸르트의 사회생태조사연구소(Institute for Social-Ecological Research)와 아놀드샤인 프로테스탄트 아카데미(Protestant Academy Arnoldshain)가 공동 주관한 '제1차 지구혁명: 로마클럽 후 20년' 회의에 제출된 것이다.

1) Karl Marx, Gesamtausgabe: (MEGA), (eds) Inst. für Geschichte der Arbeiterbewegung, Berlin and Inst. für Marxismus-Leninismus beim Zk. d. KPDSU-Berlin: Abt. 2. 'Das Kapital' und Vorarbeiten, Bd. 9. Capital, a critical analysis of capitalist production. London 1887, text 1990, part 4, chs 13 and 14.

olism)를 파괴한다고 하였다. 반면 과학과 기술은 "사회생산 조절의 체계적인 법칙"으로 작동할 수 있게 됨으로써 인간과 자연 간의 교환과정이 "인간의 충분한 발전을 위한 적절한 형태"가 된다고 보았다. 마르크스에 따르면 비록 과학과 기술이 노동의 도구를 "노동자를 노예로 만들고 착취·빈곤화시키는 수단"으로 전환시키고 "노동과정의 사회적 연합 및 조직"을 "노동자들의 개인적 활력과 자유, 자립을 억압하는 조직화된 양식"으로 바꾸어놓는다고 할지라도, 그럼에도 불구하고 과학과 진보의 시대에 부르주아의 등장이나 자본주의적 생산양식의 확장은 보다 높은 형태의 세계사회의 발전을 동반할 것이라는 강한 신념을 가지고 있었다. 그는 자본이 착취적일 뿐만 아니라 문명화하는 힘을 가지고 있다고 보았다. 마르크스의 이 같은 혁명적 낙관주의는 자본주의적 근대화가 노동자와 자연으로부터 상실시킨 것들을 수천 배 증폭되고 풍부한 형태의 인간다움(humanity)으로 보상할 것이라는 강한 믿음에 근거한 것이다. 혁명적인 사상가들은 자본의 이면에서 훨씬 강력하고 가치 있는 것, 즉 인간의 생산성과 창조성을 발견하였다. 마르크스는 자본주의적 확장의 역동성이 자유의 영역과 자유롭고 평등한 사회주의 사회를 향한 통로를 열어줄 것이라는 희망을 가졌다. 하지만 오늘날 이러한 이야기들은 잃어버린 세계로부터 흘러나오는 꿈과 같은 메아리에 불과하다.

잃어버린 세계에 대한 철학적 비판이나 경제적 분석, 정치적 희망 속에는 많은 악몽이 도사리고 있다. 19세기 경제학자들은 자본의 성장뿐 아니라 그 과정에서 인구도 증가할 것이라는 확신을 가졌다. 1789년 초 맬서스(Robert Malthus)는 「인구법칙에 관한 평론」(Essay on the Principle of Population)에서 인구증가의 속도는 식량생산의 속도를 앞지를 것이며, 그에 따라 궁극적으로는 경제적 진보가 달성한 것을 붕괴시킬 것이라고 주장하였다. 200년 후 맬서스의 학설은 급격하게 변화된 세계에서 그리고 전혀 새로운 이론적 맥락에서 다시 유행하고 있다.

1972년 과학자·정치가·산업가들의 국제적 연합체인 로마클럽 (Club of Rome)은 지금과 같은 세계의 국가를 매우 격렬한 어조로 묘사한 바 있다(Meadows et al. 1972). 여기서 우리는 다시 한번 마르크스가 한 세기 전에 말한 자본주의적 팽창의 문제를 발견하게 된다. 그러나 이것은 신맬서스적 회의주의로 각색되어 있으며, 그 차이는 상당하다. 마르크스가 자본주의적 축적의 무제한적인 팽창을 묘사했다면, 로마클럽은 자본주의와 국가사회주의 모두를 포함하여 제1세계에서 제3세계에 이르기까지의 '세계의 복합모순'(world problema-tique)으로 인한 경제성장을 다루었다. 마르크스는 지속적인 성장, 생산적인 인간성이 사회주의를 지향하는 싸움에서 혁명적인 노동계급에게 승리를 가져다줄 것이라고 기대하였다. 반면 로마클럽은 인구성장이 경제성장에 내재된 비참한 역동성과 결합하여 자유롭고 평등한 사회를 향한 길을 차단시키기 때문에 이를 중단시키지 않으면 우리는 비참한 상태를 맞이할 것이라고 보았다. 오늘날 지구상의 수많은 사상가들과 함께 로마클럽은 이러한 결과를 예방하기 위해 20여 년간 세계의 복합모순에 대한 해결책으로 성장을 제한할 수 있는 길을 모색하였다.

이처럼 우리는 공통의 기반이 전혀 없는 두 개의 이론적 세계에 직면해 있다. 마르크스는 헤겔의 변증법적 논리에 기초하여 상품에서 화폐로, 화폐에서 자본으로의 전환과 '가치의 자기팽창'을 포함한 경제적 부의 지속적인 변화로서의 자본축적을 분석하였다. 반면 로마클럽은 경제성장을 물리적 과정으로, 물질과 에너지의 지속적인 흐름을 통한 생산품과 생산공장 같은 양의 지속적인 축적으로 이해하였다. 성장과정은 특히 자원소비와 환경오염 그리고 인구성장과 식량생산 같은 다른 과정들을 수반한다. 로마클럽은 컴퓨터를 근대체계의 분석도구로 활용하여 역동적인 상호연관 과정을 규명하고 시뮬레이션 하였다. 또 다른 분명한 차이도 있는데, 마르크스적 세계가 혁명적 변화를 추구한다면 로마클럽은 경제와 인구재생산의 관계가 요동치는 균형상태를 이루면서 세계체제의 장기적 안정성을 결정한다고 보았다.

발전담론의 새로운 질서[2]

여기서 말하고자 하는 발전담론은 사회주의자의 희망이었던 잃어버린 세계라는 한 측면과, 경제성장 모델과 국제조직, 네트워크화된 정보의 흐름과 파국 시나리오를 가진 근대세계의 다른 측면 사이에 위치한다. 발전문제는 이 두 세계에서 다 존재하고 있다. 전자에서 문제는 자본주의가 자신의 모순에 의한 붕괴 없이 세계로 확장될 수 있는가 하는 것이라면, 후자에서는 근대의 산업화된 문명화가 자연에 대한 파괴 없이 빈곤과 기아, 문맹을 해소시킬 수 있는가이다.

발전의 의미를 고려하는 것이 중요한가? 결국 이 말이 의미하는 바는 역사적 경험이 이것의 의미를 풀어낼 때 비로소 분명해진다. 전체 과정을 기호로 요약하는 식으로 이 말의 의미를 간명하게 정의 내리기란 쉽지 않다. 발전이라는 말은 단순히 정의 내릴 수 없는 역사적인 의미를 함축하고 있다. 이것은 진보와 근대화, 성장, 진화

---

2) Egon Becker, "Ökologische Modernisierung der Entwicklungspolitik?," Prokla, *Seitschrif für kritische Sozialwissenschaft*, 22. Jg., Nr. 86, March 1992, pp. 47∼60 참조.

또는 완성과 같은 상호 보강적인 개념들로 둘러싸여 있는 기호영역에서 핵심이라 할 수 있다. 이 영역은 과학적·정치적 관심을 구조화시키고 사고와 언술·행동에 대해 특정한 제한을 강제한다. 발전은 단순한 변형이나 역사적 변화 그 이상을 의미한다. 지시된 과정이란 방향성을 가지고 있다. 달성하고자 하는 범사회적 국가는 규범적인 지시성과 발전된 사회를 가지고 있다. 그러면 이것을 어떻게 부를 것인가?

여전히 요원하고 도달하지 못한 유토피아란 것이 마르크스가 생각한 것처럼 인간의 가능성을 달성할 수 있는, 그리고 자연과도 조화를 이루는 그러한 사회를 말하는 것일까? 아니면 산업화된 부유한 서구와 북반구의 현존하는 국가들을 말하는 것일까? 바로 이것이 국제적인 발전담론들이 차지하는 위치라 할 수 있다. 여기서 사회들이 특정 지표들을 표방한다면 발전된 상태를 고려하고 있는 것이 될 것이다. 발전이 산업화와 동일시되고 1인당 평균소득이 국가경제에 의해 달성되는 발전의 정도를 나타내는 가장 중요한 지표로 취급된 것은 극히 최근의 일이다. 마르크스적 세계와 근대 개발이론 양자에서 이러한 도그마가 적용되었다.[3]

마르크스주의자들의 혁명적 메시지 자체의 빛이 바랬다기보다는 오히려 생태학적 위기가 발전의 도그마를 해체시키고 무효화시키고 있다. 이러한 현상은 최근까지 만능의 마법적 공식으로 채워졌던 이론들의 틈을 드러내고 있다. 특히 영향력 있었던 것은 1987년 유엔의 브룬틀란트위원회가 정립한 '지속가능한 발전' 개념이다. 이 위원회의 보고서는 지속가능한 발전이 "개발도상국은 물론 선진산

---

3) Gustavo Esteva, "Essay 'Development'," in Wolfgang Sachs(ed.), *The Development Dictionary: A Guide to Knowledge as Power*, London 1992 참조.

업국가 모두의 목표"가 될 것을 천명하고 있다(WCED 1987, p. 4). "상대적으로 풍요로운 사람들[은]… 에너지사용 등에 있어 지구의 생태학적 평균범위 내에서 자신들의 삶의 양식을 적용시킬 것"을 요청받고 있다(같은 책, p. 9). 이 위원회에서는 저개발국가들에게는 "급속한 인구성장이 자원에 대한 압력을 증대시키고 삶의 수준을 향상시키기 위한 제반 노력들을 약화시키므로 결국 지속가능한 발전은 인구규모와 성장이 생태계의 생산잠재력의 변화와 조화를 이룰 때에만 달성 가능하다"고 경고하고 있다(같은 곳). 지구적인 생태학적 균형은 산업화와 관련한 환경파괴와 빈곤과 관련한 환경파괴라는 두 가지 측면 모두로 인해 위험에 처해 있다. 따라서 지속가능한 발전은 개발도상국의 빈곤해소는 물론 선진국의 부와 풍요에 대한 제한을 요구하고 있다. 미래를 위해, 서구 선진산업국가들의 소비습관과 생활양식이 현재와 미래세대의 모든 사람들에게 전달될 수 없다는 것을 인식해야만 한다. 이러한 명제의 타당성을 입증하는 경험적 증거들은 매우 많다. 발전담론에서 이것은 새로운 질서를 만들어내고 있다. 지구적인 생태학적 관점에서 볼 때 남반구의 가난한 나라들과 북반구의 부유한 나라들에는 하나의 발전문제가 존재하고 있다. 공통의 준거는 지구적인 생태적 균형이다. 하지만 이것은 개념적으로 조작하기가 어려운, 매우 불확실하고 추상적인 기준이어서 사람들의 즉각적인 이해관계와 조화를 이루기가 쉽지 않다. 어떤 개인의 행태가 지구적인 생태적 균형에 의해 유도될 것인가? 혹은 좀더 구체적으로 말해 부부가 가족계획을 할 때 세계 인구규모와 관련하여 무엇을 생각해야 하는가? 1972년 로마클럽이 세계의 상태를 묘사하고자 한 시도가 당시 대중적으로 격렬한 반항을 불러일으킨 것은 아직까지 의심의 여지가 없다. 하지만 오히려 추상적인 기준은 성장에 대한 지구적 한계로서 재정의되고 있다. 고갈성 천연자원과 식량생산에 필요한 유한한 경작지는 만일 파괴적인 성장과정이 제한되지 않는다면 장기적으로 위기에 처할 것이라는 주장이 그러하다. 개발도상국의 문제들은 첫째로 위기에 처한 지구적인 생태균형이고 그 다음으로 급속한 인구증가와 관련되어 있는 것이다.

1972년 당시 로마클럽이 가장 중요하게 본 두 가지 지구적 문제는 '저개발국의 발전'과 '환경보호'였다. 이들의 주장은 다음과 같다.

세계의 균형은 다수의 개도국들이 경제적으로 발전된 국가와 비교하여 절대적으로나 상대적 면에서 실질적으로 나아진 경우에만 실체화될 수 있다는 것을 인식해야 한다. …우리는 세계인구와 경제성장의 소용돌이를 억제하는 것이 세계국가들의 경제발전을 현상태로 고착되게 하지는 않는다는 주장을 분명히 지지한다.(같은 책, p. 194)

이러한 '따라잡기식 발전'(catching-up development)의 빛바랜 주장은 회의주의와 결합되어 있다. 70년대 초 이후 로마클럽이 제안한 지구적인 자원관리나 경제와 인구성장의 제한에 대한 지구적 정책논의가 발전에 해로운 것이라고는 할 수 없다. 즉 확신에 찬 많은 반대에도 불구하고 저개발국가의 발전의 기회를 효과적으로 차단시키지는 못했다. 이들 국가들은 경제성장을 통한 발전이 필수 불가결하다고 거듭 주장해 왔다. 이들은 의심스러운 세계모델을 가지고 성장의 제한을 고려한다거나 추상적인 지구적 생태균형을 정치규범으로 도입하기보다는 성장의 제한을 기술과 과학으로 대체하는 것이 훨씬 유용하다고 주장하였다. 성장은 제한되어서는 안 되며 제한이 성장되어야 한다는 것이다. 이와 동시에 제3세계의 발전을 촉진시켜 세계 차원에서 사회적 부를 더욱 정의롭게 배분할 수 있다고 보았다. 지역적으로나 지구적으로 현재와 같은 생산방식, 소유권, 상품의 분배가 변화되지 않았을 경우에만 천연자원과 에너지의 한정된 공급, 유한한 농경지, 생물계의 오염물질 처리능력의 한정성 등이 성장을 제한시킬 것이라고 보았다. 문제는 성장에 대한 물질적 제한이 아니라 발전에 대한 사회·경제적 장벽에 있다는 것이다.

흔히 로마클럽은 모호한 표현으로, 이와 같은 식의 비판에 대해 많은 여지를 제공하였다. 1972에서 20년이 지난 시점에서 기존의 비판들을 고려하여 작성된 최근의 보고서에서는, 당면한 복합모순의 원인을 이루는 토대는 그대로 남아 있지만 '이슈의 혼합과 강조점'은 달라졌다고 서술하고 있다(King and Schneider 1991). 1992년의 경우 가장 위험스런 요소는 '남반구의 인구폭발'과 '지구온난화 현상'이다. 브룬틀란트위원회처럼 남동부의 가난한 나라의 경제성장이 북서부의 산업화된 부자나라의 제한된 성장과 결합되기 위해서는 지속가능한 분화된 발전전략이 요구된다는 것이다.

하지만 이것은 그럴듯하게는 들리지만 정치적 실행은 여전히 불투명한 상태로 남아 있다. 1992년 브라질의 리우데자네이루에서 열린 대규모 회의에서는 환경과 발전 간의 주제 및 전술적 결합이 새로운 발전개념의 창출로 모아지기보다는 남북간의 새로운 차원의 분배갈등을 만들었다는 것이 분명해졌다. 국제적인 환경정책과 발전정책이라는 초기의 분리되었던 영역들은 광범위하게 연결되고 정치권력에 대한 상징적 관계로 정립되었다. 로마클럽에 의해 '세계의 해법'(world resolutique)으로 보였던 것이 리우회의에서는 로비, 연합과 분할, 새로운 회의와 조직, 경제적 이해관계와 정치적 이해관계의 교환, 참여전략 등을 통해 순전히 전술적인 정치활동으로 전환되었다. 회의 과정에서 최종기한, 비용, 의무, 통제 및 허가 등이 거의 절대적으로 주목을 끌었으며 상이한 정치적 목적들은 주변적으로 다루어졌다.[4] 개별 국가와 지역들의 CO_2 배출이 함의하는 가치를 제한적으로 다루었듯이, 문제들간의 물리적 결합은 부수적인 역할을 할 뿐이었다.

생태학을 정치학으로 바꾸는 것은 생태학적 담론 자체의 변화를 통해 가능하다. 일반적으로 생태학은 생명체와 그들의 생물적 환경과 무생물적인 환경의 상호작용 관계에 관한 과학으로 정의되었다. 따라서 생태학의 주제는 개별 생물권 또는 경관 전체 등 주로 자연을 공간적으로 정의한 측면들이다. 생태학적으로 훈련된 안목으로 인간의 자연적인 생존조건을 살펴보면, 인구와 사회적 부가 공간적으로 불규칙하게 분포되어 있음을 발견할 수 있다. 나아가 다르게 정의된 경제·정치·문화의 '기능적 공간들'이 이러한 조건들과 중첩되어 있다. 전통적인 생태담론은 문제인식을 지역화·분화시키고 사회생태학으로 전환하는 데 있어서 이러한 가능성들이 이용되었어야 했다. 그러나 생태학은 생물학과 지리학 같은 분과학문에서 자연의 생명체계에 대한 인간의 교란이 모델형식으로 표현된 학제적인 개념으로 발전하였다. 로마클럽 연구에서 응용된 것처럼 현대의 체계생태학(system ecology)은 인간과 환경의 '상호 작용적 관계들'을 물질과 에너지의 흐름으로, 거주자들은 개체수의 증감으로 해석하고 있다. 따라서 생태학적 문제들은 생태계의 물질대사 또는 에너지교환의 교란에서 비롯된 것으로 보고 있다. 대부분의 모델들은 생태계의 안정된 상태를 피드백 고리(feedback loop)와 자기안정화의 균형상

---

4) Lathar Brock, *Nord-Süd-Kontroversen in der internationalen Umweltpolitik: Von der taktischen Verknüpfung zur Integration von Umwelt und Entwicklung*(HFSK-Report 7/1992), Frankfurt am Main 1992 참조.

태로 표현하고자 하였고, 그에 따라 안정상태와 인간에 의한 생태계 교란과 오염이 끼치는 부담의 한계를 결정하고 문제해결의 전략들을 정교화하는 시도를 하였다. 그러나 이러한 방식으로는 지역적인 사회 경제개발은 분석되기가 매우 어려운데, 이유는 대부분의 생태계 모델에서는 사회 문화 또는 경제적 활동들이 사회적 맥락으로 취급되지 않고 단지 설명될 수 없는 외생요인으로 나타날 뿐이기 때문이다. 이러한 이론적 취약에도 불구하고 체계생태학의 중요성은 과소평가 되어서는 안 된다. 다만 이것은 지구적인 생태문제의 모델을 통해 생태적 개념틀 내에서 '환경'과 '사회'가 상호연관성을 가짐을 우회적으로 인식하는 것이다. 이러한 모델들을 통해서 볼 때 사회적으로 자극된 혼돈은 더 이상 한 지방이나 지역의 생태계가 아니라 생물권 전체에 영향을 준다는 것이다.

1980년대 이후 생태학적 문제의 지구화에는 기상학자들의 수식모델이 커다란 영향을 끼쳤다. 복잡한 측정과 계산 방법을 이용해서 발견된 예언적인 온난화 영향이나 오존층 파괴는 생태학적 담론과 개발담론 모두에 새로운 기준을 제공하였다. 인구증가, 에너지소비, 식량수요 같은 사회적 요인들은 예측된 기후변화와 밀접하게 결합되어 있는 것으로 확인되었다. 따라서 지구환경 문제는 '세계의 복합모순'의 핵심이자 세계사회의 중심적인 개발문제의 핵심을 정의해 준다. 이것은 지역적 생태학에서 지구적 생태학으로의 전환을 통해 환경과 개발 담론의 새로운 질서를 만들어내고 있다. 지구생태학의 모델세계에서 선진사회와 후진사회의 차이는 지구적인 생태적 문제들에 대한 분배의 차이로 나타난다. 환경정책과 개발정책은 국제적으로 혼합되고, 국제정치학의 현실에서 지구적 규모의 분배와 재분배 문제를 해결하기 위한 새로운 지구적 분배경쟁의 영역들이 나타났다.

그러면 예를 들어 남반구의 급속한 인구증가는 북반구 산업국가들의 화석연료 과소비와 이에 따른 이산화탄소 배출과 정치적으로 균형을 이룰 수 있다는 것이다.[5]

그럼에도 생태적 차원에서 선진국과 개도국의 새로운 공통점은 분명해지는데, 종(種)으로서 공존에 대한 인간의 이해관계가 바로 그것이다. 지속가능한 발전의 공식에서 이러한 이해관계는 편리한 구실을 제공해 주었다. 그러나 상황은 미덥지 못하다. 경작지의 파괴는 가난한 농업국가와 부유한 산업국가를 비교할 때 그 중요도는 다른 것이다. 부유한 나라들은 곡물수확 감소에 직면하여 식량공급을 급격히 줄이지 않고서도 견뎌낼 수 있다. 간단하게 더 많은 곡물을 수입하면 되기 때문이다. 하지만 가난한 나라에서는 견뎌낼 만한 선택의 여지가 없다. 환경파괴는 거의 자동적으로 배고픔과 궁핍을 연상시킨다. 나아가 부자 산업국가들은 예방적이고 치유적인 환경보존에 유용한 자원을 상당히 많이 가지고 있다. 이들은 특수한 환경보존 기술을 혁신적으로 채택할 수 있고 생태학과 환경에 대한 관심이 지속되는 한 세계시장에서 경쟁우위를 확보할 수 있다. 새로운 형태의 국제적인 사회불평등이 나타나고 있는 것이다. 따라서 빈곤과 환경파괴의 상호작용은 빈곤한 지역에서 부유한 산업국가로의 상당수의 인구이동 경향을 강화시키고 있다. 이는 또한 그 반작용을 불러일으킨다. 개발정책과 환경정책은 점점 '인구폭발'과 '난민의 물결' 모두를 견제하려는 목적을 가진 국제협력하의 인구정책과 밀접한

---

5) 국제적인 분배갈등의 정치화를 제외하고는 희소한 환경재의 경제화와 조절기제 및 시장의 형성은 자유주의적 경제원칙과 완전히 대비된다. 그렇게 위세를 떨치던 생태적 시장경제가 기능을 할 것이라 기대받는 것은 불가사의한 일이다. 이와 관련하여 다음의 비판을 참조. Elmar Altvater (1992) *Der Preis des Wohlstands: Oder Umweltplunderung und neue Welt(un)ordnung*, Münster: Verlag Westfalisches Dampfboo.

관계를 가지게 된다.

지구적인 문제공동체(problem community)라는 사고에 근거한 지속가능한 발전의 개념은 새로운 사회적 불평등의 토대와는 다른 중요성을 가정하고 있다. 리우회의 이후 이 개념은 실천적 수단들과의 일치성은 거의 없는 것이 분명해지고 있다. 이러한 경험은 이론적으로 상당한 주의를 요구하고 있다.

선진산업국가들과는 별개로 경제적 이유로 우리가 포기한 '개발도상국들'의 어떤 가능성, 즉 정치·경제·법 또는 과학이 생태적 위기를 극복하기 위해 방향을 조절할 것인지는 의심스럽다. 훨씬 어렵고 더욱 위험스런 개발문제는 아마도 가난한 남부보다는 부유한 북부의 산업자본주의 국가에 있을 것이다. 소비형태와 생활양식이 근본적으로 변화되어야 할 뿐만 아니라 생산양식 전체가 변화되어야 한다. 마르크스에 따르면 자본은 끊임없이 확장하는 경우에만 존속할 수 있다. 그리고 그는 비록 자본주의적 생산양식이 세계를 문명화시키지만 그럼에도 불구하고 내적 모순으로 멸망할 것이라는 것을 확신하였다. 자본주의에 대한 어떠한 매력적인 대안도 남아 있지 않는 상황에서 우리는 다음과 같은 질문들을 던져야 한다. 자본주의적 조건에서의 사회적 부의 생산이 인간생명의 토대인 자원을 궁극적으로 파괴시킬 것인가? 혹은 사회적으로나 생태적으로 자본을 문명화시킬 실질적 가능성은 존재하는가? 이러한 질문에 대한 대답은 지속가능한 발전이 단순히 이데올로기적인 슬로건인지 아니면 새로운 유토피아를 향한 구체적인 길을 제시하는 표지판인지를 결정할 것이다.

서구 산업자본주의 국가들의 소비습관과 생활양식이 오늘날 세계 대다수 국가들에게 명시적 혹은 암묵적인 모델을 제공해 왔다는 것은 더 이상 의심의 여지가 없다. 하지만 이러한 문명화된 모델이 현재와 미래 세계의 인구 전체로 이전될 수 없다는 것은 분명하다. 이러한 모순은 매우 다양한 결론들을 이끌어내는데, 그중 몇 가지를 소개하면 다음과 같다.

· 궁극적으로 지구적인 단일문화를 유도하는 '따라잡기식' 발전의 고전적 경제모델은 이제 더 이상 진지한 대접을 받을 수 없다. 이것은 문화적으로나 경제적으로 분화된 지역발전의 개념으로 대체되고 있다.

· 국가간의 빈부격차는 경제·정치·군사적으로 강화되고 있다. 이데올로기적으로 급진적인 문화상대주의에 의해 보강되고 '인종청소'라는 인종차별주의 정책의 끔찍한 시나리오와 결합된 '요새화된 유럽'이 가능한 반작용의 한 가지 형태로 나타나고 있다.

· 세계사회의 발전 문제는 분할될 수 있다. 부유한 산업국가들의 과도한 에너지와 자원 소비는 과학기술 혁신과 효율혁명에 의해 해소될 수 있으며, 동시에 이들 국가들에게 국제적인 경쟁우위를 만들어준다. 획득된 잉여는 남부의 가난한 농업국가들로 이전되어 빈곤과 싸우고 근대적인 인구정책을 지지하는 데 사용될 수 있다.

· 생존경제(subsistence economy)의 근대화를 동반한 지역화 또는 세계적인 효율혁명을 기반으로 해서 북부와 남부 모두에 보편적으로 적용될 수 있는 새로운 복지모델이 개발될 수 있다.

이와 같이 서로 다른 미래발전 시나리오들은 각각의 프로그램과 지속가능한 발전 모델에 반영될 수 있다.

성장과 발전

어떤 프로그램이 궁극적인 역사적 실현을 달성하든간에 지구적인 생태문제가 사고와 정치적 행동을 결정하도록 하는 뚜렷한 지배담론은 이미 존재하고 있다. 이 담론은 국제조직과 국가의 이해관계 정치를 통해 그 특징들을 만들어내고 있다. 그러나 반대되는 운동의 조짐도 있는데 그중 하나는 지구생태계 자체에 대한 모델세계로부터 나온다.

『성장의 한계』(*Limits to Growth*) 이후 20년이 지나서 도넬라 미도스는 최신 자료와 처음 연구에 사용되었던 월드3(World3) 컴퓨터 모델을 가지고 지구적인 발전경향에 대한 자신들의 시뮬레이션을 반복한 후 다음과 같이 이야기하였다.

> '성장'한다(go grow)는 것은 물질의 융합 또는 증대에 의한 크기의 증가를 의미한다면, '발전'한다(to develop)는 것은 보다 충분하고 크고 나은 상태를 가져오는 가능성들을 확장 또는 실현시키는 것을 의미하는 것으로 구분하였다. 성장은 양적으로 커지는 것이라면 발전은 질적으로 좀더 좋아지거나 적어도 달라지는 것이다. 양적 성장과 질적 향상은 서로 다른 법칙을 따른 것이다. 우리의 행성은 성장 없이 발전해 왔다. 우리의 경제는 유한하고 성장하지 않는 지구의 하위체계로서 궁극적으로는 발전과 유사한 양상에 적응해야 한다.(Meadows et al. 1992, p. xix)

저자들은 "비록 성장에는 한계가 존재하지만 발전에는 한계가 있을 필요가 없다"고 결론을 내리고 있다(같은 곳).

우리는 이러한 논리가 혼동스럽게 유행하는 발전이론 논쟁으로부터 벗어나는 방법을 가르쳐준다는 점에서 주의 깊게 고려해야 한다. 우선 미도스의 양적 성장과 질적 발전이라는 구분방식을 통해 이른바 물질적/비물질적인 것과 양적/질적인 것으로 구분되었던 두 개의 차원은 하나로 압축된다.

이것은 이중적인 문제를 제기하는데, 하나는 물질세계가 질적으로 매우 독특하여 매우 다양한 요소들간의 역사적으로 변화 가능한 관계들로 스스로를 조직·발전한다는 것이고, 또 하나는 비물질세계에서 정량화가 가능한 요소들과 심지어 개체수와 같은 순수한 양적 요소들이 언술적 의미와 같은 순수하게 질적인 요소들과 공존하고 있다는 것이다. 시뮬레이션 연구에서 두 가지 차원을 하나로 압축시킨 이래 물질적 요인으로 양적 변화만이 기록될 수 있었다.[6]

이것은 무엇을 의미하는가? 시뮬레이션 모델은 인구규모, 산업과 식량 생산, 천연자원과 에너지 소비, 환경오염 등 '세계시스템'을 단일한 상태의 특성으로 정의한다. 또 '인구'처럼 유사한 개체들을 통계적인 전체로 합산하거나, 또는 중량이나 에너지처럼 물리적 측정의 성질들을 합산하여 천연자원 소비와 같은 집합적 가치를 도출해낸다. 이러한 상태의 특성들을 통해 성장은 양적 증가로 정의된다. 자연자원의 '원료'로부터 물질과 에너지가 개방계(open system)로 흐르던 것이 인간에 의해 사용되고 폐기물과 오염물질 형태로 환경에 되돌려진다. 성장의 한계는 원료의 공급능력과 오염물질 흡수능력에 의해 정의되며, 세계체제의 역동성은 상호 밀접한 연결망을 가지고

---

6) 이것은 1972년 연구와 20년 후의 반복된 연구 모두를 고려하는 데 적용된다. 그럼에도 이 문장들이 수많은 질적 진술들을 포함하고 있다는 데는 이론의 여지가 없다. 그러한 '질적' 규정들은 서로 다른 변수들간의 상호관계가 존재하거나 개념정의가 주어지고 구조계획의 모델들이 만들어졌다는 이유로 자연스럽게 모델구성에 삽입되었다.

있는 부(negative)와 정(positive)의 피드백 고리로부터 나온다. 유용한 자원과 흡수력을 기반으로 한 체계의 역동성과 성장과정에 대한 제약들은 궁극적으로 오늘날 발전담론의 새로운 질서에 전례 없는 영향을 미치기 시작한 세계적인 복합모순을 만들어내고 있다.

물질적 특성에서 양적 변화에 집중함으로써, 성장과정의 물질적 동기는 다음과 같이 정의되어야 했다.

인구와 산업자본은 자기재생산을 위한 잠재력 때문에 세계체제에서 기하급수적인 성장의 추동력을 가지고 있다. 이들의 생산잠재력으로 사회의 성장은 촉진된다. 월드3에서 우리는 인구와 자본이 구조적으로 재생산과 생산의 잠재력을 가지고 있다고 가정하였다. 또한 이들 잠재력은 오염물질과 폐기물의 지속적인 배출을 동반한다고 가정하였다. 사람들은 성장하고 신체를 유지하고 자식을 낳는 데 있어 식량과 물, 공기, 영양분을 필요로 한다. 기계는 상품과 서비스의 생산과 함께 자신을 유지하고 더 많은 기계를 생산해 내기 위해 에너지와 물, 공기를 비롯하여 매우 다양한 광물질과 화학물질 및 생물학적 물질을 필요로 한다. 지구의 가장 근본적인 법칙을 따르자면 인구와 자본설비가 사용한 물질과 에너지는 사라지지 않는다. 물질은 재활용되거나 폐기물이나 오염물질이 된다. 에너지는 쓸모없는 열로 흩어진다.(같은 책, p. 44)

이 모델에는 고도로 조직화된 구조들을 지속적으로 분해하고 붕괴시키는 엔트로피 과정을 추동하는 두 개의 강력한 힘이 있는데, 그것이 바로 인간과 산업자본이다. 이 둘은 스스로를 재생산하는 능력을 소유하고 있다. 성장경향을 가진 다른 부문들, 즉 식량생산이나 자연자원 소비, 환경오염 등은 구조적으로 스스로를 재생산할 수 없다.

반대로 이것들은 인구와 산업자본의 증가를 통해 성장을 유도한다.[7] 생명체는 자기재생산을 통해 증식한다. 더 많은 개체를 가지고 있는 종은 더 많은 후손을 생산할 수 있다. 생물학에서처럼 인구생태학적으로 인구의 자기재생산의 역동성을 이해하는 것은 분명하다. 하지만 월드3에서 산업자본의 자기재생산을 인구성장의 수학모델과 같은 것으로 이해함으로써 고전적 자본과 성장이론의 이론적 문제들을 한꺼번에 없애버린 것은 매우 이상하다.

미도스의 모델세계에서 자본은 단지 생산의 물질적 의미로서 표현되었다. 산업자본은 화폐가치가 아니라 자재와 기계, 공장 그리고 새로운 설비의 생산을 포함한 공산품의 생산시설 등 물리적 시설을 의미한다. 이러한 시설들이 더 많이 존재할수록 더 많은 시설의 생산이 구축될 수 있다. 물론 생산은 "노동과 에너지, 원료, 토지, 물, 기술, 자금, 관리 그리고 지구 자연생태계의 서비스들의 도움"을 받음으로써 이루어진다(같은 책, p. 33). 화폐가 없는 자본이란 화폐와 금융자본이 없는 경제로서 원료와 에너지, 생산품과 쓰레기의 연계된 흐름에 조응하는 경제를 말한다. 미도스에게 화폐는 상대적 비용과 산업자본의 가치에 대한 정보를 제공하는 유일한 기능을 가진 것이다. 화폐의 흐름은 "물리적 자본과 생산품의 흐름을 매개하고 이것들에게 동기를 부여한다"(같은 책, pp. 33~34). 그러나 화폐의 흐름은 지구의 물질적 제약의 대상이 아니며 따라서 모델수립가들의 관심을 제대로 모으지 못했다. 이러한 모델세계는 가치의 운동이나 화폐와 정보의 흐름보다는 경제의 물질적이고 역동적인 측면만 인식한다. 우리는 자연주의적 자본개념이 지배하는 개념세계 속에서 자신의

---

7) 기하급수적인 성장은 성장하는 존재 스스로의 재생산에 의해서 혹은 다른 존재의 재생산에 의해 어떤 존재의 성장이 추동될 때 가능하다.

모습을 발견하게 된다.

하지만 이러한 모델세계는 앞에서 물질적 성장과 구분했던 발전에 해당하는 모든 과정들을 담아낼 여지를 가지고 있지 않다. 발전이라는 단어를 물질적 과정의 조직화에서의 질적 변화를 의미하는 것으로 정의한 바 있다. 비록 성장에는 물질적 한계가 존재하지만 발전에는 한계가 있을 필요가 없다. 인간의 지식, 사회적 행동, 사랑과 친절, 생활양식과 예술적 표현형태들은 이런 의미에서 무제한적인 발전가능성을 가지고 있는 것들이다. 그러나 엄밀하게 이러한 요인들은 신맬서스주의 모델의 세계에서는 거의 완전히 배제되어 있다. 신멜서스주의 모델은 단지 양적 성장 또는 수축 과정에 질적 변화가 미치는 영향을 고려할 뿐이다. 사회의 문화적 측면은 모델세계의 경계를 넘어서는 것이다.

그러나 인구 역동성과의 밀접한 연계는 사회의 자연적 측면에 대한 왜곡된 모델을 제공하게 된다. 자연은 궁극적으로 인구생태학과는 매우 다른 성장모델들을 제공할 수 있다. 풀과 나무, 동물, 인간처럼 크기의 성장은 항상 형태와 모양의 발전과 결합되어 있다(Thompson 1966). 생물학적 성장과정들에서 특정한 한계조건은 물질과 에너지 소비의 최소화를 위한 "생물 역학적인 모양최적화"의 방향으로 어떤 변화를 이끌어낸다(Mattheck 1992). 만일 누군가가 이것으로부터 성장모델을 이끌어내고자 한다면 과학적 관심은 통계적 총체성으로부터 벗어나 훨씬 세부적이고 자연적으로 모양과 형태가 다채롭고 풍부한 방향으로 전환될 것이다. 결국 세계모델과 인구성장의 패러다임적 연결은 강력한 맬서스주의적인 편견은 물론 변화의 국면에 대한 개념적 무지를 제공하게 된다.[8]

사회-생태적 전환

산업주의자들의 발전도그마가 붕괴하면서, 발전정책 관계의 많은 학자들과 실천가들은 '생태학의 이상'이 한편으로는 새로운 정치적 지향을 허용하고 또 한편으로는 점점 확산되는 발전담론을 개념적으로 재구조화할 수 있기를 희망하고 있다. 생태학은 사회적 문제와 과정들을 이론적으로 다룰 수 있는 강력한 토대를 제공하지 못하고 있다. 현재의 발전담론에는 유사한 의미의 혼동이 존재하고 있지만, 이같은 혼동은 생태학적 개념의 채택이나 간단한 이론적 조작화 또는 지구적인 세계모델들(global world models)에 의해서 제거되지는 않는다. 언뜻 보면 이것은 우선 보기에는 단순히 학문적인 문제인 것 같다. 그러나 로마클럽이 말한 바처럼 이렇게 난해하고 무질서하게 혼재되고 상호 작용적인 난제들이 개념적으로 어떻게 다루어질 수 있는가 하는 것은 실질적인 의미에서 매우 실천적이고 정치적인 문제이다. 만약 무질서한 문제들이 혼합되어 세계 복합모순을 발생시킨다면 모델세계에 엄격한 질서가 있어야 한다. 이것은 인구성장에 대한 정치적 관심을 지속적으로 모아내고 있는 지구생태계 수준에서 신맬서스주의적 문제를 통해 이론적으로 정의된다.

우리는 적어도 개발/저개발의 구분은 소멸되고, 발전개념은 생태학적 의미의 개념으로 대체되는 하나의 대안을 제시하고자 한다. 근대와 전통, 도시문화와 농촌문화, 산업생산과 농업생산 같은 일반적인 경험적 구분을 새롭게 조망하려는 움직임이 있다(Becker 1992).

---

8) 예를 들어 이것은 형태변화를 다루지 못하는 자연주의적 자본개념에서 분명해진다. 반면 정반대로 마르크스의 『정치경제학 비판』과 여기서 발전된 자본개념은 경제사회적 형태를 해석하는 것을 목표로 하고 있다.

‘생태적’ 사고를 엄격히 하는 곳에서는 어디든지 사회적 문제와 과정들이 마치 자연발생적인 것으로 취급되는 위험이 있다. 반면 사회학적인 사고를 엄격히 하는 곳에서는 사회에서 인간생활이 이루어지는 자연적인 전제조건을 무시하고 사회를 소통으로 환원시킬 위험성을 가지고 있다.[9]

하지만 생태학적 위기를 고려할 때 인간존재와 자연 그리고 사회 간의 다양한 상호관계들이 심각하게 교란되고 있다는 것이 정확할 것이다. 사회는 자연 없이는 더 이상 이해될 수 없다고 확신하는 사람조차도 자연주의적 함정을 피하기 위해 사회와 자연의 구분을 설정해야만 한다. 상징적 활동성 없다면 사회는 존재하지 않는 것이다. 이것은 언어, 예술, 종교, 신화, 과학을 고려할 때 분명해진다. 경제에 관해서는 아마 화폐라고 말하면 충분할 것이다. 그러나 사회는 순수하게 상징적인 맥락은 아니다. 사회적 과정들은 항상 물질적 측면을 동시에 가지고 있다.[10] 순수하게 생태학적으로 개념화하는 것은 단지 인간존재와 사회, 자연 간의 교란된 관계들에 대한 왜곡된 이해만 제공할 뿐이다. 따라서 물질적 사건과 상징적 사건을 주의 깊게 구분해야 한다. 그동안 지구적인 생태적 모델세계에서 이러한 구분은 간과되었으며 사회는 순수하게 자연적인 맥락으로 표현되었다.

만일 누군가가 미도스를 따라 이러한 구분을 다시 도입한다면 성장은 물질적 특성의 변화만을 유용하게 설명할 수 있을 것이다. 하지만 성장에 대한 다른 개념들도 상상해 볼 수 있다. 분명 미도스의

---

9) 독일에서 두 가지 주요 경쟁적인 거대이론을 루만의 사회체계 이론과 하버마스의 소통적 행위이론으로 환원시킴으로써 공통의 기반을 발견할 수 있다.

10) 고(故) 탈콧 파슨즈(Talcott Parsons)는 이러한 관계를 매우 분명히 인식하고 있었다. 그의 *Action Theory and the Human Condition*(New York and London 1978) 참조.

성장모델은 인구생태학을 기반으로 하고 있으며, 이 모델세계에서는 단지 양적 성장만 고려될 수 있다. 만약 형태의 변화에 따라 자연과 사회적 변화들이 기록된다면 질적 성장에 대한 언급은 모호해질 수밖에 없다.

단순히 형태나 모양 또는 구조만 변화하고 물질이나 에너지, 엔트로피의 양과 같은 물질적 요소들은 증가하거나 감소하지 않는 경우에는 자연과 사회에서 어떠한 변화도 일어나기 힘들 것이다. 사실 그러한 과정들은 거의 항상 양적 차원과 질적 차원 모두에서 일어난다. 따라서 발전과정들은 성장과정과 혼합되는 반면 형태의 변화들은 물리적 성장과정들의 측면을 구성한다. 사회발전은 결코 순수하게 물질적인 맥락과 연결되어 있지는 않다. 거기에는 항상 상징적 측면이 관련되어 있다. 다면적인 물질적·상징적 변화의 문제는 산업주의적인 성장개념이나 혹은 문화적인 발전개념으로는 적절히 이해될 수 없다.

물질적 차원과 상징적 차원뿐만 아니라 양적 차원과 질적 차원을 구분하는 것은 변화에 대한 좀더 복잡하고 정교한 분석을 요구한다 (〈표〉 참조).

우리는 발전개념을 폐기하고 다소 덜 세련되게 구성된 '사회–생태

〈표〉 변화의 분석에서 차원구분

	양적 차원	질적 차원
물질적 차원	물질적 요인들의 양적 성장 (예: 인구)	형태의 변화를 통한 질적 성장 (예: 변형 metamorphosis)
상징적 차원	상징적 요소의 양적 증가 (예: 지식)	상징적 질서의 질적 발전 (예: 혼인규칙)

적 전환'(socio-ecological transformation) 개념을 사용할 것을 제안한다. 형태변화를 강조할 뿐만 아니라 물질적 성장과정들을 포함하는 것은 발전패러다임의 함의로부터 자유로워짐을 의미한다. 생존에 핵심적인 기본욕구(basic needs)가 충족된 구체적인 인간활동의 수준에서 모든 사회는 사회-생태적 전환이라는 사건을 통해 자연적인 공동세계, 다른 사람들 그리고 주어진 문화와의 특별한 관계들이 변화되는 것으로 이해되고 있다. 여기서 우리는 만일 인간 삶이 가능하고 사회적 삶의 과정이 세대를 이어 전파되려면 항구적인 조절의 과제인 '자연과의 사회적 관계'를 다루어야 한다. 이것의 물질적 조절은 문화적인 관계로부터 영향을 받으며 노동과 생산 없이는 불가능하다. 생산은 식량, 도구, 의류와 주거 또는 수송수단뿐만 아니라 문화를 구성하는 상징적 형태를 포함한다(Cassirer 1944). 그리고 궁극적으로 충분하고 깨끗하고 건강하고 안전하고 만족스럽고 즐겁고 아름답다고 여겨지는 것은 문화적 기준에 의해 결정된다. 다른 이유가 없다면 자연과의 서로 다른 사회적 관계는 물질적으로 조절될 뿐만 아니라 항상 문화적으로 상징화된다. 노동과 생산에 비해 성(性)과 재생산의 문화적 조절은 특별한 위치를 차지하고 있다. 노동과 생산, 먹고 마시는 것, 이동과 재생산은 의복·주거 그리고 위험으로부터의 보호와 같은 것들에 의존하는 기본적인 관계들이다. 조절의 다양한 물질적 형태들은 언어, 의식, 신화, 종교, 예술, 과학에 의해 매개되는 상징적 질서와 일치하는 요소들을 가지고 있다. 그리고 이것들은 사회생활에서 개인적인 참여형태를 결정한다.

오늘날 생태학적 위기로 논의되는 것은 본질적으로 자연과의 사회적 관계들의 위기이며 문제해결은 이것들의 역동적 관계에 개입하는 것을 의미한다. 물론 이러한 개입은 이따금 예측 불가능하고 원치

않은 위험스런 부작용을 동반한다. 이러한 배경에 반하여 지구적인
생태적 세계모델들에서 양적 성장의 발생을 표현하는 지표들을 간략
히 다시 한번 살펴볼 필요가 있다. 높은 수준의 모든 자료추출과
집합에도 불구하고 어디로부터 그것들의 의미와 중요성을 끌어내든
이것들은 사회에서 서로 다른 자연적 관계의 전체성과 항상 관련되어
있다.

　우리는 '사회-생태적 전환'이라는 확실히 복잡한 말로 이 전체의
변화에 대해 언급하였다. 물질적 자원의 소비와 환경오염의 생산은
인간생산 같은 자연과의 중심적인 사회적 관계조절의 전제조건이자
또한 결과라 할 수 있다. 파괴적인 성장과정은 조절의 물질적 형태들
이 교란되고 전세계적으로 상징적 질서가 산산조각 났음을 의미한다.
현재 노동과 생산은 거의 전적으로 자본의 통제하에 있다. 따라서
자연과의 근본적인 사회적 관계는 기본적인 인간욕구의 충족에서
크게 벗어나 있었으며, '가치의 자기팽창'(Marx) 또는 '산업자본의
자기재생산'(Meadows et al. 1992)의 핵심적인 요소를 이루고 있다.
이러한 과정에서 재생산과 생물학적 성을 조절하는 전통적인 형태들
역시 생산관계에서 벗어나 그 문화적 중요성은 상실되어 버린다.
경제적 또는 생태적 욕구에 부응하는 인구성장 조절은 성적(sexual)
재생산과 자본의 재생산을 동시에 일어나게 할 수 없다는 사실만으로
도 실천적인 면에서 운명을 다했다. 그러나 이것은 전통적인 양식의
상징적 질서를 변화시켰을 뿐 아니라 자연과의 사회적 관계 전체를
위기로 몰아넣었다. 세계모델들로 묘사된 지구적인 생태적 위기는
단지 위기의 양적 표현일 뿐이다. 만일 누군가가 이것을 심각하게
다루고자 한다면 경제성장과 인구성장의 관계는 사실 결정적이다.
이것은 성장의 한계일 뿐만 아니라 생산관계와 성(性)과 생식의

관계 모두에서 더욱 심각한 변화를 의미한다. 마르크스는 확실히 이러한 측면들의 한 가지만을 보았으며 혁명적 낙관주의에 의해 나머지를 보지 못했다. 따라서 그는 자본주의적 팽창이 '모든 부의 원천', 즉 '지구와 노동자'를 해친다는 자신의 관점을 은폐시켰다. 그리고 그는 자본주의적 생산양식의 위기가 생태적 파국을 가져온다는 가능성을 간과하였다. 경제적 편향성과 역사적 낙관주의를 가졌던 19세기 혁명적 사상가들은, 비록 당시 상황을 고려하여 쉽게 용서받을 수 있을지 몰라도 그후에 태어난 사람들이 살고 있는 오늘날에는 변명의 여지가 있을 수 없다.

에곤 베커(Egon Becker)는 담스타트공대에서 수학과 물리학, 프랑크푸르트대학에서 철학을 공부했으며, 현재 프랑크푸르트대학 고등교육원의 과학 및 사회 이론 교수로 있다. 프랑크푸르트 사회생태조사연구소의 공동 설립자이자 독일 국제개발재단의 과학자문회의 회원이기도 하다. 환경과 개발 문제, 사회생태학과 과학사, 사회과학으로서 지속가능성 개념 등에 대해 많은 저술활동을 해오고 있다.

주요 저작과 논문으로 『사회생태연구연감』(1990, 1992) 「생태근대화와 개발정책」(1992) 「사회생태론: 새로운 과학으로서 윤곽과 개념」(2003) 「학제간연구를 위한 사회생태적 이슈들의 전환」(2002) 등이 있다.

토마스 잔(Thomas Jahn)은 프라이부르크와 프랑크푸르트 대학에서 사회학, 정치학, 독일문학을 공부했고 프랑크푸르트 사회생태조사연구소의 이사이자 설립자이며, 잡지 『자본주의, 자연, 사회주의』(*Capitalism, Nature, Socialism, CNS*)의 토론토 편집위원으로 일하고 있다. 1990년 이후 주로 폐기물관리, 지속가능한 공동체 경제발전 및 에너지 문제 등에 관해 연구하고 있다.

주요 저서와 논문으로는 『적녹정치: 독일의 생태운동과 환경정치』(1993)

「지속가능성과 사회과학」(1999) 「지속가능성: 사회생태적 전환을 위한 학제적 개념」(2001) 「사회생태적 연구: 지속가능한 발전을 위한 지식의 생성·통합 전달을 위한 새로운 접근」(2004) 등이 있다.

참고문헌

Becker, Egon(ed.) (1992) *Umwelt und Entwicklung*(Jahrbuch 1989/90 Pädagogik: Dritte Welt), Frankfurt am Main.

Cassirer, Ernst (1944) *An Essay on Man: An Introduction to a Philosophy of Human Culture*, New Haven, CT: Yale University Press.

King, Alexander and Schneider, Bertrand (1991) *The First Global Revolution: A Report by the Council of the Club of Rome*, New York: Pantheon Books.

Marx, Karl (1971) *A Contribution to the Critique of Political Economy*, London: Lawrence and Wishart.

Mattheck, Claus (1992) *Design in der Natur, Der Baum als Lehrmeister*, Berlin: Springer-Verlag.

Meadows, Donella H., Meadows, Dennis L., Randers, Jorgen and Behrens, III, William W. (1972) *The Limits of Growth. A Report for the Club of Rome's Project on the Predicament of Mankind*, New York: Universe Books.

Meadows, Donella H., Meadows, Dennis L. and Randers, Jorgen (1992) *Beyond the Limits: Confronting Global Collapse, Envisioning a Sustainable Future*, Vermont: Post Mills.

Thomson, D'Arcy Wentworth (1966) *On Growth and Form*(abridged edition), Cambridge: Cambridge University Press.

World Commission on Environment and Development(WCED) (1987) *Our Common Future*, Oxford: Oxford University Press.

지속가능한 세계식량경제

해리엇 프리드만(Harriet Friedmann)

머리말

식량문제를 통해 세계 경제와 정치를 보는 것이 유익하다. 왜냐하면 식량은 자본축적 그리고 생계와 공동체의 중심이기 때문이다. 식물과 동물은 인간에게 자양분이자 식량이다. 토지는 인간공동체의 거주지이자 생산의 원천이다. 일상의 음식물은 자연, 가족과 공동체, 육체와의 문화적 관계를 표현하는 요리이자 소비자에게 제공되는 대체 가능하고 가격이 매겨진 영양물이다.

이 글에서는 세계식량경제가 1950년대와 60년대의 '황금시대'에 어떻게 작동했고, 1970년대와 80년대 그리고 90년대의 장기적인 재구성기 동안 어떤 대안들을 만들어왔는지 개괄한다. 우선 2차 세계대전 이후 농업무역의 국제적 조정을 거부하며, 무역규제와 보조금을 비롯한 국민국가들이 선호한 고도의 규제체제를 간략히 설명한다. 다음으로, 밀·우유 같은 표준적인 농산물을 토대로 한 '포디스트' 국제식량체제(international food regime)를 만들어낸 1950년대와

60년대 식량 및 식탁의 변화를 추적한다. 마지막으로, 새로운 식량체제의 경쟁모델, 즉 자유주의 식량생산(liberal-productivist) 모델과 대안적인 발전모델을 설명한다.

포디스트 식량체제의 배경

1947년 세계식량농업기구(Food and Agriculture Organization, FAO)는 세계식량위원회(World Food Board)의 설립을 제안했는데, 이는 2차 세계대전중인 1943년 아칸소주의 핫스프링스에서 열린 유명한 회의에서 나온 아이디어이다. 이 제안은 파시즘을 패퇴시키기 위한 싸움이라는 보다 큰 목적을 표명한 것으로서 전승국들 사이에서 폭넓은 지지를 받았다. 국제적 비축물을 관리할 기구들은 이미 존재하고 있었다. 2차 세계대전 동안 양측의 각국 정부는 식량 생산과 분배의 방향을 제시하고자 광범위하게 통합적인 노력을 광범위하게 기울여왔으며, 연합국은 전쟁으로 파괴된 지역의 구제와 복구를 위해 전후에도 계속 식량을 통제했다.

1947년 당시 세계는 식량과 농업을 조직화할 여러 대안을 찾고 있었지만, 시장규제 철폐는 포함시키지 않았다. 1930년대 대공황 기간에 시장은 국내적·국제적으로 팔리지 않은 잉여곡물과 기근만 확산시킨 채 붕괴되었다. 주요 곡물수입국, 특히 영국에서는 대공황을 계기로 은 처음으로 빈곤과 영양 문제를 연결시키는 체계적인 연구들이 이어졌다. 2차 세계대전 동안에는 최소한의 식량확보를 위한 정부의 개입이 옹호되면서 이는 구체적이고 초보적인 식량프로그램으로 이어졌고, 전쟁수행노력의 일부로서 노동자 간이식당이 설치되었다. 집권 민주당 뉴딜연합의 핵심인 농민 로비가 조직화되면서 정부수매를 통해 가격을 유지하는 형태의 농민 지원책이 마련되었다. 그 결과 정부가 잉여농산물을 수매하여 식량배급표(food stamps)를 통해 빈민들에게 잉여식량을 분배하게 되었다.

기근과 잉여농산물의 문제는 극심한 시장불안정을 낳았고 자유시장으로의 복귀를 가로막았다. 자유무역의 본고장인 영국에서는 전쟁이 끝나고 1년 뒤 기근과 공황기의 사회적 불안을 해소하기 위해 빵을 배급하기 시작했다. 유럽국가들은 승전국과 패전국 모두 농업과 식량유통 구조를 재건할 수 있을 때까지는 원조가 필요했다. 주요 식량수출국 농민들은 정부수매가 끝나면 실업과 국제무역의 붕괴로 인한 수요부족으로 공황상태가 재현될 것을 우려했다. 미국은 황진지대(미시시피 서부의 먼지바람이 부는 평원지대―옮긴이)의 생태적 위기로 인해 상황이 더욱 심각했다. 루스벨트 행정부는 농업위기와 기근위기를 정부수매와 농산물 배급으로 해결했다. 정부가 농업의 잉여를 이렇게 제도화했다.

국제기구에 의존한 세계식량위원회의 제안은 공황과 2차 세계대전에서 비롯되었다. 첫째는 밀(국제무역에서의 설탕, 금속, 기타 원료)에 관한 국제협정(International Commodity Agreement for wheat)이었다. 이는 최소 및 최대 구매량이나 판매량을 협상하기 위한 수입 및 수출 포럼이었고, 국제시장의 변동을 관리하기 위해 설계되었다(Rowe 1965). 둘째, 국제연맹(League of Nations) 산하의 FAO는 국제협정의 방침에 따라 세계식량위원회의 관리기관으로 예정되었다. 냉전과 식민지 독립을 둘러싼 권력투쟁만 없었다면, FAO는 강력한 국제연합(UN)의 핵심 기구가 되었을 것이다. 셋째, 연합국측의 전쟁 수행노력과 그후 구호기구들의 활동에 힘입어 전쟁으로 파괴된 유럽 전역에 공적 식량분배 구조가 자리잡게 되었다. 이 기구들이 협력적인 식량 공급과 할당 계획을 확실하게 정착시켰다.

하지만 이 제안은 시대적 모순에 빠졌다. 첫째, 농민(그리고 수출국)과 소비자(그리고 수입국)의 이익충돌을 다룰 방법을 찾아내지 못했다. 강력한 두 연합국인 미국과 영국이 주로 반대했다. 영국의 반대는 가격을 높이고자 하는 농산물 수출국의 이익이 결국 가격이 낮아지기를 바라는 소비자(그리고 수입국)의 이익을 압도할 것이라는 노동당정부의 우려에서 비롯되었다. 그래서 구매력을 살리자는 대안을 생각했다(Peterson 1979, p. 181). 미국의 경우는 더 역설적이다. 관리무역, 특히 미국의 농업프로그램에 필요한 수입통제는 국제무역기구(International Trade Organization, ITO)를 추진하는 훨씬 광범위한 자유무역의 목표와 일치하지 않았던 것이었다. 결국 아바나(Havana) 국제회의에서 승인된 ITO는 미국의 힘으로 소멸되었다. ITO가 의회에 상정되었지만 농업프로그램을 위한 보호무역을 지지하는 의원들의 반대로 비준되기 직전 철회되었던 것이다. 관세 및 무역에 관한 일반협정(General Agreement on Tariffs and Trade, GATT)에서 미국의 주장으로 농업에 취해진 예외조항을 통해 이들 보호조치가 이뤄졌다.

둘째, 유럽의 식민지 독립을 상정했을 수도 있지만 세계식량위원회 제안은 프랑스와 영국을 비롯하여 '국가계획'을 가정했다. 식량문제에 관한 한 특히 그 제안은 식량과 농업이 상당히 투명했던 시대의 문제를 다뤘다. 사람들이 구매하는 식량은 감자, 빵, 고기, 유제품 등 동식물과 관련이 있으며 농업은 기후나 기타 자연적 특징과 밀접한 관계가 있다. 국제무역의 주요 상품은 온대지방의 밀과 열대지방의 설탕, 커피, 코코아, 야자, 코코넛 오일이었다.

세계식량위원회 제안은 국가경제력을 반영한 임기응변식 대응에 대한 대안으로서, 다자간 협상 방식이었다. 실제로 다국적 계획은 미국 잉여농산물의 거래를 위해 달러부족 문제를 해결해야 하는 딜레마를 극복하는 것이었을 것이다. 제안은 실패했다. 그 대신 국가가 규제하고 잉여농산물을 유도하는 식량체제(food regime)가 등장했다.

식량체제

채무불이행으로 등장한 식량체제는 '포디스트' 경제의 모든 부문을 국가가 강력히 규제하는 것이었다(Lipietz 1992). 이 체제는 농산물의 자유무역에 대한 미국의 양면성에서 비롯되었다. 미국농업의 불황은 농업 전반의 불황보다 먼저 나타났다. 그리고 유럽의 고객들이 다른 나라(특히 영국의 경우 파운드 블록)로 수입처를 돌렸기 때문에 미국은 수출국 중 가장 큰 농업붕괴를 겪었다. 결국 미국의 농업프로그램은 뉴딜 개입주의 프로그램으로 이어졌고, 정책변경을 방지하기 위해 다수파 민주당을 향해 농업로비를 강화했다. 그에 따라 미국은 농업무역을 제한할 권리에 집착했고, 농산물을 배제하기 위해 GATT(지금의 저 유명한 11번 조항)를 수정했다.

미국의 농업프로그램들은 GATT가 수입을 통제하도록 했다. 미국정부는 농민들에게 시장가격 이상을 제공하고 있었다. 수입통제가 없었다면, 전세계의 곡물, 설탕 그리고 기타 정부가 보조하는 농작물은 미국 상품신용회사(Commodity Credit Corporation, 1929년 말 시작된 대공황 당시 농산물가격의 하락을 막기 위해 미국정부 전액출자로 1933년에 설립되어 현재까지 유지되는 회사로 농산물가격 유지 등의 계획을 추진한다―옮긴이)로 흘러들어갔을 것이다. 미국은 식량원조를 통해 잉여농산물을 처분했는데, 국내 식량배급표 수령자에 대한 시장채널 외부의 배분을 해외로 확장한 것이다. 국제 식량원조는 유럽과 일본에 처음 제공되었고, 그 다음 제3세계로 이어져서 이곳들에서는 (미국의 수출을 위한) 국제무역과 농업생산(구체적으로 화학물질과 기계집약적 형태의 '미국모델')을 재편하는 데 일익을 담당했다. 마지막으로, 그로부터 수십 년 후에는 변화된 세계상황에 직면하여 미국수출의 구심점을 강화시키기 위한 필사적인 노력의 일환으로 소련/러시아에 원조가 제공되었다. 1950년대부터 70년대까지 20여 년 동안 미국은 강력한 농업통제 수단으로 세계무역을 관리했고, 생산기준을 설정했다.

다른 국가들 역시 미국 못지않게 강력한 농업규제로 대응했다. 유럽과 일본은 수입대체의 맥락에서 미국의 정책을 채택했는데, 이는 더 엄격한 수입통제와 더 높은 가격지원을 필요로 했다. 유럽의 공동농업정책(Common Agricultural Policy)은 석탄과 강철에 이어 경제공동체의 두번째 기반이었다. 마찬가지로 일본의 마셜원조(Marshall Aid)는 농업을 재편하는 데 도움이 되었고, 일본의 수입과 농업정책은 기본 식량(쌀)의 자급자족을 목표로 했다. 결국 유럽공동체(EC)는 공적으로 잉여를 유지했고, 미국과 경쟁적으로 제3세계와 이후 사회주의 국가들에 대한 수출에 보조금을 지급했다.

제3세계 국가들은 식민지시대로부터 물려받은 통제방식을 이어갔고, 수출보조금으로써 잉여를 처분하는 지배적인 식량체제를 보완하기 위해 새로운 통제방식을 채택했다. 자국 고유의 농업규제정책을 실시하는 선진자본주의 수입국들 가운데 열대농산물의 수출협상에서 마케팅위원회나 생산자협정에 반대할 입장을 가진 나라는 하나도 없었다. 새로운 국가개입이 광범위한 근대화 및 국가형성 프로젝트의 일부를 이루었는데, 흔히 식량구호를 통해 관리되는 도시노동자들에 대한 식량보조금이 그 예이다. 신생국들(그리고 라틴아메리카의 오래된 국가들)은 산업부문의 고용창출을 위해 도시 임금노동자들을 확보하고자 자국 고유의 농업부문을 희생시키며 원조를 받아들였다 (Friedmann 1981; 1992). 그후 반발이 심해지자, 양차대전 사이에 미국 옥수수생산을 변화시켜 온 기술을 모델로 삼고 잡종 씨앗과 화학물질의 투입을 토대로 하는 녹색농업혁명 기술을 받아들였다(Kloppenberg 1984; 1988).

이런 체제는 GATT의 우루과이라운드에서 지난한 협상의 대상이 되었고, 결국 이 체제의 근원이 되었던 미국의 고집으로 1997년 12월 원래 상태로 되돌아갔다.

포디스트 식량체제의 변화

식량원조와 음식물 수준 향상을 특징으로 하는 1960년대와 전세계적인 무역전쟁과 기아증가의 1980년대 사이에 어떤 변화가 있었는가? 리피에츠가 지적한 것처럼 "개발의 약속이 행복의 개념과 어느 정도 부합하는 한에서만 개발모델은 효력이 있다"(Lipietz 1992, p. 3). 이 개념은 "그 모델이 더 이상 보장될 수 없을 때 혹은 그 모델의 단점이 더 많이 나타날 때" 붕괴된다. 포디스트 모형은 국가의 농업규제정책과 식량배분을 토대로 하고 있고, 그 규제로 인한 잉여를 암묵적으로 관리하는 무역에 의해 조직화되었다. 이 모델의 몇 가지 측면이 국제 식량체제의 발전과 더불어 변화하였다.

소비의 관점에서 보면, 선진자본주의 국가들에서는 두 가지 중요한 변화가 발생했다. 첫째, 쇠고기가 많이 들어가는 이른바 '미국식'

음식물 모델이 소비양식의 일부가 되었다. 이는 더 높은 소득과 유럽의 문화유산에 의존해 있었고, 산업적 가축생산과 동물사료용 농작물 재배의 유인 요소가 되었다.

둘째, 크라프트(Kraft)나 유니레버(Unilever), 네슬레(Nestlé) 등 거대 가공회사들이 성공함에 따라 식품은 영구적인 소비재가 되었다(Friedmann 1991; 1995). 치즈 위즈(Cheez Wiz), 미라클 휩(Miracle Whip)과 같은 새로운 식품이 발명되었고, 냉동식품은 가정과 상점에 냉장고 등과 같은 가전제품의 확산과 소형화를 요구했다. 텔레비전 식품(텔레비전을 보면서 가열만 하면 곧 준비해서 먹을 수 있다는 의미의 냉동식품—옮긴이)과 같은 식사가 산업적으로 생산되면서, 이는 도소매의 집중화를 촉진했고 마침내 (최소한) 북미 농식품(agrofood) 복합기업들의 소비체인 지배로 이어졌다. 식품제조업자들의 주방 산업화에 의해 유럽음식이나 감미료와 오일이 뒤섞인 복합식품이 지속적으로 증가하여 그 양을 통제하기 어려울 정도였다.

생산의 관점에서 농업은 두 가지 중요한 방식으로 변화를 겪었다. 첫째, 초기 식량체제의 혼합곡-가축 모델은 심각한 생태적 결과를 초래하며 곡물산업과 집약적 목축산업으로 전문화되었다. 단종재배가 대초원의 토양에 끼치는 영향에 대응한 토질보호와 기타 프로그램에도 불구하고, 단종재배의 압력은 더욱 강력해졌으며 이는 캐나다와 유럽, 기타 지역에서도 마찬가지였다. 곡물이 인간의 먹을거리에서 동물사료로 바뀌면서 옥수수 생산이 증가했고 콩 윤작이 도입되었다. 처음부터 다국적이었던 자본집약적 사료제조업자들이 옥수수와 콩의 단일재배를 그리고 이들 단일재배와 집약적인 가금·돼지·소 목축업을 연계시켰다(Berlan 1991).

둘째, 많은 농장들이 식량산업의 원료공급자가 되었다. 사료곡물과 가축 생산자들뿐만 아니라 상업원예가들도 산업자본에 종속되었다. 케첩용 토마토, 냉동용 야채를 비롯하여 감미료·오일과 같은 식품제조업자의 취사장에서 만들어진 다양한 재료들이 농민들이 시장에 내놓는 농작물을 대체하였다. 또 농산물은 유화제나 방부제 같은 화학제품과 점점 더 결합되었다. 농민들은 전문화된 고도의 화학·기계적 투입농법(input farming)을 채택하였으며, 일반적으로 이 농법은 전통적인 지식을 대체할 구체적인 지침을 갖춘 일련의 화학제품에서 나온 잡종 씨앗을 사용한다(Goodman et al. 1989).

국제무역의 관점에서는 열대지방 수출품이 종종 제1세계 농작물과 합성대용물에 밀려서 불이익을 받았다. 온대지방의 오일, 특히 대두유로 인해 제3세계 많은 국가들의 열대오일 무역조건이 악화되었다. 대두유는 1950년대와 60년대 미국의 식량원조를 통해 보조금을 받는 중요한 수출품이었고, 동물사료용 대두생산과 결합되면서 계속 유리한 시장가격을 유지하였다. 옥수수와 같이 보조금을 받는 온대농작물과 아스파테임(aspartame, 저칼로리 인공감미료—옮긴이) 같은 화학물질로 만든 감미료 때문에 사탕수수 설탕은 항상 국내 사탕무와의 경쟁에 직면해 왔던 산업국가에서 그 역사적인 수요의 상당 부분을 잃었다. 쉽게 대체되지 않는 바나나와 기타 농작물의 경우 다국적기업들이 토지개혁과 연계시켜 플랜테이션들로 하여금 소농들을 위해 생산을 포기하도록 조장했으며, 소농들은 주로 수출기업들과 생산계약을 맺었다(Friedmann 1992).

18세기 영국 농업혁명의 자본주의식 농장이나 라틴아메리카·아시아·아프리카 일부에서 수출작물용 식민지 플랜테이션과 비교해 볼 때, 하나의 **부문**으로서 포디스트 농업은 일반적으로 소규모 단위의 모델('가족농업')인 경향이 있다. 미국과 유럽에서 농업프로그램

들은 무한경쟁을 통해 합병에 굴복했을 소농들을 지원했지만, 이와
동시에 규모의 경제와 높은 지가, 지속적인 신용대출의 사용을 요구
하는 화학·기계적 투입농법을 통해서 성장을 촉진시켰다. 농민들은
특정 상품별 압력단체로 조직되었고, 국가 차원의 상품 프로그램과
단일재배, 기술적인 단순반복 작업과 부채상환이라는 메커니즘에
갇혀버렸다.

정치적으로, 농민의 수는 그 정치적 비중보다도 더 빨리 줄어들었
고, 그들의 자율성은 산업 및 금융 자본이 지배하는 농식품 복합기업
에게 종속되었다. 농식품기업들은 자신들을 탄생시킨 국가규제 체제
보다 더 빨리 성장했고, 소비자들은 농식품 정치에서 농민들과 동등
한 위상을 획득했다.

이렇듯 GATT협정은 포디스트 식량체제의 변화가 만든 운명을
결정하였다. 더욱이 GATT협정은 그 체제의 기본규칙들을 폐지하는
데 혼란의 20년이 걸렸다. 현재 이 협정을 이행하기 위한 구체적인
변화가 전개되고 있다. 그 변화는 기술지원·연구·무역에서 국가
의 다양한 역할을 포함하여 다양한 프로젝트들을 통해서 농민, 소비
자, 정치활동가, 기업 들의 실제적인 노력과 갈등을 겪으면서 형성될
것이다.

대안들

농식품 분야의 겨우 1980년대는 주로 리피에츠가 자유주의 식량생
산 모델이라고 말한 경향을 따라 국제식량체제의 재편이 가속화되었
다. 이와 더불어 사회·생태적으로 지속가능한 모델을 지향하는
대안들이 곳곳에서 아주 조용히 피어나기 시작했다. 겉보기에 대부분

의 사례들은 두 가지 가능성을 모두 가지고 있었다. 또 일부 사례들은 고의나 채무불이행으로 결국은 실현될 현실적인 선택을 제시할 수도 있다.

1980년대 들어와서 후기포디스트 **소비**는 자본주의의 두드러진 양상, 즉 수제품이나 특산물의 재생과 부활이라는 형태로 자리잡았다. 10년의 투기붐은 전문가, 은행가, 컨설턴트 등을 신흥부유층으로 만들었으며 이들의 소비패턴은 와인, 치즈, 지역요리, 새로운 혼합요리나 재료 같은 과거 수공업 식품의 수요를 활성화시켰다. 새로운 '모래시계'식 소득분배의 상층과 하층에서 상품생산에 상당히 뚜렷한 영향을 미치는 틈새시장 또한 등장하였다. 역설적으로 이런 틈새시장 생산물의 지역적 양상은 대량소비뿐만 아니라 고가소비의 표준화와 함께 이 시장의 세계화를 가져왔다.

예를 들어 포장쇠고기는 축산업의 신상품이었다. 고도로 기계화된 표준 도살 및 포장 기법이 전세계적으로 목축단지의 집중, 노동과정의 재배치와 재구조화를 촉진했다. 이에 따라 미국의 경우 육류포장작업은 새로운 지역과 노동자들에게 넘어갔으며(Stanley 1994), 새로운 무역축, 특히 환태평양을 중심으로 재편되었다(McMichael and Kim 1994; Lawrence and Vanclay 1994). 샌더슨(Sanderson 1986)이 ('월드카'에 견주어서) '월드소'라고 불렀던 이런 변화가 여러 지역에서 생겨났다. 그는 세계표준의 쇠고기 도살과 포장 방식을 도입한 멕시코에서는 농촌의 생계활동을 심각하게 위축시켰다고 주장한다. 중앙의 생산이 지역시장을 대체함으로써 많은 자급자족 공동체들의 우유·고기·가죽·동물성기름용 육우생산의 토대를 침식했고, 심지어 상업용 육우의 수입까지 하게 되었다.

세계시장으로 이어지는 특권적 소비의 또 한 가지 사례는 외래

과일과 야채이다. (남반구 시장의 배와 사과처럼) 북반구 시장의 스타프루트(starfruit)와 키위 그리고 분재식물 같은 비식용작물은 제3세계 국가들의 새로운 수출품목이 되었다. 부채상환과 흔히 IMF가 직접 부과하는 긴축조치의 압력 아래서 토지와 노동은 식품과 전통적인 수출품에서 유동적인 해외시장에 대한 공급으로 전환된다. 이런 변화는 종종 불안정한 시장이라는 맥락에서 생계를 매우 불안정하게 만들고 그 기반을 와해시킨다. 생산유연성은 농민과 농업노동자들의 안정성을 희생시키는 것이다(Raynolds 1994).

모래시계 하층에서 새로운 식품의 확산은 기업들로 하여금 땅과 바다에서 대체 가능한 원료를 찾아나서게 하였다. 예를 들어 입에 맞는 느낌을 찾아나선 결과 동남아시아의 해초에서 나오는 새로운 천연재료 카라게닌(carrageenan, 식용해초인 진두발속(屬)의 홍조에서 채취되는 유화제—옮긴이)을 체계적으로 수확하게 되었다(Blanchetti-Revelli 1995). 조개의 수확과 마찬가지로 이것은 전통적인 어민들을 쫓아내고 전통적인 소비자들에게는 가격을 올리는, 공유재에 대한 새로운 엔클로저(enclosure)운동이다(Skladany and Harris 1995).

생산에서 자유주의 식량생산 모델이 포디스트 모델의 토대를 침식함에 따라 사회적·생태적 문제들이 증가했다. 원칙적으로 사회적·생태적 지속가능성의 향상을 약속하는 생명공학이 실제로는 과거 화학·기계적 기술의 부정적 영향들과 결합하면서 위협적인 존재로 부상한다. 기업의 농업부문과 농업로비 지배는 농장의 합병을 촉진하는 기술변화를 가속화한다. 최근 소의 성장호르몬(BST)은 격렬한 정치적 갈등의 주제가 되었다. 현재 미국에서는 이 옹호자들이 우위를 차지하고, 유럽공동체에서는 반대자들이 우위를 차지하는 것 같다. 캐나다에서는 1995년 여름에 끝나는 1년의 지불유예기간 동안

이에 대한 입장표명이 결정되어야 한다. 농업규제를 완화하라는 미국과 다국적기업들의 압력 때문에 낙농업의 집중과 재배치가 이루어질 것 같다.

산업과 마찬가지로 농업부문의 국제적 구조조정으로 국내의 안정적인 하위부문들이 국제적으로 유연한 하도급 장치로 전환된다. 이윤과 경쟁에 대한 새로운 강조는 끊임없이 시간지평을 단축시키고, 지역 차원의 생산의 재조직화와 폐지가 가져오는 사회적·생태적 결과에 대한 책임성을 희석시킨다. 일반적으로 유연한 생산체계는 곧 시장상황이 나빠질 때 기업가는 노동자와 농민들을 스스로 살아가게 방치하고 야반도주하는 이른바 투기적 생산을 의미한다(Raynolds 1994). 잉여를 관리하고 농업부문을 안정화시키며 제3세계에서 유사한 모델들을 촉진시키는 공적 책임성을 희생시키고 사적 권력으로의 전환을 의미한다.

대량생산에서 간헐적 생산으로의 전환은 남성 농민과 산업노동자에서 여성과 소수민족으로의 노동력 전환을 의미한다. 의류기업 베네통에서 볼 수 있듯이, 기업가의 유연성은 주로 남성의 고용을 희생시키고 여성에게 고통을 준다. 모래시계의 최상층에서는 일반적으로 거래량과 요구조건의 변화에 적응해야 하는 여성들이 수공업 식품과 개인적 식품서비스를 제공한다. 모래시계 하층의 경우 북미에서는 육류포장, 식품 가공 및 배달 분야에, 저임금과 열악한 복지뿐만 아니라 '시키는 대로'(on-call) 한다는 고용조건을 받아들이라는 압력과 더불어 조직화된 노동력에 대한 공동의 공격이 존재한다. 제3세계에서는 때때로 정부 관료와 기업가들이 지역 여성들에게 유럽시장을 겨냥한 최신유행 과일이나 야채를 심을 것을 종용하지만, 수확한 이 작물들의 수출 여부는 불투명하다.

지역단위로 조직된 다양한 생산체계를 지지하는 (그리고 그에 의존하는) 지속가능한 무역에서 자유주의 식량생산 모델에 대한 대안이 나올 수 있다. 지속가능한 무역은 지속가능한 전략을 기반으로 한다(Perkins 1998). 소비자들은 개인으로서 그리고 시민으로서 공공기관과 준공공기관에게 지역 산물의 수매정책을 요구하면서 캐나다나 온타리오 주 혹은 5대호 생물권역 식량생산을 지원할 수도 있다. 보다 노동집약적이고 환경적으로 민감한 농업부문이나 문화적으로 적절한 계절식품의 제조와 판매 분야의 고용창출에 대해 지역사회들이 지원하는 방향으로 나아갈 수도 있다. 시민으로서 우리는 투입, 신용, 시장과 관련하여 지속가능한 농업으로의 전환을 지원하는 정책을 지원할 수도 있다. 기업을 매개로 하지 않고 다른 나라의 유사한 집단들과 교역함으로써 제3세계에서도 지속가능한 무역으로의 전환을 촉진할 수 있다.

외채가 지역적 생계를 희생시키는 제3세계 수출을 강요하는 주요 장벽이라면, 수요는 북반구 일반인들의 잠재적인 통제하에 있는 균등화를 구성하는 부분이다. 만약 북반구가 고유한 지역적 식량경제에 다시 초점을 둠으로써 수요를 감소시킨다면, 남반구 역시 지역적 식량경제를 재구조화할 선택권을 가지게 될 것이다. 현재의 수요패턴을 동요시키고 약화시키는 영향력을 바로잡으려는 도덕주의나 자선보다는 이것이 훨씬 낫다.

또한 자유주의 식량생산 모델이 야기한 식량작물의 유전적 다양성에 대한 위협의 심화도 중요하다. 리피에츠가 주장하는 것처럼 "생물종 다양성은 민족다양성에 달려 있다." 유전적 다양성이 풍부한 제3세계 특정 생물환경에서 지역사회의 배태성(embeddedness)을 유지시키는 것은 특히 긴요하다. 민족다양성은 북반구에서도 마찬가지로 중요하고, 문화적 식품을 공급하기 위한 농업재편의 토대가 될 수 있다. 지역에서 구매하는 소비자들과 지역에서 판매하는 농민들은 복합적이고 지속가능한 방식으로 토지를 이용하고 개인과 공동체를 부양할 식품을 창출하는 문제를 공유한다.

지속가능한 식량체제의 요소는 무엇인가? 첫째는 도시인구로의 인구학적 전환과 후기포디스트 경제의 틈새 소비시장으로의 전환에서부터 시작하는 것이다. 산업적으로 생산된 식품의 건강성에 대한 우려와 결합된 실업문제와 식품에 대한 접근성 문제에 직면한 도시민들은 자유주의 식량생산 모델의 거대 사기업들과 더불어 조직된 (그리고 공생하는) 자선단체들이나 지역사회 사업계획과 **협상에 의한 참여**를 결합시키는 자립단체들 중에서 선택할 수도 있다. 리피에츠는 이들을 스스로 관리되고 최종 수요자와 계약으로 연결되어 있으며 파트너십에 근거한 지역개발 논리의 일부라고 묘사한다(Lipietz 1992, p. 145). 자유주의 식량생산 모델과 대안모델 양자에서 주된 행위자 대부분은 여성이다. 소비자, 유급노동자, 지역사회 자원봉사자로서의 여성은 전략적으로 매우 중요하다.

농민들 입장에서는 포디스트적 규제를 지키기 위해서 혹은 이 모델들의 선택과정에 적극적으로 참여하기 위해서 계속 투쟁하는 쪽을 선택할 수도 있다(단기적으로는 이 두 가지가 상호 보완적일 수 있다). 한쪽에는 자유주의 식량생산 모델이 제공하는 기업과의 연계가 있다. 최근에 나는 대중들이 뒤로 물러나고 밀위원회(Wheat Board)의 경우 민영화 쪽으로 구조조정된 앨버타 주의 사례에서 이것이 얼마나 빨리 진행되는지 보았다. 이런 변화를 묘사하는 용어가 산업부문에서는 채택되었지만, 농업에서는 그 의미를 뒤집는 특이한 영향을 주었다. 농장조직의 지도자, 공무원, 농업단체의 간부들은 내가 포디스트 농업에서 자유주의 식량생산 농업으로의 전환이라고 부르는 시각을 공유한다. 그들은 '시장'에의 적응에 대해 말한다. 이것은 현실적으로 카길(Cargill)이나 미쓰비시(Mitsubishi) 사가 성장시키고자 하는 것을 발견하였다는 것을, 계절당 계약을 하는 것을, 앨버타 주 농작물과 농민들에 대한 기업의 관심을 계속 기울이기를 바라는 것을 의미함을 분명히 보여주는 사례이다. 가격에 대응적이고 입찰자들에게 판매하는 공적 마케팅에 대한 경험에도 불구하고, 그들은 역설적으로 일련의 독점 구매자들을 찾는 것이 곧 '경쟁'으로의 전환이라고 본다. 다른 한편으로 협력은 유지하되 기업 구매자들에게 철저히 의존하는 것은 피하려는 농민들이 고객, 소매업자, 원료공급자, 정부와의 협상에 의한 참여에 바탕을 둔 대안을 추구할 수도 있다.

지방경제와 정치

각 중앙정부와 지방정부들이 환경적으로 건강한 다양한 농법과 지방에 근거하고 문화적으로 다양한 식품을 지원하는 잠재력을 발휘하지 못해 왔다. 이들은 개인적으로 부유하게 만들고 재정적으로 안정적인 방식으로 지역사회 구성원들의 기술과 시간을 활용한다. 북미에는 지방정부에서부터 시작된 식량정책협의회가 형성되고 있는데, 유럽의 더욱 성공적인 일부 지역들의 사례에 버금간다고 할 수 있다(Fanfani 1994). 토론토 식량정책협의회(Toronto Food Policy Council, TFPC)가 그중 하나이다.

TFPC와 지방 식량경제 관련집단의 일부 활동은 개인과 공동체의 건강과 생계의 일환으로 대안적인 식량정책을 시사한다. 이들 활동

중 첫째는 토지이용을 사회적으로 결정함으로써 이를 지방 식량경제 재편 프로젝트와 연계시켜 식량에 대한 권리를 확립하자는 주장이다. 토론토의 경우 이 활동은 보건정책을 통해 발전해 왔으며, 현재는 빈곤퇴치 및 고용 문제와 결합되어 있다. 공적 자금을 지원받는 보건 시스템의 일부로서 주변상점에서 지역농산물과 바꿀 수 있는 일반증명서(universal vouchers)를 발급하는 것이 하나의 아이디어다. 이 주장은 주요 식품을 위한 공적 자금은 예방적 혹은 공중 위생의 한 측면이라는 것이다.

토론토 보건위원회의 계산에 따르면, 위험상태에 있는 임산부에게 2년 동안 지급되는 총 음식비용은 저체중아 출산비용의 약 10분의 1에 불과하다. 알려져 있는 다이어트 관련 질병에 대한 비슷한 계산 역시 공적으로 제공되는 건강식품비용은 단 몇 년 만에 상쇄된다는 것을 보여준다. 식사개선으로 절약된 보건비용은 특정 암이나 심장질환의 치료비용보다 더 높다고 많은 사람들은 믿고 있다. 저농약 투입 농법에 의한 환경절약이나 허약한 형태의 사회적 지원과 구호에 대한 의존을 줄여 생기는 사회적 절약에도 동일한 주장이 적용된다.

둘째, 모든 시민을 사회정의의 틀 내에 포함시키기 위해서는 지방의 농식품 고리들을 다시 연결해야 한다. 자유무역협정은 큰 도전을 드러냈고, TFPC는 거기에 반대해 왔다. 그러나 이 협정들은 또한 농업규제에 변화를 강제함으로써 새로운 가능성을 연다(Skogstad 1994). 포디스트 농식품경제의 재편은 더 넓은 시장——자유주의 식량 생산 모델——과 틈새시장으로의 분화로 귀결된다. 후자에는 특권층 소비자들 사이에 요리에 대한 관심을 불러일으키고 포디스트 고용과 이전비용으로 인한 소득감소에 대처하기 위해 물물교환과 그 밖의 방식이 되살아나는 것 등이 포함된다. 상위 소득수준에서는 저명한 요리사들이 유기농과의 연결고리를 형성해 왔고(일부는 역할을 변화시켜 왔다), '칼과 포크'(Knives and Forks)라는 단체를 만들었다. 이 단체는 토론토에서 (더 큰 비유기농 시장 외에도) 농민들의 시장을 후원하고 지방식품, 계절식품 그리고 돈 많은 고객들에게 그 사회적·생태적 요구사항들을 교육한다.

다른 한편에서 '식량나누기'(FoodShare)라는 준공공조직은 사회주택(social housing) 거주자들의 농장여행을 통한 직접구매를 조직화하고, 규칙적으로 사회주택들에 농산물을 직접 배달하는 시스템을 조직화한다. 미국 프로그램을 응용한 '좋은 식품박스'(Good Food Box)는 가장 야심찬 '들에서 식탁으로'(Field-to-Table) 프로젝트이다. 이 조직은 사회적 마케팅기법을 사용하여 소비자들이 신선한 과일과 야채를 단체로 구매하게 한다. 한 달에 한번 주문하고 배달되며 공동구매를 통해 유익한 가치를 제공한다. 계절에 맞는 신선한 식품을 소생시키고 선택, 지역사회, 식품에 대한 사회적 관계를 재편하면서 식품을 사고 먹는 독특한 방식이다.

물론 가장 직접적인 관계는 더 소규모이지만 큰 결합효과를 가질 수 있다. TFPC는 농민과 농장공동체가 농작물을 심기 전에 할당분을 팔고, 다 익으면 농산물을 배달하는 공동체 할당농업(Community Share Agriculture)을 지원한다. 또 다른 프로젝트는 학교, 노인정, 기타 공동구역의 옥상에서 사적으로 하는 도시원예이다.

셋째, 역동적인 유럽지역과 마찬가지로 시장 및 사회적 제공과 정부의 관계는 국가-시장 구분으로 포착되는 것보다 더 복잡하다. 공공구매는 대륙의 상업네트워크와 연계되어 지방의 유기농산물의 규모의 경제를 변화시킬 상당한 가능성을 제공한다. 가격을 낮추고 신선도를 높이는 방향전환이 민간 소비자용 시장을 바꾸어놓을 수

있었다. 여기에는 도시정부뿐만 아니라 도나 연방 정부에 대한 로비
도 포함된다. 현재는 행정적으로 어렵고, 무역협정과의 일관성도
의심스럽다. 그러나 지방의 공급자·제조업자·농민 들에게 유리
한, 직접적인 차별이 없다면 화학물질과 첨가제 투입을 낮추고 신선
도 기준을 높이는 등 본질적으로 바람직한 건강 및 환경 기준의
사용은 바람직한 결과를 낼 수 있을 것이다. 이는 또한 보건기준이
높아야 하는 병원이나 학교, 노인층에게 쉽게 받아들여질 것이다.

문화적으로 적합한 식량, 지방의 고용 그리고 지방의 신선하게
조리된 식품의 직접적인 구매를 결합시키는 하나의 방법이 학교
프로그램이다. 토론토의 문화적 다양성은 공공구매가 지방 문화단체
들에게 유리한 문화적 기준들을 구체화시킬 가능성을 제공한다. 다양
한 지방의 요리와 지방농산물에 관한 계약이 공공건물에서 이뤄질
수 있다. 지방수준에서 유연한 공공프로그램으로서 TFPC가 지원하
는 (그리고 최근 온타리오까지 확대된) 시범 학교영양 프로그램에서
는 학교위원회가 영양, 원예, 식량경제에 대한 교육과 식품배급을
통합한다. 10년 전쯤(Haringey Women's Employment Project 연대
미상) 런던식량위원회(London Food Commission)의 경험으로부
터 부분적으로 영향을 받은 이런 의도는 창조적인 공공 식품프로그램
을 통해 보건, 교육, 여성노동의 재평가, 문화적 다양성을 결합하고자
하는 것이다.

마지막으로, 지방의 식량 분배와 공급은 생계 및 양식과 관련하여
개인과 지역사회에 권한을 부여하는 가능성을 제공한다. 식품과 관련
된 고용이 자유주의 식량생산 모델에서 쇠퇴하는 것은 아니지만,
제조·소매·서비스 분야의 경우 저임금, 파트타임, 직업불안정성
으로 바뀌어가고 있다. 수입대체는 최소한 부분적으로는 포디스트

경향을 국가/대륙 차원의 판매와 마케팅으로 전환시킬 수 있고, 후기포디스트와 자유주의 식량생산 추세를 지구차원의 판매와 마케 팅으로 전환시킬 수 있다. TFPC는 최근에 폐쇄된 방목터에서 '식품 박람회'를 열었는데, 여기에는 농민시장이나 공동 냉동·퇴비 등 관련시설 그리고 소규모 혹은 신흥 사업가들(이들 중 상당수는 가족 요리법을 가진 여성들일 것이다)이 대여하는 일괄처리 장비 등이 참여하였다. 기업과 주민 등 지역공동체 구성원들이 모두 참여한 이 아이디어는 현재 지역 활성화를 위한 도시계획의 일부가 되었으며 다른 곳으로도 확산되고 있다.

지방수준에서의 이런 유형의 계획은 상위정부 수준의 지원을 필요 로 한다. 미국의 경우 이런 시각은 보통 중앙정부에 국한되지만, 캐나다의 경우에는 국제협정의 요구사항이 명백히 존재한다. 그리고 중앙정부의 주된 요구조건 중 하나는 지방이 선택한 것을 가로막는 국제규약들로부터 지방의 계획을 보호하는 것이다.

농업(캐나다에서는 지방의 농업)을 규제하는 정부 차원에서는 신용·마케팅·위생 규제를 통해 포디스트 농업장려 정책을 변화시 키는 것이 중요하다. 기업식 기술 패키지와 정보를 흉내내는 농업팽 창사업은 자유주의적 생산뿐 아니라 공동체, 사회정의, 환경적 민감 성에 중심을 둔 대안적 전략에도 적합하지 않다. 그런 사업을 감소시 키거나 민영화하기보다는 화학 및 기계 집약농업에서 저투입의 다양 한 농법으로 전환시키는 것이 더 나을지도 모른다. 정부출연기관의 연구와 개발 또한 제3세계에서처럼 적절한 기술이 필요한 농민들을 위해 새로운 기술을 촉진할 수도 있다. 중요해질 수도 있는 부업농뿐 만 아니라 다양한 활동과 지역사업들이 전환농민들을 보완할 새로운 토대가 된다.

국가 및 국제 수준에서는 부채상환과 무역개방에 따라 국내정책을 제약하는 금융정책에 대응하여 여러 가지 대안을 탐색하는 것이 중요하다. 새로운 유형의 고용을 촉진하기 위한 녹색정책, 생산성 증가의 혜택을 실현시키는 노동시간의 단축, 가족과 지역사회를 위해 현재의 미지불 사회적 노동을 경제적·사회적으로 인정하는 것 등이 모두 지역공동체를 유지시켜 나가는 요소이다. 동시에 북반구에서의 사회적·생태적 대안들에 대한 지원은 제3세계의 생존과 발전의 여지를 창출한다. 더욱이 토착지식의 중요성에 대한 인식은 결국 그 지식이 여전히 살아 있는 제3세계 일부 지역 그리고 특히 일부 여성들의 지식에 특권을 부여한다(Kloppenburg 1991). 북미의 대부분 지역에서는 수(手)작업 농업에 관한 지식이 우리 세대에 들어와 거의 파괴되었다(Berry 1978). 교육·신용·기술 지원뿐만 아니라 구체적인 지역의 지식과 경험을 바탕으로 한 새로운 유형의 과학이 안정성과 지속가능성을 달성할 수 있는 대안적인 방향이다.

맺음말

미래에는 자치공동체들이 생물지역으로 결합되는 것을 상상할 수 있을까? 전간기(戰間期) 동안 요동치는 농업시장의 문제들을 해결하기 위해 국제 교역협정들은 세계식량위원회를 제안하였으나 거부되었다. 식량원조와 기타 보조금을 통해 잉여농산물을 처분하고자 한 실제 골격은 당시 다국적기업들과 농업시장을 규제하는 주권국가 및 원료를 공급하는 농민들과의 경쟁을 야기했다. 이제 도시소비자들 사이에서 산업적인 식품에 대한 취향을 장려하고 끊임없이 원료와 시장을 대규모로 조직함으로써, 자유주의 식량생산 모델은 국민국가로부터의 권력을 탈취하고자 한다.

한편 국민국가는 소비자·농민·지역사회를 한쪽에, 그리고 다국적기업들을 또 한쪽에 두고 있다. 만약 폴라니(Polanyi)가 옳다면, 그 틀 내에서 점점 가속적으로 움직이는 시장이 초래하는 해악으로부터 지역사회와 지역주민들을 보호하기 위한 자기보호운동이 정당해지는 시대이다. 아마 이 운동은 시장의 붕괴로 열린 가능성과 지역의 식량경제를 창출하기 위한 노력과 더불어 생계·보건·지속가능성에 도움이 되는 협상적 식량체제를 촉진할 수도 있다.

해리엇 프리드만(Harriot Friedmann)은 캐나다 토론토대학의 사회학과 교수이다. 그녀의 저작들은 권력, 빈곤 그리고 세계식량경제 내의 식품, 농업식량복합체, 농업정책의 사회적·생태적 영향 등에 초점을 맞추고 있다. 최근의 연구는 지속가능한 식량경제의 문화적·물질적 측면, 냉전 및 탈냉전 시기의 국제 권력과 소유 관계에서의 식량장소 이동 등에 초점을 두고 있다. 또한 해리스 화이트(B. Hariss-White)와 호펜버그(R. Hoffenberg) 그리고 『냉전의 재고』(*The Rethinking the Cold War*, 1997)를 쓴 헌터(A. Hunter) 등이 편집한 『식량』(*Food*, 1994)에서 여러 장을 집필, 발간하였다.

참고문헌

Berlan, Jean-Pierre (1991) "The historical roots of the present agricultural crisis," in William H. Friedland, Lawrence Busch, Frederick H. Buttel and Alan P. Rudy(eds.), *Towards a New Political Economy of Agriculture*, Boulder, CO: Westview.

Berry, Wendell (1978) *The Unsettling of America: Culture and Agriculture*, New York: Avon.

Blanchett-Revelli, Lafranco (1995) "Canadian misfortunes and Filipino fortunes: the invention of seaweed mariculture and the geographical reorganization of seaweed production," in Philip McMichael(ed.), *Food and Agrarian Orders in the World Economy*, Westport, CT: Praeger.

Fanfani, Roberto (1994) "Agrofood district: a new dimension for policy making and the role of institutions," in Conference Papers *Restructuring the Agro-Food System: Global Processes and National Responses*, Trondheim, Norway, 2~4 May.

Friedmann, Harriet (1982) "The political economy of food: the rise and fall of the postwar international food order," *American Journal of Sociology* 88(supplement): 248~86.

__________ (1991) "Agro-food industries and export agriculture: changing international division of labour," in William H. Friedland et al.(eds.), *Towards a New Political Economy of Agriculture*, Boulder, CO: Westview.

__________ (1992) "Distance and durability: shaky foundations of the world food economy," *Third World Quarterly* 13, 2: 371~83.

__________ (1995) "Food politics: new dangers, new possibilities," in Philip McMichael(ed.), *Food and Agrarian Orders in the World Economy*, Westport, CT: Praeger.

Goodman, David, Sorj, B. and Wilkinson, J. (1987) *From Farming to Biotechnology: A Theory of Agro-Industrial Development*, Oxford: Basil Blackwell.

Haringey Women's Employment Project (n.d.) "Women and privatization: school meals in Haringey, a campaign strategy for school meals and women's jobs based around a radical food policy," London: London Food Commission.

Kloppenberg, Jack, Jr. (1984) "The social impacts of biogenetic technology in agriculture: past and future," in Gigi M. Berardi and Charles C. Geisler(eds.), *The Social Consequences and Challenges of New Agricultural Technologies*, Boulder, CO: Westview.

______ (1988) *First the Seed: The Political Economy of Plant Biotechnology, 1492~2000*, Cambridge: Cambridge University Press.

______ (1991) "Social theory and the de/reconstruction of agricultural science: local knowledge for an alternative agriculture," *Rural Sociology* 56, 4: 519~48.

Lawrence, Geoffry and Vanclay, Frank (1994) "Agricultural change in the semiperiphery: the Murray-Darling Basin, Australia," in Philip McMichael (ed.), *The Global Restructuring of Agro-Food Systems*, Ithaca, NY: Cornell University Press.

Lipietz, Alain (1992) *Towards a New Economic Order: Postfordism, Ecology, and Democracy*, New York: Oxford.

McMichael, Philip and Kim, Chul-Kyoo (1994) "Japanese and Korean agricultural restructuring in comparative and global perspectives," in Philip McMichael(ed.), *The Global Restructuring of Agro-Food Systems*, Ithaca, NY: Cornell University Press.

Perkins, Patricia E. (1998) "Sustainable trade: theoretical approaches," in Roger Keil(ed.), *Political Ecology*, New York: Routledge.

Peterson, Martin (1979) *Interest Organizations and the Transmutation of Postwar Society*, Stockholm: Almquist and Wicksell.

Raynolds, Laura (1994) "The restructuring of Third World agro-exports: changing production relations in the Dominican Republic," in Philip McMichael (ed.), *The Global Restructuring of Agro-Food Systems*, Ithaca, NY: Cornell University Press.

Rowe, D. W. F. (1965) *Primary Commodities in International Trade*, Cambridge: Cambridge University Press.

Sanderson, Stephen (1986) *The Transformation of Mexican Agriculture: International Structure and the Politics of Rural Change*, Princeton, NJ: Princeton University Press.

Skladany, Mike and Harris, Craig K. (1995) "On global pond: international development and commodity chains in the shrimp industry," in Philip McMichael(ed.), *Food and Agrarian Orders in the World Economy*, Westport, CT: Praeger.

Skogstad, Grace (1994) "Policy under siege: supply management in agricultural marketing," *Canadian Public Administration* 36, 1: 1~23.

Stanley, Kathleen (1994) "Industrial and labour market transformation in the US meatpacking industry," in Philip McMichael(ed.), *The Global Restructuring of Agro-Food Systems*, Ithaca, NY: Cornell University Press.

Toronto Food Policy Council(TFPC) (1994) "If the Health Care System Believed You Are What You Eat: Strategies to Integrate Our Food and Health Systems," Discussion Paper No. 3.

세계정의, 탄소배출권 계획과 지구관리청

로드니 페퍼(Rodney G. Peffer)

현상황과 파멸적인 기후변화

우리——역사상 특정 시점의 지구 거주자들——는 세계정의의 이슈뿐만 아니라 정의의 원리가 적용된다고 분명히 말할 수 있는 최소한의 사회적·물질적 조건을 유지하려는 전망과 관련되어 있는 일련의 지구적 문제에 직면해 있다. 극단론으로 살아가는 사람의 예견이 아니라 이제 주류의 생각으로 받아들여지고 있다. 인간의 빈곤과 고통, 질병과 자연재앙이 항상 있긴 했지만, 우리가 지구 전체의 (우리 자신과 다른 생물종들을 위한) 자연환경을 금방이라도 파괴할 위치에 있어본 적은 없었다. 그리고 핵에 의한 대학살의 위험은 적어도 일시적으로는 의제에서 벗어난 듯하지만, 빈곤의 압력, 인구성장, 환경악화, 천연자원의 고갈 그리고 (가능성이 높은) 파멸적인 기후변화로 인해 예측 가능한 세계 문명의 미래에는 여전히 위험이 존재한다.

예를 들어 탄화수소와 기타 대기오염원들이 사람과 동식물을 괴롭히는 직접적인 보건문제 이외에도, 잠재적으로 더 중요한 대기오염의 결과는 온실효과의 강화이다. 탄소배출(그리고 기타 이른바 '온실가스들'의 배출)의 증가는 전세계 열대다우림의 파괴와 (대기의 탄소를 제거하고 산소를 순환시키는 중요한 원천인) 식물성 플랑크톤의 절멸 가능성과 더불어 세계 평균기온의 급격한 상승을 가져올 온실효과를 가속화할 것이다. 뿐만 아니라 연이어 극지방의 만년설을 녹아내리게 하고 현재의 경작지 상당 부분을 사막으로 바꾸어놓을 것이다.

일부 과학자들이 (태양광선을 반사하는) 미립자 배출증가가 최소한 일시적으로는 지구온난화를 상쇄시킬 수 있다고 주장하지만, 현재의 추세가 계속된다면 결국에는 지구온난화에 반대하는 쪽에 배팅하는 과학자들은 거의 없을 것이다. 사실——제임스 버크(James Burke)[1]와 같은——일부 과학자들은 심각한 지구온난화를 막기에는 이미 늦었다고 단언하고, 우리의 목표는 적도에서 섭씨 6~8도, 극지방에서 섭씨 20도 정도로 지구 온도상승을 억제하는 것이어야 한다고 건의한다. 그러나 이조차도 해수면이 적어도 3피트(약 7.6cm)는 상승시킨다는 것인데, 많은 저지대 연안지역이 해수면 아래로 잠기는 것을 의미한다. 사람이 살고 있는 섬들 외에도 방글라데시의 약 1/3, 플로리다의 남쪽 절반, 뉴올리언스, 미시시피강 삼각주의 저지대, (카이로를 포함하여) 나일강 삼각주 유역 그리고 영국·북유럽·중국 해안의 제조업 중심지들 상당수가 여기에 포함된다. 더욱이 그 영향이 절반 정도에 그친다 하더라도 여전히 우리에게 부담이 되는 심각한 문제를 야기하게 될 것이다.[2]

---

1) James Burke, *After the Warming: Episode Two*(Ambrose Video Publishing, Inc., 1290 Avenue of the Americas, Suite 2245, New York 10104). 버크의 비디오에서 '에피소드 1'은 장기간의 지구기후 역사와 관련이 있다. 그러나 두번째 에피소드는 세계의 자연환경을 구하는 것뿐만 아니라 북반구와 남반구 사이의 경제정의를 달성한다는 목표를 가진 탄소권 계획과 합동 지구관리청에 대한 독일정부의 제안을 설명한다.

하지만 현재의 다른 여러 가지 환경문제들과 마찬가지로 이 문제에 대한 진실은, 첫째 개별국가들의 단편적인 정책결정으로는 해결될 수 없고, 둘째 그 해결책은 사회정의, 실제로는 세계 차원의 사회정의에 대한 고려와 직접적으로 연결되어 있으며, 셋째 이들 목표를 달성하기 위해 존립 가능한 메커니즘으로서 몇 가지 '중간적인' 기구들이 필요하다는 것이다. 버나드 롤린(Bernard Rollin)은 다음과 같이 말한다.

지각력이 없는 환경에 영향을 미치는 몇 가지 중요한 환경이슈들을 피상적으로 조사해 보더라도 이들 문제가 세계정의의 맥락을 벗어나서는 해결될 수 없는 것임을 말해 준다. 그렇다면 문제는 이 분야에서 세계정의 체제를 위해서는 어떤 철학적인 토대가 필요한가 하는 것이다.(Rollin 1988, p. 136)

환경윤리의 관심에 세계정의가 존립할 수 있는 메커니즘이 적실하다는 것은 분명하다. 실제로 대부분의 환경이슈가 다 그런 것은 아닐지라도 많은 환경이슈들 그리고 확실히 가장 말썽 많고 중요한 이슈는 결코

---

2) 일부 과학자들은 상당히 낮은 수치를 제시한다. 그럼에도 불구하고 지리적 패턴의 주요 농업생산성 붕괴, 그리고 극지방의 만년설이 부분적으로 녹아 발생한 해수면 상승으로 인한 인구 위기와 이동이 그 시나리오의 일부이다. 지구온난화의 정도와 가능한 결과에 대한 다른 추정치들에 관해서는 다음을 참조. Harold Coward and Thomas Hurka(eds.), *Ethics and Climate Change: The Greenhouse Effect*, Waterloo, Ontario: Wilfrid Laurier University Press, 1993; Lydia Dotto, *Ethical Choices and Global Greenhouse Warming*, Waterloo, Ontario: Wilfrid Laurier University Press, 1993; Wilfred Beckerman, "Global Warming and International Action: An Economic Perspective," in Andrew Hurrell and Benedict Kingsbury(eds.), *The International Politics of the Environ- ment: Actors, Interests, and Institutions*, Oxford: Clarendon Press, 1992, pp. 253~89. (최근 과학자집단의 합의에서는 섭씨 1.5~4.5도 범위의 증가로 예측함—편집자)

지역적인 이슈로 한정될 수 없고 지구 차원의 중대한 결과를 수반한다. 지구 차원의 위험을 감시하고 국제협약에 순응하고 있는지를 확인하고 모니터링한다는 관점뿐만 아니라 가난한 나라들이 단기간의 이익에만 집착하지 않도록 하는 데 필요한 분배정의를 이행한다는 관점에서, 환경윤리는 세계정의의 체제와 분리될 수 없다. 다우림은 다우림이 있는 나라만의 문제가 아니다. 만약 다른 선진국들이 다우림의 존속으로부터 편익을 얻으려면, 그 편익의 대가를 치를 준비가 되어 있어야 한다. 어떤 나라도 환경사건에 정면으로 맞설 수는 없다. 고전경제학은 생태적·환경적 사건에 작동하지 않는다. 자신의 이익을 추구하는 각 단위들은 생물권을 풍성하게 하는 것이 아니라 고갈시키고 황폐화시킬 것이다.(같은 글, pp. 138~39)

사회정의란 북반구가 남반구로 (개발도상국 정부와 유엔아동기금[UNICEF] 혹은 적십자사 같은 다양한 비정부기구를 통해 흐르는) 긴급개발원조를 이전해야 하고, 나아가 부채탕감이나 상환유예, 공평한 무역관계, 금융개혁 그리고 1970년대 유엔에서 신국제경제질서운동(New International Economic Order movement)[3]이 제안한 기타 대책들의 관점에서 이전이 있어야 함은 분명한 것 같다. 더욱이 '경제적 자급자족'──그 일부가 국가식량자족정책이다──혹은 자율적 발전전략이 또한 해결책의 중요한 일부인 것 같다. 그러나 이 모든 것은 단지 북에서 남으로 부의 이전만이 아니라 의사결정력까지

---

3) "Declaration on the Establishment of a New International Economic Order," Resolution 3, 201(S-VI), 1 May 1974, in *Official Records: Sixth Special Session*, Supp. No. 1(A/9, 559), New York, p. 3; Paul B. Thompson, *The Ethics of Aid and Trade: US Food Policy, Foreign Competition, and the Social Contract*, New York: Cambridge University Press, 1992를 참조.

이전하는 것을 의미한다.

제3세계의 절대빈곤을 없애기 위한 북에서 남으로의 개발원조 이전이 중요한 것은 분명하지만, 제3세계의 자연환경을 구하고 재생시키기 위한 원조가 더 실질적일 수도 있다. 이런 사실은 부유한 북반구 사람들이 환경에 피해를 입히지 않으려면, 제3세계와 비교하여 무엇을 해야 할지에 관계없이 자원소비를 줄여야 한다는 사실과 더불어 생활수준을 실질적으로 낮춰야 함을 지적하는 것일 것이다. 좀더 높은 효율성이 어느 정도는 환경을 구하고 자원고갈을 늦출 수 있다고 하지만, 북반구의 절대적인 소비감소 또한 필요한 듯하다. (물론 북반구 사람들이 모두 다 부유한 것은 아니지만 북반구에서 정말 가난한 사람들은 자원을 덜 소비하게 되어 있다. 하지만 분명히 북반구의 가난한 사람들이 남반구의 부유한 사람들에게 생활수준을 낮출 것을 요구할 수 있는 것처럼, 북반구의 가난한 사람들이 더 많은 자원을 얻도록 하는 도덕과 정의가 필요할 수도 있다.)

효율성의 개선 외에도 생활수준을 어느 정도 낮춰야 할 것인가 하는 것은 북반구와 남반구의 경제성장률뿐만 아니라 지역적·국내적 재분배 수준에도 달려 있다. 후자의 관점에 적절한 정의이론은 적어도 국제적 재분배 못지않게 국내적 재분배를 강조할 것이다. 어떤 경우에도 우리가 사는 현실세계에서 이런 정의론으로부터 실제 정책을 도출하게 될 때, 북과 남 모두에서 정말 부유한 사람들이 기꺼이 적절한 희생을 하지 않는다면 아마도 풍요한 북반구의 노동계급과 중산층이 소비감소를 받아들이려고 하지 않을 것은 분명한 것 같다.[4]

---

4) 그러나 경제성장이 '건전한 투자분위기'를 위해 필요하고 일반적으로 그런 '건전한' 분위기 없이는 엄청난 자본의 소유자들이 투자에 나서지 않으리라는 것이 사실이겠지

국제적 재분배를 위한 정의의 원리

구체적으로 그런 조치들, 특히 북에서 남으로의 대규모 소득과
부(그리고 권력)의 이전과 같은 조치들을 받아들일 이론적·규범적
근거는 무엇인가? 물론 신중하게 생각해 봐야 하는 근거가 제시된다.
유엔이 후원하는 모든 보고서들은 북에서 남으로의 부의 재분배가
장기적으로 관련국 모두에게 이익이라고 주장하며 비상한 노력을
기울인다. 보고서들은 제3세계에 대한 무역과 금융개혁, 관세할인,
더 많은 양여·비양여 경제적 원조가 궁극적으로는 더욱 건강한
세계경제, 더욱 안정적인 세계정치 질서를 만들 것이라고 주장한다.
그러나 이같은 경험적인 주장들이 진실이라 할지라도, 이렇게 '신중
하게 따져봐야' 정당화되는 내용은 개인이나 사회계급들이 이런 정책
과 프로그램, 제도를 받아들일 이유를 제공하는 것으로 제시될 때는
가감하여 받아들여야 한다.

만, 철저한 자본소유권과 광범위한 생산적 재산까지는 아니더라도 자본투자의 공적
통제를 위한 설득력 있는 주장은 여전히 존재할 수 있다. 하지만 분명히 이것은 여기에
서 우리가 고려할 수 없는 다른 많은 요인들에 의존한다. 그러나 사회주의자들과
환경운동이 수렴하는 경향이 있는 지점인 것 같다. 사실상 나는 (시장사회주의 경제와
함께) 민주적 자주관리 사회주의 사회의 범세계적 연맹만이 세계의 중요한 문제들을
해결하고 세계정의를 달성할 수 있다는 관점을 옹호해 왔다. 이 논쟁에서 가장 중요한
초점 중의 하나는 이른바 자본주의의 2차 모순(즉 자본주의와 환경 간의 모순)에
대한 논문들을 정기적으로 싣고 있는 저널 『자본주의, 자연, 사회주의』(*Capitalism,
Nature, Socialism*)의 편집장 제임스 오코너(James O'Connor)가 쓴 같은 제목의 초고에
서 제기되고 있다. 그 논문은 이제 *Conference Papers*(Santa Cruz, CA: CES/SNS Pamphlet
1)에서 구할 수 있다. 그러나 선의를 가진 모든 사람들이 이런 평가의 근간이 되는
경험적 관점에 동의하는 것은 아니기 때문에 나는 세계정의를 논의하고 환경을 구하고
자 할 때 이런 일반적인 제도적 질문을 애초에 공개하는 것이 중요하다고 본다. 일단
필요한 일반정책과 조치가 구체화되면, 두번째 문제로서 개량된 자본주의나 민주적
형태의 사회주의가 이들 요구를 가장 잘 충족시킬 수 있을지를 주장할 수 있다.

어떤 의미에서 이들 조치가 이행되면 공익이나 국가이익 혹은 세계이익이라는 것은 사실일 수 있지만, 그 이행이 문자 그대로 모든 개인의 이익이라는 것은 분명히 잘못이다. '사적 이익'의 의미가 한 사람이 가족과 친구들에게 잘 대해 주는 데 따른 이익으로까지 확장될지라도——이는 물론 롤즈(John Rawls)가 원초적 입장에서 사람들이 (타인의 이해관계에 대해서는—옮긴이) '상호 무관심하다'는 가정을 구체화하면서 설명한 내용의 일부이다(롤즈가 말하는 원초적 입장이란 사회계약의 당사자들이 인간사회 일반은 알고 있지만 자신의 특수한 사정은 모른다는 인지상의 가정 그리고 자신의 이익은 극대화하려 하지만 타인의 이해관계에는 상호 무관심하다는 동기상의 가정을 말한다—옮긴이)——여전히 그런 프로그램들이 신중하게 따져봤을 때 모두가 이익이라고 생각되지는 않는다. 상대적으로 풍요한 북반구 사람들 대부분은 사실상 가처분소득이 상당히 감소되어 그런 프로그램으로 이득을 얻지 못할 것이 분명하다. 그리고 한 사람의 손자와 증손이 (말하자면) 균등한 상태이고 자연환경의 악화가 미래세대에 미칠 건강상의 영향에만 초점을 두더라도, 순수하게 사적 이익의 추구라는 관점으로 대안들을 평가하는 모든 사람이 합리적으로 대안을 선택할지는 여전히 불분명하다. 그것이 환경의 악화를 막는 유일한 방법이라고 모두가 믿을지라도 말이다. 예컨대 아주 부유한 사람들은 더 좋은 주택과 의료보호를 통해 유해한 환경의 영향으로부터 자신들을 보호할 능력이 더 있고 그런 영향에 노출될 필연성이 더 적기 때문에 환경악화의 영향을 훨씬 더 상쇄시킬 수 있다고 생각할지도 모른다. 그리고 자신들의 소득과 부를 평등하게 재분배하는 문제에 목소리를 더욱 높일 수 있다고 생각할 수도 있다.

바로 이것이 정말 신중하게 따져봐야 하는 이성이나 홉스적인

추론양식에 호소하는 것——예를 들어 버나드 롤린의 오염통제를
위한 국제협력의 주장(Rollin 1988, pp. 137~39)——이 문자 그대로
받아들여지지 않고 또 모든 개인들에게 적용될 때 작동하지 않는
이유이다. 이러한 일반적인 주장이 가치가 없거나 논점을 벗어났다고
말하는 것은 아니다. 넓은 의미에서는 이들 조치를 이행하는 것이
공익임은 사실이다. 하지만 이런 폭넓은 의미의 논쟁은 전적으로
신중하게 따져봐야 하는 논쟁인 만큼 도덕적인 논쟁이라 할 수 있다.

신중하게 따져봐야 하는 공익논쟁이 동기부여를 위한 가치 있는
도구이긴 하지만, 정확하게 규범적이고 이론적으로 정당화되기 위해
서는 원조의무(Duty to Aid) 혹은 그와 관계가 있는 기본권 원리(Basic
Rights Principle)를 포함할 만큼 광범위하고 적절한 사회정의론에
근거해야 한다. 존 롤즈가 사회계약론을 수정한 사회정의론이 그
건전한 토대가 된다. 이 수정이론은 우선순위에 따라 다음 네 가지
원리로 구성된다.

(1) 모든 사람의 기본적인 안전과 생존권이 충족되어야 한다.
즉 모든 사람이 신체적으로 존중되어야 하고, 기본적 필요——즉
보통 인간으로서의 기능을 유지하기 위해 충족되어야 하는 필요——
를 포함하여 최저수준의 물질적인 복지를 보장받아야 한다.

(2) 언론과 집회의 자유, 양심의 자유, 사상의 자유, (개인적인)
재산을 소유할 권리와 함께 개인의 자유 그리고 법률개념이 규정한
것으로서 전제적인 체포와 압류로부터의 자유를 포함하여 평등한
기본적 자유의 극대화 체계여야 한다.

(3) ⓐ 사회적 지위와 공직을 획득할 평등한 기회와 ⓑ 기관의
한 부분인 개인은 모든 사회적 의사결정 과정에 참여할 평등한 권리

가 있어야 한다.

(4) 사회적·경제적 불평등은 가장 혜택을 못 받는 사람들에게 이득이 되고, 절약의 원리와 일치할 경우에만 정당화된다. 그러나 자유의 평등한 가치나 자기존중의 선(善)(good of self-respect, Peffer 1990, p. 14)을 심각히 훼손하는 수준은 넘어서지 않아야 한다.[5]

이들 원리는 (1) 기본권 원리 (2) 평등한 기본적 자유의 극대화 원리 (3) 평등한 기회와 민주주의 원리 그리고 (4) 수정된 차등의 원리라고 이름붙일 수 있다. 이들 원리는 '사전적 의미로' 우선순위가 매겨졌다. 즉 우선순위에 따라 차례로 달성되어야 하는 것이다.[6]

이 모든 원리는 세계정부와 공동의 정치적 헌법 및 법체계 없이는 국제적으로 이해하기 불가능하지만, 이 이론의 경제적 구성요소들을 현시기 세계적으로 적용해 볼 수 있다. 그리고 해야만 한다. 즉 우리는 우선 그리고 무엇보다도 사람들의 안전과 생존권이 충족되도록 해야

---

5) 존 롤즈와 카이 닐슨(Kai Nielsen)의 사회정의론과 나의 사회정의론을 비교하기 위해서는 같은 책(pp. 418~33) 참조. 나는 또한 "Marxism, Moral Theory, and Moral Truisms: Response to Kei Neilen"(*Radical Philosophy* no. 60, Great Britain, 1990)에서 나의 이론과 롤즈의 이론을 비교하였다. 존 롤즈의 이론에 대한 나의 수정을 그가 평가한 것은 그의 *Political Liberalism*(Columbia University Press, 1993, p. 7)참조. 그는 (3)의 ⓑ를 제외하고는 나의 원리 모두를 인정한다. 수정된 나의 이론에 관해서는 "Towards a More Adequate Rawlsian Theory of Social Justice"(*Pacific Philosophical Quarterly*, Special Double Issue: John Rawls' *Political Liberalism*, 75(3&4), Sept/Dec 1994, pp. 251~71) 참조.

6) 이 목적을 위해 나는 내가 수정한 롤즈의 이론과 그의 본래 설명 사이의 차이를 무시한다. 예를 들어 내가 차등의 원리를 말할 때, 나는 롤즈의 차등의 원리(자기존중의 선, 자유의 동등한 가치와 관련된 마지막 조항이 없는) 롤즈의 차등의 원리 원래 구성과 나의 이론을 구분하지 않을 것이다. 왜냐하면 우리가 이 글에서 관심을 둔 (문자 그대로) 세계수준에서 그 차이는 아마도 많은 부분에서 맞지 않을 것이기 때문이다. 즉 두 차등의 원리가 극단적으로 평등주의적이기 때문이다.

하고, 그 다음에——다른 조건들이 동일하다면——최소한 차등의 원리를 이행할 수 있는 프로그램과 정책을 채택해야 한다. 더욱이 언뜻 보기에 국제경제에 적용해야 하는 두 가지 다른 원리들이 존재한다. 하나는 자원의 평등 원리(Equality of Resources Principle), 즉 찰스 베이츠(Beitz 1979)가 주장한 지구 천연자원의 편익을 1인당으로 배분하는 것이다. 다른 하나는 세계경제에 적용되는 것으로서 간단히 보상적 정의의 기준 원리이다. 즉 과거의 국제적 불평등이 배상되어야 한다는 것이다.

이상적인 이론의 관점에서 이들 네 가지 원리 모두 (많은 개연적인 경험적 주제들의 진실을 가정한다면 최소한) 제1세계에서 제3세계로 물질적 부를 근본적으로 재분배할 근거가 된다. 이들 원리는 그 정당화의 힘이라는 관점에서 (얼마나 많은 사람들이 숙고한 후 그것들을 받아들일 만하다고 생각할 것인가 하는 의미에서) 다음 순서로 배열할 수 있다.

(1) (상호원조의 의무 혹은 더 간단히 원조의 의무와 같은 계열로) 기본권 원리
(2) 국가간에 적용되는 자원의 평등 원리
(3) 차등의 원리
(4) 보상적 정의의 원리

첫번째에서 네번째로 나아갈수록——대부분의 사람들의 관점에서——재분배 주장의 힘은 감소하는 반면, 요구되는 재분배의 정도는 증가하는 것이 분명한 것 같다. 그러나 이들 네 가지 중에서 기본권 원리 및 (롤즈가 정의한) 그와 상호관계가 있는 원조의무 그리고

자원의 평등 원리가 구현되기 위해서는 선진국과 개발도상국 국민들 간의 어떤 교환을 필요로 하지는 않는다. 반면 보상적 정의의 원리는 그들 중 일부에게는 해가 되는 상호작용을 필요로 한다. 그리고 (불평등은 가장 불리한 입장에 있는 사람들에게 이득이 되는 불평등으로 제한되어야 한다고 주장한) 롤즈의 차등의 원리는 사람들이 최소한 ('상호이익을 위한 협력적 사업'으로 규정되는) 공동의 기관에 속해 있을 때 적용된다. 그러나 그들이 동일한 기관에 속해 있든 아니든 관계없이 각 개인의 기본권 원리/상호원조의 의무는 유지된다. 이런 의무는 우리에게 "한 사람에게 과도한 위험이나 손실을 주지 않고도 할 수 있다면, 어떤 사람이 위기에 처했을 때 그를 도울 것을"(Rawls 1971, p. 114) 요구하기 때문에, 그리고 밀(J. S. Mill)과 다른 많은 사람들처럼 롤즈가 부작위(不作爲, omission)와 작위(作爲, commission)를 분명히 구분하지 못하기 때문에, 사람들이 어디에 살든 기본적인 필요가 충족될 수 있게 우리 각자가 공정한 몫을 다하도록 요구하는 데서 이 원리가 나타나는 것처럼 보일 것이다(왜냐하면 이런 과업은 개인이나 민간자선단체들보다 정부가 더 효과적으로 수행하기 때문이다). 그리고 긴급원조뿐만 아니라 천연자원을 파괴하지 않고도 가난한 제3세계 국가들에서 다수 국민들의 상태를 향상시키는 데 진정으로 도움이 되도록 장기간의 개발 원조를 제공하는 그런 임무임을 기억해야만 한다.

자원의 평등 원리는 찰스 베이츠가 롤즈의 사회계약론을 활용한 것과 관련된다. 롤즈의 사회계약론이 합리적이고 무관심하며 시기하지 않는 사람들이 서로 받아들일 만한 사회정의의 원리를 구성하는 데 필요하지만, (그들의 타고난 능력과 무능력이 무엇인지, 현실세계에서 그들의 사회적·경제적 지위가 무엇인지를 포함하여) 스스로에 대한 지식은 가지고 있지 않고 보편적인 지식은 가졌다는 가설적인 선택상황에 따른 실험이다. 베이츠에 따르면, 스스로에 대한 무지는 또한 역사상의 시대와 자신들이 살고 있는 세계를 포함해야 한다. 따라서 그들은 우연히 천연자원이 부족한 나라나 지역에서 태어났다는 이유로 임의적인 피해를 입지 않으려 할 것이다. 이렇듯 그들은 '상호이익을 위한 협력적 틀'의 일부이든 아니든 관계없이 직접 혹은 국가간 보상을 통해 자원을 더 공평하게 배분할 정책과 제도들을——가능하다면——집행하고자 할 것이다. 아마도 사람들의 생존욕구를 국제적으로 단순히 충족시키는 것보다는 일반적으로 북과 남 사이의 더 많은 이전이 필요할 것이다.

그러나 기본권 원리, 자원의 평등 원리와 관계 있는 시민들의 의무를 충족시키기 위해——직접적인 경제원조뿐만 아니라 금융개혁, 채무이행 말소 혹은 유예, 평등한 무역관계를 통해——선진산업국가들에게 부담을 주는 만큼, 최소 수혜자들의 불평등을 제한하는 롤즈의 차등의 원리를 국제 수준에서 이행하려면 더 많은 비용이 들 것이다. 그러한 요구가 극단적이라는 공통된 반대에 대답하자면, 만약 현실세계 한 사람의 상황이라는 관점이 아니라 사회계약의 '원초적 상황'이라는 관점에서 판단되는 것으로, 롤즈가 말한 '관여의 노력'(strains of commitment)을 넘어설 만큼 선진국 사람들 일부(그리고 지역 엘리트들)의 희생이 크지 않을 경우에는, (이상적 이론 내에서는) 차등의 원리가 그렇게 적용되어야 한다는 주장에 대한 반대라고 할 수 없다. 결국 자기 사회에 적용되는 차등의 원리를 받아들일 수 없는 사람들이 현실세계에 존재하고, 어떤 도덕원리도 받아들일 수 있는 사람들 역시 존재한다. 하지만 이 때문에 이들 원리의 정확성이 떨어진다고 할 수는 없다.

이는 자유롭고 평등한 도덕적 존재로서 우리에게 도덕적으로 무엇이 요구되는 것인가 하는 것과 특정 사람들은 어떤 특정한 시점에 어떤 정책과 프로그램을 받아들일 것인가 하는 것을 중요하게 구분할 수 있고 구분해야 함을 나타내는 것이다. 롤즈의 차등의 원리를 국제적으로 적용한 것이 제1세계(그리고 제2세계)로부터 제3세계로 많은 부의 이전을 요구할 수도 있지만, 특정 시점에 특정 선진국의 특정 집단을 가정하면, 얼마나 빨리 혹은 어느 정도나 그런 프로그램이 이행될 수 있는가 하는 것은 사실 정치적 문제이다. 롤즈가 '부분적인 순응이론'에 많은 시간을 들이지 않았기 때문에 이런 이슈를 깊이 파고들지 않았지만, 실제적인 정치적 문제로서 광범위한 교육캠페인과 더불어 그런 정책과 프로그램을 다소 점진적으로 이행하는 것이 필요할 수도 있다.

롤즈는 차등의 원리가 '상호이익을 위한 협력적 틀' 내에서만 적용될 수 있다고 규정하지만, 또 다른 반대를 예상하자면 그 틀이 어떤 경제적 거래 시스템을 포함하는 것임을 분명히 해야 한다. 근본적으로 세계경제라는 것이 현존하기 때문에 롤즈의 이론에서 원초적 입장에 있는 사람들은 차등의 원리가 국제적으로 적용되는 것을 선택할 것이 분명한 것 같다. 그래서 그 원리를 적용하지 않을 다른 아주 강력한 도덕적 이유가 없다면 그렇게 적용되어야 한다. 그러나 롤즈는 이런 관점에 관여하는 것을 거부해 왔다.[7] 현재 차등의 원리를

---

7) 차등의 원리가 국제적으로 적용되어야 한다는 주장에 대해서는 다음을 참조. Beitz 1979, pp. 125~76; Brian Barry, *The Liberal Theory of Justice*, Oxford: Clarendon Press, pp. 129~33; Thomas W. Pogge, *Realizing Rawls*, Ithaca, New York: Cornell University Press, 1989, pp. 196~280; Peffer 1990, pp. 404~12. 차등의 원리가 국제적으로 적용되어서는 안 된다는 롤즈의 입장에 대한——내가 아직 열중하여 평가할 시간을 갖지 못한——주장은 *On Human Rights*(Stephen Shute and Susan Hurley(eds.), New

세계적으로 적용하는 데 대해 롤즈가 침묵하는 이유는 아마도 그
적용요구에 다른 조건들은 동일하다는 것이 명백히 동반되지 않는다
는 데 있다. 하지만 롤즈 자신의 이론은 평등한 기본적 자유의 극대화
원리(Maximum Equal Basic Liberties Principle)나 공정한 기회균등
의 원리(Fair Equality of Opportunity Principle)를 손상하는 그런
적용이 차등의 원리에서는 **있을 수 없음을** 분명히 하고 있다. 그러므
로 그렇게 하는 것이 예를 들어 사람들의 안전이나 생존권을 침해하
고 있는 권위주의나 전체주의 정치체제를 지지하거나 강화하는 경우
에는 부유한 나라에서 가난한 나라로 이전되는 것에 해당하지 않는
다.[8] 마지막으로, 이런 주장이 상호원조의 의무(혹은 기본권 원리)나
자원의 평등 원리를 더 받아들일 만하다고 생각하는 사람보다는
롤즈의 차등의 원리를 더 받아들일 만하다고 생각하는 사람들이
(아마도) 더 적을 것이라는 의미에서 최소한 선진국으로부터 개발도
상국으로의 막대한 이전이 지니는 정당성은 다소 약하다는 점을
유념해야 한다.

그러한 앞의 네번째 근거는 보상적 정의이다. 마누엘 벨라스케스
(Manuel Velasquez)를 인용하면,

보상적 정의는 다른 누군가에 의해 부당한 취급을 받은 사람에게

York: Basic Books, 1993) 안의 그의 '만민법'에 포함되어 있다. 또한 Darrel Moellendorf,
"Constructing the law of peoples," *Pacific Philosophical Quarterly*, 77, 1996; "Liberal values
and socialist models," *Theoria*, June 1997 참조.

8) 물론 이것은 미국이 전통적으로 쿠바, 산디니스타 정부하의 니카라과 그리고 이전에
중국을 경제적으로 배척하는 데 사용했던 바로 그 정당화이다. 그러나 당시 미국은
그런 배척에 실패했을 뿐만 아니라 안보권 침해에 더 나쁜 경력을 갖고 있는 제3세계
의 여러 자본주의 정부를 경제적으로 지원했기 때문에 이런 정당화는 냉소적인 책략일
뿐이라고 판단될 수 있다.

156

잃은 것을 되돌려주는 정의와 관련된다. 일반적으로 다른 사람의 이익을 부당하게 침해한 사람은 그가 부당하게 취급한 사람에게 어떤 형태로든 손해배상을 해야 할 도덕적 의무를 가진다고 우리는 주장한다. 예를 들어 내가 누군가의 재산이나 신체에 손상을 입힐 때, 나는 그의 피해를 보상할 도덕적 책임을 질 것이다.(Velasquez 1982, p. 89)

전통적인 도덕주의자들은 세 가지 조건이 존재할 때에만 손해를 입은 측에게 보상해야 할 도덕적 의무를 가진다고 주장해 왔다. ① 손해를 입힌 행동이 잘못되었거나 부주의할 때… ② 그 사람의 행동이 그 손해의 실제 원인일 때… ③ 그 사람이 자발적으로 그 손해를 입혔을 때.(같은 책, p. 90)

보상적 정의의 원리는 또한 강압적이거나 불공정한 경제적 행위에도 적용될 것이다. 다양한 다국적 (혹은 국제적) 기업들의 경제적 행위와 그들을 지원한 정부가 다수의 개발도상국들(그리고 그 국가의 일부 혹은 대부분의 거주자들)에게 강압적이거나 불공정했고, 그 행동이 개발도상국들의 경제적 (혹은 다른) 이익에 손해를 입혔음을 보일 수 있다면, 이는 선진국(혹은 그 안의 일부 개인이나 집단)이 개발도상국(혹은 그 안의 일부 개인이나 집단)에게 막대한 배상금을 지불할 의무가 있는 강력한 사유가 될 것임은 자명하다. 그리고 이는 물론——마르크스주의자든 비마르크스주의자든——많은 경제학자 및 기타 학자들이 옳다고 주장하는 것이다. 그러나 그런 시도가 계속 되는 데는 몇 가지 더 큰 어려움이 존재한다. ① 의도적인 비행에 책임이 있는 개인이나 집단(예를 들면 기업)의 범위를 정하는 것 ② 이런 비행에 의해 손해를 입어온 (개발도상국의) 개인이나 집단의 범위를 정하는 것 ③ 과거에 선진국들(혹은 그 사회 내의 개인이나 집단)이 불공정하게 수탈해 간 부에 대해 과거 손해를 입었던 나라의 현 정부나 그 후손들에게 배상을 해야 하는지 다른 누군가에게 해야 하는지를 결정하는 것 ④ 포함된 손해의 정도를 결정하는 것 등이다.[9]

다소 개연성이 있는 경험적 가정에 따라 선진국으로부터 개발도상국으로의 엄청난 부의 이전이 정당화될지라도 그 이전에 대한 네 가지 주장의 가장 약점이 될 수도 있음을 인정해야 한다. 왜냐하면 정확한 보상적 정의의 교정원리는 앞에서 논의된 다른 정의원리보다도 더 문제가 될 수 있고, 현재의 사정이 이들 원리에 맞는가를 둘러싸고 상당한 논쟁이 있을 것이기 때문이다. 예를 들어 경제적 이전이 진실로 강제적인 것인지 아닌지 혹은 다른 방식으로 불공정한 것인지 아닌지, 그리고 개발도상국의 이익에 실제적인 손해를 입힐 정도인지

---

9) 에드워드 그린버그(Edward S. Greenberg)에 따르면 "미국의 복지는 저개발지역의 부의 수탈에 의존한다. 현대 자본주의에서 이런 수탈은 미국 다국적기업의 지도 아래 무역, 재정, 직접적인 투자의 복잡한 국제적 경제네트워크를 통해 달성된다. …상위와 하위 관계로 핵심과 주변국들을 결속시키는 세계자본주의 체제의 정교한 구조는 주변국들에서 규제되고 예측 가능한 사회적·경제적 왜곡으로 반영된다. …핵심과 주변부의 총체적인 관계는 주변부로부터 핵심으로의 상당한 가치이전으로 규정된다. …이런 이전의 차원에 대한 추정은 약간의 논쟁은 있지만, 상당하다는 데는 반론의 여지가 없다. 2대 1의 비율은 언제라도 4대 1이 될 수 있다. 말하자면 이전된 총이윤, 무역불균형, 허가권료, 특허권료 같은 것들이 투자된 자본, 해외원조 그리고 미국으로부터의 공공대출·민간대출보다 평균 두 배에서 네 배에 이른다는 것이다."("In Order to Save It, We Had to Destroy It: Reflections on the United States and International Human Rights," in Patricia H. Werhane et al. (eds.), *Philosophical Issues in Human Rights*, New York: Random House, 1986에서 재인용).

또한 Noam Chomsky, *Turning the Tide: US Intervention in Central America and the Struggle for Peace*, Boston, MA: South End Press, 1985; Noam Chomsky and Edward Herman, *The Washington Connection and Third World Fascism*, Boston, MA: South End Press, 1979; *After the Cataclysm: Post War Indochina and the Reconstruction of Imperial Ideology*, Boston, MA: South End Press, 1979 참조.

아닌지 하는 논쟁이다(예컨대 일부에서는 개발도상국 사람들이 이런 경제적 거래가 없었다면 형편이 더 악화되었을 것이고, 따라서 경제적 거래에 의해 손해를 입지 않았다고 주장할 수도 있다.[10]) 더욱이 기타 경험적 주장의 진실에 대해서도 격렬한 논쟁이 있을 수밖에 없다.

그러나 아마도 최종분석에서는 그 주장이 맞는가는 그리 중요하지 않다. 실천적인 수준——롤즈가 비관념적이라고 한 수준, 더 구체적으로는 부분적 준수론이라고 부른 수준——에서 선진국으로부터 개발도상국으로의 부의 이전에 의해 불이익을 받을 사람들이 기본권 원리, 자원의 평등 원리 혹은 차등의 원리를 국제적으로 적용하자는 주장만큼이라도 받아들이도록 납득시키기란 어려울 것이다. 그러나 정치적 안정뿐만 아니라 세계경제를 잘 작동시킨다는 관점에서 선진국 정부와 국민들의 보편적인 사적 이익일지라도 실질적으로 이전하도록 요구하는 것은 논의할 수 있다. 하지만 이런 사실에도 불구하고, 우리가 도덕성과 정의의 요구에 순응하려면 상대적으로 막대한 이전이 필요하다.

탄소배출권 계획과 지구관리청

적절하게 공식화된 '탄소권' 혹은 '탄소배출권' 계획은 지구를 살릴

---

10) 보수주의자들은 그 반대의 증거로서 종종 바우어(P. T. Bauer)의 *Equality: the Third World, and Economic Delusion*(Harvard University Press, 1981)을 인용한다. 바우어는 선진자본주의 국가들이 투자한 것보다도 개발도상국들로부터 더 많은 가치를 가져간다는 것을 결코 부정하지는 않지만, 제3세계의 빈곤과 저개발이 이들 경제관계에 의해 (부분적으로도) 유발되지 않고, 따라서 서구는 이런 문제에 어떤 도덕적 책임도 없다는, 정말 믿을 수 없는 주장을 한다.

계획으로서뿐만 아니라 세계정의를 달성할 방법으로 작동할 수 있다. 더욱이 부와 권력이 북반구에서 남반구로 이전되고, 극심한 빈곤이 세계 모든 곳에서 사라지는 새로운 세계질서를 주장할 강력한 이론적·교육적 토대를 제공한다. 제임스 버크가——작업가설의 역할을 하는——자신의 비디오 〈온난화 이후: 에피소드 둘〉(After the Warming, Episode Two)에서 윤곽을 그린 시나리오에 따르면, 현재의 목표는 적도에서 섭씨 8도 이상의 온난화로부터 지구를 지키고 2050년까지 그 온도를 유지하는 것이다. 이 목표를 달성하기 위해서는 향후 100년 동안 전세계 온실가스의 배출을 절반(연간 60억 톤에서 30억 톤으로)으로 줄여야 한다. 1990년에서 2050년까지의 아직 완벽하지는 않지만 흥미로운 버크의 가설에 따르면, 이 목표를 달성하기 위해 세계 각국이 단결하여 1997년 일본에 본부를 둔 지구관리청(planetary management authority, PMA)을 만들고——2000년에——탄소배출권 계획을 채택한다. 이 계획은 다음 세기 총 3천억 톤의 탄소관련 예산 중 절반을 (구 동유럽권을 포함하여) 산업국들에게 할당하고 절반은 개발도상국에 할당할 것을 구체화하고 있다. 그러면 그 계획이 발효되는 시점에서 북반구와 남반구 각국은 인구비례로 탄소권을 받게 된다. 예를 들어 (아시아의 '네 마리 호랑이'를 포함하여) 산업국들의 인구가 거의 15억이기 때문에 연간 온실가스 15억 톤을 할당한다면, 다음 세기 동안 각국이 (현재 인구를 기준으로) 1인당 1톤을 할당한다는 것이다. 이렇듯 약 2억 5천만 명의 인구를 가진 미국은 다음 세기 동안 2억 5천만 톤을 할당받을 것이다. 반면 (약 1억 2500만 명의 인구를 가진) 일본은 1억 2500만 톤의 탄소권을 받을 것이다.

언뜻 보기에 이 배분은 개발도상국에게 몹시 불공정한 것처럼 보일 것이다. 왜냐하면 약 15억 인구의 산업국들은 동일한 양의 탄소배출권을 받지만, 35억~40억 인구의 개발도상국들은 15억 톤의 탄소권만을 받기 때문이다(게다가 개발도상국의 인구는 산업국보다 더 빨리 증가하고 있다). 그러나 한편으로 현재의 온실가스 배출률을 가정하면, 북반구의 산업국가는 21세기가 끝나기 전에 자신들의 탄소배출권을 모두 소비할 것이다. 에너지 효율이 높은 북반구 국가들(예를 들어 일본)은 현재의 사용률로 80년 동안 온실가스 배출권을 사용할 수 있는 반면, 에너지효율이 낮은 국가들(예를 들어 룩셈부르크나 캐나다, 미국)은 10~15년 만에 소진할 수도 있다. 이에 반해 현재의 배출률을 기준으로 할 때, 개발도상국들은 200~300년이 지나도 자신들의 할당분을 사용하지 못할 것이다. 이런 관점에서 북반구의 사람들이 이 계획은 불공정하다고 할 수도 있다. 그러나 탄소배출권 계획의 전체적인 강조점은 정의의 문제로서, 북반구가 환경정화에 앞장서야 한다는 것이다. 지금까지 북반구는 자연환경을 불균형적으로 더럽혀왔기 (그리고 계속해서 더럽히기) 때문이다. 그리고 나는 버크가 제안한 탄소배출권의 할당이 북반구와 남반구 사람들 모두가 현실적인 세계상황에서 기꺼이 응할 수 있는 추정치에 도달했다고 본다.

산업국들은 인프라의 개선, 청정에너지 기술, 재조림(再造林)과 산림농업(agroforestry), 전자통신, 교육자원 등에 대한 막대한 개발원조를 개발도상국에 이전함으로써 개발도상국으로부터 탄소배출권을 '구입'——실제로는 물물교환——해야 한다. 이렇듯 (현재 북반구에서 많이 사용되는) 덜 비싼 '오염유발' 산업기술을 사용한 당장의 산업개발을 중지하고, 국제적으로 중요한 각국의 천연자원(예컨대 열대우림)을 보존하기 위해 개발도상국들은 현재의 협약으로 누리는 것보다는 더 많은 세계의 소득·부·의사결정력을 받는다.

이런 전반적인 접근방법의 또 다른 필수요소는 북반구가 '청정'에
너지 기술과 진정으로 지속가능한 생태발전 시대를 맞이하기 이전의
오염유발 산업기술 기간을 남반구가 뛰어넘도록 한다는 것이다. 게다
가 ① 경쟁과 효율성의 고려 ② 정부 조세지원 ③ (탄소배출권
프로그램, 관련 국제 프로그램과 정책을 관리할 지구관리청을 운영하
기 위한 엄청난 돈을 제공하는) 북반구의 모든 화석연료 소비에
대한 6%의 부가세 등과 결합되어 북반구가 깨끗하고 효율적인 에너
지 기술로 전환할 유인이 된다.

이 프로그램에 기초하여 버크는 우리가 (열대우림의 유지를 포함
하여) 지구에 없어서는 안 될 천연자원을 구할 수 있고, 2050년까지
지구의 온난화를 멈출 수 있다고 보았다. 더욱이 지구관리청이 장려
하고 기금을 대는 가족계획 프로그램들이 인구학적 변화를 가속화하
여 지구 인구를 21세기 중반에 90억 명으로 안정화시켜 그 이후에는
느리게 감소하기 시작할 것이다. 마지막으로, 컴퓨터와 전자통신기
술(그리고 교육기회)과 함께 분산된 미시수준의 에너지시스템—
특히 태양에너지 패널과 소규모 수력발전 댐—이 개발도상국 사람
들을 전통 촌락이나 지역에 머물 수 있게 하고, 실제로 전세계 사람들
이 과밀한 도시에서 벗어나 소규모 지역사회에서 살도록 고무해
나갈 것이라고 버크는 단언한다. 또한 지나친 부담을 안고 있는 도시
지역의 주요 문제들이 일부 완화될 수 있다.

이제 버크의 탄소배출권 계획과 유사 제안들을 평가해 보자. 첫째,
모든 탄소배출권 혹은 탄소권 계획이 형평성을 고려하는 것은 아님을
유념하는 것이 중요하다. 비판자들이 주장하는 것처럼, 산업화된
북반구의 기업·정부·국가들에게 끊임없이 불공정한 편익을 주며

대기오염을 이념적으로 정당화하는 것에 불과한 국내적·국제적 탄소배출권 계획의 사례들이 존재한다. 바로 이것이 우리가 (북반구와 남반구 모두의 사회계급들뿐만 아니라) 사실상 북반구와 남반구 사이의 물질적 부와 의사결정력의 평등을 위해 노력할 탄소배출권 계획을 장려해야 하는 이유이다.[11]

버크가 1989년 독일정부 보고서를 바탕으로 했다고 말하는 탄소배출권 제안은 뼈대에 불과한 계획이라, 중요한 세부사항들 상당수가 논의되고 점검될 필요가 있음을 유념하는 것 또한 중요하다. 예를 들면 그 계획이 탄소배출권의 예정표를 바탕으로 해야 하는지 아니면 탄소배출에 대한 세금을 바탕으로 해야 하는지(혹은 두 가지를 조합해야 하는지) 등의 논쟁이 존재한다. 그리고 만약 세금을 부과한다면, 화석연료 소비에만 부과할 것인지 아니면 모든 형태의 에너지 소비에 부과할 것인지, 나아가 북반구에서만 부과할 것인지 북반구와 남반구 모두에서 부과할 것인지 하는 이슈가 존재한다(버크의 제안은 6%의

---

11) 여기에서 1970년대에 유엔이 장려한 새로운 국제경제질서가 좋은 출발점이다. 브란트 보고서(Brandt Report), 브룬틀란트 보고서(Brundtland Repot), 리우 지구정상회담(Rio Earth Summit) 선언과 같은 것이 그런 중요한 국제보고서들이다. 브란트 보고서는 공식적으로 국제개발이슈에 관한 독립위원회(Independent Commission on International Development Issues)의 보고서로 알려져 있다(*North-South: A Programme for Survival*, Cambridge, MA: MIT Press, 1980; Teresa Hayter, *The Creation of World Poverty: An Alternative View to the Brandt Report*, London: Pluto Press, 1981 참조). 브룬틀란트 보고서는 사실 세계환경개발위원회(World Commission on Environment and Development)의 *Our Common Future*(New York: Oxford University Press, 1987)이다. 리우선언에 대해서는 Daniel Sitarz(ed.), *Agenda 21: The Earth Summit Strategy to Save Our Planet*(Boulder, CO: Earthpress, 1993) 참조. 개발도상국 내의 불평등 감소에 대해서는 Paul Streeten et al., *First Things First: Meeting Basic Human Needs in Developing Countries*(New York: Oxford University Press, 1981); Denis Goulet, *Incentives for Development: The Key to Equity*(New York: New Horizons Press, 1989) 참조.

에너지세는 화석연료 에너지 소비와 북반구에만 적용한다는 것이다).

더욱이 버크는 남반구가 청정(즉 환경적으로 건전한)기술, 전자 통신장치, 교육자원 등만을 받을 수 있는 북반구와 남반구 사이의 물물교환제를 제안하지만, 대부분의 다른 제안들은 개발도상국들이 탄소배출권 판매수익을 가지고 구매할 수 있는 목록에 관해서는 어떤 규정도 하지 않고, 남반구가 북반구에 탄소배출권을 판매하는 것만 제시하고 있다. 또한 개발도상국의 탄소배출권 판매에 어떤 시간제약이 있어야 하는지 하는 이슈 때문에 복잡해진다. 여기에서 주된 우려 하나는——다국적기업의 장려로—— 배출권이 나중에 더 가치가 있을 수 있는데도 (말하자면) 자신들의 기득권을 강화하기 위해 제3세계의 현 엘리트들이 농장을 팔아버릴 수 있다는 것이다. 이와 관련해서 명확하진 않지만, 버크의 제안에 대한 한 가지 해석은 각국이 현재 자신들의 '과잉' 탄소배출권(그리고 만약 있다면 전년도에 팔아치우거나 교역하지 않은 누적된 배출권)만을 팔아치울——혹은 교역할——수 있다는 것이다. 엘마 알트파터와 알랭 리피에츠(Alain Lipietz) 같은 경제학자들도 개발도상국들이 해당 기간의 초기에 자신들의 탄소배출권 모두 혹은 대부분을 팔아치우게 해서는 안 된다는 것을 강하게 느끼고 있다. 그런 근시안적인 정책은 결국 비참한 경제적·생태적 결과를 초래할 것이기 때문이다.[12]

나 또한 버크의 분석과 제안의 대부분에 동의하지만, 몇 가지 비판할 점을 가지고 있다. 첫째, 그는 미국과 같은 산업국들은 자신들의 현재 생활수준을 미래까지 다소간 유지할 수 있고, 더 효율적으로

---

12) Lipietz, "Enclosing the Global Commons," V. Bhaskar and A. Glyn(eds.), *The North, the South and the Environment: Ecological Constraints and the Global Economy*, New York: St Martin's Press, 1995; 이 책 알트파터(Altvater)의 글 참조.

만들어 쉽게 그럴 수 있다고 생각하는 것 같다. 반면 나는 진정한 소비감소가 필요할 것이라고 생각한다. 둘째, 버크는 사회 내부의 계급적 불평등을 무시한다. 반면 나는 산업국 내부의 극빈층이 최소한의 생계수준을 보장받고 (북반구와 남반구에서) 가장 부유한 층이 국가 및 국제 수준에서 공정한 사회를 창출하기 위해 부에 비례하여 기꺼이 희생하려 함을 확인할 수 있어야만, 산업국 내부의 극빈층이 북반구에서 남반구로의 대규모 부의 이전에 동의할 것이라고 생각한다(물론 가장 중요한 문제의 하나임에도 불구하고 현 제도 내에서 이것이 가능할지는 또 다른 문제이다. 나는 세계자본주의 체제 내에서 이것이 가능하리라고 믿지는 않는다).

그럼에도 불구하고 버크의 탄소배출권 계획은 사람들이 세계의 사회의식과 환경의식을 제기하는 데 귀중한 도구임을 알 수 있다. 사적 이익에 대한 장기적인 계몽 그리고 (함축적으로) 사회정의를 고려하는 데 대한 그 호소력은 강력한 교육적 장치가 된다. 버크의 탄소배출권 혹은 탄소권 계획은 우리가 진지하게 탐구할 필요가 있는 훌륭한 '중간적' 제도 혹은 정책의 사례이다(여기에서 '중간적'이란 특정 국가의 특정 결정──그리고 본질적으로 집행 불가능한 세계 조약과 협정을 조인하고 준수하는 각국의 선의──에 주로 바탕을 둔 현 체제 그리고 정의상 그 정책을 범세계적으로 집행할 수 있을 세계정부 사이의 중간을 의미한다). 버크의 계획은 실제로는 환경을 구할 프로그램이고, 호혜성에 대한 아이디어 혹은 공정한 의무분담에 따른 세계 경제정의의 계획이다. 이런 이유로 나는 그런 계획이 환경을 구하고 지속가능한 발전을 달성하기 위한 논쟁의 핵심점이 될 수 있고, 되어야 한다고 본다. 또한 그런 정책의 채택이 산업국가 내 대부분의 사람들의 생활수준을 어느 정도 낮추는 것을 의미할지라도, 그런 정책을 사람들이 장려하도록 동기부여를 할 수 있는 가장 유망한 도구의 하나라고 믿는다. 이 마지막 요지를 버크가 (아마도 산업국들이 그의 제안을 알아듣고 반영하기 전에 청중들을 멀리하고 싶지 않았기 때문에) 일부러 강조하지는 않았지만, 제3세계에 대한 막대한 긴급원조와 개발원조, 북반구의 화석연료에 대한 중과세, 산업국가에서 필요한 산업 재정비가 그것을 거의 불가피하게 만들고 있다.

버크의 분석에서 또 다른 강조점은 이들 목표를 향한 국제적 협력에 대한 그의 비전이, 국제무대에서 각국의 의미 있는 협력가능성이 전혀 없다는 홉스식의 만인에 대한 만인의 투쟁으로 보는 이른바 정치적 '현실주의자들'과 세계정부를 곧 도래할 만병통치약으로 보는 이른바 '이상주의자들'로의 잘못된 이분법을 피하고 있다는 점이다. 실제적인 세계정부의 개연성은 없지만, 버크의——현재의 유엔보다는 더 큰 힘을 가지고 있지만, 연방적인 세계정부보다는 힘이 훨씬 약한——가설적 지구관리청은 가까운 장래에 개연성의 영역으로 들어올 것 같다. 학자이자 가르치는 사람으로서 우리는 그런 '중간적인' 극제제도에 대해 진지하게 생각해 볼 필요가 있고, 다른 사람들도 그런 제도를 생각할 수 있게 장려할 필요가 있는 것 같다.

로드니 G. 페퍼(Rodney G. Peffer)는 샌디에이고대학의 철학과 교수이다. 사회철학, 정치철학, 윤리학, 가치이론, 마르크시즘 등을 전공으로 하고 있으며, 환경윤리학에도 관심을 가지고 있다. 사회정의, 세계정의, 환경 및 인구 문제 등이 대해서도 발표를 해왔으며, 주요 저서 및 논문으로는 *Marxism, Morality and Social Justice*(Princeton University Press, 1990), "Towards a More Adequate Rawlsian Theory"(*Pacific Philosophical Quaterly* 75/3-4, 1994) 등이 있다.

참고문헌

Beitz, Charles R. (1979) *Political Theory and International Relations*, Princeton, NJ: Princeton University Press.

Burke, James (1991) *After the Warming: Episode Two*, Ambrose Video Publishing, Inc.

Peffer, Rodney G. (1990) *Marxism, Morality, and Social Justice*, Princeton, NJ: Princeton University Press.

Rawls, John (1971) *A Theory of Justice*, Cambridge, MA: Belkap Press of Harvard University Press.

Rollin, Bernard E. (1988) "Environmental Ethics and International Justice," in Steven Luper-Foy(ed.), *Problems of International Justice*, Boulder, CO: Westview Press.

Velasquez, Manuel G. (1982) *Business Ethics*, Englewood Cliffs, NJ: Prentice-Hall.

지구기후변화

마크 루츠(Mark W. Lutes)

절박한 환경파괴의 시대에 들리는 이야기들 중 지구온난화처럼 잘 알려지고 강력한 이미지를 불러일으켜 온 것은 드물다.[1] 『뉴요커』(*New Yorker*)의 필자 빌 매키본(McKibbon 1989)에게 지구온난화는 "우리가 종말에 이르렀음"을 의미한다. 주목할 만한 과학회의들이 "궁극적인 결과는 지구 핵전쟁에 버금가는 것일 수 있다"고 보고한다.[2] 지구온난화에 관한 유명한 문헌들은 가뭄·기근·홍수·전

---

1) 이 글에서 기후온난화와 지구온난화라는 용어는 인류가 유발하는 복사열 활성화 가스의 결과로 하층 대기가 따뜻해지는 것, 그리고 그와 관련된 기후교란을 언급하기 위해 상호 교환적으로 사용된다. 그러나 다른 데서는 서로 다른 의미로 사용되어 왔다. 캐나다 '지구의 친구들'(Friends of the Earth Canada)은 1990년대 초반 지구온난화보다는 기후변화라는 용어를 채택했다. 캐나다의 추운 겨울로 인해 긍정적으로 보일 수 있는 기온상승보다는 기후적인 영향을 나타낼 수 있기 때문이다. 패터슨에 의하면 "미국 행정부는 '지구온난화'가 너무 놀라운 용어라고 느꼈고, '기후변화'로 부르자고 주장했다. 그들에게는 더 무해하게 들릴 것이다. 그러나 이는 다소 기대에 어긋난 결과로 나타났다. 왜냐하면 최소한 영국에서 '기후변화'는 일반적인 불확실성을 함축하며 더 불길하게 느껴졌다. 반면 '지구온난화'는 많은 사람들에게 그들이 특별히 우려하지 않는 더 더운 여름을 의미할 뿐이었다"(Paterson 1996, p. 154).

2) 이 언급은 1988년 대기변화에 관한 토론토회의(Toronto Conference on the Changing

쟁·메뚜기떼 그리고 문명 전반의 붕괴라는 각색된 미래로 가득차 있다. 그와 같은 수사학적 미사여구들은 진저리가 난 대중과 말을 듣지 않는 정치기구들에게 행동의 동기를 제공한다는 점에서 쉽게 정당화될 수 있다. 문학적이고 훈계적인 기법은 또한 어려운 과학적·경제적 정책분석과 쉽게 구분될 수 있고, '사실에 입각해' 도출된 이론과도 쉽게 구분될 수 있다. 그러나 사실과 허구, 과학이론과 저널류의 이야기가 그렇게 뚜렷이 구분되지는 않는다. 그리고 그 차이의 본질이 무엇이든 그들간에는 많은 관계가 존재한다. 이 글은 '심각한' 과학적·경제적 정책고리들에서의 지구온난화 이슈 중 몇 가지 평범한 이야기 혹은 그 구조를 조사하고자 한다. 또 지구온난화 이슈의 구성에 대한 과학적·경제적 정책담론의 영향력을 탐색하고 현재의 지배적인 구성에 의문을 제기한다.

지구기후변화 이슈가 1980년대 후반 최상위 정책의제로 추진된 이래 강력한 세력들이 이 이슈에 대한 지배적인 개념정의를 통제하고, 자신의 이익을 지키고 조장하는 방식으로 개념정의를 구성하기 위해 몸부림치고 있다. 지구온난화를 둘러싼 복잡한 정치적·윤리적 역학 속에서 사회적 불평등을 악화시키고 위험한 기술을 진전시키며 신자유주의 이데올로기의 헤게모니와 시장메커니즘의 침입을 사회적 삶의 영역에 더욱 더 강화하는 '녹색 세계화'(green globalism)를 촉진할 위험이 상당하다(Lohmann 1993). 기저에 있는 특별한 정책선택(예를 들어 핵에너지 대 재생에너지의 선택) 혹은 국가적 감축목표의 할당이 이 이슈에 대한 우리의 이해를 구조화하는 근본적인

<hr>

Atmosphere)의 성명서에서 등장했다. 여전히 건드리지 못하는 핵비축 문제를 탈냉전에 도취되어 망각하고 있어, 환경문제가 진행됨에 따라 지구온난화가 가장 중요한 문제로 대두될 수 있다.

가정과 개념들이다. 현재 지구온난화 논쟁들이 지향하는 핵심적인 개념——불확실성, 경쟁, 효율성, 이 이슈의 '지구적' 본질——이 정책 이슈의 고유한 요소들로 무비판적으로 받아들여져서는 안 된다. 오히려 특정한 목적을 위한 특정한 맥락에서 창출된 사회적 구성체[3]로 보아야 한다.

특히 이 이슈의 '지구적' 구성은 주의 깊게 조사해야 한다. 온실가스 배출을 통제하기 위한 일정한 잠재적 정책대응에 특권을 주기 때문이다. 이런 대응에는 국제협약 혹은 초국가적인 조직을 통한 몇 가지 형태의 지구적 관리가 포함된다. 나아가 시장메커니즘과 배출을 통제하기 위해 재산권을 확장한다. 다양한 배출거래계획을 포함하여 현재의 많은 제안들은 이 두 가지를 몇 개의 조합으로 담고 있다. 그런 제안들은 사람들과 공동체들의 힘이 미치지 못하게 훨씬 더 깊이 제도 속에 권력과 권한을 집중하기 때문에, 이런 경향이 우리 삶을 지배하는 제도를 민주화하기 위한 사회정의와 전망에 잠재적으로 부정적인 함의를 주고 있다. 아마도 기후이슈의 '지구적' 구성에 포함된 이익과 과정들을 조사하면, 그런 경향들이 처음 나타났을 때만큼 불가피하거나 합리적인 것은 아님이 드러날 것이다.

지구온난화 혹은 기후변화의 이슈는 광범위하게 근본적인 논의를 하기 위한 가늠자가 되어왔다. 자연에서 인간의 위치, 미래세대에 대한 의무, 과다소비 대 과잉인구, 환경보호 대 빈곤경감, 북반구

---

3) 도나 해러웨이는 자연에 대한 우리의 생각을 인공물 혹은 구성물이라고 부른다. 자연에 대한 개념을 "그 구성이 미리 존재할 수 없는 … 형상, 구성물, 인공물, 운동, 치환"이라고 설명하면서 해러웨이는 우리가 이 구성물을 비인간종이 적극적으로 참여하는 과정으로 보아야 한다고 말한다. "전적으로 인간에 의해서는 아니지만, 다른 형태에서뿐만 아니라 과학적 구체화를 통해 자연이 만들어진다. 자연은 인간과 비인간의 상호구성물이다"(Haraway 1992, pp. 296~97).

대 남반구, 자유시장 대 국가적·국제적 규제, 과학 대 가치, 지방 대 지구적 대응 등을 둘러싼 논쟁들이 모두 지구온난화 이슈의 논의에서 부각되어 왔다. 1988년 이래 많은 환경활동가들은 현대 산업사회의 근본적인 모순을 조명하고 환경의제의 기타 요소들을 강화하기 위해 지구온난화 이슈를 사용해 왔다. 그 이슈는 종종 지속적인 경제성장에서 가장 분명하게 생태적 한계의 존재를 보이고, 경제적·정치적 변화와 생활양식의 변화에 대한 긴박한 요구를 드러내는 것으로 제시되었다.

> 지구온난화의 가정이 입증되든 안 되든 최근 기후논쟁에 대한 주목은 가장 강력한 의사결정 집단이 발언기회를 획득하여 자본주의 성장과 발전에 생태학적 유죄판결을 내리는 데 가장 좋은 단일한 기회를 제공해 왔다.(Ross 1991, p. 219)

또한 본래 많은 환경주의자들이 지구온난화가 주로 북반구의 산업화와 화석연료 소비의 결과라고 생각했다. 오펜하이머(Oppenheimer)와 보일(Boyle)의 『동시 도착: 온실효과에 반대하는 경주』(*Dead Heat: The Race Against the Greenhouse Effect*, 1990) 첫 장은 '원인과 결과: 산업주의의 죗값'이라는 제목이 붙여졌고, 미국의 화석연료 소비에 초점을 두었다. 나중에 남반구 국가들에 대한 편견 때문에 강력한 비판을 받게 되는 세계자원연구소(World Resources Institute, WRI)조차도 미국의 대중시장을 겨냥한 『온실 함정』(*Greenhouse Trap*, 1990)이라는 책에서 산업국가의 온실가스 배출을 강조했다.

미래 지구온난화의 주범인 배출가스의 80% 이상을 현재 세계 산업국들이 배출하고 있다. 다음 수십 년 동안 개발도상국들의 온실가스 배출은 분명히 증가할 것이다. 이렇게 책임이 분리되면 첫번째 사업 아이템은 산업국들이 실질적으로 배출을 감축하는 것이어야 한다. 마찬가지로 중요한 장기적인 문제는 지구와 인간이 처리할 수 있는 것 이상의 오염물질은 내뿜지 않는 고도로 에너지 효율적인 기술을 개발도상국들이 얻을 수 있게 돕는 것이다.(같은 책, p. 103)

그러나 기후변화를 둘러싼 최근 정치적·과학적 담론의 형태는 이들 이슈의 구성이 남반구를 희생시켜 북반구의 의제를 지원한다는 비난으로 나타났다(Agarwal and Narain 1991; Shiva 1993). 그리고 기업, 국가, 국제기구로 권력을 집중시킨다는 비난을 받아왔다(Sachs 1993; Ross 1991; Boehmer-Christiansen 1994 참조). 동시에 산업국들에서 지구온난화 이슈가 공공정책 의제로는 훨씬 약화되고 있다. 이 이슈가 1980년대 후반에 부각되었을 때 환경이슈 전반에 대한 대중적 관심은 높았다. 튼튼한 경제, 미국과 캐나다의 덥고 건조한 여름, 지구의 높은 평균온도는 믿을 만하고 적극적인 국제적 과학공동체가 지지한 상대적으로 새로운 이슈였던 지구온난화의 공표에 도움이 되었다. 1992년 이래 교토회의를 둘러싼 최근의 공표를 제외하고는 대중매체와 정치인들이 대개 이 이슈를 무시하고 있다. 대부분의 산업국가들은 기후변화에 관한 회의(Framework Convention on Climate Change)에서 요구된, 2000년까지 1990년 수준으로 온실가스 배출을 안정화시키는 조치에 따르지 않을 것이라고 실토해 왔다. 과학적 불확실성, 행동의 편익과 관련한 예상비용, 광범위한 국제적 감축에 대한 참여 부족 등 브루너(Brunner 1991)가 지배적인 이슈를 구성하는 데 문제가 된다고 지적한 세 가지 요인은, 행동에 나설 추동력이 부족했던 각국

정부가 합의된 행동으로 나서는 데 장애가 되었다. 현재 지배적인 구성의 이런 측면들은 자연적이거나 불가피한 결과가 아니다. 특정하게 제도화된 담론과 맥락 내에서 행동하는 특정 행위자들의 노력 결과인 것이다.

기후과학과 불확실성의 구성

기후변화 이슈에 대한 우리의 인식은 상호 이질적인 근원의 두 가지 정보로부터 영향을 받는다. 한 극단에서 대부분의 사람들은 매일 기후를 직접적으로 경험한다——인간경험의 가장 평범한 일, 즉 날씨의 공간적·시간적 확장일 뿐이다. 다른 극단에서 기후변화 연구자들은 가장 발전된 컴퓨터를 사용해서 지구의 대기와 땅, 해양, 우주공간, 태양 방사선과의 상호작용의 역학을 모델화한다. 지역·지구 차원에서 인간의 행동으로 인해 지구상의 인간과 생물 대부분의 삶의 조건을 크게 바꿀 수 있는 변화가 발생하고 있다. 그러나 날씨/기후 변화와 관련된 다양한 척도에도 불구하고, 기후변화 이슈의 지배적인 구성에서 근본적인 분석단위는 상호 연결된 시스템으로서의 전체 지구이다. 어떤 측면에서는 기후변화 이슈의 이런 지구적 구성은 피할 수 없고 유용하다 할 수 있다. 그러나 이것이 문제를 인식하는 유일한 방법이 된다면, 다른 극단에 우선하여 지역/지구 이분법이라는 한 극단에 특권을 주고, 문제의 틀을 구성하는 데 있어서 다른 담론들에 우선하여 특정한 과학적·경제적·관리적 담론에 특권을 주는 강력한 수사학적 장치가 되고 만다. 또한 과학적 담론의 세계주의적 구성이 경제논의와 정책논의로 이어진다면, 뒤에 살펴보겠지만 지구적 렌즈를 배타적으로 채택하게 될 수도 있다.

174

그간 공공정책의 이슈에서 과학의 역할을 다루는 문헌들이 많았고, 더욱 증가하고 있다. 사회를 괴롭히는 환경 위기 혹은 위험에 대해 과학이 객관적이고 가치중립적인 평가를 내릴 수 있다는 관점에 대한 문제제기는 반복되는 주제였다. 미국에서는 객관적이고 가치중립적인 위험평가라는 가정과 가치를 부여하는 정치적 위험관리를 제도화하려는 최근의 시도들이 광범위하게 비판받아 왔다. 그러나 기후변화 이슈에서 인간이 기후를 변화시키고 있다는 과학적 합의에 반대하는 이른바 '회의론자들'조차도 이러한 구분을 대개는 당연시한다. 이렇듯 과학자집단의 특정 발견물은 철저히 논쟁되어 왔지만, 정책결정에 적절한 사실적 토대를 제공하는 기후과학의 역할은 사실상 도전받지 않았다. 더욱 큰 과학적 확실성을 획득할 필요가 있다고 규정하는 것은 기후변화를 완화시키려는 행동을 반대하는 쪽의 핵심적인 수사학적 전략이다.

정책결정에 대한 투입으로서 자율적이고 주된 과학의 역할을 무비판적으로 수용하는 것은 여러 가지 이유로 문제가 되었다. 첫째, 과학전문가들과 비과학대중 사이에 위계를 만들어 비과학자들의 역할을 자연과학자들이 만든 '사실'의 수동적인 수용자로 한정시켰다. 둘째, 과학공동체 스스로를 정당화하고 자원을 확보하는 데 있어서 과학공동체 자신의 이해관계는 무시한다(Ingram et al. 1992 참조). 셋째, 과학적 지식에 대한 접근이 국가와 국제조직체들의 의사결정 과정과 특정 결정을 정당화하는 데서 수행하는 역할을 모호하게 한다.

최근 일부 학자들이 환경이슈의 영역에서 사회적으로 구성되고 문화적으로 영향을 받는 과학적 지식의 본질을 고려하는 접근방법들을 제안했다. 브래드버리는 다음과 같이 두 가지 구분되는 위험개념을 제시한다.

> 한 가지 개념은 과학적 지식의 관점을 객관적인 사실들로 구성된 것으로 반영한다. 이들 사실은 결정을 위한 토대가 된다. 둘째 개념은 정책과 관련된 과학의 맥락에서 사실이 가치로부터 분리될 수 없다는 관점을 반영한다.(Bradbury 1989, p. 381)

후자의 관점에서 위험은 "그 영향을 평가하고 경험하는 인간과 독립적으로 존재하는 물리적 실체라기보다는 사회적으로 구성된 속성"(같은 곳)으로 인식된다. 이 관점은 과학적 지식의 역할을 부인하지는 않지만, 위험이슈의 형성에서 가치, 이해관계, 사회적·문화적·논증적 실재의 역할을 명백히 인식할 것을 주장한다. 복잡한 사회적 이슈의 '과학적' 설명은 가치 함축적이기 때문에 위험에 대한 지식의 구성을 과학자들에게만 맡겨두기보다는 더 많은 대중의 참여를 요구하는 주장이 존재하는 것이다.

과학적 지식의 생산을 사회적 구성으로 분석하려는 가장 많이 합의된 철저한 노력이 과학의 사회적 연구라고 광범위하게 규정된 영역에서 수행되어 왔다(Latour and Woolgar 1986; Latour 1987; Jasanoff et al. 1995; Star and Greisemer 1989; Shackley and Wynne 1995 참조). 환경사회학의 한계에 대한 최근의 평가에서 버틀과 테일러(Buttel and Taylor 1992, p. 213)는 "지구환경 이슈들에서 과학, 사회변화, 생태정치학의 교차가 많다면… 환경사회학은 명백한 환경과학의 사회학을 정교화할 필요가 있을 것이다"라고 주장한다.

기후변화 이슈가 두드러지게 된 데는 과학공동체의 역할이 상당히 컸다. 과학공동체는 지구변화의 이슈를 정부와 국제기관들의 정책의

제로 상정하는 데 핵심적인 역할을 수행했다(Ingram et al. 1992; Schneider 1990). 사실 기후과학 공동체의 적극적이고 잘 조직된 옹호가 없었다면, 아마 이 이슈는 공식적인 정책의제로 설정조차 되지 못했을 것이다(Boehmer-Christiansen 1993; 1994). 하지만 과학의 문화적·제도적·정치적·논증적인 근거와 함의를 가시화하는 것은 가능하다. 이렇게 함으로써 과학을 사회적으로 중립적인 사실과 정보의 원천이라고 보는 대중적인 관점에 문제를 제기할 수 있고, 과학이 고유의 독특한 문화와 규칙을 가진 강력한 사회제도로서 중요한 사회 및 환경 이슈의 논의를 어떻게 억제하고 제약하며 정보를 제공할 수 있는지를 볼 수 있다.

과학적 담론의 하나의 추세는 실험주제가 통제되고 조작될 수 있는 실험실 모델에서 세계를 구성하는 것이다. 대기변화에 관한 토론토회의의 개회사가 널리 인용되는데, "인간은 그 궁극적인 결과가 세계 핵전쟁 못지않을 수 있는, 전지구적으로 영향을 미치는 전혀 의도되지 않고 통제되지 않는 실험을 수행하고 있다"라는 것이다. 수십 년 전부터 과학자들의 태도가 변하긴 했지만 "과학문헌이… 실험을 잘 기록하고 과학자들이 그로부터 배울 수 있다면 지구적 기후변화에 관한 부주의한 실험을 환영하는 것처럼 보였던"(Hart and Victor 1993, p. 662) 실험실의 언어와 실험실로서의 지구 이미지는 유지되어 왔다. 앤드류 로스에게 이와 같은 실험으로서의 지구온난화 관점은,

환경과학을 생태적 맹방으로 이용할 우리의 최고 희망을 침식한다. …실험적 태도는 특히 전체 세계를 실험실로 받아들일 때, 세계를 의미와 가치로부터 분리시켜 기술적인 묘사와 통제의 합리성으로까지 말하면서

세계를 다른 이미지로 바꾸는 구성적인 형태의 힘이 된다.(Ross 1991, p. 212)

실험으로서 지구온난화의 개념은 또한 과학자들로 하여금 그들의 본래 영역인 듯 보이는 논쟁들을 구조화하는 데서 주도적인 역할을 수행해야 한다는 생각을 강화시킨다.

환경주의자의 과학적 주장에 대한 무비판적인 의존이 지닌 위험 하나는 과학이 거의 변함없이 다른 여러 해석들에 개방되어 있다는 것이다. 그 해석들 모두가 환경주의자들의 목표를 지지하는 것은 아니다. 지구온난화에서조차도 대부분의 기후학자들이 일반적인 지구온난화 테제에는 동의한다. 과학적 연구는 종종 정책담론으로 변질되면서, 지구온난화를 막기 위한 행동을 훼손하기도 한다. 지구온난화 정책논쟁에서 거의 보편적으로 쓰이는, 과학이 발생시킨 핵심 개념은 '불확실성' 개념이다. 과학자들은 온실가스가 인간행동의 결과로 대기중에 축적되고 있고 이는 지구온난화로 나아갈 수 있으며 장기적으로 기상체계의 변화로 나아갈 수도 있다는 온실효과의 기본적인 물리적 현상에 대해서는 일반적으로 동의한다. 불확실성의 범부에 속하는 것은 온난화의 타이밍과 정도, 기후체계에 대한 영향 그리고 지역의 온도와 강수량에 대한 영향 등이다.

여기서 기후변화의 불확실성 영역은 극단적으로 복잡한 프로그래밍과 고도로 발달한 컴퓨터를 포함하여 컴퓨터 모델링에 의해서만 해결될 수 있는 영역이라는 점이 중요하다. 과학자들은 이들 모델에 의해 산출된 지역적 효과에 큰 확실성을 부여하지는 않는다. 그리고 예측률과 변화의 정도에도 상당히 광범위한 변동폭이 존재한다. 대부분의 기후과학자들은 다음 10년 내에 상당한 진보가 있을 것이라

기대하지는 않는다. 실제로 "지식의 증가가 불확실성과 복잡성을 증가시키는 효과를 가질 수도 있는"(Hotzner 1972, p. 167) 것으로 보인다. 온실효과의 상대적인 확실성과 대기중 온실가스의 측정 가능한 축적과는 대조적으로 모델링 기술은 현실적으로 해결할 수 없는 불확실성을 창출한다. 실제 투영시 신뢰성이 낮고 오차범위가 크지만, 지역·지방 차원의 영향과 상세한 대기역학을 투영하는 논증상황을 창출함으로써 불확실성을 만들어낸다. 현실에서는 확신이 적고 오차 범위가 매우 광범위하지만 말이다. 이렇게 해서 논증의 근거는 가장 큰 불확실성의 영역이 되어버린다.

불확실성은 배출을 감축하려는 행동에 반대하는 산업과 정부에게 든든한 방패막이다. 과학적 담론에서 불확실성은 흔한 것이고 과학적 작업의 어디에나 있는 요소이다. 실제로 불확실성은 진행중인 과학연구의 선행조건이다. 과학자들이 종종 자기 작업의 어떤 영역에서 어느 정도의 불확실성을 서슴없이 인정하지만, 정책논의에서는 상당히 다르게 해석될 수 있다. 열띤 논쟁의 여지가 있는 정책이슈를 둘러싼 정책담론에 돌입할 때, 이런 관점은 행동의 토대를 무너뜨리는 역할을 한다. 지구온난화의 경우 불확실성은 활동의 전무상태를 조성하는 만드는 가장 좋은 주장이 될 수 있다. 마셜연구소(Marshall Institute 1989)와 카토연구소(Cato Institute, Michaels 1993) 같은 우익단체들과 자주 연계되는 '온실회의론자들'로 알려진 기후학자들 다수가 기후변화에 관한 정부간 패널이나 그 밖의 과학·정치 포럼이 수립한 지구온난화 가설을 둘러싼 광범위한 과학적 합의에서 불확실성의 문제를 제기해 왔다.

심각하고 잠재적으로 파멸적인 기후변화가 현재의 관행에서 기인한다는 상대적으로 확실한 지식에 근거하여 배출물을 줄이기보다는,

실제로는 실현 가능성이 없지만 기후 모델링에 근거한 정확한 예측가
능성이 기후변화의 비용과 편익에 대해 더 엄격한 평가의 근거를
제공한다. 이는 '하위최적의' 자원할당을 하면 안 되므로 불확실성이
해결될 때까지 행동하지 말고 기다려야 한다는 주장에 특권을 부여한
다. 과학적 확실성이 가능하다면, 확실성의 부재는 시장할당의 효율
성이 첫째 미덕인 신고전주의 경제학의 맥락에서 특히 무행동을
강력히 주장하는 근거가 된다.

경제학과 효율성 담론

많은 환경활동가들에게 지구온난화 이슈에 대한 호소는 시장자본
주의의 본질적인 모순과 지속 불가능성을 폭로하는 명백한 표시였다.
그러나 밝혀진 것처럼, 지구온난화 이슈는 시장을 기반으로 한 지구
온난화 대처를 옹호하는 자들의 풍부한 근거가 되었다. 이들 조치를
통해 세계자본주의의 문제가 제기되기보다는 오히려 자본주의를
훨씬 제도화할 것이고 지구의 하수구들, 즉 오염물질을 흡수할 수
있는 지구의 수용능력을 비롯하여 시장메커니즘과 상품 형태를 새로
운 영역으로 확장시킬 것이다. 쓰레기 하치장으로서의 지구의 제한된
능력이 인식되고 측정됨에 따라 이러한 흡수능력은 적절한 제도적
틀이 주어질 때 새로이 창조되는 시장에 할당되고 공급되거나 팔리고
거래될 수 있는 희소한 자원이 된다.
지구온난화 정책에 대한 논의의 상당 부분은 현재 '경제적 도구'의
역할에 초점을 맞추고 있다. 이는 환경목표를 달성하는 데 있어서
시장의 힘을 가동시킬 것을 약속한 조치들이다. 쓰레기처리 비용,
오염세, 거래 가능한 배출허가권 같은 광범위한 조치들이 바로 경제

적 도구들이다. 온실가스 배출감축에 관한 논의들 대부분이 탄소세, '공동이행(Joint Implementation)', 거래 가능한 허가체계를 중심주제로 삼아왔다. 일국 내에서는 탄소세가 가장 많이 적용될 것 같지만 공동이행과 배출권 거래는 모두 한 나라에서 다른 나라로 배출권을 이전하는 국제적인 메커니즘으로 고려되고 있다(이 책 페퍼의 글 참조). 공동이행은 기업이나 국가가 상대적으로 값이 싼 다른 나라의 배출을 감축시킴으로써 자신들의 감축수준을 충족시키는 것이다. 이 메커니즘들은 본래 의도와 달리 선진산업국가들이 남반구에 지불을 하면서 자신들의 현재의 배출수준을 유지해 나간다는 점 등 여러 이유로 비난받아 왔다. 대부분의 환경단체들과 개발도상국들이 그런 조치들에 크게 비판적이었다.

[개]발도상국들은 산림, 에너지효율성 프로젝트 등에서 남반구에의 투자로 보상되는 북반구의 고소비와 더불어 세계자원의 '생태식민지적' 분할을 굳히는 새로운 방법이 될 것이라고 의심했다.(Paterson 1996, p. 66)

그런 모든 '시장기반 조치들' 중에서 공동이행은 정부, 기업 심지어 캐나다의 자유시장 지향적인 '에너지 조사'(Energy Probe)와 같은 일부 비정부기구(NGO)들로부터 전폭적인 지지를 받아왔다.

1992년 캐나다에서 (정부를 '참관자'로 하는) 기업과 환경NGO 대표들의 '경제수단협력체'(Economic Instruments Collaborative, 이하 협력체)가 조직되었는데, 대기이슈들(산성비, 도시스모그와 지구온난화)을 다룰 경제적 수단의 적용에 관해 대표집단들 사이에 합의의 여지가 있는지를 보기 위한 것이었다.[4] 경제적 수단의 잠재력에 대해 기업과 환경NGO 대표들 사이에 실질적인 동의가 있었다. 기업구성원들의 상당수는 경쟁력을 유지할 필요가 있음을 강조했다. 과학의 불확실성을 인식할 필요이자, 서두르거나 강력히 행동하지 않을 필요, 효율적이고 비용 효과적인 행동의 중요성 그리고 '명령과 통제'[5] 규제를 회피하려는 필요였다. 참석한 대부분의 환경NGO 대표들은 이들 주장에 강력히 논박하지 못했는데, 그 이유는 지구온난화를 정책의제에서 제외시키고 있는 듯한 친기업적인 보수정부에 직면해서도 협력체가 지구온난화에 대한 약간의 행동을 진척시킬 수 있는 유망한 장소라고 판단했기 때문이다.

결국 협력체는 대규모 고정자원에 대한 상쇄효과와 탄소세를 결합시키자는 제안에 동의했다. 배출을 많이 하는 기업이 식목과 같은 탄소 하수구들에 투자한다거나, 예컨대 캐나다보다 훨씬 덜 효율적인 석탄공장이 있는 곳(대개 해외)에 에너지 효율적인 기술을 투자하여 자신들의 탄소세를 상쇄시키는 것이었다. 그러나 해외에서의 배출감축으로 인한 비용상쇄가 2000년까지 1990년 수준으로 탄산가스를 안정화시키려던 캐나다의 당시 목표에 포함되어야 하는지에 대해서는 만장일치에 이르지 못했다. 기업대표들은 해외에서의 배출감축을 목표에 포함시켜야 한다고 강력히 주장했지만, 참석한 대부분의 환경주의자들은 동의하지 않았다.

협력체에서의 논의들은 대부분 신고전주의 경제학의 언어를 채택

---

4) 나는 1992년 9월부터 1993년 11월까지의 논쟁 후반부에 EIC의 기후변화그룹에서 '캐나다 지구의 친구들'을 대표했다.

5) 나의 첫 미팅에서 우리의 작은 승리 중 하나는 산업계 대표들이 '명령과 통제'라는 용어를 사용하지 못하게 한 것이었다. 왜냐하면 그것은 기술적인 용어가 아니라 경멸적인 것이었기 때문이다. 이 용어에 대한 대안은 '전통적 규제' 혹은 '규칙에 근거한 규제'였다. 나는 본래 '제안한다와 협상한다'가 거기에 더 적절한 용어라고 제안했다.

했다. 이런 논증의 맥락에서는 효율성과 비용효과성에 지배적인 덕목의 특권을 부여하고, 소비량이나 경제행위자들이 역사적 혹은 현재의 배출에 책임이 있다는 것 등에 대해서는 경시하거나 무의미한 것으로 만들어버린다. 이런 담론에서는 모든 곳에서의 배출을 동일하게 취급하는 것을 피하기가 더 어렵다. 그리고 탄산가스 배출이 지구의 대기 수준에 영향을 미치는 한 해로울 것이기 때문에, 최소한의 비용으로 배출의 회피가 이루어지는 한 어디서 배출감축이 되든 아무런 차이가 없다. 이상적인 것은 배출 회피비용이 가장 싼 곳의 배출을 감축시키는 것이다.

경제적 수단의 가치는 효율성을 높이는 데 있다. 따라서 경제적 수단은 비용 효과적인 방식으로 배출을 감축하고자 하는 개인과 기업에게 보상을 한다. 환경 차원에서 경제적 수단의 사용은 일정한 투자량에 대해 최대한 배출감축을 한다는 것이다. 경제적 수단은 또한 심각한 환경문제를 정화하는 데 사용할 기금이 북반구에서 남반구로 이동할 것이라고 주장한다. 경제학 논리 내에서 이런 주장은 매우 설득력이 있다. 그리고 점차 신고전주의적 자유 시장 노선을 따르는 대중적인 기후변화 논의와 더불어 이런 주장들이 많은 환경옹호자들 사이에서 지지를 얻고 있다.

'지구적' 이슈: WRI/CSE 논쟁

지구온난화 혹은 지구기후변화는 대개 오존층 고갈, 인구과잉, 그리고 생물종 다양성의 상실과 같은 다른 문제들과 함께 대부분의 사람들에게 '지구적' 이슈목록의 최상위에 위치할 것으로 인식되고 있다. 이 이슈의 '지구적' 자격은 외관상 반박할 수 없다. 세계기후는,

어떤 심각한 기후상의 혼란들이 지구 전체 표면에 잠재적으로 영향을 미치게 될 상호 의존하는 지구체계로 이해된다. 온실가스 그리고 특히 이산화탄소는 대부분 생물과 전세계의 광범위한 인간활동에 의해 배출되고 있다.

그러나 '지구적'이라는 용어가 기후변화에 대한 인간의 원인과 결과에 적용될 때는 훨씬 더 문제가 된다. 지구적인 것으로서 기후변화의 인간 구성요소를 규정하려는 노력은 일부에서 아주 뜨거운 북-남 논쟁을 야기해 왔다. 1990년 세계자원연구소(World Resources Institute, WRI)는 '기후변화: 지구적 관심사'라는 제목의 장을 포함한 보고서를 발표했다. 이제는 악명 높은 이 보고서에서 WRI는 기후변화가 대기역학의 관점뿐 아니라 원인과 결과의 관점에서도 지구적 이슈라고 주장하려고 애썼다. 보고서에는 지구온난화에 대한 각국의 전체 기여도를 이산화탄소 온난화 잠재력에 상응하는 것으로 나타내는 단일 계산으로 환원한 WRI의 지구온난화지표를 싣고 있다. 또 '지구적'이라는 제목의 장이 말해 주듯 기후변화에 대한 비난은 널리 공유된다고 주장하기 위해 이 순위를 이용했다.

온실가스의 원천은 배출에 주된 책임을 공유하는 선진국과 개발도상국을 포함하여 전세계적으로 널리 분포되어 있다. …

산출된 온난화의 대부분에 책임이 있는 핵심적인 온실가스는 화석연료 연소에서 습식 쌀경작에 이르기까지 광범위한 인간활동에서 비롯된다.(WRI 1990, p. 13)

분명한 것은 온실가스 배출에 대한 책임이 전세계에 널리 퍼져 있다는 것이다. …심각한 온실가스 배출에 대한 책임이 널리 퍼져 있다는 것은 온실가스 배출을 안정화시키거나 감축할 어떤 효과적인 협정이 동등한 바탕에서 이루어져야 함을 의미한다. 실로 지구온난화는 원인과 잠재적인 결과 모두에서 지구적 현상이다.(같은 책, pp. 15~17)

실제로 인간사회의 모든 요소들이 이 문제를 야기하는 데 어느 정도 관여되어 있다. 모두가 이 문제를 통제하는 데 있어서 역할을 담당해야 한다.(같은 책, p. 30)

이에 대해 인도의 '과학과환경센터'(Centre for Science and Environment, CSE)는 『불평등한 세계의 지구온난화: 환경식민주의 사례』(*Global Warming in an Unequal World: A Case of Environmental Colonialism*)라는 보고서를 통해 즉각적으로 이의를 제기했다. CSE는 다음 세 가지 주장에 근거하여 WRI의 기후변화에 대한 지구적 해석에 이의를 제기하였다.

· WRI는 브라질과 인도의 산림벌채로 인한 배출을 과대평가하여 과학적으로 오류를 범했다.
· WRI는 기본적 필요를 충족시키기 위해 남반구 사람들이 요구하는 '생존을 위한 배출'(survival emissions)을 북반구의 과소비로 초래된 '사치를 위한 배출'(luxury emissions)과 동등한 것으로 부당하게 다루고 있다.
· WRI는 순(純) 온난화 잠재력을 구하기 위해 총배출에 비례하여 온실가스를 흡수할 수 있는 지구의 역량을 뺐다. 이렇게 하여 각국의 배출수준에 따라 국가의 지구적 흡수역량을 비례적으로 부여한 것이다. 반면 CSE는 1인당 기준으로 부여해야 한다고 주장했다.

이 보고서들을 둘러싼 뒤이은 논쟁은 경제적·과학적 지식이 정책 결정의 근거로 사용될 때 드러나는 정치적 성격을 부각시켰다. 그러나 CSE는 기후변화 이슈의 지구적인 과학적·경제적 구성에 이의를 제기하지 않았다. 대신 그들은 이런 지구적 구성 내에서 형평성 문제에 관심을 집중시키기 위해 노력했다. 더 이상의 배출이 대기중에 축적되지 않을 수준으로 유지되면서 1인당 배출권 할당에 근거한 지구적 배출거래 메커니즘을 제안한 것이다. CSE에 따르면, 이 체제 하에서 대부분의 산업국들은 자신들의 한계를 벗어나서 배출할 것이고 배출량이 적고 인구밀도가 높은 남반구 국가들로부터 배출권을 구입해야만 할 것이다. 그 결과 배출허가를 대가로 북반구에서 남반구로 기금이 크게 이전될 것이다.

CSE는 과학과 경제학의 지배적인 담론 내에서 형평성의 이슈를 제기하는 데 성공했지만, 그런 체제로 이행될 가능성은 아주 낮은 것 같다. 셰일러 자사노프는 이렇게 말한다.

1인당 할당량이라는 접근방법에 근거한 배출권 체제가 현실적인 목표라고 주장하는 사람은 드물 것이다. 그런 공식은 북반구가 거부할 위험이 있을 뿐 아니라 인도가 지역적 연합형성의 필요성을 정확히 인식하고 있는 경우 더 작은 개발도상국들과의 생산적 협력 가능성을 침해할 것이다.(Jasanoff 1993, p. 35)

이 경우 그런 체제의 정당성을 지속시키기 위해서는 지구 차원의 적절한 협정이나 제도가 부수적으로 필요할 것이고, 그런 이슈의 지구적 구성을 강화해야 할 것이다. 그리고 결국 이행체계가 얼마나 불공평하든지간에 배출거래 체제의 개념을 정당화해야 할 것이다.

이런 지구적 구성은 다른 잘못된 결과를 가져올 수도 있다. 지구 차원의 적절한 협정이 이루어질 때까지는 각 정부가 자국의 배출제한을 거부할 수 있는 적절한 변명을 제공하는 것일 수 있다. 캐나다 하원의 '에너지·광산·자원 상설위원회'(이하 상설위원회)는 한 보고서에서 다음과 같이 주장했다.

산성비 문제나 지표면 수준의 오존과는 달리 지구기후변화는 그 이름이 시사하는 것처럼 캐나다를 비롯하여 많은 나라들이 인식하면서 실질적인 수준의 국제 협력과 조정이 있어야 해결책을 낼 수 있다.(Canada 1992, p. 153)

지구기후변화 문제의 지구적 성격에 대한 이런 주장은 또한 1992년 6월 리우 지구정상회담(Rio Earth Summit) 직전에 발표된 상설위원회의 예비보고서를 채웠다.

온실가스 배출을 안정화시키기 위해 2000년까지 1990년 수준으로 줄이도록 정한 약속을 유엔환경개발위원회(UNCED)에서 연방정부가 재확인할 것을 권고한다. 그리고 또한 인간이 발생시키는 전지구적 온실가스의 배출을 2005년까지 1990년 수준에서 20%까지 감축하는 데는 전세계의 노력을 조정해야 하는 것으로, 연방정부가 전세계적인 노력에 나설 것을 권고한다.(Canada 1992, p. 8)

상설위원회는 또한 안정화 목표의 조건을 언급했는데, 그 조건은 대표적인 산업부문의 마땅한 자문도 없이 설정되었음을 밝혔다. 그러나 보고서는 몇 가지 지구적 협약이 없는 상태에서 캐나다만 감축하

는 것은 무의미하다는 이유로, 더 많은 감축은 반대할 캐나다의 화석
연료 및 광산업 부문의 우려를 분명히 밝히고 있다. 북반구의 산업계
와 정부들이 국내경제의 상당한 변화를 의미할 그런 개입을 내켜하지
않기 때문에 경제수단협력체가 '국제적 상쇄'를 권고한 예처럼, 북반
구 국가들이 자신들의 감축분을 국외로 수출할 수 있게 하라는 압력
으로 이어지고 있다. CSE 제안은 허가권 구매자에게 상당한 비용을
요구하며 이를 허용하고 있지만, 다른 메커니즘들은 이와 유사한
형평성을 고려하지 않은 제안이다.

CSE가 제안한 세계인구 1인당 배출권 할당은 현재 논의되고 있는
배출거래체제에서 하나의 가능한 (그리고 아마도 최소한의) 토대일
뿐이다. 1인당 배출할당 기준 이외의 또 다른 대안은 현재의 국가별
배출수준을 기준선으로 받아들이는 것으로서, WRI 연구가 채택한
'발효 이전의 기득권'에 입각한 방식이다. 이 방식은 현재 배출량이
많은 국가들에게는 보상효과가 있지만, 배출량이 적은 국가들에게는
보상효과가 전혀 없다. 국제 기후변화 체제의 기반인 남반구의 비정
부기구들은 이런 접근방법에 강력히 반대하였다. 그리고 1994년
광범위한 NGO연합이 북-남 자원이전의 근거로 배출허가의 인구
1인당 할당을 제안했다(ECO 1994). 남아시아 NGO회담의 한 보고서
는 다음과 같이 밝혔다.

기후협약의 가장 심각한 결함은 '능력에 따른 책임'이라는 개념이다.
유일하게 도덕적으로 받아들일 만하고 확실한 입장은 '의무에 따른 책임'
이라는 개념일 수 있다. …[기후]협약은 그 전문에서 이런 지구적 위기를
야기한 부자들의 책임을 받아들인다. 하지만 본문에서는 이런 '책임'에
필수적으로 따르는 '의무'를 무시하고 있다.(South Asian NGO Summit

1994)

그러나 경제적 효율성 원리와 지구 차원의 획일적인 문제정의에 바탕을 두고 더욱이 가장 강력한 구성원들이 또한 가장 큰 오염자인 국제사회에서, 책임과 형평성 개념이 이 의제의 근본적인 구성요소로 자리잡을 것 같지는 않다.

1995년 결국 1차 당사국회의(COP 1)로 이어진 협상에서 일본, 미국, 캐나다, 오스트레일리아, 뉴질랜드, 노르웨이를 포함한 이른바 JUSCANZ그룹은 다른 나라의 배출가스 감축을 지원하는 국가의 경우 감축인정을 받을 수 있는 공동이행 체제를 공식화하기 위해 강한 압력을 행사했다. 그러나 유럽연합(EU) 국가들과 G77의 강력한 저항 때문에 공동이행 프로그램은 승인되지 않았고, 오히려 공동이행 주창자들은 배출권 이전을 전혀 할 수 없는 2000년까지의 예비단계를 받아들여야 했다. 배출권 부족에도 불구하고 많은 산업국들이 배출을 줄이기 위한 '자발적 행동'의 기초를 닦아왔다. 여기에는 공동이행에 관한 미래의 몇 가지 협약으로 인정될 수 있는 국제적 감축도 포함되어 있다.

COP 1의 가장 중요한 성과는 베를린 위임사항(Berlin Mandate)인데, 새롭고 구속력 있는 감축약속에 관한 협상을 정착시키기 위한 협정으로서 1997년 후반 3차 당사국회의(COP 3)의 공식적인 의정서로 제시되었다. EU와 G77의 압력 그리고 협정의 일부인 JUSCANZ 그룹 대부분 국가들의 저항에 직면하여, 베를린 위임사항은 개발도상국들에게 어떤 새로운 약속도 할 수 없었다. 그러나 많은 산업국들의 화석연료 및 산업 압력단체들뿐만 아니라 일부 산업국, 특히 미국과 오스트레일리아는 배출감축을 위한 더 많은 약속(혹은 현재의 약속을 이행하는 것)을 명분으로서 개발도상국의 참여부족을 내세웠다.

1997년 12월 교토 3차 당사국회의(COP 3)에서 기후협약을 가지는 의정서가 부속 1 산업국들에게 구속력을 가지는 목표와 함께 협상되었다. 그러나 미국의 주장으로 부속 1 국가들 사이의 공동이행과 배출권거래를 비롯하여 의정서는 각국의 목표달성에 상당한 융통성을 허용하게 된다. 이에 따라 미국과 같은 고배출국들은, 실질적인 경제붕괴로 인해 배출수준이 1990년 수준 이하로 떨어진 러시아로부터 배출권을 구매할 수 있게 될 것이다. '공동이행'은 산업국들로 제한되었지만, 의정서는 비산업국들의 배출감축 프로젝트에 자금을 대기 위해 '청정개발체제'(Clean Development Mechanism)를 마련하게 된다. 본래는 배출목표를 초과한 산업국에 벌금을 부과하여 재원을 마련하자고 브라질이 제안했는데, 미국의 영향력으로 자발적인 기금으로 변했다. 이 기금에 기여하는 나라들은 기금을 통해 공동이행 메커니즘을 만들어 사실상 자신이 기여해서 가능해진 배출권을 주장할 수 있게 될 것이다.

이렇듯 교토에서 구속력 있는 배출감축협정이 이루어졌다는 사실이 돌파구가 될 것이라고 많은 사람들이 생각했겠지만, 만족할 만한 성과와는 거리가 멀다. 교토의정서 협상과 로비의 수사학은 상황적인 특징들을 보편적이고 절대적인 것으로 구체화하는 틀에 의해 그 이슈가 얼마나 큰 영향을 받는지를 보여준다. 의정서에 대한 가장 떠들썩한 반대자들은 주로 미국의 화석연료 산업인데, 주요 남반구 국가들을 포함하지 않는 어떤 협정도 거부한다고 말하면서 이슈의 '지구적' 성격을 전략적으로 이용했다. 산업국들에만 적용될 베를린 위임사항에서 맺은 합의를 훼손시키려는 이런 시도는 협상을 붕괴시키려는 냉소적인 전략으로 널리 인식되었다. 하지만 남반구 국가의 참여 요구는 한동안 공식적인 미국의 협상입장이었고, 의정서의 의회 비준에 반대하는 주장으로 여전히 상당한 유효성을 발휘하고 있다. 또한 효율성 목표는 의정서에 들어간 다양한 형태의 '융통성'의 핵심적인 근거이다. 이는 산업국들이 온실가스 배출을 줄이기 위해 필요한 행동을 계속 연기하고 회피하게 만들 것이다. 그리고 이슈를 개선하고 있다고 주장하면서도 평소처럼 사업을 계속하게 만들 것이다.

맺음말

이 글에서 만약 이슈가 달리 구성된다면 지구온난화와 관련된 아주 복잡하고 어려운 윤리적·사회적 정의 이슈가 사라질 것이라고 말하려는 것은 아니다. 하지만 논쟁의 틀은 윤리적 이슈들이 어떻게 해석되고, 그 이슈들을 해결하기 위해 어떤 메커니즘이 제안되고, 어떤 이익들이 특권을 받는지 등에 대해 상당한 영향을 준다. 이 경우 기후변화에 포함된 과학적·경제적 정책이슈들의 '지구적' 구성은 여러 가지 방식으로 기존 혹은 최근의 지배구조로부터 벗어나려는 사람들 및 지역사회의 투쟁과 직접적인 갈등관계에 있는 하향식 경제적·정치적 조치에 특권을 부여한다. 그런 조치들은 잠재적으로 위험할 뿐만 아니라 그 목표를 달성하는 데 효과적이지 않을 수도 있다. 브루너(Brunner 1991, p. 300)가 주장하듯 "하향식으로만 통하는 정책들은 국가나 세계 규모에서 만들기가 어렵고, 집행비용이 높다."

지구온난화 이슈는 혁신적인 변화의 잠재력을 상실하고 있는 것 같다. 이 의제는 사회와 자연이 서로 유지되는 방식으로 차이를 조화시키는 세계를 창출하기보다는 이윤을 유지하고 기업식 자본주의를 위해 안전한 세계를 지키는 데 더 관심이 있는 국가와 기업에 의해 전유되고 있다. 이런 경향에 맞서기 위해 우리는 지구온난화 이슈의 특정 구성의 본질에 깊은 관심을 기울이고, 그 구성에 직접 혹은 간접적으로 이의를 제기해야 한다. 또한 혁신적인 변화로 나아갈 수 있는 이슈를 제기하기 위한 대안적인 구성과 전략들을 적극적으로 수립해 나가야 한다.

그러나 과학이나 경제학, 정책담론에서 도출되는 지배적인 지구적 관점 이외의 다른 관점으로 인간의 기후에 대한 영향력을 사고하는 것이 가능할까 혹은 타당할까? 도나 해러웨이는 자신의 보고서『특정 지점에 위치한 지식: 페미니즘에서의 과학의 문제와 편파적 관점의 특권』(*Situated Knowledges: the Science Question in Feminism and the Privilege of Partial Perspective*)에서 몇 가지 방향을 제시한다.

> 그래서 모든 지식주장과 주제인식의 급진적인 역사적 우발성, 의미가 통하게 하는 우리 자신의 '기호론적인 기술'을 인식하기 위한 비판적 실천, '현실' 세계를 충실히 설명하기 위한 근엄한 몰입을 어떻게 동시에 설명할 수 있는가 하는 것이 '나의' 문제이고 '우리의' 문제라고 나는 생각한다. 한정된 자유, 적절한 물질적 풍요, 적당한 고통의 의미, 한정된 행복이라는 지구적 프로젝트를 부분적으로 공유할 수 있고 우호적일 수 있는 문제이다. …우리는 또한 글로벌시스템이라는 관점에서 세계를 공론화하려 하지 않는다. 더군다나 그 안에서 행동하려는 것은 아니다. 하지만 우리는 아주 다른 차별화된 권력을 가진 공동체들 사이에서 지식을 다른 형식으로 바꿀 부분적인 능력을 포함하여 전 지구적 연결망이 필요하다.(Haraway 1991, p. 187)

'특정 지점에 위치한 지식'(situated knowledge)에 대한 해러웨이의 주장이 과학적 지식주장들을 반드시 무효화시키는 것은 아니지만, 현실의 지역적이고 특정 지점에 위치한 구성들의 정당성을 인정하는 방식으로 기후변화 이슈에 접근할 것을 제안한다. 이렇게 '지역적인' 것을 낭만화하거나 구체화하지 않고 '지구적인' 것의 개념을 다시 정하는 것이다.

'지구적' 환경이슈들의 특정한 표현들 이면에 놓여 있는 정치적 전략과 논증 기술에 주목하면, 이슈들이 결합될 수 있는 정치적 비판의 본질이라는 관점과 이들 현실적이고 긴급한 이슈들에 효과적으로 반응하기 위한 구체적인 전략 면에서 이들 이슈에 대해 광범위하게 반응할 수 있다. 즉 '지구적' 이슈에 덧붙여지는 의미들을 논의하기 위한, 그리고 자본주의를 옹호하고 기술관료적이며 냉혹한 북반구의 구성논리로 끌려가는 것에 반대하기 위한 더욱 설득력 있는 담론과 정치적 공간을 창출할 수 있다.

유용한 논평과 논의를 해준 『자본주의, 자연, 사회주의』(*Capitalism, Nature, Socialism*)의 토론토 편집진 피터 펜즈(Peter Penz)와 레이 로저스(Ray Rogers)에게 감사드린다.

마크 루츠(Mark W. Lutes)는 캐나다 요크대학의 환경연구에서 수학하였고, 뉴브룬스위크 환경보존위원회(the Conservation Council of New Brunswick)의 실행이사 그리고 토론토환경연맹의 기후 및 에너지 간부회의(Toronto Environmental Alliance's Climate and Energy Caucus)의 창립회원을 역임했다. 현재는 잡지 *Capitalism, Nature, Socialism*을 발간하는 토론토 편집집단의 일원이다.

참고문헌

Agarwal, Anil and Narain, Sunita (1991) *Global Warming in an Unequal World: A Case of Environmental Colonialism*, New Delhi: Center for Science and Environment.

Athanasiou, Tom (1991) "Greenhouse blues," *Socialist Review* 21, 2: 85~109.

Boehmer-Christiansen, Sonja (1993) "Science policy, the IPCC and the Climate Convention: The Codification of a global research agenda," *Energy and Environment* 4, 4: 362~407.

__________ (1994) "Scientific uncertainty and power politics: The framework convention on climate change and the role of scientific advice," in *Negotiating International Regimes: Lessons Learned from the United Nations Conference on Environment and Development*, Great Britain: Graham and Trotman.

Bradbury, Judith A. (1989) "The policy implications of differing concepts of risk," *Science, Technology, & Human Values* 14, 4: 380~99.

Brunner, Ronald D. (1991) "Global climate change: Defining the policy problem," *Policy Sciences* 24: 291~311.

Buttel, Frederick H. and Taylor, Peter J. (1992) "Environmental sociology and global environmental change: A critical assessment," *Society and Natural Resources* 5: 211~30.

Canada, House of Commons Standing Committee on Energy, Mines and Resources (1992) *Sustainable Energy and the Response to the Environmental Challenge: An Interim Report on the Issue of Global Climate Change*, Ottawa.

Conference Proceedings (1988) *The Changing Atmosphere: Implications for Global Security*, Toronto: WMO, Geneva.

Coon, David (1992) *Climate Upheaval: Whose Problem?* (Third Draft), Fredericton: Conservation Council of New Brunswick.

Corbett, Julia (1993) "Atmospheric ozone: A global or local issue? Coverage in Canadian and U.S. newspapers," *Canadian Journal of Communication* 18: 81-7.

Dobell, Rod, Fenech, Adam, Smith, Heather A. and Lutes, Mark (1993) "The Issue of Climate Change in Canada," Toronto: Contribution #D.1 Version 3 to the Project on Social Learning in the Management of Environmental Risk.

ECO (1994) "JI: Southern NGO Statement," *ECO NGO Newsletter*, Geneva INC 4, Issue 3, 11 February.

Government of Canada (1994) *Canada's National Report on Climate Change: Actions to Meet Commitments under the United Nations Framework Convention on Climate Change*, Ottawa.

Haraway, Donna (1991) "Situated Knowledges: The science question in feminism and the privilege of partial perspectives," in *Simians, Cyborgs, and Women: The Reinvention of Nature*, New York: Routledge.

________ (1992) "The promises of monsters: A regenerative politics for inappropriate/others," Lawrence Grossberg, Cary Nelson and Paula Treicher (eds.), *Cultural Studies*, New York: Routledge.

Hart, David M. and Victor, David G. (1993) "Scientific elites and the making of us policy for climate change research," *Social Studies of Science* 23: 643~80.

Hecht, Susanna and Cockburn, Alexander (1992) "The rhetoric and the reality in Rio," *The Nation* 22 June: 848~53.

Holtzner, Burkart (1972) *Reality Construction in Society* (rev. edn) Cambridge, MA: Schenkman Publishing Co.

Ingram, Helen, Milward, H. Brinton and Laird, Wendy (1992) "Scientists and agenda setting: Advocacy and global warming," in M. Waterstone(ed.), *Risk and Society: The Interaction of Science, Technology and Public Policy*, The Neterlands: Kluwer Academic Publishers.

Jasanoff, Sheila (1993) "India at the crossroads in global environmental policy," *Global Environmental Change* 3, 1: 32~52.

Jasanoff, Sheila, Markle, Gerald E. Petersen, James C. and Pinch, Trevor(eds.) (1995) *Handbook of Science and Technology Studies*, Thousand Oaks: SAGE Publications.

Latour, Bruno (1987) *Science in Action: How to Follow Scientists and Engineers Through Society*, Cambridge, MA: Harvard University Press.

________ (1993) *We Have Never Been Modern*, trans. Catherine Porter, Cambridge, MA: Harvard University Press.

Latour, Bruno and Woolgar, Steve (1986) *Laboratory Life: The Construction of Scientific Facts*, Princeton, NJ: Princeton University Press.

Leggett, Jeremy(ed.) (1990) *Global Warming: The Greenpeace Report*, New York: Oxford University Press.

Lohmann, Larry (1993) "Resisting green globalism," in Wolfgang Sachs(ed.), *Global Ecology: A New Arena of Political Conflict*, Halifax: Fernwood Publishing.

Lyman, Francesca, with Mintzner, Irving, Courrier, Kathleen and MacKenzie, James (1990) *The Greenhouse Trap: What We're Doing to the Atmosphere and How We can Slow Global Warming*, Boston, MA: Beacon Press.

Marshall Institute (1989) *Scientific Perspectives on the Greenhouse Problem*, Washington, DC: George C. Marshall Institute.

Michaels, Patrick (1993) "Global warming: Facts vs. the popular vision," in David Boaz and Edward Crane (eds.), *Market Liberalism: A Paradigm for the 21st Century*, Washington, DC: The Cato Institute.

McKibbon, Bill (1989) *The End of Nature*, New York: Anchor Books.

Moberg, David (1991) "Environment and markets: A critique of 'free market' claims," *Dissent* Fall: 511~19.

Oppenheimer, Michael and Boyle, Robert (1990) *Dead Heat: The Race Against the Greenhouse Effect*, New York: Basic Books.

O'Riordan, Tim and Jill Jäger (1996) "History of climate change science and politics," in T. O'Riordan and J. Jäger(eds.), *Politics of Climate Change: A European Perspective*, London, Routledge.

Paterson, Matthew (1996) *Global Warming and Global Politics*, New York: Routledge.

Raynor, Steve (1993a) "Introduction to special issue on national case studies of institutional capabilities to implement greenhouse gas reductions," *Global Environmental Change* 3, 1: 7~11.

________ (1993b) "Prospects for CO_2 emissions reductions policy in the USA," *Global Environmental Change* 3, 1: 12~31.

Ross, Andrew (1991) *Strange Weather: Culture, Science and Technology in the Age of Limits*, New York: Verso.

Sachs, Wolfgang (1993) "Global ecology in the shadow of 'development'," in Wolfgang Sachs (ed.), *Global Ecology: A New Arena of Political Conflict*, Halifax: Fernwood Publishing.

Schnaiberg, Allan (1993) "Introduction: Inequality once more, with (some) feeling," *Qualitative Sociology* 16, 3: 203~206.

Schneider, Stephen (1990) *Global Warming: Are We Entering the Greenhouse Century?*, New York: Vintage Books.

Shackley, Simon and Wynne, Brian (1996) "Representing uncertainty in global climate change science and policy: Boundary-ordering devices and authority," *Science, Technology and Human Values*, 21, 3: 275~302.

Shiva, Vandana (1993) "The greening of the global reach," in Wolfgang Sachs (ed.), *Global Ecology: A New Arena of Political Conflict*, Halifax: Fernwood Publishing.

South Asian NGO Summit (1994) "Globalization with equity—South Asian NGO report," *ECO Newsletter from Climate Talks*, Geneva: INC 9, Issue 3, WEB: en.climate, 11 February.

Standing Committee on Energy, Mines and Resources (1993) *Sustainable Energy and Mineral Development: A Realistic Response to the Environmental Challenges*, Ottawa: House of Commons, January.

Standing Committee on Environment (1993) *Our Planet⋯ Our Future: Including a Compendium of Reports of the Standing Committee on Environment with Index*, Ottawa: House of Commons, June.

Star, Susan Leigh and Griesemer, James (1989) "Institutional ecology, 'translations' and boundary objects: Amateurs and professionals in Berkeley's museum of vertebrate zoology, 1907~1939," *Social Studies of Science* 19: 387~420.

Timmerman, Peter (1983) "The question of global climatic change," *Probe Post*

December: 13~15.

Tuathail, Gearoid O. and Agnew, John (1992) "Geopolitics and discourse: Practical geopolitical reasoning in American foreign policy," *Political Geography* 11, 2: 190~204.

Victor, David G. (1991) "Limits of market-based strategies for slowing global warming: The case of tradeable permits," *Policy Science* 24: 199~222.

White, Rodney R. (1992) "The road to Rio of the global environmental crisis and the emergence of different agendas for rich and poor countries," *International Journal of Environmental Studies* 41: 187~201.

Woolgar, Steve (1988) *Science: The Very Idea*, New York: Tavistock Publishers.

World Commission on Environment and Development (1987) *Our Common Future: The World Commission on Environment and Development*, New York: Oxford University Press.

World Resources Institute (1990) *World Resources 1990~91*, New York: Basic Books.

Wynne, Brian (1992) "Risk and social learning: reification to engagement," in Sheldon Krimsky and Dominic Golding(eds.), *Social Theories of Risk*, London: Praeger.

———— (1993) "Implementation of greenhouse gas reductions in the European community: Institutional and cultural factors," *Global Environmental Change* 3, 1: 101~28.

———— (1994) "Scientific knowledge and the global environment," in Michael Redclift and Ted Benton(eds.), *Social Theory and the Global Environment*, New York: Routledge, 169~89.

인구가 많다는 것을 어떻게 아는가

네이선 키피츠(Nathan Keyfitz)

자바섬을 방문할 때, 사하라사막 주변 사바나의 기아에 대해 읽을 때 혹은 하버드광장 근처에서 주차할 곳을 찾을 때, 사람들이 너무 많은 것처럼 보인다. 만약 사람들이 적다면 그곳에서 경험하는 문제들은 덜 심각할 것이다. 이 글은 상식적으로 해석되곤 하지만, 신고전주의 경제학과 생태학의 불일치라는 특정한 맥락에서 해석되는 인구와 환경 문제에 관한 신뢰성을 조사한다.

하나의 학문분야——경제학——에서 볼 때, 이론이 없다면 사람들이 너무 많은가 하는 질문은 대답은 차치하고라도 이해될 수조차 없다. 또 다른 학문분야——생태학——에서 그 질문과 대답은 눈앞에서 우리를 주시하고 있고, 우리가 둘러보기만 해도 우리 주변에 있다.

우리 시대 가장 저명한 일부 학자들은 급속한 인구증가를 인간의 복지와 관련시켜 이들 상반되는 관점 중의 하나를 지지해 왔다. 생물학자 윌슨(E. O. Wilson), 레이븐(Peter Raven), 에릭(Paul Ehrlich)은 우리가 대재앙을 만들어가고 있다고 단언하고, 지구와 인류가 그 재앙을 피하기에는 이미 늦었다고 선고한다. 실용주의자인 모리스스트롱(Maurice Strong)은 신속히 인구가 안정화되어야 한다고 말하면서 이런 관점을 취한다. "우리가 안정시키지 못한다면 자연이 그렇게, 그리고 훨씬 더 냉엄하게 안정시켜 줄 것이다."[1] 어떤 과학적 수단도 어떤 수학이론도 필요치 않다. 장차 인구과잉은 분명한 일이다.

경제학자 존슨(Gale Johnson), 스리니바산(T. N. Srinivasan), 사이먼(Julian Simon)을 비롯한 또 다른 저명한 집단은 위험이 상당히 과장되어 있고, 자원을 개발과 경제성장 중심의 과업에서 다른 데로 돌리는 것은 결코 정당하지 못하다고 말한다. 사실 경제학을 전적으로 방치하고 윤리에 의존해서 사람들이 가족규모를 통제하게 하는 것을 정당화할 만큼 출산통제를 확산시킬 근거가 경제학 내에는 별로 없다. 사람들이 자녀수를 선택할 도덕적인 권리를 갖고 있다는 것이 출산통제의 경제적 중립성을 우선한다(National Research Council 1986).

북미와 전세계 대부분의 과학자들은 인구성장이 위험하다는 견해를 지지한다. 세계 최고의 과학자 다수를 포함하고 있는 60개의 학술기관들이 지원한 1993년 10월 델리회의(Delhi Conference)에서 다음과 같은 폐회선언이 있었다.

> 세계는 예기치 못한 인구팽창을 겪고 있다. …인구성장에 비교해 볼 때 지난 10년 사이 육지와 바다의 식량생산은 감소하였다. …우리는 …간편한 가족계획과 보건서비스 그리고 폭넓고 다양하고 안전하며 적당한 피임장치에의 보편적인 접근이 필요하다.(*Population* 1994)

---

1) 1992년 6월 리우데자네이루의 지구정상 개막회의.

200

그러나 권위에 의존해서 어느 쪽이 옳은지 판단해 버리는 경향에 대해 비판하는 학자도 있다. 압도적으로 많은 수의 과학자들이 지구가 인구과잉으로 위험에 처해 있다고 말하는 것도, 그들의 저명함도 결코 받아들일 만한 주장이 아니라는 것이다.

만일 우리가 진리를 발견하기 위해 과학자들과 그들의 판단에 의존하는 손쉬운 해결책을 거부한다면, 우리는 힘든 방식, 즉 사안마다 시시비비를 정해야 한다. 과학자들이 의견차이를 보이면, 우리는 무엇을 믿어야 할지 알기 위해 스스로 그 증거를 조사해야만 한다. 경제학자들은 소수이지만, 그들이 여전히 옳을 수도 있다.

신념의 특정한 기준이 특정 문제에 적용되고 특정 문화를 지배하는 것 같다. 폴 헬름(Helm 1994)의 최근 연구는, 신뢰할 만한 증거를 받아들이거나 거부할 기준이 없다면 어떤 지식이론도 불완전하다고 주장한다. 분명 그러하지만, 더 재미있는 것은 각각의 집단에서 서로 아주 다른 기준이 발견된다는 것이다. 우리 사례의 경우 근본적인 문화가 아니라 고도로 복잡한 학문분야인 경제학과 생물학이라는 정반대의 집단들이다. 이들이 속해 있는 두 문화와 사회는 고립된 문맹이 아니라, 모든 구성원들이 즉각적으로 전세계와 의사소통을 할 수 있는 시대에 살고 있는 실로 박학다식하다. 하지만 사실상 두 집단 사이에서 의사소통은 거의 이루어지지 않는다. 각 집단이 구사하는 서로 이해할 수 없는 은밀한 언어와 이들의 삶과 활동이 이를 가로막고 있는 것이다.

두 과학의 지지자들 사이의 논쟁은 대단히 해롭다. 보편적인 관점에서, 양쪽 사상계보 모두 우리의 자식과 손자의 삶에 아주 결정적인 영향을 미칠 수 있는 문제를 제기하고 있는 것은 분명한 사실이다. 하지만 현재와 같은 상호 모순적인 상황에서 어느 쪽도 우리에게 이로울 수 없다. 두 학문은 서로를 무효로 만들어버림으로써 각각의 학문이 대중들에게 제공하는 혜택을 대중들로부터 박탈해 버린다. 더욱이 현재 대중 앞에 놓인 상반되는 관점은 학문의 권위에 대한 의구심을 자아낸다.

생물학자들에게는 인류가 직면한 이슈 중에서 예견되는 인류의 수적 증가보다 더 긴급한 것은 없다. 경제학자들에게 그 이슈는 미래의 언젠가 문제가 될 수는 있지만, 현재로서는 우선순위 목록에서 훨씬 아래에 있다. 학문분야로서 경제학은 이론을 탐색하고, 생물학은 어떤 이론도 필요치 않다고 주장한다.

맬서스(Malthus)는 이런 어려운 문제를 알고 있었다. 한편으로 그는 "모든 과학들 중에서 첫눈에 보기에 정치학보다 더 기만적인 것은 없다"(Helm 1994, p. 575)고 말한 흄(Hume)의 말을 인정하며 인용한다. 맬서스는 속으로는 구빈법(Poor Laws)이 빈민들로 하여금 어려운 시기를 살아갈 수 있게 해준다고 생각했다. 하지만 출산을 가능하게 하여 빈민의 수를 증가시키면서 그 법을 고안한 사람들을 명백히 선의의 반대편으로 내몰았다고 생각했다. 기만이 되지 않기 위해서는 추론——이론——이 요구된다. 그러나 자료수집 역시 중요하다. 맬서스는 기만으로 보일 수 있음을 알았지만, 그럼에도 불구하고 밖으로 나가 현장연구를 수행했고 말하자면 상황에 대해 집중적으로 생각을 했다는 점에서 우리 시대에 많은 교훈을 제공한다.

19세기 초 세계인구가 5배 이상 늘었기 때문에 맬서스의 관련분야 후손들은 슈퍼맬서스가 되어야만 했다. 그러나 반대였다. 이론적 관점이 바뀌어서 더 많은 인구가 더 이상 경고의 근거가 되지 못했다. 인구에 대한 접근방식의 변화는 경제학자들로 하여금 인구의 진화 자체를 무시하게 만들었다. 이를 정당화시켜 주는 것은 우리 시대에

202

일어나고 있는 엄청난 속도의 기술발전이다. 지난 40년 사이에 20억 5천만 명에서 50억 7천만 명으로의 급격한 인구증가는 기술의 관점에서 보면, 식량과 기타 필수품들을 더욱 빨리 제공할 수 있는 기술력 증가를 의미한다. 과거에 근거한 계산은 미처 계산이 끝나기도 전에 구식이 된다. 확실히 순수한 물리적 환경규모는 인구증가만큼 변화하지 않는다. 하지만 우리가 필요한 것을 환경에서 구할 수 있는 가능성은 엄청나게 증가해 왔다. 따라서 우리는 인구제한에 대한 많은 노력을 기울이기 전에 이 점을 고려해야 한다. 이것이 신고전주의 경제학의 주장이다.

함정이 있을 수 있다는 것을 제외하고는 완벽하게 이치에 맞다. 수용능력 이상의 사람들을 부양하기 위해 환경을 바꾸는——일부는 추하게 만든다고 말할 것이다——것은 미래에 엄청난 문제를 야기할 수 있다. 특히 우리가 자연에 대해 행하는 많은 일, 즉 수십억 인구를 부양해야 할 필요성에서부터 석유는 한번밖에 태울 수 없다고 말하는 열역학 제2법칙에 이르기까지 모든 것이 인간의 시간척도로는 되돌릴 수 없기 때문이다. 인간의 집을 만들기 위해 파괴되는 생물종은 다시 창조될 수 없다. 그것이 문제가 되는가? 현재 어느 누가 삶을 이해하는 것보다도 삶이 더 잘 이해될 때까지는 거기에 대해 누구도 대답할 수 없다.

1930년대와 40년대에 경제학은 토지, 노동, 자본이 생산의 세 가지 요소라고 가르쳤다. 이 가운데 토지는 기술을 통해 새로운 대체가능성이 등장하고 합성화학산업이 도처에 생겨나면서 1950년대 무렵 그 모델에서 제외됐다. 황마는 나일론으로 대체되고, 천연고무는 합성고무로, 통신용 구리선은 유리섬유로, 커피와 차는 코카콜라로, 강철은 플라스틱으로 대체되었다. 특히 화학비료를 사용할 수 있는 신품종 농작물이 생겨나고, 그 비료공장들이 토지를 대체하였다. 수확시기도 단축되어 다작이 농민의 유효 경작규모를 두 배 혹은 세 배로 늘렸다. 이는 토지가 널려 있는 인도와 멕시코의 인구증가 결과를 계산한 코울과 후버의 글(Coale and Hoover 1958)에 반영되었다.

곧 이어 인적 자본 그리고 물적 자본을 구성하거나 대체할 인적 자본의 역량을 발견하였고, 인적 자본 또한 그 모델에서 떨어져 나오거나 보완적인 역할을 맡게 되었다. 여기에는 의미가 있긴 하지만, 만약 인적 자본 그리고 그것을 구체화하는 사람들이 유일한 생산요소라면, 인구는 항상 생활수준을 높이면서 무한정 팽창할 수 있다. 단기적으로는 그럴듯한 것이 수세기 동안 불합리를 낳았다.

이렇게 현재 추세의 영향을 고려할 때, 우리는 ⓐ 인구증가 ⓑ 기술변화 ⓒ ⓐ와 ⓑ가 야기하는 환경변화를 미래에 투영해야 한다. ⓑ도 쉽지는 않지만 ⓒ항목이 이들 세 가지 중 가장 어렵고, ⓐ는 광범위하다. 문제를 더욱 어렵게 하는 것은, 만약 우리가 예견해야만 한다면 이 가운데 가장 힘들 것일 수도 있는 ⓓ 장래의 제도변화(생산체제, 환경규제 등)를 우리가 알아야만 한다는 것이다. 어떤 정책결정도, 특히 환경문제에 적용되는 정책결정은 (묵시적이든 명시적이든) 예측 없이는 불가능하다.

경제적 측면에서 양쪽 다 확고한 증거가 적다

놀랍게도 최근 경제학자들은 이론을 경험적 자료에 적용하는 일이 어렵다는 것을 발견하였다. 문헌을 통해 얻을 수 있는 가장 어려운 종류의 자료에 대한 두 가지 사례가 자료–이론 연계의 빈약함을 보여준다.

첫번째 사례는 18세기와 19세기 인구증가와 경제성장의 동시 상승이다. 앵거스 매디슨(Angus Maddison)은 16개 산업국들의 지난 1500년 동안의 일련의 성장률 추정치를 제시한다(〈표 1〉 참조).

이 자료를 검토하면서 사이먼 쿠즈네츠는 인구증가가 1인당국내총생산(GDP)의 증가를 가져왔을 가능성을 제기한다(Kuznets 1973). 실제로 가능성이 존재한다. 하지만 그 반대도 마찬가지이다. 맬서스가 말한 것처럼 소득증가가 인구증가를 가져왔다. 인구증가는 많은 인과경로를 통해 가능한데, 그중 가장 그럴듯한 것은 사망률 감소이다. 소득이 높은 사람일수록 더 잘 먹고, 그래서 질병에 더 잘 견딜 수 있는 것이다.

한 시점에서 여러 나라들이 비교될 때, 자료는 때때로 양의 상관관계를 나타낸다. 경제적으로 향상되고 있는 나라들은 그만큼 인구증가 속도가 빠르다. 하지만 그 상관관계가 강하게 양의 관계를 보일지라도, 인과관계의 방향에서 약간의 다른 증거를 찾지 못하면 이는 거의 입증되지 않는다.

종적 증거와 횡적 증거 모두에서 공통적으로 인구증가와 경제성장이라는 두 가지 조건이 동시에 발생한다. 이 증거들이 보여주는 바에 따르면, 인구증가는 경제적 향상의 원인이라는 것이 사실일 수 있고,

〈표 1〉 16개 산업국가들의 인구성장과 경제성장률

	인구	1인당GDP
500~1500	0.1	0.0
1500~1700	0.2	0.1
1700~1820	0.4	0.2
1820~1980	0.9	1.6

이는 인구학자들이 강조하는 측면이다. 하지만 그 반대편에서 말하듯이 인구증가는 원인이 아니라 결과라는 것도 마찬가지로 사실일 수 있다. 역으로 추적해서 양의 상관관계를 인정하더라도 원인이 무엇인지는 나타나지 않는다. 대부분의 횡적 증거는 단순히 전혀 상관이 없다는 것을 보여줄 뿐이어서 증거력이 훨씬 떨어진다.

물론 이런 애매함은 인구문제를 연구하는 경제학자들에게 잘 알려져 있다. 로날드 리는 다음과 같이 평가한다.

의미 있는 결과가 없다는 것이 결과 그 자체가 아니라면, 이런 국가간 연구들은 우리가 기대할 만한 것, 즉 급속한 인구증가의 결과에 대해 대강 일정한 틀에 맞춘 묘사도 제공해 주지 못해 왔다.(Lee 1983, in Kelley 1988, p. 1701)

앨런 켈리는 훨씬 더 비관적이다. "언뜻 보기에 통계적 상관관계는 인구증가가 경제성장에 미친 순영향의 크기나 성격에 대한 정보를 거의 제공하지 못한다"(Kelly 1988, p. 1701).

세번째 학자 낸시 버드샐은 인구와 진보의 관계에 대해 쓰고 있다.

이 주제에 관한 확실한 경험적 연구는 한정되어 있다. 특히 개발도상국이 그러한데, 부분적으로는 이 주제가 실제로 정량적 분석으로 다루어질 수 없다는 데 그 원인이 있다. …분석에 유용한 유일한 자연적 경험은 인간의 역사이다. 횡적 분석은 어설픈 대체물에 불과한 것이다.(Birdsall 1989, p. 24)

버드샐은 계속해서 그 어려움과 그것을 극복하기 위해 널리 사용되는 방식을 설명한다.

인구변화는 경제변화의 결과이자 원인이기 때문에, 그 효과를 추적하기란 어렵다. …다룰 만한 것이 되려면, 그런 모델들은 생산에서 노동이 자본을 대체할 수 있는 가능성, 예컨대 기술변화율과 기술변화의 원천에 대한 가정들을 단순화해야 한다.(같은 곳)

허만 데일리(Herman Daly)는 대체 가능성의 어려움을 잘 표현한다. "우리가 집을 지을 때 톱이 없다면 목수를 더 고용할 수는 없다. 목수들이 톱을 만들 수 없다면 말이다. 톱이 외국에서 수입되어야 한다면, 국제유통량이 지을 수 있는 집의 수의 한도를 결정할 것이다."[2]

앤슬레이 코울과 에드거 후버의 1958년 연구결과(Coale and Hoover 1958)를 뒷받침한 것이 바로 적어도 한 세대 동안 표준교리로 존속했던 자본의 한계였다. 그들은 인구가 증가하는데 1인당 소득이 감소하지 않으려면, 이미 존재하는 인구만큼의 자본이 갖춰져야 한다고 가정했다. 인구증가의 해악은 혁신에 활용할 수 있는 자본을 이렇게 잠식하는 데 있다.

하지만 이제 그 관점은 무시되고 있다. 제프리 맥니콜은 무제한적인 대체가능성을 믿지 않는다. "그렇다면 급속한 인구증가가 순저축

---

2) 노동의 자본으로의 대체가능성이 실제로 이 문제의 중요한 측면이다. 나는 한때 목수가 여성들의 옷감 짜는 베틀을 만드는 자바의 한 마을에서 살았다. 지역노동이 물리적으로 지역의 물질을 가지고 자본을 창출했다. 그리고 이것이 가능하다면, 인구가 원료의 원천을 넘어설 만큼 증가하기 전에는 생계를 위한 노동과 관련하여 자본은 결코 부족할 수 없고, 어느 누구도 의류가 부족하지는 않을 것이다. 대체가능성은 지역에 국한되었다. 이 마을사람들은 세계시장에서 옷감의 가격을 결정하게 된 전자제어식 직기로 옮겨갈 수 없었다. 그러나 이제는 상황이 달라져서, 한 마을 혹은 한 나라가 수출할 수 있는 한정된 재화 대신 외부에서 단기자본을 들여와야만 했다.

혹은 투자에 미치는 영향은 어떻게 말할 수 있을까? 매우 적다는 것이 그 답인 듯하다"(McNicoll 1984 in Kelley 1988, p. 1716).

그리고 이 문제를 철저히 조사한 사이먼 쿠즈네츠는 좀더 폭넓은 관점을 취했다. 그는 인구증가의 분명한 이점과 함께 결정적인 결점을 지적했다. 그러나 단순히 긴 목록 두 개를 가지고 있다는 것이 아주 좋은 것은 아니다. 그리고 어느 누구도 말할 수 없는 것은 두 개의 목록에 있는 항목들의 상대적인 중요성이다. "우리는 인구증가의 다양한 긍정적·부정적 측면들에 가중치를 둔 경험적 상관계수들을 검증하지 못했을 뿐 아니라 가까이 접근하지도 못했다"(Kuznets 1960 in Kelley 1988, p. 1686).

마찬가지로 경제학자이자 인구통계학자인 앨런 켈리도 이 문제들에 대한 경험적인 해답이 어려운 이유를 제시한다. 그 하나는 양자택일의 인구시나리오에 대한 경제적 결과를 드러내고 측정하는 공식 모델이 우리에게 부족하고, 그런 모델을 구축하는 문제가 만만치 않기 때문이라는 것이다(Kelley 1988). 이 목적에 유용하려면 그 모델이 들어맞아야 하는 60년 동안 모델화하기 아주 어려운 제도적 변화가 발생해야 한다. 비록 제도가 고정되어 있을지라도 그 모델은 원인과 결과를 구분할 수 없다는 피드백을 구체화해야 한다.

불충분한 검증으로 상관관계가 거의 없어 보이는 경우

노동경제학자인 블룸과 프리만은 "경험적 증거는 인구증가와 1인당소득 혹은 관련된 경제적 변수 사이의 상관관계를 거의 보이지 않는다"(Bloom and Freeman 1988, p. 58)고 언급한다. 블룸과 프리만이 해석한 자료는 인구중립적 관점을 지지한다.

여기에서의 논점은 상관관계를 거의 보이지 않는 자료는 그 자체로 어떤 것도 지지하지 못한다는 것이다. 자료가 어떤 관계의 신호도 나타내지 않을 때, 그 자료는 아무런 관계도 존재하지 않는다는 것을 말하고 있는가? 포울러는 이 점에서 영어가 애매하다고 불평한다. 어떤 관계도 나타내지 않는다고 말하는 것은 강한 관계가 있을 수 있지만 단지 드러나지 않았음을 의미할 뿐이어야 한다(독일어로는 그렇다). 영어사용자들은 일상적으로 약한 상관관계와 약한 증거를 구분하지 않는다. 포울러의 글을 다른 관점과 연결시켜 보면, 그들이 설정하는 것은 "문장 전체에 걸쳐 엷은 부정적인 색조의 확산"(Fowler 1965)인 것이다. 상관관계를 거의 나타내지 않는 것에서 인구중립정책으로 나아가는 것은 단순논리에 위배되는 것이다.

이러한 논리적 어려움은 여러 곳에서 나타난다. 유사한 자료를 인용한 고란 올린(Goran Ohlin)[3]은 "인구증가와 경제성장 사이에는 어떤 분명한 상관관계도 없다"고 결론지었다. 그리고 1984년 멕시코시티회의 때 공개된 미국의 백서는 "인구증가와 경제발전 사이의 관계는 부정적인 관계가 아니다"라고 언급했다. 이들 필자는 이어서 우리가 인구에 대해 걱정할 필요가 없다고 말한다. 인구와 생산이 얼마나 증가하든 환경은 암묵적으로 경제에 적절한 토대를 제공한다는 것이다. 정화에 필요한 일체의 비용은 소득증가분을 적절히 감소시킬 것이다.

일반적으로 인정하듯이 자료란 그리 섬세하지는 못하다. 하지만 인구증가가 경제성장에 미치는 부정적 효과가 실제적으로 강하다면, 자료가 불충분하다고 해서 그 효과가 드러나지 않을까? 반드시 그런

---

3) 1990년 프리버그회의의 미출간 보고서. 산포도가 그 상관관계를 보이는 데 실패한 Nathan Keyfitz의 『응용수리 인구통계학』(*Applied Mathematical Demography*, New York: John Wiley and Sons, 1977)을 포함하여 다른 여러 곳에서 동일한 진술이 발견된다.

것은 아니다. 폴 에릭이 말한 것처럼 부정적 효과는 어느 모로 보나 강력할 수 있다. 그리고 그 효과는 단기간의 비교만으로는 나타나지 않을 수 있다.

약한 상관관계와 약한 증거 사이의 구분은 더 자세한 설명이 필요할 만큼 중요하다. 인구증가가 환경을 손상시킬 것이기 때문에 경제 및 기타 모든 종류의 진보를 심각하게 가로막는 경우를 가정해 보자. 그것은 물론 장기적인 효과이다. 지난 30년을 되돌아보고, 북미와 유럽 대서양연안의 연간 어획량을 조사해 보자. 꾸준한 성장이 있었다. 매년 전년도보다 더 많은 물고기가 잡혔다. 선단에는 선박들이 더 많이 늘어났다. 매년 투자와 기술은 최고점을 갱신했다. 그 상황이 보편적인 한, 인구증가와 경제성장은 긍정적인 관계일 것이다.

경제자료는 우리가 직면하는 재해에 대해 거의 암시를 주지 못한다. 수세기 동안 모험적인 어민들에게 생계를 제공했고, 그 사이 수백만 톤의 물고기가 잡혔던 뉴펀들랜드 근해의 그랜드뱅크에는 이제 캐나다정부가 전면적인 어업금지령을 내려야 할 만큼 물고기가 사라졌다. 마찬가지로 북해에서는 프랑스 어민들이 장기적으로는 자신들에게 이익이 되는 어업제한에 반발하여 항의를 하기도 했다. 일단 현재의 어업이 괴멸되면, 상업적으로 무익하고 가치가 낮게 평가되어 있는 돔발상어나 뱀장어 같은 다른 어종들이 빈자리를 채워 대구와 기타 값나가는 어종들의 회복이 불가능해질 것이라는 점이 우려된다. 어민들은 자신들의 생계를 잃을까봐 필사적이다. 빚을 내가며 구입한 어선들은 어떻게 할 것인가? 예측을 더 잘했더라면, 관련된 모두의 이익에 어긋나지 않게 이전의 투자사이클을 완화시켰을 것이다.

상관관계가 기만할 수 있는 또 다른 방식들이 있다. 유럽에서 있었던 머리털 길이에 대한 한 조사는, Y염색체를 가진 사람들의 머리털이 Y염색체가 없는 사람들의 머리털보다 거의 항상 더 짧다고 밝혔다. 이런 높은 상관관계가 머리털의 길이는 반성유전의 속성을 가졌음을 입증하는가? 말도 안 된다. 남성이 여성보다 머리를 짧게 하고 다니는 것은 단순한 관습이다. 그리고 그 관습은 언제라도 변할 수 있다(Jencks 1992). 이런 명백한 사례들이 통계적 관계에 대한 잘못된 과대해석을 막는 데 도움이 될 수 있다.

농업생산량의 증가로 토지의 한계를 간과해 버릴 수 있는 20세기 중반에 이르면, 맬서스로부터 시작된 이 주제에 대한 개략적인 사상사를 검토하는 것이 무시되기에 이른다. 기술발전으로 헥타르당 생산량이 더욱 높아짐에 따라 맬서스의 식량압박은 무시되고, 개발자본의 부족이 인구를 통제하는 근거로 강조되었다. 자녀가 적을수록 그만큼 부모의 지출이나 학교에 대한 공동체의 지출, 직업에 대한 투자 요구는 줄어들었다. 그러나 아마 부모들은 부양해야 할 자녀가 많을수록 그만큼 더 열심히 일하고, 그래서 저축은 자녀가 적을 때보다 많을 때 더 높아질 수도 있다. 불행하게도 이러한 이론적 가능성에 대해 현재 우리가 북미에서 보는 것은 공공과 민간 부문 모두에서 낮은 저축률을 기록하고 있다는 것이고, 어느 누구도 저축을 장려하는 방법이 출생률을 높이는 것이라고 주장하지 못한다는 것이다.

이 모두가 이론적 가능성의 범위가 얼마나 넓은지를 보여준다. 따라서 대부분이 어떤 변수를 선택해서 모델에 적용하는가에 달려 있다. 또한 통계적 상관관계에 의해 모델을 판별하고 인과방향을 결정해야 하는 어려움도 있라.

자료: 생물학적 관점

생물학자들은 인구와 복지의 관계에 대한 이론을 개발하는 것이 아니라, 그 이론이 옳은지 그른지를 입증할 증거를 찾는다. 물리학과 경제학에 적용되는 연구양식이 생물학의 전형은 아니다. 사실 대부분의 생물학자들은 이론과 증거의 탐색은 소중한 시간을 낭비하는 것이며 긴급한 문제에 직면하여 행동을 지체시킨다고 생각한다. 그 한 예로서 에릭과 에릭(Ehrlich and Ehrlich 1990, p. 13)은 "매년 거의 1억 명이, 게다가 그중 90%는 지구에서 가장 가난한 사람들이라는 전례 없는 인구증가에도, 사람들은 우리가 두려워하는 만큼 두려워하지 않는 것은 왜인가?"라고 간단히 묻는다. 그들은 인구의 과도한 증가가 언뜻 보아도 분명히 위험한 사례들을 차례로 인용한다.

몇 가지 특정 사례들을 관찰하고는 당면한 인구과잉을 선포하는 문헌들이 넘쳐난다. 물 부족으로 농업의 가능성을 심하게 제약받는 케냐에서는 연간 거의 4%가 증가하면 다음 20년 내에 이미 2500만 명의 인구는 배로 늘어날 것이다. 농업이 실패할 때, 산림이 과도하게 개발되어 불모지가 확산될 때, 바로 그 사실은 강수량을 감소시키고 그 변화는 누적되어 되돌릴 수 없게 될 수 있다. 건조한 지방은 그 지방의 야생동물을 보러 오는 관광객들에게 크게 의존한다. 사람들에게 필요한 공간이 관광객들을 위한 야생동물의 차지가 될 때, 스스로 지탱해 나갈 수 있는 인간의 숫자가 어떻게 늘어나겠는가?

아마 전문가들은 산림벌채를 늦추라고 권고할 것을 요청받을 것이다. (현 정부에 의해 미얀마로 개칭된) 버마의 산림에서 일하는 시마 아가월은 건조지역의 산림벌채는 인구압박에 그 원인이 있다고 본다 (Agarwal 1987).

아마 이것은 연안의 심각한 오염과는 관련이 있을 것이다. 인도네시아 연안을 연구하는 한 캐나다 연구팀은 경제와 인구가 성장함에 따라 많은 강어귀와 연안의 물이 흡수능력과 회복능력의 한계를 벗어났음을 발견했다(CIDA team 1992).

이 모든 것을 넘어서 주어진 기술로 인해 더 많은 사람들이 더 많은 탄산가스, 더 많은 클로로플루오로카본(CFC)을 만들어내고, 더 많은 물고기를 소비하고, 더 많은 유해폐기물을 생산하고, 운송수단으로 인해 불가피하게 해양을 오염시킬 더 많은 기름을 태운다. 지속가능한 비율보다 더 많이 소비될 경우 이른바 재생가능한 자원에 생기는 문제를 언급하자면, 대서양 어업의 비극은 브라질과 기타 열대 산림지역과 마찬가지의 상황이다.

하지만 그런 사례들 어느 것도 줄리앙 시몽에게 감명을 주지 못한다(Simon 1981). 그에게 우리는 동굴 밖에서 현실의 왜곡된 표상인 무색의 투사물을 보는 플라톤의 공화국 동굴 속 죄수와 같다. 외양은 정태적이다. 그 자체로는 인구증가가 본질적으로 그리고 저절로 다른 관계들을 변화시킬 가능성을 제시할 수 있는 것이 아니다. 만약 인구밀도의 증가가 전통적으로 공유해 온 관습의 포기를 강요하고, 자유기업체제에서 민간의 소유권을 촉진한다면? 생산의 효율성이 크게 증가할 가능성이 경제학자 에스터 보서럽(Boserup 1981; 1990)에 의해 묘사되었다. 반대의 사례가 자바(Java)인데, 인류학자 클리포드 기어츠는 자바에서 인구밀도의 증가에 따라 공동체의식이 더욱더 약해지고, 공유하는 전통문화가 점점 지배적이 되었음을 발견했다(Geertz 1963). 점점 밀도가 높아지는 인구의 총체적인 결과는 자유기업인가 아니면 빈곤의 공유인가? 또다시 원리의 충돌이다.

교차: 각 원리의 입장교환

경제학과 생물학은 어떤 순간에도 다를 뿐만 아니라 19세기 이래 입장을 교환해 왔다. 나는 맬서스를 이른바 보수적이라고 평해 왔다. 그러나 그의 관점은 대중의 복지를 중시하지 않았던 존 스튜어트 밀(John Stuart Mill)을 비롯하여 정치적 의견을 가진 모든 경제학자들에게 공통적이었다. "노동측의 주요 편익을 허용할 만큼 충분한, 일정 정도의 밀도에 도달된 이후, 그 이상의 모든 증가는 사람들의 평균적인 상황을 고려해 볼 때 본질적으로 그 자체가 해악이다"(Mill 1848, in Singer 1970).

19세기 경제학자들에게 자연의 한계와 잠재적 결핍은 도처에 있었다. 그 시기 가장 탁월한 경제학자의 한 사람인 윌리엄 제본스는 "미래의 산업(즉 석탄)부문의 부족분과 관련해서는 어떤 합당한 구제전망도 없을 것 같다"(Jevons 1906, p. 9)고 말했다.[4]

더욱이 다윈은 『자서전』(*Autobiography*)[5]에서 맬서스의 생각을 생물학에 적용시켰지만, 그 주제에 낙관적인 새로운 방식을 부여했다고 언급한다. 『종의 기원』(*Origin of Species*)의 유명한 종결 문장에서 그는 명확히 진화를 진보와 동일시한다. "자연도태가 각 생물의 장점에 의해 그리고 장점을 위해서만 작동하기 때문에 모든 물질적·정신적 환경들은 완벽함을 향해 진보하는 경향이 있을 것이다"(*Population*

---

4) 18년 동안 오스트레일리아에서 일했던 제본스——나는 그를 존 콜드웰(John Caldwell)을 통해 알게 되었다——는 그 시기에 많은 오스트레일리아인들이 의존했던 금광이 고갈된 후의 재앙적인 결과에 아주 깊은 인상을 받았다.

5) "1838년 10월… 나는" 맬서스가 『자서전』에서 말한 "인구에 관해 우연히 재미로 읽게 되었다. …그리고 인구가 증가할 수 있는 속도로, 유리한 변화는 보존되고 유리하지 않은 변화는 파기되는 경향이 있을 것이다. 그 결과 새로운 종이 형성될 것이다."

Growth 1992). 그런 격정적인 언어의 거장은 허버트 스펜서(Herbert Spencer)였다.

19세기 인구 및 기타 문제와 관련하여 생물학자들과 낙관론자들 간, 20세기 후반의 비관론자들, 그리고 다른 방식으로 양 세기 경제학자들간의 교차를 생각해 볼 수 있다. 그리고 각 부문의 사상이 교차하는 동안 인구가 5배 팽창한 세계에는 큰 변화가 있었다. 생물학자들이 인구증가를 고려할 것이라는 점은 이해할 만하다. 그들은 그 상황의 토대에 관한 이론의 영향을 받지 않는 시각에서 상황을 보기 때문이다. 가능하지 않을 수도 있지만 지구가 수십억 명을 유지할 수 있는 진보의 달성을 중시한다는 점을 제외하고는, 장차 기술적 진보는 경제적 관점을 정당화할 것이다.

만약 현재의 인구증가 예측이 정확하고 인간활동의 유형이 변하지 않고 유지된다면, 과학과 기술은 돌이킬 수 없는 환경악화나 세계 곳곳에 만연한 빈곤을 막지 못할 수도 있다.(*Population Growth* 1992)

몇 가지 기본적인 동의에도 불구하고, 그들은 인구와 복지에 대해 전혀 다른 결론을 내린다. 경제학자들처럼 생물학자들도 동물행태에서도 거의 보편적으로 나타나는 사적 이익 추구를 다룬다. 경제학에서는 시장이라고 부르는 것을 그들은 생존을 위한 투쟁이라고 부른다. 아담 스미스(Adam Smith)의 보이지 않는 손은 다윈 그리고 도킨스(Dawkins)의 『맹목적인 시계 수리공』(*Blind Watchmaker*, 1986)에 해당한다. 시장에서의 경쟁이 사회복지를 가져다주는 것과 마찬가지로 지침이나 계획도 없는 진화과정——적자생존이라고 불리곤 했던——은 좋은 결과를 초래한다는 것이다. 일상적인 관리 목적에서 보면, 시장에는 정부가 없고 자연도태에는 신이 없다. 그러나 두 부문의 이와 같은 논리상의 유사점이, 여기에서 우리에게 중요한 동의, 즉 인구증가와 경제성장이 환경에 미치는 영향에 대한 동의를 도출해 주지는 않는다.

정말 겉보기와 같은가

가장 일반적인 차원에서 여기에서의 논쟁은 상식과 과학 간의 논쟁이다. 그 대비는 오랜 역사를 가지고 있다. 한쪽에는 플라톤 철학이 있다. "감각에 의한 인식력은 데카르트에 해당하고, 사실은 진정한 지식의 기반을 제공할 수 없는 모호성의 원천인 엘레아학파에 해당하는 것"(De Santillana 1961, p. 106)이었다. 다른 한쪽에는 프랜시스 베이컨(Francis Bacon)[6]으로 대표되는 경험주의와 수세대에 걸쳐 무수하게 생겨난, 종종 문맹인 기능공들이 있다. 마르크스는 만약 사물을 상식적으로 본다면, 어떤 과학도 필요 없을 것이라고 말하면서 경제학자들을 대변했다. 그 모든 발견들이 직접적으로는 모두에게 가시적일 것이다. 한편에 플라톤의 관점이, 한편에 베이컨-기능공의 실제적 관점이 없었다면, 우리는 현대과학을 갖지 못했을 것이다. 그 성취는 주로 양쪽을 결합하기 위한 다행스런 재주 덕분이었다. 이것이 우리 시대 인구와 환경에 관한 논쟁에는 존재하지 않는 것이다.

---

6) 베이컨에게 순수이론가들은 거미와 같았다. 그들은 훌륭한 재주와 몸에서 나오는 형식적인 완벽함을 가지고 거미집을 짓는다. 그러나 현실과는 어떤 접촉도 갖지 않았다 (Cranston 1967, p. 237).

맺음말

인구와 인간복지의 관계에 관한 증거——이론에 의해 해석되는 자료——가 미약할 때, 우리는 눈으로 확인한 증거로 되돌아가 상식으로 해석한다. 나를 포함한 학계에서 이는 실망스러운 일이다. 만약 사람들이 직접 자신의 눈으로 볼 수 있는 것보다 더 깊은 질문을 조사하는 방식이 아니라면, 도대체 학계가 무슨 쓸모가 있겠는가?

학계와 관련해 더 심각한 것은 이미 회의적인 퇴폐적 경향의 압력 하에 특정 이슈에 대해 한쪽이 다른 쪽을 상쇄시킬 뿐 아니라 과학 일반에 대한 신뢰를 훼손하는 두 학문분야를 가지고 있다는 것이다.

스탠퍼드대학교의 폴 에릭은 진화의 주요 측면들에 대한 권위자로서 중요하고도 독창적인 과학자이다. 그러나 그의 인구에 관한 저작은 그 권위에 의존하지 않는다. 인구가 많아져 재앙으로 치닫고 있다고 말할 때, 그는 조류생활에 대한 자신의 기술적 지식을 믿으라고 요구하지 않는다. 인구에 관한 저작에서 그는 교육받지 않은 사람은 이해하기 힘든 생물학을 거의 이야기하지 않는다. 오히려 구체적인 풍부한 사례들을 담고 있다. 마찬가지로 개미에 대해 누구보다도 잘 알고 있는 에드워드 윌슨(Edward O. Wilson)은 개미연구나 자신의 수행해 온 그 어떤 이론적 작업에서도 인구증가의 위험에 대한 자신의 시각을 도출하지 않는다. 우리는 그의 판단이 사람과 야생동물을 포함하여 많은 생태적 구성들을 가까이에서 관찰하여 도출된 것이기 때문에 그의 말을 진지하게 받아들인다.

우리는 인구와 인간복지 문제의 해답을 알지 못한다. 즉 우리는 한 가지를 제외하고는 무지하다. 다름아니라 그것은 한 세대나 두 세대 내에 실제로 인간에게 무한대의 결과를 안겨줄 수 있는 생태적 붕괴를 초래할 유한 확률이 존재한다는 것이다. 아무리 작아도 무한대의 비용으로 증식되는 유한 확률은 한정된 비율로 아무리 높게 할인될지라도 무한대와 동일하다. 그러므로 현재의 무한한 비용으로 다뤄져야 한다. 현재까지 수백만 년을 진화해 온 인간사는 단지 한두 세대를 위한 거실을 제공하고는 종말에 이를 수 있다.

인구의 증가와 인간을 부양하기 위한 기술적 노력으로 붕괴되어 온 생물권에 더 높은 가능성 하나가 부가된다. 어떤 붕괴가 없더라도 생활의 쾌적함은 크게 상실될 것이다. 오존층을 파괴해서 암발생률을 높이는 해로운 기후변화, 해양어업 상실에 따른 음식물 제한, 그외 상당수의 유쾌하지 못하거나 위험한 변화들이 우주를 항해하는 우리의 플랫폼을 위협한다. 최근의 아주 권위 있는 연구보고서가 무수한 환경위험들을 분석하고, 인간건강과 생태계의 건강, 사회복지라는 세 가지 범주에서 각각의 위험을 추정했다. 이 보고서는 심지어 '마음의 평화' 범주를 도입했다. 이들 위험 어떤 것에서도 각 범주의 위험은 인구가 많아질수록 커진다는 다른 증거가 없는 상황을 가정하고 있다(California Comparative Risk Project 1994).

우리가 경제학자들뿐만 아니라 생태학자들에게 귀를 기울여야 하고, 생태학자들의 경고가 경제학자들의 낙관론을 완화시킬 것이라는 희망을 가져야 하는 것은 어떤 확실성에 대해서가 아니라 불확실성에 대해서, 위험논쟁에 대해서이다.

이 글을 읽고 몇 가지 중요한 교정을 해준 하버드대학교의 로버트 도프만(Robert Dorfman) 교수에게 감사드린다.

네이선 키피츠(Nathan Keyfitz)는 하버드대학의 인구학 명예교수이며,
미국어린이센터(Center on American Children)에도 관여하고 있다. 인도네시
아, 스리랑카, 인도 등지에서 장기간 일했으며, 미국국립과학아카데미(US Na-
tional Academy of Science)와 캐나다왕립학회(Royal Society of Canada) 회원이
다. 인구수학, 인구, 개발 및 환경의 상호작용 등에 관한 책을 출판하였으며,
저서로는 『인구수학입문』(*Introduction to the Mathematics of Population*, 1969) 『응용
수학인구학』(*Applied Mathematical Demography*, 1977) 등이 있다.

참고문헌

Agarwal, Seema (1987) *Scope of Biological Diversity in Burma, with Special Commentary on the Role of Women*, Washington, DC: USAID.

Birdsall, Nancy (1989) "Economic analyses of rapid population growth," *Research Observer* 4, 1: 23~50.

Bloom, David E. and Freeman, Richard B. (1988) "Economic development and the timing and components of population growth," *Journal of Policy Modeling* 10, 1: 57~81.

Boserup, Esther (1981) *Population and Technological Change*, Chicago, IL: University of Chicago Press.

_________ (1990) *Economic and Demographic Relationships in Development: Essays Selected and Introduced by T. Paul Schultz*, Baltimore and London: Johns Hopkins University Press.

California Comparative Risk Project (1994) *Towards the 21st century: Planning for the Protection of California's Environment*.

CIDA team (1992) *Marine and Coastal Sector Development in Indonesia* Vol. 1. Hull: CIDA. Reviewed in WRIT, 1993 Directory of Country Environmental Studies: 152.

Cranston, Maurice (1967) "Francis Bacon," *Encyclopedia of Philosophy* Vol. 1, New

York: Macmillan.

Coale, Ansley J. and Hoover, Edgar M. (1958) *Population Growth and Economic Development in Low Income Countries*, Princeton, NJ: Princeton University Press.

Dasgupta, P. S. and Heal, G. M. (1979) *Economic Theory and Exhaustible Resources*, Cambridge: Cambridge University Press.

Dawkins, Richard (1986) *The Blind Watchmaker*, London: Penguin Books.

De Santillana, Giorgio (1961) *The Origins of Scientific Thought*, New York: The New American Library.

Dorfman, Robert and Dorfman, Nancy S. (1977) *Economics of the Environment: Selected Readings*, New York: Norton.

Ehrlich, Paul R. and Ehrlich, Anne H. (1990) *The Population Explosion*, New York: Simon and Schuster.

Fowler, H. W. (1965) *A Dictionary of Modern English Usage*, (revised by Ernest Gowers) New York: Oxford University Press.

Geertz, Clifford (1971) *Agricultural Involution*, Berkeley, CA: University of California Press.

Helm, Paul (1994) *Cambridge Studies in Philosophy: Belief Policies*, Cambridge: Cambridge University Press.

Jencks, Christopher (1992) *Rethinking Social Policy*, Cambridge, MA: Harvard University Press.

Jevons, Stanley (1906) *The Coal Question: An Enquiry Concerning the Progress of the Nations and the Probable Exhaustion of Our Coal Mines*, London: Macmillan.

Kelley, Allen C. (1988) "Economic consequences of population change in the Third World," *Journal of Economic Literature* 26, 4: 1, 685~728.

Kuznets, Simon (1960) "Population change and aggregate output," in *Demographic and Economic Change in Developed Countries. A Conference of the Universities-National Bureau Committee for Economic Research*, Princeton, NJ: Princeton University Press.

———— (1973) *Population, Capital and Growth*, New York: Norton.

Lee, Ronald D. (1983) "Economic consequences of population size, structure and growth," *IUSSP Newsletter* 17: 43~59. Quoted in Kelley, Allen C. (1988) "Economic consequences of population change in the Third World," *Journal of Economic Literature* 26, 4: 1, 685~728.

Maddison, Angus (1982) *Phases of Capitalist Development*, New York: Oxford University Press, Table 1.2, page 6.

McNicoll, G. (1982) "Consequences of rapid population growth: An overview and assessment," *Population and Development Review* 10, 2.

Mill, J. S. (1848) Quoted by S. F. Singer, *Washington Post*, 22 February 1970.

National Research Council (1986) *Working Group on Population Growth and Economic Development, Committee on Population. Population Growth and Economic Development: Policy Questions*, Washington, DC: National Academy Press.

Population Growth, Resource Consumption and a Sustainable World (1992) A Joint Statement by the officers of the Royal Society of London and the US National Academy of Sciences. Sir Michael Atiyah, President of the Royal Society of London and Frank Press, President of the US National Academy of Sciences.

Population: The Complex Reality (1994) A Report of the Population Summit of the World's Scientific Academies. London: The Royal Society.

Simon, Julian L. (1981) *The Ultimate Resource*, Princeton, NJ: Princeton University Press.

젠더와 환경 논쟁[*]

비나 아가월(Bina Agarwal)

환경과 여성의 관계는 무엇인가? 그것은 환경과 남성의 관계와는 다른 것인가? 증가하고 있는 서구 에코페미니즘에 관한 저작들, 특히 미국의 저작들은 주로 이념적 주제로서 젠더와 환경의 연관성을 강조한다. 개발도상국가의 생존을 위한 투쟁, 젠더(문장에 따라 '성' 혹은 '성별' '성적'이라는 말로도 옮겼음—옮긴이)와 환경의 연관성에 관한 물질적 기반이 가장 잘 드러나는 부분 그리고 에코페미니즘의 대안적 서술의 근거들을 강조하면서, 나는 이것을 '페미니스트 환경주의'(feminist environmentalism)라고 할 것이다.

몇 가지 개념적 이슈

에코페미니즘

에코페미니즘은 대부분 아직 명쾌하게 설명되지 않은 몇 가지

---

[*] 이 글은 "The Gender and Environment Debate: Lesson from India"(*Feminist Studies* 18(1), Spring 1992, pp. 119~58)를 발췌, 수록하였다.

서로 다른 담론들 안에서 구현되고 있고, 여러(급진주의적·자유주의적·사회주의적) 여성운동 내의 서로 다른 위치를 반영하고 있다. 하나의 사상으로서 에코페미니즘은 조금씩 발전해 가고 있고, 점차 지지를 얻어가고 있다. 어떻게 에코페미니스트들의 담론은 젠더와 환경에 관한 제3세계의 시각들을 만족시킬 것인가.

논쟁 속에서 다양한 실타래를 풀어내는 것은 우리에게 다음과 같은 주요 에코페미니스트 논거들을 제공한다.[1] ① 여성에 대한 지배와 자연에 대한 지배·착취 사이에는 중요한 연관성이 있다. ② 가부장적 사고에서 여성은 자연과 더 가깝고 남성은 문명과 더 가까운 것으로 간주되고 있다. 자연은 문화보다 열등한 것으로 비추어지고 따라서 여성은 남성보다 열등한 것으로 인식된다. ③ 여성에 대한 지배와 자연에 대한 지배가 함께 일어나므로 여성은 자연의 지배를 종식시키는 데 특별한 이해관계를 가진다. ④ 여성운동과 환경운동은 둘 다 평등주의적이고 비위계적 제도를 지향하는 입장을 취한다. 그래서 양 운동은 대체로 좋은 관계를 맺고 있으며, 공통의 시각·이론·실천을 증진시키기 위해 함께 일하는 것이 요구된다.

에코페미니스트 논쟁에서 여성에 대한 지배와 자연에 대한 지배의 연관성은 기본적으로 이데올로기적인 것으로 이해되며, 여기서 이데올로기는 여성과 비인간세계를 위계서열상 남성 아래에 두는 사고·설명 체계와 가치·신념 체계를 토대로 하고 있다. 그리고 이 연관성은 여성과 남성이 스스로 서로의 관계와 비인간세계와의 관계를 비위계적 방법으로 재개념화할 것을 요구한다.

---

1) 특히 King 1981; 1989; 1990; Sallegh 1984; Merchant 1980; Griffin 1978; Diamond and Orensein 1990 참조. 그리고 Zimmerman 1987; Warren 1987; Cheney 1987; Longino 1981의 토론과 비판도 참조.

224

여성이 남성보다 자연에 더 가깝다는 생각은 셰리 오트너에 의해 그 당시의 페미니스트 담론에 처음 소개되었는데, 오트너는 "여성이 모든 문화들이 평가절하하거나 상징으로 비춰지는 그 무엇과 동일시되고… [그 무엇]이란 가장 일반화된 감각 속의 '자연'이다. 이와 대조적으로 남성은 '문화'와 동일시되었다"(Ortner 1974, pp. 72~73)고 주장했다. 그녀가 처음 공식화한 것에는 여성과 자연의 연관성이 명확히 재생산이라는 생물학적 과정에 뿌리를 둔 것이었으나, 그럼에도 불구하고 심지어 오트너는 여성이 남성과 마찬가지로 자연과 문화를 **중개**하는 것으로 인식하였다.

오트너는 특별히 자연-문화의 구분이 모든 문화에 나타나는 보편적인 것이 아니며 '자연' '인간' '남성' '여성'으로 귀속되는 의미의 통일성도 없기 때문에, 몇 가지 논점에서 사람들(특히 사회인류학자들)로부터 비판받았던 자신의 입장을 수정했다.[2] 여전히 몇몇 에코페미니스트들은 무비판적으로 생물학에 대한 강조를 받아들이고 또 다른 방법으로 그것을 되풀이한다(예를 들어 Salleh 1984).

이와는 또 다르게 이네스트라 킹(Ynestra King)이나 캐롤린 머천트(Carolyn Merchant) 같은 사람들은 자연-인간의 구분은 허위이며, 성별 위계관계를 유지하기 위해 사용한 가부장적이고 이데올로기적인 구성물이라고 주장했다. 그러면서 생물학적 속성으로 인해 여성이 자연과 가까운 것으로 이데올로기적으로 구성되었다는 견해를 받아들인다(Merchant 1980, p. 144).

그러나 머천트는 가치 있는 역사적 분석에서, 근대 이전 유럽에서 여성과 자연의 개념적 연관성은 자연을 여성(female sex)과 동일시

---

2) 사례연구, 특히 MacCormack and Strathern(1980, 서론); Moore(1989) 참조.

한 두 개의 서로 다른 이미지에 의존했다는 것을 보여주었다. 지배적인 것으로서의 한 가지 이미지는 자연을 특별히 지구를 양육하는 어머니와 동일시했으며 "지구에 대한 존경을 가지고 사회적이고 도덕적으로 용인되는 인간행위 유형을 제한하였다. …그것은 어머니를 살해하지 않으며 금을 얻기 위해 어머니의 내장을 파헤치지 않고 그녀의 몸을 절딴 내지 않는다"는 것이다(Merchant 1980, pp. 2~3). 이와 반대되는 또 한 가지 이미지는 폭력, 폭풍과 가뭄, 총체적인 혼돈을 불러일으킬 수 있는 야생성과 통제 불가능으로서의 자연 이미지이다. 이 이미지는 자연에 대한 인간의 정복과 지배를 문화적으로 용인했다.

머천트는 16~17세기 유럽의 과학혁명과 시장중심 문화의 성장이 그 한복판에 살아 있는 여성지구와의 유기적 질서라는 이미지를 훼손했다고 주장한다.

> 양육하는 어머니로서의 자연이라는 고대적 정체성은, 여성의 역사를 환경적·생태적 변화와 연계시켰다. …지금 우리가 당면한 환경적 딜레마의 근원과 그것이 과학·기술·경제와 맺는 관계를 조사하는 데 있어서, 우리는 자연과 여성을 살아 있는 유기체라기보다 하나의 기계로서 재개념화함으로써 지배하는 것을 용인한 세계관과 과학의 형성을 재검토해야 한다.(Merchant 1980, pp. xx~xxi)

머천트는 오늘날 여성운동과 환경운동의 평등주의적인 목표를 나란히 놓는 것은 "자원으로서의 여성과 자연의 지배를 기반으로 하지 않고, 남성적 자질과 여성적 자질 모두를 완전히 표현하는 것 그리고 환경적 온전함을 유지하는 것을 토대로 하는 새로운 가치와 사회적 구조를 제시할 수 있는"(Merchant 1980, p. xix) 것이라고 주장한다.

에코페미니스트 담론은 결국 다음과 같은 것을 집중적으로 강조한다. ① 여성과 자연의 **상징적** 구성물과 그들에게 **작용하는** 방식(머천트는 혼자서 단순한 주장의 차원을 넘어 구체적인 서술 속에서 역사적으로 이러한 연관성을 추적해 나갔다) 사이의 몇몇 중요한 개념적 연관성 ② 여성운동과 환경운동의 전제와 목표의 공통성 강조 ③ 더욱 평등하고 조화로운 미래사회에 대한 대안적 비전.

동시에 '구성된 것으로서'의 에코페미니스트들의 주장은 몇 가지 점에서 문제가 있다. 첫째, 여성을 단일한 범주에 놓음으로써 계급·인종·민족 등에 의해 여성들간의 차이를 드러내는 데 실패했다. 이것은 여성의 위치에 결정적으로 영향을 미치는 젠더 이외의 다른 지배형식들을 무시한다.[3] 둘째, 여성과 자연의 지배 문제를 거의 전적으로 이데올로기 안에 위치시킴으로써 이러한 (경제적 이익과 정치권력을 기반으로 한) 지배의 (상호 관계적인) 물질적 근원을 무시한다. 셋째, 심지어 이데올로기적 구성물의 영역에서도 그것은 (머천트의 분석을 제외하고) 이러한 구조물들이 생산되고 형성되는 사회적·경제적·정치적 구조들에 대해 거의 언급하지 않는다. (젠더, 계급 등에 입각한) 지배집단에 의한 모든 수단의 핵심적 이슈들을 말하지 않는다는 것은, 그들의 편을 들고 그런 전환의 입장을 강화하는 방법에서 이데올로기적 변동을 일으킬 수 있다.

넷째, 에코페미니스트들의 주장은 여성이 가지는 자연과의 살아

---

3) 예를 들어 King(1990)의 후기저작들에서 킹은 그와 같은 차별화의 필요성을 언급했다. 그러나 이렇게 인정하는 것이 그의 기본분석에 어떻게 영향을 미치는지에 대해서는 토론하지 않았다.

있는 물질적 연관성을 고려하지 않는다. 다섯째, 자연과 여성의 연관성을 생물학으로 규명하는 에코페미니즘의 그러한 요소들은 본질주의(즉 변화하지 않고 환원되지 않는 여성의 '본질'에 관한 몇 가지 개념)라는 형식에 집착하는 것으로 보일 수 있다.[4] 이와 같은 에코페미니즘의 공식화는 자연·문화·젠더가 역사적이고 사회적으로 구성되며, 문화와 시대를 관통하면서 다양하게 나타난다는 광범위한 증거에 저항한다.[5]

다시 말해 이 논쟁은 성별 지배관계의 형성에서 이데올로기적 구성물과 인간 이외의 세계에 대한 행위방식의 중요한 효과들을 강조하지만, 이러한 구성물들이 도전받을 경우 앞으로 더욱 논의되어야 할 필요가 있다는 것이다. 우리는 무엇이 "이데올로기적 구성물의 정치경제"로 표현되는지 이론적으로 이해할 필요가 있다. 즉 그것은 경쟁적 담론들, 그 집단들이 끌고 나가는 특정 담론들과, 이러한 담론들 안에 육화된 견해를 확고히 자리잡게 했던 수단 사이의 상호작용이다. 그와 동시에 이데올로기와 다른 차원에서 여성이 인간 이외의 세계와 맺는 관계의 근본적인 토대를 고찰하는 것은 중요하다.

인도에서 수행한 반다나 시바의 작업은 이 점에서 우리를 한걸음 앞으로 나아가게 했다. 머천트와 마찬가지로, 시바는 자연에 대한 폭력이, 그녀가 식민지적 기만이라고 특징지은 산업·개발 모델에 내재해 있다고 주장했다. 그러면서 이러한 개발모델의 채택은 프라크리티(Prakriti)로서의 자연(생물과 무생물 자연), '활발히 움직이는 것과 다양성'으로서 그리고 여성적이고 창조적인 우주질서 원칙인 샤크티(Shakti)의 표현으로서의 자연을 바라보는 인도의 전통적 우

---

4) 페미니즘 내의 본질주의와 구조주의의 토론과 논쟁의 살펴보려면 Fuss(1989) 참조.
5) MacCormack and Strathern(1980)의 사례연구 참조.

228

주관으로부터 떨어져 나오는 급진적이고 개념적인 이동이었다고 말한다(Shiva 1988, pp. 39, 38). 이러한 이동과정에서 남성과 어머니 지구로서의 자연 사이의 살아 있는 관계, 양육적인 관계는 불활성의 수동적인 자연으로부터 분리되고 또 그것을 지배하는 남성이라는 개념으로 대체되었다. "자연의 관점 혹은 자연에 뿌리박은 여성"의 입장에서 본다면 이 이동은 억압적이고 폭력적이다. "여성들에게… 프라크리티의 죽음은 동시에 여성의 주변화, 배제, 극도의 가치 없음이 시작된다는 것을 의미한다. 생태위기는 곧 그 근원에서의 여성원리의 죽음을 말한다"(같은 책, p. 42).

동시에 시바는 여성에 대한 폭력과 자연에 대한 폭력은 단순히 이데올로기만이 아니라 물질적으로도 연결되어 있음을 지적했다. 자연을 파괴하는 것은, 그러므로 '살아남기'를 위해 여성의 원천을 파괴하는 것이 된다. 칩코운동(인도 북서쪽 가르왈언덕의 산림보호와 복구를 위한 환경운동)과 함께한 자신의 경험을 끄집어내면서, 시바는 '제3세계 여성들'은 자연에 대해 특별한 의존성과 특별한 지혜를 가지고 있다고 주장했다. 이러한 지식은 근대과학의 영향 아래 구조적으로 주변화되어 왔다. "개발과 같은 근대 환원주의 과학은, 에콜로지와 **과학**으로서 자연의 과정과 상호연관성을 존중하고 이해하는 지식의 전일주의적 방식을 배제해 온 가부장적 기획으로 판명되었다"(같은 책, p. 14~15).

시바는 개발에 대해 사고하는 방식과, 개발과정이 환경과 생계를 위해 그것에 의존하는 사람들에게 가하는 영향 사이의 연관성을 탐구하는 데 있어 서구 에코페미니스트들보다도 우리를 더욱 전진시킨다. 그럼에도 불구하고 그녀의 주장은 세 가지 원칙적이고 분석적인 문제를 지니고 있다. 첫째, 시바가 든 예는 주로 인도 북서쪽의 농촌여성과 관련된 것이지만, 그녀의 일반화는 모든 제3세계 여성들을 (계급, 카스트, 인종, 민족과 관계없이) 하나의 카테고리로 융합시켜 버렸다. 따라서 본질주의라는 형태는, 그녀가 '자연 속에 육화된' 존재로 본 모든 제3세계 여성들이 **여성으로서** 자연환경과 특별한 연관성을 가지고 있다고 한 그녀의 작업 속에서도 읽을 수 있다. 이것은 여전히 다음과 같은 질문을 요구한다. 이러한 관계성의 기반은 무엇이고 여성들은 어떻게 이것을 특별히 이해하는가?

둘째, 시바는 젠더와 자연의 이데올로기적 구성물이 인도에서 어떤 구체적 과정과 제도를 통해 변화해 왔는지 지적하지 않으며, 이미 존재하는 인도의 민족적·종교적 다양성이라는 몇 가지 이데올로기적 요소의 공존을 인식하고 있지 않다. 예를 들어 시바는 인도의 철학담론에서 생각을 이끌어내는데, 이른바 '여성적 원리'에 대한 그녀의 강조는 사실상 오로지 힌두교 담론과 연관된다. 나아가 힌두이즘은 그 자체에 복수의 유동적이며 다양한 성별 함의들이 공존하는 몇 가지 담론들을 가지고 있다. 하지만 아마도 가장 중요한 것은 여성적 원리라는 개념이 어떻게 그리고 어떤 역사적 시기에 **사실상** 성별관계 혹은 인간과 자연의 관계에 영향을 미치는지가 명확하지가 않다는 점일 것이다.

셋째, 시바는 현존하는 자연파괴 형식과 여성에 대한 억압의 원인을 (상징적 의미나 실질적 의미 모두에서) 원칙적으로 제3세계의 식민주의 역사와 서구과학과 서구 개발모델의 강요로 환원시켜 버렸다. 의심할 것도 없이 식민지 경험은 파괴적이었고 경제적·제도적·문화적으로 고통스러운 것이었지만, 이 과정이 이보다 먼저 존재한 (젠더를 포함하여) 경제적·사회적 불평등의 토대에 침투했다는 사실을 무시할 수는 없다. 예를 들어 영국식민지가 되기 전의 인도, 특히 무굴제국 시기에는 모든 지역에 서로 다르지만 계급·카스트 제도가 상당한 층을 형성하고 있었다(Habib 1984). 아마 이것이 다양한 계급과 사회 집단이 자연자원을 이용하고 그것에 접근하는 방식에 영향을 끼쳤을 것이다.

시바는 '문제'를 제3세계의 경험 내에 거의 전적으로 위치지음으로써, 식민주의보다 앞서 존재했던 권력·특권·재산 관계의 실질적이고 지역적인 강제력을 간과했다. 오늘날 존재하는 것은, 개발·자원이용·사회변화에 미치는 현재의 사고와 행위에서 나왔으며 또 그에 내재해 있는 억압과 그 매개변수들을 규정하는 식민지와 식민지 이전 시대의 복합유산이다. 특히 우리는 환경악화의 구조적 원인과 그것이 환경악화에 미치는 효과 및 반작용에 관해 분석할 필요가 있다. 내가 '페미니스트 환경주의'로 서술할 그 대강의 대안의 틀은 이하의 글에서 제안된다.

페미니스트 환경주의

여성과 자연의 관계, 남성과 자연의 관계는 그 물질적 실재 그리고 환경과의 특정한 상호작용 방식에 뿌리를 두고 있는 것으로 이해할 필요가 있다. 노동분업과 재산과 권력의 배분을 토대로 한 젠더-계급(/카스트/인종)이 존재하는 한, 젠더와 계급(/카스트/인종)은 인간과 자연의 상호작용을 구성하며, 환경변화가 인간에 끼치는 영향과 그에 대한 반응을 구성한다. 자연에 관한 지식은, 경험과 그 경험에 근거한 지식을 형성하는 노동분업과 재산·권력이라는 토대 위에서 경험적으로 만들어진다.

예를 들어 가난한 농민과 부족의 여성들은 항상 연료와 가축사료를 구해 와야 하는 책임을 져야 했고, 구릉지대와 부족공동체 내에서도 주요 경작자로서의 역할을 해왔다. 따라서 그들은 오히려 매우 독특한 방식으로 환경악화의 영향을 받는 것 같으며, 이와 동시에 자연과의 일상적인 상호작용 속에서 종의 다양성과 자연의 회복과정에 대한 특별한 지식을 얻는다. 그리하여 그들은 자신들 계급의 남성과 구별되는 방식으로 자연파괴의 희생자로도, 자연에 대한 지식의 보고(寶庫)로도 비춰질 수가 있다. 전자는 환경파괴에 대한 그들의 저항과 반작용에 성별화된 자극을 가져다줄 것이며, 후자는 무엇이 행해져야 하는가라는 그들의 인식과 선택의 조건이 될 것이다(확대 해석하자면, 일상의 지속을 위해 더 이상 그들의 지식을 활발하게 활용할 수 없고, 같은 방식으로 자연환경과 관계를 맺을 수 없는 여성들은 시간이 지나면 자신들의 지식과 다른 사람에게 그 지식을 전수할 가능성을 잃기 쉬울 것이다).

이런 개념화에서 여성과 환경의 연계성은 결국 주어진 젠더·계급(/카스트/인종)별 생산·재생산·분배 체제에 의해 구조화된 것으로 이해될 수 있다. 젠더, 자연 그리고 이 둘의 관계에 관한 이데올로기적 구성물은 이러한 구조화의 전체가 아니라 한 부분으로서 (상호 연관적으로) 보일 것이다. 이러한 시각을 나는 '페미니스트 환경주의'라고 부른다. 즉 행동의 측면에서 이와 같은 시각은 **자원**과 **의미** 둘 다를 뛰어넘은 투쟁을 요구한다. 페미니스트 전선에서는 젠더 **개념**과, 젠더간의 **실질적** 노동분업·자원배분 모두에 도전하고 그것을 바꾸어내는 것이 필요할 것이다. 그리고 환경운동 전선에서는 사람과 자연의 관계에 대한 관념과, 소수에 의해 자연자원이 전유되는 실질적 방식 모두에 도전하고 그것을 변화시키는 것이 필요할 것이다.

논쟁을 구체화하기 하기 위해서 인도의 경험을 살펴보기로 하겠다. 시종일관 초점은 농촌환경에 두고 있다.

환경악화와 전유의 형식

(대부분의 아시아와 아프리카 국가와 마찬가지로) 인도에서는
갖가지 필수물품들, 즉 먹을 것과 연료, 가축사료, 옷감재료, 땔감,
비료, 대나무, 약초, 기름, 집을 짓기 위한 재료와 도구들, 나무에서
나오는 합성수지, 벌꿀과 향신료 같은 것들이 매일매일 각 개인이
사용하거나 팔기 위해 농촌가구들에 의해 공유지와 숲에서 얻어진다
(Kerala Forestry Research Institute 1980, p. 225). 모든 농촌가구들이 어느
정도 공유지를 사용하는데, 가난한 그들은 아대륙의 불균형한 사유지
분배라는 아주 중대한 상황 속에 있다.[6] 인도 7개주의 12개 반(半)건
조지대에 관한 1980년대 자료를 보면, 가난한 농촌가구(땅이 없거나
2헥타르 이하의 마른땅을 가진 가구)의 경우 마을공유지로부터 전체
소득의 최소한 9%, 많게는 20% 이상을 획득한 데 비해 가난하지
않은 사람들은 공유지에서 획득한 것은 소득의 1~4%에 불과했다
(Jodha 1986).

그러나 가난한 사람들의 국가 자연자원의 이용가능성은 두 가지
상호 연관성과 유사성을 가진 경향——첫째, 양과 질 면에서 점점
악화되는 상황 둘째, 국유화(국가에 의한 전유)와 사유화(소수의
개인에 의한 전유)의 증가——에 의해 심각한 침해를 받고 있다.

---

6) 1981~82년 현재 인도 농촌의 토지소유 가구의 66.6%가 1헥타르 이하의 땅을 소유하
고 있으며, 이것은 농촌가구가 소유한 전체 토지의 12.2%에 불과한 것으로 추정된다
(Government of India 1987). 또 토지운영권 배분은 거의 대부분 왜곡되어 있었다(Gov-
ernment of India 1986).

이러한 두 가지 경향은 나중에 서술될 환경악화가 계급-젠더에 미치는 매우 차별적인 영향을 독자적이면서도 상호 연관성을 가지며 규정짓는다. 독자적인 규정 면에서는, 전자의 경향은 전체적인 유용성을 감소시키며 후자는 이용 가능한 것의 분배에서 불평등이 증가한다는 것이다. 상호연관성 면에서는, 공동체의 관리에서 주정부와 몇몇 개인 전유로의 변화는 공동체의 자원관리 시스템이 주정부나 개인보다 환경 보호와 복구 측면에서 훨씬 효과적일 수 있다는 점에서 환경을 악화시키는 요인으로 작용한다는 것이다. 이와 같은 두 가지 경향은 환경변화가 계급-젠더에 미치는 영향을 규정짓는 주요한 요소들이다. 몇 가지 매개요소들이 이러한 주요 경향들에 영향을 미치는데, 가장 중요한 것은 다음과 같다. 자연자원에 대한 '통제권' 이동에서 비롯된 공동체의 자원관리 시스템의 침해,[7] 인구증가, 농업기술의 선택과 지역의 지식체계에 대한 연관효과 등인데, 이것들 역시 상호연관성 맥락에서 이해할 필요가 있다.

환경악화의 형태

인도의 환경악화의 정확한 범위와 지역적 다양성을 나타내는 데이터베이스는 아직 불충분하지만, 입수 가능한 광범위한 정보는 상당한 관심과 경고를 충분히 뒷받침해 주는 지표를 제공한다. 인도 국가자원의 기반이 와해되고 있다는 것은 숲이 사라지고 토양이 척박해지고 수자원이 고갈되고 있다는 데서 선명하게 드러난다. 인공위성 자료에 따르면, 1985~87년에 인도의 삼림지역은 국토의 19.5%이고 연간

---

7) 나는 여기서 '관리권'(control rights)이라는 용어를 사용하겠다. 왜냐하면 이 맥락에서는 그것을 누가 소유하는가보다 누가 관리하는가 하는 것이 핵심이기 때문이다. 예를 들어 주정부 소유의 자원은 실질적으로 마을공동체가 관리하고 있다.

약 130만 헥타르의 산림이 줄어들었다(Government of India 1990). 또 공식집계에 의하면, 1980년에 인도의 전체 토지 중 56.6%가 특히 물과 바람에 의한 침식이라는 환경문제에 신음하고 있었다. 비공식집계는 이보다 더 높다. 몇몇 운하계획으로, 지역주민들이 '젖은 사막'이라고 부르는 현상이 생겨남으로 해서 물을 대서 경작할 수 있었던 지역이 절반이나 사라졌다(Joshi and Agnihorti 1984). 주기적으로 홍수가 일어나는 지역의 경우 1971~81년에 홍수발생이 두 배로 늘어났고, 과도한 화학비료 사용으로 토지의 비옥도가 낮아졌다. 마찬가지로 지하수와 표층수의 이용가능성도 줄어들었다. 인도 북부지방을 비롯한 몇몇 지역은 (녹색혁명 기술의 집중적인 투입에 의해) 펌프우물이 마구잡이로 땅속을 파고듦으로 해서 지하수면이 높아져 수질이 악화되었다(Bandyopadhyay 1986; Dhawan 1982).

그 결과 곳곳의 우물이 고갈되거나 식용으로 쓸 수 없게 되었다. 게다가 천연수자원에 비료와 살충제가 흘러 들어가면서 물고기들이 살 수 없게 되었고, 일부 지역에서는 인간이 사용하는 물까지 오염시켰다(Centre for Science and Environment 1986).

국유화 과정

인도에서는 식민지 시기와 연이은 탈식민지 시기에 숲과 공유지에 대한 국가통제가 늘어났고 이에 대한 접근권은 극소수 특권층에만 선택적으로 허용되었다. 무엇보다도 영국의 식민지정책은 장기지속적인 효과를 가지고 있었다(Guha 1983). 첫째, 영국은 숲과 그리고 목재채취를 위해 건설한 대규모 철도에 대한 정부독점권을 확립했다. 둘째, 이와 결합되어서 자원에 대한 지역주민들의 관습적인 접근권, 즉 극도의 제한된 조건에서만 허용된 접근권은 권리소유자에 의해 숲에서 나온 생산물의 교환 및 판매가 전면적으로 금지됨으로써 심각하게 박탈당하였다. 동시에 삼림관리자들은 자신이 선택한 사람들에게 상당한 특권을 줄 수 있었다. 셋째, 식민지 정부는 지역주민들이 사용하던 종(種)들을 희생시키고 상업성 있는 종을 장려하는 것을 본질적으로 은폐시키는 '과학적이고 기술적'이라는 개념의 삼림관리정책을 추진했다. 넷째, 유럽과 인도의 개인 토건업자들이 철도·선박·교량 건설을 하면서 무차별적으로 숲을 수탈하였다. 삼림개척지에는 차와 커피 플랜테이션을 세우고, 정부의 세입기반을 늘리기 위해 플랜테이션 지역을 더욱 확장시켜 나갔다. 이러한 정책이 실시된 결과 ① 이 지역의 삼림관리 시스템이 심하게 훼손되었고 ② 여전히 불법점유가 계속되고 있었지만 사람들의 생계유지의 중요한 원천들을 합법적으로 끊어놓았고 ③ 삼림당국과 지역주민 간의 계속적인 긴장의 원인을 발생시켰으며 ④ 상업적 필요를 중심으로 삼림관리의 방향이 세워졌다.

인도독립 이후 시기의 정책들은 숲을 주로 상업적 사용과 상업적 수익의 원천으로서 바라보는 식민지적 관점에서 약간 이동했음을 보여준다. 상업적 이익을 지향하는 과학적 삼림관리라는 관행을 가지고 있었기 때문에, 긴장감이 항상 따르면서 숲에 대한 국가독점이 지속되었다. 목재가 아닌 삼림생산물에 대한 지역주민의 접근은 실질적으로 더욱 제한되었고, 정부가 삼림을 감시함으로써 숲에 거주하는 사람들을 괴롭히고 착취하는 경향이 확산되었다(Chand and Bezboruah 1980; Swaminathan 1982).

사유화 과정
공동체의 자원이 개인(주로 남성)의 소유로 변화되는 사유화의 증가는 국유화 과정과 궤를 같이했다. 특히 인도 북부지방의 공유지들은 거의 대부분이 '공동체적-사적 소유'라는 용어로 표현될 수 있는데, 일반적으로 공동체 구성원에 한정되어서 권리를 사용할 수 있었다는 점에서 사적이었고, 따라서 배타적이었다. 동시에 이 권리가 개인이 아니라 집단에 의해 허가되었다는 점에서 공동체적 소유였다.[8] 조다의 연구는 1950~84년에 각 지역의 마을공유지 규모가 26~63% 줄어들었음을 보여주는데, 이것은 언제나 합법적으로 이루어졌던 농민들의 불법적인 토지잠식을 포함해서 선택된 집단에게 특혜가 돌아가는 국가정책의 결과였다. 정부는 공유지의 상당 부분을 상업적 착취를 목적으로 하는 개인 토건업자에게 경매로 붙였으며, 가난한 사람들에게 이익을 주기 위해서라는 명목 아래 실제로는 부유한 농민에게 이익이 돌아가는 여러 가지 계획을 수립하여 그 계획에 따라 개인에게 공유지를 분배하였다. 19개 지역 가운데 16개 지역이 그렇게 됨으로써 가난한 사람들의 몫은 그렇지 않은 사람들보다 훨씬 적어졌다(Jodha 1986, pp. 1177~78). 그리하여 가난한 사람들은 개인적으로 거의 혜택을 못 받는 사이에 집단적으로 파산했다.

공동체 자원관리 시스템의 붕괴

공동체 자원의 국유화와 사유화는 결국 자원의 이용과 관리에 관한 전통적 합의들을 구조적으로 손상시켰다. 이에 대한 증거자료들은 점차 많아지고 있지만, 기존의 연구자료만으로도 물관리 시스템이나 땔감과 가축사료 수집방법, 대체로 자연을 손상시키지 않았던 농업의 변화 등과 같은 문제가 드러난다.[9] 특히 나무나 과수원 등의

---

8) 다른 어떤 지역보다 북서쪽 지역이 이 경향이 더 훨씬 강했다(Baden-Powel 1957).
9) 전통적인 공동체의 물관리 시스템에 관해서는 Sengupta(1985); Leach(1967); Seklar

자연보호에 기여한 몇몇 전통적인 종교적·민속적 신앙들은 두려운 것으로 간주되었다(Gadgil and Vartak 1975). 대부분의 지역에서 그렇듯 기본적으로 전통적인 공동체 관리가 존재하는 곳에서 **자원관리에 대한 책임**은 농촌공동체 조직을 거쳐서 **자원사용으로 연결되었다.** 이러한 자원통제권이 공동체에서 국가와 개인의 손으로 넘어간 곳에서는 이런 연결이 사실상 끊어졌다.

결국 공동체의 통제권과 공동체 재산관리가 국가나 개인 소유와 통제로 이동한 것은 환경악화를 심화시켰다.[10] 다니엘 브룸리(Daniel W. Bromley)와 마이클 세르네(Michael M. Cernea)가 지적한 대로 정부기관의 설립을 통해 생겨난 '환경관리의 **출현**' 그리고 주(州) 소유지에의 접근과 그곳에서의 수확을 금지한 법령발포 등과 같은 간섭정책은 정부기관의 관대한 눈 밑에서 자원의 지속적인 훼손을 가져왔다(Bromley and Cernea 1989, p. 25).

개인에게 부여된 재산권 역시 환경복구를 전혀 보장해 주지 않는다. 실제로 단기적인 이익을 위해 나무를 심는 농민은 환경적으로 비용이 매우 큰 것으로 입증된 유칼립투스 같은 빨리 성장하는 상업용 나무를 심으려는 경향이 있다.

인구증가

과도한 인구증가는 종종 환경악화의 주범으로 간주되었다. 제한된

(1981) 참조. 숲과 마을공유지의 공동관리에 관해서는 Guha(1983); Gadgil(1985); Moench(1988) 참조. 땔감나무의 수집에 관해서는 Agarwal(1986b; 1987) 참조. 농촌가구의 가내사용을 위한 땔감은 전통적으로 나무를 손상시키지 않고 땅에 떨어진 나뭇가지와 잔가지들을 수집한 것이었다. 오늘날에도 인도 북부지방에서 가내연료로 사용되는 땔감나무의 75%(어떤 지역에서는 거의 100%)가 이러한 형태로 수집된다.

10) Dasgupta and Maler 1990의 토론 참조.

토지, 물, 숲에 끊임없이 영향을 미치는 빠른 인구증가는 의심할
바 없이 환경을 악화시키는 것 같다. 그러나 정치경제적 차원들은
이런 과정의 발생속도와 그 비용이 분배되는 방식의 토대를 이룬다.
계속되는 (합법적·불법적) 삼림훼손과 소수에 의한 마을 공유지와
지하수자원의 전유가 점점 더 증가한다는 것은 결국 압도적인 다수가
갈수록 줄어드는 천연자원을 기반으로 생계를 유지해 나가야 한다는
것을 의미한다. 이에 덧붙여 인구의 압력에도 불구하고, 공동체의
자원을 취할 수 있거나 취하는 사람들과 또 이들의 보호를 보증할
수 있는 것 등에 관한 제한을 강화시켜 왔던 공동체 자원관리 시스템
의 심각한 붕괴가 있다(같은 곳).

그러므로 인구증가는 주어진 상황을 악화시키는 것으로 간주될
수 있지만 반드시 그 악화된 상황의 주요 원인은 아니다. 인구증가의
조절에 개입하는 것이 "우리가 좀더 궁극적인 원인을 제거하는 방법
을 알아낼 때까지 결정적인 시간을 얻을 수 있다"고 폴 쇼가 주장한
것처럼(Shaw 1989, p. 7), 환경악화를 저지할 수 있는지는 의문이다.

이러한 가능성에 복잡함을 더해 주는 것은 환경악화와 인구증가의
연관관계에서 인과관계가 반대방향으로 작용할 수도 있다는 점이다.
예를 들어 환경악화와 결합된 빈곤은 일정 범위의 출산증가의 반응들
을 나타낼 수 있는데, 즉 어린 소녀들이 연료와 가축사료 등을 수집하
는 데 더 많은 시간을 할애함으로써 이들의 교육기회가 줄어든다거나
또 이것은 장기적으로 더 높은 출산율로 이어지면서 여성교육과
출산의 부정적인 상관관계를 고착시킨다. 그 밖에도 유아사망률이
높아지면서 그만큼 일정한 가족규모를 유지하기 위해 출산율 또한
높아지고, 사람들은 환경적으로 위험이 높은 지역에서 그 위험을
줄이는 메커니즘으로서 가족구성원이 다양한 소득원을 가질 수 있도

록 자식을 더 많이 낳게 되는 등의 경향을 보인다. 이러한 상관관계들
은 환경보호정책을 수립할 때 여성의 상태에 초점을 맞추는 것이
매우 중요함을 시사하는 또 한 가지 지표이다.

농업기술의 선택과 지역 지식체계의 붕괴

심각한 환경악화의 상당 부분이 농작물생산 증가를 위해 채택한
녹색혁명과 관련되어 있다. 단기적으로 보면 농작물 생산 증가라는
목표는 극적인 성공을 거두었지만, 결과적으로는 펌프우물로 인한
지하수면의 침하, 대규모 관개계획으로 수몰되고 염화된 토지, 과도
한 화학비료 사용으로 토지 비옥도의 감소, 살충제로 인한 수질오염
같은 높은 환경비용을 치르게 되었다. 생산증가의 장기적 지속성
또한 그 자체가 의심스러워질 때까지는 달성되었다. 하지만 나빠진
물과 토양 상태는 이미 곡물생산량의 감소로 반영되고 있었다.[11]
유전적 다양성은 이미 줄어들었고 토착적으로 발전한(지역의 조건
에 맞게 오랜 실험을 거쳐 채택된) 많은 곡물 종들이 해충의 공격을
받기 쉬운 개량종으로 대체되었다. 1968~85년 인도의 연간 농업생산
물 증가율은 2.6%였는데, 이는 녹색혁명을 실시하기 전인 1950~
65년의 3.08%보다도 낮았다. 곡물생산량 또한 불안정해졌다(Rao
et al. 1988). 이 모든 사실은 현재 인도와 남아시아의 기술형태와 자원
관리 아래에서의 농업성장의 장기적 안정성과 농촌의 생산시스템에
대해 의문을 던진다.

농업 기술과 생산 시스템의 선택은 과학적 농업을 구성하는 지배
적인 관점과 결코 분리될 수 없다. 녹색혁명은 실험실을 기반으로

---

11) 대규모 관개시설하에서 농작물수확량은 프로젝트가 시작되기 직전의 시기보다 감소
했다(Joshi and Agnihotri 1984).

한 조사와 제조된 생산품에 우선권을 두고, 농업을 하나의 독립적인
생산시스템으로 취급하는 기술적 합성물을 실현하고 있는 것이다.
이와 달리 빠르게 사라지고 있는 유기농법 시스템은 삼림·평야·방
목지의 상호 균형유지를 기반으로 한다. 좀더 일반적으로 말하면,
종의 다양성과 (어떻게 삼림과 토양과 물이 형성되고 상호 연관되어
지속되는가 하는) 자연의 과정 그리고 인간과 자연의 지속적인 상호
작용 형태에 관한 토착지식이 끊임없이 구조적으로 평가절하되고
주변화되어 나갔다는 것이다. 이러한 경향은 자본주의 생산양식이
작동하는 나라들에만 국한되지 않는다. 삼림벌채와 사막화, 토양의
염분화, 거듭되는 농작물에 대한 병충해 공격, 농약축적 등은 중국에
서도 나타나고 있다(Glaeser 1987).

　여기에서 제기되는 이슈는 근대과학 그 자체가 아니라, 무엇이
'과학지식'으로 간주되어 생성되고 적용되며, 그 적용의 성과가 어떻
게 배분되는가 하는 과정이다. 자연과 상호 작용하는 전통적 형태를
거쳐 얻어진 것은 지식의 위계구조 내에서 평가절하되는 경향이
있다.[12] 그리고 이런 지식을 일상생활에서 사용하는 사람들——농민
이나 숲에 사는 사람들 그리고 특히 이러한 공동체의 여성들——은
과학적 지식으로 간주되는 것들을 생산하는 기구들로부터 배제되는
경향이 있다.

　여기서 경제적 불평등 문제는 부분적인 요소로 존재할 뿐이다.
(일반적으로 도시에 기반을 둔) 과학자·전문가와 제도교육보다는
야외경험으로부터 더 많은 지식을 얻는 농촌의 신기술 사용자의
분리의 토대를 이루는 것은 바로 정신노동자와 육체노동자, 도시와

---

12) Maglin 1988 참조.

농촌, 남성과 여성의 분리이다.

계급-젠더 영향

이제 우리는 환경악화, 자연자원의 국유화와 사유화 그리고 전통적인 지식과 자원관리 시스템의 붕괴과정에서 계급-젠더가 끼치는 영향의 문제에 이르렀다. 이 과정들은 공유자원에 훨씬 많이 의존하는 가난한 가구들에게 엄청나게 불리한 영향을 미쳤다. 그렇지만 공유자원의 계급적 의미에 초점을 맞추게 되면 부분적인 모습만 볼 수 있을 따름이다. 환경악화로 인해 가장 불리한 영향을 받는 사람은 바로 여성과 여자아이들이기 때문에, 거기엔 역시 중요한 성별 특성이 존재한다.

그 이유는 주로 삼중으로 존재한다. 첫째, 성별 노동분업이 이미 존재한다는 것이다. 숲과 마을공유지, 강과 우물에서 많은 것들을 모으고 구해 온 사람은 가난한 농민과 부족의 여성들이다. 그들은 가족의 생계를 위해 중요한 책임을 지고 있고, 가모장가구의 유일한 경제적 공급자이다. 둘째, 인지학적 지표나 정신질환율과 사망률, 성비 불균형에서 드러나듯이 농촌가구에는 (건강보호와 음식물을 포함하여) 생계유지 자원의 분배에 성차가 존재한다(Agarwal 1986a). 셋째, 가장 중요한 생산자원 즉 농토와 생산기술에의 접근권에서 남성과 여성 사이에 중요한 불평등이 존재하며(같은 글), 또 여성은 노동시장에서도 구조적으로 불리한 위치에 있다(Agarwal 1984, 1986a; Bardhan 1977).

농토와 같은 사유자원과 공유지 등의 공동자원에 대한 본래의 제한된 권리는 늘 농촌여성과 아이들(특히 부족의 여성과 아이들,

242

땅을 가지지 못한 여성과 아이들 혹은 주변부 농촌가구)에게 성인남
성에 대한 **의존관계로 매개되지 않는** 생계의 근원을 제공한다. 예를
들어 마을공유지에 대한 접근권은 일반적으로 마을공동체의 구성원
과 연결되어 있었으며, 그래서 여성들은 개별화된 사유지 권리시스템
에서와 같은 방식으로 땅으로부터 배제되지 않았다. 현금경제와 시
장, 상업중심지에 대한 여성의 접근이 제한되어 있고 남성친족의
중개에 의존해야 하는 지역에서는 이것이 여성의 배제라는 강한
규범과 함께 부가적인 중요성을 갖는다(Agarwal 1989, Sharma 1980).
　이와 같은 분석적 배경은, 내가 환경악화와 국유화, 사유화 과정의
'계급-젠더 영향'(계급에 의해 매개되는 젠더 영향)이라고 이름붙인
것을 우리가 고찰해 볼 필요가 있다는 것과 충돌한다. 이러한 결과들
은 적어도 여섯 개의 중요한 측면들, 시간·소득·영양·건강·사
회부양시스템·토착지식과 관계되어 있으며, 이 각각의 영향은 인도
농촌 전지역에서 중요하다. 그러나 그 강도와 상호연관성은 지역에
따라 성별 노동분업, 사회적 관계, 생계가능성, 친족시스템의 다양한
형태들과 결합된 다양한 형태의 생태, 농업기술, 토지분배와 사회구
조로 나타날 것이다. 물론 이하에서는 이런 영향들이 각 지역에 어떻
게 나타나는지 체계적으로 살펴보지는 않겠지만, 제시된 사례들은
모두 그 지역의 상황을 반영하고 있다.

시간의 측면

　여성들은 연료·가축사료·물 등을 구해 오는 주요 담당자였기
때문에, 숲과 물과 토양이 고갈되고 그것에 접근할 기회가 줄어듦에
따라 일일노동시간(이미 평균 10~12시간 일했다)이 더 늘어나게
되었다. 예를 들어 땔감은 인도 가정용 에너지의 가장 중요한 단일

원천인데(구릉지대와 북쪽 사막에서 가정용 에너지의 65% 이상을 공급한다), 특히 가난한 사람들의 경우 대부분의 땔감을 구입하는 것이 아니라 주워서 사용한다. 이런 땔감을 모으는 데 걸리는 시간이 최근 몇 년 사이에 몇 배로 늘어났다. 서인도 구자라트의 일부 마을에서는 관목은 고사하고, 열을 제대로 공급하지 못하는 잡초와 나무뿌리를 구하는 데도 네댓 시간이 걸린다(Nagbrahman and Sambrani 1983; Swaminathan 1984).

이와 비슷하게, 마을공유지에서 가축먹이가 줄어듦에 따라 사료를 구하는 시간도 더 늘어났다. 우타르프라데시(북인도)의 구릉지대에 사는 여성들은 다음과 같이 말한다.

우리가 어렸을 때 우리들은 아침 일찍 아무것도 먹지 않고 숲으로 가곤 했습니다. 거기에서 우리는 아주 많은 딸기와 야생과일들을 먹었고… 반즈나무(떡갈나무의 일종) 뿌리에서 나오는 차가운 물을 마시곤 했습니다…. 잠깐 사이에 우리는 필요한 양의 모든 사료와 땔감을 모으고 아주 큰 나무그늘 밑에서 쉬다가 집으로 돌아갔습니다. 이제 나무가 사라지면서 모든 것들 역시 사라져 버렸습니다.(Bahuguna 1984, p. 132에서 재인용)

마실 물의 부족은 젊은 여성들과 어린 여자아이들의 시간과 에너지 부담을 더욱 가중시켰다. 오리사에서 일어난 일에서 볼 수 있듯이, 오직 한 군데 우물만 쓰도록 되어 있는 지역에서 우물의 고갈은 카스트제도의 하층 여성들에게 상층 여성의 물 양동이가 채워질 때까지 하염없이 기다리는 것을 의미했다.[13] 비슷한 문제들이 관개시설 옆에 있는 식수용 우물이 염분화될 때도 발생한다(Agarwal 1981).

244

우타르프라데시의 한 여성 풀뿌리운동가에 따르면, 생태계가 악화되면서 젊은 여성의 삶이 더욱더 고단해져서 최근 몇 년 사이에 자살하는 여성들이 늘었다고 한다. 양질의 물, 가축먹이, 연료를 구하기 어려워진 상황은 그들의 시어머니(그들이 젊었을 때는 삼림이 풍부했다)와의 갈등을 유발했고, 토양침식은 남자가 많이 외지로 빠져나간 지역에서 생존에 필요한 곡물을 생산하는 데 어려움을 더욱 가중시켰다(Bahuguna 1984).

소득 측면

숲과 마을의 공유지에서 얻는 여러 가지 생산물의 감소는 곧바로 소득감소로 이어졌다. 게다가 이런 것들을 수집하는 데 드는 가외시간은 여성들이 농작물 생산에 들이는 시간을 줄어들게 함으로써, 특히 남성들이 대거 외지로 나가면서 여성이 주요 경작자가 된 구릉지대 공동체에서는 농작물 소득에 영향을 미친다. 예를 들어 최근의 네팔에 관한 연구에서는, 벌목 때문에 땔감수집 시간이 갈수록 늘어나서 여성이 경작에 할애하는 시간을 줄어들고, 이로 인해 주로 여성노동에 의존하는 옥수수·밀·겨자 등의 생산량이 떨어졌다는 것이 확인되었다. 옥수수·밀·겨자 등은 연료와 다른 생산물들에 대한 요구가 많아지는 건조기에 성장하는 농작물이다(Hotchkiss and Kumar 1988). 이와 같은 상황은 인도의 구릉지대에서도 일어나는 것 같다.

다른 생계원천들이 사라짐으로 해서 특히 인도 서부와 중부 지역에서는 땔감을 팔아 생계를 유지하는 것이 더욱더 흔해졌다. '가장으로서의 짐을 진 자'로 일컬어지는 대부분의 사람이 여성이고, 그들은

---

13) 1981년 Chitra Sundaram, DANIDA(Delhi)의 개인편지.

하루에 20킬로그램의 나무로 5.50루피를 벌고 있다(Bahduri and Surin 1980). 삼림벌목 역시 이들의 삶에 직접적인 영향을 끼친다.

영양의 측면

마을공유지와 숲이 줄어들고 거기서 나오는 생산물이 감소하자, 가난한 사람들이 먹는 하루 음식의 양도 그만큼 줄어든다. 땔감용 나무를 사용할 수 있는 가능성이 줄어든 것 또한 부수적으로 영향에 영향을 미친다. 땔감을 절약하기 위해 사람들은 연료가 덜 드는 조리를 하느라 영양가 없는 음식이라든가 날것으로 먹을 수 있는 음식을 선택하는가 하면 독이 있을 수 있는 음식도 대충 익혀서 먹거나 열대환경에서 부패하기 쉬운 음식찌꺼기를 먹으며, 심지어 아예 음식을 먹을 수조차 없게 되기도 한다. 인도의 경우에는 이에 관한 체계적인 연구가 없지만, 방글라데시 농촌지역에 관한 몇몇 연구들은 시사하는 바가 매우 많다. 이들 연구에 따르면, 가난한 가구들 가운데 음식을 **조리해서** 먹는 가구뿐 아니라 매일 음식을 먹는 가구도 이미 줄어들고 있다고 한다(Howes and Jabbar 1986).

영양 면에서의 이같은 불행한 결과들은 물론 가구원 모두에게 영향을 미치지만, 음식이나 건강보호의 배분에 있어서의 뚜렷한 성별 편향성 때문에 한 가구 내에서도 특히 여성과 여자아이들이 더 큰 영향을 받는다. 게다가 연료수집에 들어가는 부가적인 에너지 때문에 가난한 여성들은 잉여 칼로리를 가질 수 있는 만한 생계유지가 거의 불가능하다.

건강의 측면

영양부족이 건강에 미치는 영향은 차치하고라도, 가난한 농촌여성들은 잡다한 집안일을 비롯하여 사람과 가축이 먹을 물을 길어오고, 샘물이나 계곡·시냇가에까지 가서 빨래를 하는 등 이들이 해야 하는 일의 성격 때문에, 수인성 전염병과 비료와 살충제로 인한 강물과 샘물의 오염에 남자들보다 훨씬 직접적으로 노출되어 있다(Agarwal 1981). 또 수질오염으로 인한 가족들의 건강악화에 대한 부담 역시 주로 환자를 돌보는 역할을 하는 여성들에게 돌아온다. 이와 같은 취약성의 부차적인 원인으로는 여성이 하는 농사일을 들 수 있다. 예를 들어 아시아 대부분 지역에서는 여성들이 모심기를 하는 데, 이로 인해 여성들은 관절염과 부인병 계통의 질병을 포함하여 일련의 질병들을 가지고 있다(Mencher and Saradamoni 1982; United Nations Development Program 1979). 또 목화재배에서 여성들은 주로 목화따기 와 그 밖의 일들을 하는데, 이로 인해 목화수확량을 높이기 위해 광범위하게 사용되는 살충제에 여성들은 쉽게 노출된다. 중국에서는 농사짓는 여성들 중 수유모의 젖에서 적정량의 몇 배나 되는 DDT와 BHC 잔류물이 검출되기도 하였으며(Wabner 1987), 인도에서는 살충 제가 팔다리 및 시각 장애와 관련이 있는 것으로 확인되었다(Mohan 1987).

사회부양 네트워크 측면

친족이나 친족 외 마을사람들과의 사회적 관계는 모든 농촌가구에 중요하지만 특히 가난한 가구와 여성들에게 중요한 의미를 갖는 경제적·사회적 부양의 기능을 한다.[14] 농번기 때의 상호 부조적인 품앗이나, 가뭄 등과 같은 극심한 위기 때의 현찰 혹은 현물 대여

---

14) 이는 널리 알려져 있는 후원자–수혜자관계의 형태와 전혀 별개의 것이다.

그리고 평상시에 이루어지는 약간의 식료품·연료·가축사료 등을 빌리는 것이 이에 속한다.

전형적으로 여성들은, 자신들이 일상적인 사회적 상호작용을 통해서 그 형성에 일조하는 비공식적인 부양네트워크라든가, 그 절차에서 흔히 적극적인 역할을 하는 결혼예식, 복합적인 선물교환 등에 크게 의존한다(Sharma 1980; Vatuk 1981). 물론 양적 측정이 결코 쉽지 않지만, 가족 내에서의 여성의 거래의 힘을 강화시킨다는 측면에서 이것이 여성에게 의미하는 사회적·경제적 지원 역시 인정될 필요가 있다.[15] 인근마을들을 중심으로 퍼져 있는 이러한 네트워크는 쉽게 재구성될 수 없는 것이고, 재건계획 입안자들에게 무시되었던 측면이다.

게다가 숲에 사는 사람들에게 숲과의 관계는 문화적 의미와 뉘앙스로 충만하고 기원의 노래와 전설로 엮여 있는, 기능적이고 경제적인 의미뿐 아니라 상징적인 의미를 가진다. 그것이 관개계획 때문이든 아니든 아무튼 대규모 삼림벌채는 삶의 방식과 사고방식을 송두리째 훼손시켰다. 서인도 오리사지방 부족들의 삶을 면밀하게 관찰한 페르난데스와 메농은 다음과 같이 적고 있다. "예전의 나눔의 정신은 사라졌다. …지난날 여성들은 필요할 때마다 자신들의 이웃에 의지하곤 했다. 오늘날 이것은 소외와 무력감으로 대체되어 버렸다. …이런 흐름들은 각 가족에게 자신의 운명을 맡겨야 하는 것이 되어버렸다"(Fernandes and Menon 1987, p. 115). 여기서 가장 소홀한 취급을 받게 된 사람은 과부와 나이든 사람들이었다.

---

15) 가족 내부의 성별관계를 개념화하는 '거래 접근방법론'(bargaining approach)에 관한 토론은 Sen(1990) 참조. 그리고 가족 내 권력거래에 영향을 미치는 요소에 관해서는 Agarwal(1990) 참조.

여성들의 토착적 지혜

혼자 식량을 찾아다니려면 먹을 수 있는 식물에 대한 광범위하게 축적된 지식을 포함하여, 보통 때는 사용하지 않지만 기후재난 시기의 부족사태를 극복하는 데 중요한 식물과 뿌리·나무의 영양학적·의학적 특성에 대한 지식을 갖추고 있어야 한다. 가뭄과 기근 때 그 메커니즘들에 대응하는 방법을 살펴보면, 주로 여성과 아이들이 구해 온 기근음식들에 크게 의존한다는 것이 확인된다. 또한 구릉지 공동체에서 종자를 선택하는 일을 하고 재배곡물의 종에 대해 가장 정통한 지식을 갖고 있는 사람은 일반적으로 여성들이다.[16] 일상적으로 자연 속의 자원들과 접촉하고 거기에 의존하는 가난한 농촌여성들이 획득하는 이와 같은 자연과 농사에 관한 지식들은 계급적·성별 특성을 가지며, 노동분업의 계급적 특성 및 성별화와 연결되어 있다.

기존의 개발형태들이 이런 지식에 미치는 영향은 크게 두 가지 차원으로 나누어볼 수 있다. 첫째, 이와 같은 토착 지식과 기술의 가치절하와 주변화 과정은 일반적으로 가난한 농민이나 부족여성들이 가지고 있는 지식들에 영향을 미친다. 기존의 개발전략들은 이러한 지식과 이해들을 발전시키고 강화하려는 시도를 거의 하지 않았다. 이와 동시에 여성들은 근대 과학지식이 형성되고 전파되는 구조로부터 배제되어 왔다. 둘째, 자연자원의 훼손과 소수의 전유는, 쇠락일로에 있으면서도 그나마 유지되고 있던 여성들의 자연자원에 대한 지식과 그 지식이 발굴되고 유지되는 물질적 기반을 파괴하는 결과를

---

16) 벌링은 1960년대 초 인도 북동쪽의 가로(Garo)족 사이에서 남자들이 항상 이런 사항들을 300종의 토종재배 쌀을 알고 있는 여성들에게 맡겨왔음을 알았다(Burling, 1963). 오늘날 네팔에서도 사실상 모든 공동체들에서 심을 씨앗을 선택하는 일을 여자가 한다(Acharaya and Benett 1981).

가져왔다.

대응: 국가와 풀뿌리민중

　환경악화에 즉각적으로 영향을 받는 국가와 민중들은 이러한 과정에 대응을 해왔지만 방법 면에서는 서로 달랐다. 환경악화가 중대한 위기를 초래할 수 있다고 국가가 인식하기 시작한 것은 최근의 일이며 아직 부분적이다. 우리가 보아왔던 대로 국가개발계획은 그 자체가 심각한 위기의 원인이 된다. 따라서 지금까지 국가의 대응이 포괄적이라기보다 단편적이었다는 것은 그리 놀랄 만한 일도 아니다. 예를 들어 삼림벌채와 연료부족 문제는, 국가가 직접 시행하였든 마을공동체나 농민들 개개인이 그렇게 하였든 아무튼 주로 식목계획에서 비롯된 것이었다.[17]

　그러나 직접적인 식목은 몇 가지 원인——원칙적으로 상업용 단일재배 플랜테이션으로의 접근, 농민들이 다양한 목적으로 사용하고 있던 토지의 탈취, 하향식 이행——때문에 나무 심기와 생존 모든 면에서 실패율이 높을 수밖에 없었다. 따라서 여러 가지 면에서 이러한 계획들은 가난한 사람들에게 혜택을 주기보다는 오히려 기존의 권리와 자원들을 그들로부터 빼앗음으로써 결과적으로 광범위한 저항을 불러일으켰다. 또한 여성들은 종자의 선택이라든가 이 계획에 대해 아무런 발언도 못한 채, 계획수행 과정에서 전혀 부각되지 않거나 기껏해야 묘목장에서 묘목을 돌보는 일을 하는 것이 고작이었다. 또 한편으로 마을공동체의 경제적 불평등과, 이렇게 심어진 나무들의

---

17) 이러한 계획들과 그 결점에 관한 자세한 토론은 Agarwal(1986b) 참조.

산물에 대해 가난한 사람들은 동등하게 접근할 수 없는 시스템에 대한 불신 등에 의해, 공동체의 식목계획은 방해를 받기 일쑤였다.

아이러니컬하게도 목표를 크게 초과달성한 실제의 '성공' 스토리는 비옥한 곡물재배지를 유칼립투스 같은 상업 수종에 할당함으로써 단기간에 수익을 얻고자 한 여러 지역의 부유한 농민들의 농장용 삼림지와 관계가 있다. 이 결과 고용이라든가 농작물생산량, 연료용 잉여농작물의 생산량은 크게 줄어들었다(Chandrashekar et al. 1987; and Shiva 1988).

몇몇 환경보호론자들이 올바르게 주장한 대로, 주로 '과학적 식목'이라는 이름으로 추진된 숲에 대한 상업적 접근은 환원주의자들의 시각이다. 즉 자연은 식물생장과 토양, 물의 상호 연관된 시스템으로 간주되기보다는 오히려 개별적인 부분으로 간주된다. 이렇게 해서 숲은 나무로 환원되고 나무는 생물자원으로 환원된다(특히 Shiva 1987 참조).

하지만 전체적으로 민중을 그리고 특히 여성을 몰이해적인 하향식 국가정책에서 비롯된 환경악화의 희생자로만 보아야 할까? 아(亞)대륙(특히 인도에서) 전역에 걸친 풀뿌리 생태운동의 출현은 이 문제를 다른 방식으로 제시한다. 일반적으로 가난한 농민과 부족공동체들 그리고 특히 여성들은 환경악화와 땅의 사적 전유에 의해 심각한 영향을 받는 존재들이지만, 생태운동은 이들 역시 오늘날 변화의 중요한 행위주체라는 사실을 보여주고 있다.

특히 지난 10년 동안, 직접적인 삼림벌채나 대규모 관개 및 수력발전 사업——인도 중부지방의 세 지역을 포괄하는 나르마다계곡 프로젝트, 비하르의 코엘-카로, 케랄라의 침묵의 계곡 프로젝트(1983년에 중앙정부의 간섭과 지역의 저항으로 보류되었다), 안드라프라데시의 인참팔리 댐과 보팔파트넘 댐(1984년 여성들이 선두에 서서 5천 명의 부족민들과 함께 저항했다) 그리고 쟁점이 되고 있는 가르왈의 테르히 댐 등——이 원인이 되어 인도의 생태파괴에 대한 저항은 계속 증가해 왔다. 이러한 저항에서 여성들은 대부분 적극적인 참가자였다.

그럼에도 여성들의 참여는 이론적인 면이나 실천적인 면에서 성인지적 시각(gender perspective)의 확연한 결합이 **그 자체로는** 나타나지 않고 있다. 하지만 여전히 그러한 공식화는 확실히 필요하다. 이 글의 앞에서 전개한 페미니스트 환경주의는 이러한 방향에서 하나의 시도라 할 수 있다.

이런 맥락에서 다시 이야기하자면, 페미니스트 환경주의는 인간과 자연의 특수한 상호작용 속에서 양자의 상징적이고 물질적인 관계를 기반으로 한 이론적인 시각을 제공하고자 하며 성별 노동분업과 계급적 노동분업, 재산과 권력에 대한 성차별과 계급차별을 추적한다. 간디주의나 마르크스주의와 달리, 페미니스트 환경주의는 자기동일성이 가능한 일련의 개인이나 집단에 의해서 의식적으로 묘사되는 시각이 아니다. 그러나 부족여성 및 가난한 농촌여성들과 환경악화의 특별한 관계가 이와 같은 물질적 현실에 뿌리를 두고 있는 한, 그에 대한 이들의 반응은 다른 이데올로기적인 흐름에 대해 보완적이면서도 반대의 언술을 정립해 온 페미니스트 환경주의자들의 틀과 일치되는 것으로 이해될 수 있다.

이런 면에서 칩코운동은 재미있는 사례가 된다.[18] 칩코운동은 물론 간디주의 전통에서 출현한 것이긴 하지만, 계급적 이해관계와

---

18) 칩코운동에 관한 많은 글들 가운데 특히 Bandyopadhyay and Shiva(1987); Shiva(1988); Jain(1984) 참조.

성별 이해관계를 명쾌하게 설명하지 못하고 있는 접근방법론의 몇 가지 한계들을 운동의 발전과정에서 드러냈다.

1972~73년에 인도 북서쪽 참몰리지역의 사람들이 공동체에서 사용할 농기구를 만들 약간의 나무를 자를 수 있게 해달라는 지역노동협동조합의 요구를 거절한 정부가 스포츠용품 제조업자에게 물푸레나무 300그루를 경매로 넘긴 것에 저항하면서, 칩코운동은 시작되었다. 그후 이 운동은 그 지역뿐 아니라 다른 지역들에까지 그 방법과 메시지가 퍼져나갔다(카르나타카의 아피코는 여기서 파생된 한 가지 산물이다).[19] 나아가 지역적 저항의 상황은 갈수록 확대되어 나가고 있다. 벌목 역시 산사태 같은 재난을 예방한다는 차원에서 계속 저항을 받고 있으며, 석회석 채굴에 맞서 싸워오고 있는 마을사람들은 계약자들과 그들이 고용한 깡패들의 폭력에 직면해야 했다.

칩코운동에 대한 여성들의 적극적인 참여는 여기서 집중 조명될 필요가 있는 몇 가지 주목할 만한 면들을 지니고 있다. 첫째, 히말라야 삼림에 대한 상업적 착취에 맞선 여성들의 저항은 이들 공동체의 남자들과 공동으로 이루어졌을 뿐만 아니라 이에 수반된 몇 가지 사례들, 심지어 자원사용에 관한 우선권에서의 차별 때문에 마을남자들에 반대로도 나타났다. 여성들은 줄곧 확고한 시각을 견지하면서 환경부담이 높은 개발계획에 의해 획득되는 단기적인 수익을 대신 숲과 환경을 보호하는 쪽을 선택해 왔다. 예를 들어 동그리 파인톨리 마을의 경우 떡갈나무숲을 베어내고 그곳에 감자종묘장을 만들려고 했을 때, 남자들은 현금소득이 생긴다는 이유로 이 계획에 지지했지

---

19) 그들이 비록 칩코와 명확한 관련성을 갖지 않은 것으로 보였지만, 미국의 벌목꾼들로부터 나무를 보호하기 하여 나무를 껴안는 사람들의 사례는 쭉 있어 왔다는 것을 나는 안다.

만 여성들은 이 계획으로 연료와 가축사료를 제공해 주는 유일한 기반을 빼앗길 것이고 또 땔감을 구하러 가는 길이 5킬로미터나 더 늘어나지만 현금은 남자들의 수중에 들어갈 뿐 여성들 자신과 아이들에게 필요한 수익이 되지 않을 것이라는 점을 알고 저항했다.[20] 그리고 그 저항은 성공했다.

둘째, 여성들은 나무의 경매를 저지하고 불법적 벌목에 맞서 불침번을 서는 데 적극적으로 나무를 보호했으며 이것은 빈번히 성공했다. 고페슈워 마을에서는 지역여성들이 인근 숲들을 지키고 마을사람들이 숲의 산물들을 채집하는 것을 규제하기 위해 얼마간의 임금을 주고 숲 지킴이를 고용하기도 하였다. 이렇게 해서 잔가지들은 자유롭게 채집할 수 있었지만 나무에 해를 가하는 일체의 행위는 면할 수 없었다.

셋째, 나무를 다시 심는 것은 이 운동의 중요한 부분을 이루고 있다. 그렇지만 수종선택에 있어서 여성과 남성의 선호도가 항상 일치하는 것은 아니다. 여성들은 연료와 가축사료를 구해야 하는 자신들의 임무를 충족시켜 줄 있는 수종을 선호한 반면, 남성들은 상업적으로 수지가 맞는 수종을 선호했다.[21]

넷째, 칩코운동은 오늘날 생태운동 이상으로 발전하고 있으며 젠더와 연관된 불평등에 맞서는 더 폭넓은 운동으로 성장할 잠재력을 가지고 있다. 예를 들어 칩코운동은 남성들의 알코올중독과 그로 인한 가정폭력과 낭비적인 소비행태들에 맞서기 위해 광범위한 동원력을 보여주고 있다. 또한 이 운동에서는 자기인식에 대한 변화도 보여주고 있다. 여성들은 이 운동의 대중집회를 조직하고 군중을

---

20) 인도의 예는 특히 Mencher(1988) 참조.
21) 라자스탄 등 곳곳의 지방에서 이러한 성차는 늘 존재하고 있다(Bara 1987).

향해 힘차게 연설을 한다. 이들 대부분은 다음과 같은 질문을 던지기도 한다. "왜 우리 여성들은 마을회의의 구성원이 되지 못하는가?"

다섯째, 이 운동은 일반적으로 환경과 특수하게는 숲에 대해서 전체론적인 이해를 함축하고 있다. 일례로 여성들은 자신들의 시각과 삼림담당관의 시각의 차이를 드러내 보이는 다음과 같은 시적인 대화를 구성했다(Shiva 1988에서 재인용).

> 삼림담당관: 숲은 무엇을 품고 있는가?
> 이윤과 송진, 목재.
>
> 여성들(합창): 숲은 무엇을 품고 있는가?
> 토양과 물과 신선한 공기
> 토양과 물과 신선한 공기는
> 지구와 지구가 품는 모든 것을 지탱하지.

다시 말해 여성들은 숲은 단순히 나무로, 또 나무는 상업적 용도로 환원될 수 없다고 인식한다. 초목과 토양과 물은 하나의 복합체로서 상호 연관된 생태계의 한 부분을 형성한다. 자연의 다양한 물질적 구성요소들간의 상호 연관성과 의존성, 자연과 인간 삶의 유지의 상호 연관성과 의존성에 대한 이와 같은 인식은 지속가능한 환경 보호와 재생 전략의 전개에서 핵심적인 요소이다.

이 운동이 실제로 칩코보다 앞선 간디주의 전통에 뿌리를 두고 있고 그로부터 도출되었다 할지라도, 여성들의 대응은 그러한 전통의 틀을 넘어서서 자신들의 시각에서 페미니스트 환경주의에 접근해 왔다. 이것은 여성들이 자그마하지만 중요한 수많은 방식으로 젠더문제와 계급문제에 맞서기 시작했다는 것을 의미한다. 예를 들어 몇몇 사례의 경우를 보면 여성들은 마을남자들과 반대의 입장을 취하고 마을회의 구성원의 자격에 대해 따지고 남성들의 알코올중독과 가정 폭력에 저항하는 등의 행위를 하는 과정에서 성별관계의 문제를 제기한다. 이와 마찬가지로 광산채굴과 벌목 허가권을 취득한 계약자들에 대한 (공동체 남성들과 더불어) 여성들의 저항에는 확실히 계급적 대립이 존재한다.

동시에 칩코와 같은 생태운동은 그 상황이 구체적으로 설명될 필요가 있다. 인도의 경우 천연자원의 사적 전유와 악화과정에 대한 지역적인 저항은 다양한 형태를 취하고 또 다양한 종교적 상황 속에서 일어났지만, 공동체와 마을 전체가 (칩코, 아피코, 자크핸드 같은) 운동을 조직하기 위해 참여했던 저항은 주로 구릉지대와 부족공동체에서 출현했다. 이것은 특히 두 가지 요소에서 기인한다. 하나는 사람들의 생존에 대한 이와 같은 과정들에서 나오는 위협에 대한 즉각적인 반응이고, 또 하나는 이 공동체들이 일반적으로 남아시아 마을공동체를 분열시킨 계급차별과 성차별의 수준이 비교적 낮았다는 점이다. 따라서 이들은 경제적·사회적으로 보다 계층화된 상황보다 훨씬 더 광범위한 공동체 참여의 잠재력을 가진다. 나아가 이러한 공동체들에서는 농업생산에서 여성은 가시적으로 중요성을 가지며 때때로 주된 역할——관습적으로 여성들은 집 안에만 있는 북인도의 다른 공동체들보다 여성들의 대중적 참여를 훨씬 더 유도해 내는 부분——을 하였다.

생태운동에서 가난한 여성농민과 부족여성들의 역할을 강조하는데 있어서, 나는 일부 페미니스트 학자들처럼 여성들이 특별히 여성적 감각과 인식적 기질을 소유하고 있다거나 혹은 여성이 **여성이기**

때문에 개인주의자이기보다 상호적이고 전체론적 맥락에서의 복합적인 자연과정의 참된 성격을 이해하고 있다고 주장하는 것은 아니다.[22] 오히려 나는 가난한 여성농민과 부족여성들의 관점(실로 상호적이고 전체론적인 관점)과 대응방식을 그들의 물질적 현실체——생존을 위한 천연자원에의 의존과 실질적 사용, 그 과정에서 얻은 자연의 지혜 그리고 이들 공동체 속에서의 행위와 사고방식을 규정하는 좀더 넓은 문화적 지표들——속에 위치시킨다. 이렇게 볼 때, 환경보호와 재생 문제에 있어서 구릉지대나 부족공동체에 속해 있는 남성들의 인식과 대응은 다른 지역의 남성보다 더 전파력을 가지겠지만 그 지역 여성들보다는 못할 것이다. 그 이유는 구릉지대와 부족의 여성들은 다른 어떤 집단보다 자연자원들과의 호혜적 연계——기존의 성별 노동분업을 포함하여 생산·재생산·분배 조직들과의 연계——를 여전히 더 잘 유지하고 있기 때문이다.

동시에 이러한 연계성의 긍정적 측면들은 기존 노동분업 내에서 여성의 지속적인 고착화의 근거로 작용하지는 않는다. 오히려 그것들은, 예를 들어 (가정 안팎에서의) 생산과 재생산 활동의 조직방식과 재산·자원·지식·권력의 분배방식을 탈계급화하고 탈성별화시킴으로써, 자연과의 연계성을 보편화하는 데 일조할 조건들을 조성하는 근거로서 작용한다.

맺음말

인도사람들의 경험은 여러 가지 통찰력과 교훈을 제공한다. 첫째,

---

22) Longino(1987) 참조.

소수에 의한 환경악화와 천연자원의 전유 과정은 지역적 함의뿐 아니라 특정한 계급별 함의를 갖는다. 가장 부정적인 영향을 받고 있고 지금까지 생태운동에 적극적으로 참여해 온 사람들은 다름아니라 가난한 농촌가구의 여성들이다. 따라서 여성은 (전형적으로 에코페미니스트 담론이 그래왔듯이) 제3세계 혹은 전지구적인 것은 고사하고 심지어 한 국가 내에서도 단일한 범주로 묶일 수 없다. 둘째, 이러한 과정에서 계급-젠더의 부정적인 영향은 가난한 농촌여성이 의존하는 생활체계와 지식체계 모두를 다 침식하는 데서 명백히 드러난다. 셋째, 이러한 과정들의 성격과 영향은 한편으로는 이데올로기(개발, 과학적 지식, 고유한 성별 노동분업 등에 대한 인식) 면에서, 또 한편으로는 각 가구들간·남녀간의 차별적 소유에 대한 경제적 혜택과 정치적 권력 면에서 근원적으로 상호 작용을 한다. 넷째, 이와 같은 불평등과 환경파괴——그 토대를 이루는 과정과 결과, 사람, 소유, 권력과 이윤동기에 대한 풀뿌리민중들의 저항이 확산되어 가고 있다. 비록 이러한 저항의 목소리는 아직 산발적이고 지역적이지만, 그들의 메시지는 설령 전적으로 성장과 생산성에 대한 관심이고 또 우리의 관심이 민중의 생계유지와 생존에 더 많이 기울어져 있다 할지라도 매우 중요한 것이다.

특히 환경운동에서 여성의 주도적인 역할은, 여성의 투쟁성이 남성의 그것보다 가족생존의 문제와 훨씬 더 밀접하게 연결되어 있음을 보여준다. 이런 투쟁들에 담겨 있는 의미는 바로 인간에 대한 지배가 아니라 평등을, 자연에 대한 지배가 아니라 협력을 기반으로 하는 대안적 실재를 개척해 나가는 시도이다.

이와 같은 운동을 통해 다양한 방식으로 문제제기가 되는 것은 바로 현존하는 개발패러다임——개발 고유의 생산과 기술적 혼합,

자연과 인간자원의 착취방식, 인간들간의 관계와 인간과 자연의 관계
에 대한 개념화——과 관계가 있다. 현재의 개발방식에 내재해 있는
뿌리 깊은 불평등과 파괴성에 대한 인식만으로는 불충분하다. 여기에
서는 전적으로 화학비료에 의존하는 척박한 토양, 단일재배 플랜테이
션으로 황폐해진 숲, 식량작업프로그램으로 인한 가뭄과 기아, 임기
응변식의 여성소득 창출계획의 성적 불평등 등과 같은 해결방식으로
병든 자연과 인간의 안녕을 추구하는 현재의 구제(救濟) 위주의
접근방식으로부터 정책적으로 전환할 것이 요구된다.

앞에서 예로 든 접근방법은 개발문제를 아스피린 한 알로 해결하
려는 방식이나 진배없다. 그것은 치유를 위한 것도 아니고 예방적인
것도 아니다. 단지 잠시 동안 증상을 진정시킬 뿐이다.

실현 가능한 대안을 수립하기가 물론 쉽지 않으며 이 글의 목적도
어떤 청사진을 제공하기 위한 것이 아니다. 페미니스트 환경주의가
제시하는 대안적 접근방식은 복지주의보다 오히려 전환을 요구한다.
즉 상호 재생적인 방식으로 개발과 재분배와 생태학이 연결되는
것이다. 이것은 생산되는 것의 **구성**, 생산에 사용되는 **기술**, 생산물과
기술에 대한 결정**과정**, 그러한 선택이 근거로 하고 있는 **지식체계**
그리고 생산물과 업무의 계급별·성별 **분배** 등에서 복합적이고 상호
연관된 변화를 요구한다.

예를 들어 식목계획에서는, 현재 선호되고 있는 단일재배용 상업
수종에서 지역의 생존에 중요한 혼합종으로 생산물의 다양한 구성이
전환되는 것을 의미할 것이다. 대안적인 농업기술은 주로 화학적
농법에서 좀더 유기농법으로, 단일재배의 고수확 품종에서 다양한
토착품종을 혼합해서 심는 것으로, 대규모 관개계획에 대한 강조에서
다각적인 물공급 시스템으로, 관개용 작물에의 집중에서 건조한 땅에

서도 자라는 작물에 보다 더 비중을 두는 방식으로의 전환이 필요하다. 결정과정은 현재의 하향식 접근방식에서 사회적 약자집단의 광범한 민주적 참여를 보장하는 것으로 전환될 필요가 있다. 오늘날 삼림재조성의 성공스토리가 자신들의 환경적 기반을 보살피는 지역공동체들과 연결되는 한, 생존가능한 해결책은 탈중앙집중적 계획과 관리, 그리고 식목수종의 결정과 그로부터 나오는 수익의 배분문제에서 농촌의 가난한 사람, 그중에서도 특히 여성들의 참여를 보장하는 제도적 조절 등을 필요로 한다. 이와 마찬가지로 환경재생 과정에서 지역의 식물과 종에 관한 지식을 지속적으로 이용하고 발전시키려면, 지역사람들과 숙련된 과학자 간의 새로운 형태의 상호작용이 요구된다. 단순히 대학과 연구실에서 나온 지식이 아니라 다양한 원천의 지식과 창의를 포괄하여 '과학적'이라는 단어의 정의를 확장시키는 것이 필요하다.

전환에서 가장 복합적이고 어려우면서도 필수적인 것은 물론 노동과 자원의 계급별·성별 분업 그리고 이와 결합된 사회적 관계들이다. 바로 여기에서 젠더, 환경, 민주적 권리 등과 같은 문제를 둘러싸고 인도의 '새로운 사회운동'이 출현하였으며, 변화의 방향을 제시하고 희망의 지점을 보여준 최근의 수많은 사례들을 중심으로 이런 운동들 간의 공동전선이 형성되었다.

실제로 환경적 이해관계와 성별 이해관계는 개발이나 재분배, 제도적 변화와 관련된 많은 장기적 이슈들의 재검토 필요성과 새로운 조명의 가능성을 모두 드러내 보인다. 이러한 이해관계는 기존의 개발 구조와 모델에 뿌리깊이 박혀 있는 (이데올로기적·물질적) 이데올로기를 규정짓는 안이한 정책들을 배격한다. 또한 자신들의 목소리가 주목받고 나아가 철옹성 같은 기득권을 무너뜨리는 데

필수적인 조건으로서, 가난한 사람들과 여성들의 풀뿌리정치 조직의
핵심적인 중요성을 강조한다. 이 모든 것은, 흩어져 있는 시냇물
같은 저항을 창조적이고 격동하는 흐름으로 그 물줄기를 바꿔놓을
수 있는 공유된 대안적 비전이 필요하다는 것을 강조하고 있다.
　요컨대 대안으로서의 개발에 대한 전환적 접근은 어떤 것에 대해
사고하는 방식과 그것을 행동하는 방식 둘 다를 포함한다. 현재의
맥락에서 그것은 어떻게 성별관계와, 인간과 인간 이외의 세계 간의
관계가 구성되었는지, 그리고 그것들은 소유·권력·지식의 분배
차원에서 또 개발정책과 개발계획의 공식화 과정에서 어떻게 구체화
되었는가 하는 두 가지 문제에 다 관심을 갖는다.
　만약 에코페미니스트의 분석이 기존질서에 도전하지 않는 비판에
머무른다면 이러한 정치경제 이슈에 명쾌하게 맞서는 데 실패하게
될 것이다.

　비나 아가월(Bina Agarwal)은 인도 델리의 '경제성장연구소'(Institute of
Economics Growth) 교수이며, 하버드대학에서 교환교수로서 가르쳤으며 래드
클리프(Radcliffe College)의 번팅연구소(Bunting Institute)와 서섹스대학의
개발연구소(Institute of Development Studies)에서 연구원으로 일했다. 특히
정치, 경제와 성인지적 관점에서 빈곤, 불평등, 농촌지역 개발, 환경이슈, 기술변
화와 재산권 등에 관해 광범위하게 저술활동을 해왔으며 저서로는 『차가운
화덕과 불모의 비탈: 제3세계의 땔감위기』(*Cold Hearths and Barren Slopese: The
Woodfuel Crisis in the Third World*, 1987) 『인도농업의 기계화』(*Mechanization in
India Agriculture*, 1983) 『어떤 이 자신의 영역: 남아시아의 젠더와 토지권』(*A
Field of One's Own: Gender and Land Rights in South Asia*, 1994) 등이 있다. 토지권에
관한 저서는 1996년에 영국의 에드가 그라함 저작상을, 같은 해에 미국의 A.
K. 쿠마라즈워미 저작상 그리고 1995~96년에 인도의 K. H. 바테야 상을 받았다.

참고문헌

Acharya, Meena and Bennett, Lynn (1981) "Women and the Subsistence Sector in Nepal," World Bank Staff Working Paper No. 526, Washington DC.

Agarwal, Bina (1981) "Women and Water Resource Development," mimeo, Institute of Economic Growth, Delhi.

_________ (1984) "Rural Women and High Yielding Variety Rice Technology in India," *Economic and Political Weekly*, Review of Agriculture, March.

_________ (1986a) "Women, Poverty and Agricultural Growth in India," *The Journal of Peasant Studies* 13(2).

_________ (1987) "Under the Cooking Pot: The Political Economy of the Domestic Fuel Crisis in Rural South Asia," *IDS Bulluetin* 18(1).

_________ (1988) "Who Sows? Who Reaps? Women and Land Rights in India," *The Journal of Peasant Studies* 15(4).

_________ (1989) "Women, Land and Ideology in India," in Haleh Afshar and Bina Agarwal(eds) *Women, Poverty and Ideology: Contradictory Pressures, Uneasy Resolutions*, London: Macmillan

_________ (1990) "Social Security and the Family," *The Journal of Peasant Studies*, April.

Baden-Powell, B. H. (1957) *The Indian Village Community*, New Haven: HRAF Press.

Bahuguna, Sundarlal (1984) "Women, Non-Violent Power in the Chipko Movement," in Madhu Kishwar and Ruth Vanita(eds) *In search of Answer: Indian Women Voices in Manushi*, London: Zed Books.

Bandyopadhyay, Jayanta (1986) "A Case Study of Environmental Degradation in Karnataka," Paper presented at a Workshop on Drought and Desertification, India International Centre, Delhi, 17~18 May.

Bandyopadhyay, Jayanta and Shiva, Vandana (1987) "Chipko," *Seminar* no. 330. February

Bardhan, Kalpana (1977) "Rural Employment, Welfare and Status: Forces of

Tradition and Change in India," *Economic and Political Weekly* 25 July, 2 July and 9 July.

Bhadury, T. and Surin, V. (1980) "Community Forestry and Women Headloaders," in *Community Forestry and People's Participation Seminar Report*, Ranchi Consortium for Community Forestry, 20-22 November.

Brara, Rita (1987) "Common Policy as Process: The Case of Rajasthan, 1955~85," *Economic and Political Weekly* 7 October.

Bromley, Daniel W. and Cernea, Michel M. (1989) "The Management Common Property Natural Resources," World Bank Discussion Paper, no. 57, Washington DC: World Bank.

Burling, Robins (1963) *Rensanggri: Family and Kinship in a Garo Village*, Philadelphia: Pennsylvania University Press.

Centre for Science and Environment (1986) *The State of India's Environment: A Citizen's Report, 1985~86*, Delhi: Centre for Science and Environment.

Chand, Malini and Bezboruah, Rita (1980) "Employment Opportunities for Women in Forestry," in *Community Forestry and People's Participation-Seminar Report*, Ranchi Consortium for Community Forestry, 20~22 November.

Chandrashekar, D. M. et al. (1987) "Social Forestry in Karnataka: An Impact Analysis," *Economic and Political Weekly* 13 June.

Cheney, Jim (1987) "Ecofeminism and Deep Ecology," *Environmental Ethics* 9(2).

Dasgupta, Partha and Maler, Kari-Goran (1990) "The Environment and Emerging Development Issues," paper presented at a conference on Environment and Development, WIDER, Helsinki, September.

Dhawan, B. D. (1982) *Development of Tubwell Irrigation in India*, Delhi: Agricole Publishing Academy.

Fernandes, Walter and Menon, Geeta (1987) *Tribal Women and Forest Economy: Deforestation, Explotation and Status Change*, Delhi: Indian Social Institute.

Fuss, Diane (1989) *Essentially Speaking*, New York: Routledge.

Gadgil, Madhav and Vartak, V. D. (1975) "Sacred Groves of India: A Plea for Continued Conservation," *Journal of Bombay Natural History Society* 72(2).

Glaeser, Bernhard(ed.) (1987) *Learning from China? Development and Environment in Third World Countries*, London: Allen and Unwin.

Government of India (1986) National Sample Survey Organization, *37th Round Report on land Holdings-1. Some Aspects of Operational Holdings*, Report No. 331, Dept of Statistics, Government of India.

________ (1987) National Sample Survey Organization, *37th Round Report on Land Holdings-1. Some Aspects of Operational Holdings*, Dept of Statistics, Government of India.

________ (1990) *Forestry survey in India*, New Delhi: Ministry of Environment and Forests.

Griffin, Susan (1978) *Women and Nature: The Roaring Inside Her*, New York, Harper and Row.

Guha, Ramachandra (1983) "Forestry in British and post-British in India: A historical analysis," *Economic and Political Weekly* 29 October.

Habib, Irfan (1984) "Peasant and Artisan Resistance in Mughal India," McGill Studies in International Development no. 34, Centre for Developing Area Studies, Magill Univ.

Howes, Michael and Jabbar, M. A. (1986) "Rural Fuel Shortages in Bangladesh: The Evidence from Four Villages," Discussion Paper 213, Sussex, England: Institute of Development Studies.

Jain, Shobhita (1984) "Common Property Resources and Rural Poor," *Economic and Political Weekly* 5 July.

Joshi, P. K. and Agnihotri, A. K. (1984) "An Assessment of the Adverse Effects of Carnal Irrigation in India," *Indian Journal of Agriculture Economics* 39: 528~36.

Kerala Forestry Research Institute (1980) *Studies in the Changing Patterns of Man-Forest Relationships for Ecology and Management*, Trivandrum.

King Ynestra (1981) "Feminism and the revolt of nature," *Heresies* No. 13: 12~16.

________ (1989) "The ecology of feminism and the feminism of ecology," in Judith Plant(eds) *Healing the Wounds: The Promise of Ecofeminism*, Philadelphia: New Society Publishers.

________ (1990) "Healing the Wounds: Feminism, Ecology and Nature/Culture Dualism," in Irene Diamond and Gloria Feman Orenstein(eds) *Reweaving the World: The Emergence of Ecofeminism*, San Francisco: Sierra Club Books.

Kumar, Shubh and David Hotchkiss (1988) "Consequences of Deforestation for Women's Time Allocation, Agricultural Production and Nutrition in Hill Areas of Nepal," Research Report 69, Washington DC: International Food Policy Research Institute.

Leach, Edmund R. (1967) *Pul Eliya-A Village in Ceylon: A Study of Land Tenure and Kinship*, Cambridge: Cambridge University.

Longino, Helen E. (1981) Book Review in *Environmental Ethics* 3(4), Winter.

________ (1987) "Can There be a Feminist Science?," *Hypatia* 2(3), Fall.

MacCormack, Carol P. and Strathern, Marilyn(eds) (1980) *Nature, Culture and Gender*, Cambridge: Cambridge University.

Marglin, Stephen A. (1988) "Losing Touch: The Cultural Conditions of Worker Accommodation and Resistance," in Frederique A. Marglin and Stephen A. Marglin(eds) *Knowledge and Power*, Oxford: Oxford University.

Mencher, Joan (1988) "Women's Work and Poverty: Women's Contribution to Household Maintenance in Two Region of South India," in Daisy Dwyer and Judith Bruce(eds) *A Home Divided: Women and Income in the Third World*, Stanford, CA: Stanford Univ. Press.

Mencher, Joan P. and Saradamoni, K. (1982) "Muddy Feet and Dirty Hands: Rice Production and Female Agricultural Labour," *Economic and Political Weekly* 28 December.

Merchant, Carolyn (1980) *The Death of Nature: Women, Ecology and the Scientific Revolution*, San Francisco: Harper and Row.

Moench, Marcus (1988) "Turf and Forest Management in a Garhwal Hill Village," in Louise Fortmann and John W. Bruce(eds) *Whose Trees? Proprietary*

Dimension of Forestry, Boulder: Westview Press.

Mohan, Dinesh (1987) "Food vs Limbs: Pesticides and Physical Disability in India," *Economic and Political Weekly* 28 March.

Ortner, Sherry (1974) "Is Male to Female as nature is to culture?," in Michelle Z. Rosaldo and Louise Lamphere(eds) *Women, Culture and Society*, Stanford, CA: Stanford University Press.

Rao, C. H. Hanumantha, Ray, S. K. and Subbarao, K. (1988) *Unstable Agriculture and Drought*, Delhi: Vikas Publishing House.

Sallegh, Ariel Kay (1984) "Deeper than Deep Ecology: The Eco-Feminist Connection," *Environmental Ethics* 16, Winter.

Seklar, David (1981) "The New Era of Irrigation Management in India: photocopy, Ford Foundation, Delhi.

Sen, Amartya S. (1990) "Gender and Cooperative-Conflict," in Irene Tinker(ed.) *Persistenet Inequalities*, New York: Oxford University.

Sengupta, Nirmal (1985) "Irrigation: Traditional vs. Mordern," *Economic and Political Weekly* Special No. November.

Sharma, Ursula (1980) *Women, Work and Property in North-West India*, London: Travistock.

Shaw, Paul (1989) "Population, Environment and Women: An Analytical Framework," paper prepared for United Nations Fund for Population Activities(UNFPA), Interagency Consultative Meeting, New York, 6 March.

Shiva, Vandana (1987) "Ecology Movements in India," *Alternatives* 11: 255~72.

———— (1988) "Staying Alive: Women, Ecology and Survival", London: Zed Books.

Swaminathan, Srilata (1982) "Environment: Tree versus Man," *India International Centre Quarterly* 9(3 and 4).

United Nations Development Program (1979) "Rural Women's Participation in Development," *Evaluation Study* no. 3, June, New York: UNDP.

Vatuk, Sylvia (1981) "Sharing, Giving and Exchanging of Food in South Asian Societies," photocopy, University of Illinois at Chicago Circle, October.

Wagner, Rudolf G. (1987) "Agricultural and Environmental Protection in China," in Bernhard Glaeser(ed.) *Learning from China? Development and Environm ent in Third World Countries*, London: Allen and Unwin.

Warren, Karen J. (1987) "Feminism and Ecology: Making Connections," *Environ-mental Ethics* 9(1) Spring.

Zimmerman, Michael E. (1987) "Feminism Deep Ecology and Environmental Ethics," *Environmental Ethics* 9(1) Spring.

여성, 환경 그리고 개발: 리우에서 베이징까지

보니 케틀(Bonnie Kettle)

이 글에서는 전세계의 여성, 환경 그리고 개발(여성·환경·개발 정책들의 틀과 행위자들, WED) 정책의 환경 그리고 그것들이 지속적인 생명력을 갖도록 하고 또 고무시켜 온 이슈와 행사들 나아가 현재 그 영역의 협력과 행동에서 새로운 논쟁과 공헌들을 만들어내는 제도적이고 조직적인 연결고리들에 대해 서술할 것이다. 특히 이 글에서는, 1995년 9월 베이징에서 열린 제4회 세계여성대회를 준비하면서 만든 집단으로서 WED의 정책이슈에 대안적인 시각들을 제공하기 위해 여성환경개발기구(WEDO, 뉴욕 소재)로 결집한 전문가 자문집단의 공헌을 강조할 것이다.[1] 서로 다양한 배경과 종교를

---

1) 이 글이 바탕으로 삼고 있는 조사는 여성환경개발기구(WEDO), York Sabbatical Leave Fellowship, '캐나다 사회과학과 인문학 연구위원회'(SSHRCC)의 연구기금으로 이루어졌다. 나는 1993년 여름에 WEDO로부터 이 글에서 토론된 '행동강령'의 초안작성과 개정작업을 의뢰받았으며, York Sabbatical Leave Fellowship은 1994년 여름 동안 초안에 대한 모든 반응들에 호의적인 Lois Dellert를 연구조교를 보내주었다. '캐나다 사회과학과 인문학 연구위원회'도 Babara Muirhead를 연구조교를 보내주었는데, 그녀는 이 글에서 논의된 WED의 비판적 고찰과 관련된 배경조사를 수행하였다. 도와주고 비평해 준 Lois와 Babara에게 감사를 보낸다.

가진 남과 북의 여성들은 다양한 관점을 개진하였다. 자신들의 개인적 배경과 고유 관점에 상관없이, WED의 여러 분석가와 활동가들은 지역 불평등과 성적 불평등 그리고 환경파괴라는 광범위한 위기로 인식한 문제들을 맞닥뜨리면서 매우 직접적인 내부논쟁뿐 아니라 외부의 연대활동 같은 중요한 차원의 활동들을 전개시켜 왔다.

WED의 세계

현재 WED의 정책환경은 참여와 행동이라는 7개의 상호 연관된 고리를 구성하고 있다.[2]

· 국제기구들 그리고 여성국가개발기금(United Nations Fund for Women, UNIFEM, 뉴욕 소재)을 포함하여 보다 광범위한 유엔 조직 기관들

· 캐나다국제개발기관(Canadian International Development Agency, CIDA)과 같은 쌍무적 기증기구, 스웨덴(SIDA)·덴마크(DANIDA)·노르웨이(NORAD) 등 기증국가들의 유사기구 그리고 다국

---

2) 내가 WED 이슈들에 정책적으로 관여한 것은 아프리카 8개국에서 지속가능한 자원이용에 관한 여성들의 토착적 지식을 문서화한 광범위한 연구발의들, 즉 WEDNET(the Woman, Environment and Development Network)의 캐나다 코디네이터가 되었던 1998년으로 거슬러 올라간다(WEDNET는 국제개발조사센터와 나이로비의 국제환경연락센터 본부로부터 기금을 받았다. WEDNET 발의에 관한 더 광범위한 토론은 Kettle 1995a 참조). 이때부터 나는 연구조사자(Kettle 1995b)로서, 관련 토론문서들의 기초자로서 그리고 익명의 전문컨설턴트로서 WED 정책수립에 기여해 왔다. 이렇게 다양하게 관여한 결과, 나는 WED 정책과 행동의 국제적 차원, 국가적 차원 심지어 지역적 차원의 기구들과 활동가 사이에 존재하는 복잡한 관련성을 폭넓게 인식할 수 있었다.

간 경제협력과 개발기구들의 개발보조위원회(Development Assist-
ance Committee of the Organization for Economic Cooperation
and Development, DAC/OECD)

· 국제개발조사센터(International Development Research Centre,
IDRC, 오타와 소재), 여성환경개발네트워크(Women, Environment
and Development Network, WEDNET), 클락대학교의 생태·공동
체기구·젠더(Ecology, Community Organization and Gender, EC-
OGEN) 프로젝트(Thomas-Slayer et al. 1991), 암스테르담의 여성과
환경·노동 그룹(Both Ends 1992), 싱가포르의 환경·젠더·개발
센터(Centre for Environment, Gender and Development) 등 다양한
국제·지역 조사센터와 프로그램들

· 국제여성트리뷴센터(International Women's Tribune Center,
IWTC, 뉴욕 소재), WEDO, WorldWIDE(World Women in Defense
of the Environment, 워싱턴 소재) 같은 국제EGO들

· 정부(특히 남반구의 여러 국가들)

· 케냐의 그린벨트 운동과 같은 국가 차원의 NGO들(Maathai 1994)

· 칩코운동(Saidullah 1993)과 러브캐널주택소유자연합(MacIntosh
1993) 같은 남과 북의 지역 여성·환경운동그룹

환경경영과 환경보호에 관심을 가지는 여성들의 국제네트워크인
WorldWIDE가 1982년에 조직되었지만(WorldWIDE 1992), 환경과
개발에 관한 세계위원회(브룬틀란트 위원회)의 보고서『우리 공동
의 미래』가 1987년 간행됨으로써 그로부터 5년 뒤에 더 확대된 제도
환경 속에서 여성과 환경 정책이슈에 대해 많은 관심이 촉발되었다
(Kettel 1993).

1989년 5월 미국여성기금(Women USA Fund)은 여성해외정책 위원회(Women Foreign Council)를 설립하였으며, 이 기구는 미국에 근거지를 둔 비영리 교육기구로서 워싱턴에서 여성과 환경위기를 주제로 하여 하루 종일 보고회를 열기도 하였다. 미국 하원의원을 역임한 벨라 압죽이 공동의장을 했던 WEDO는 이 행사가 계기가 되어 조직되었다.

그후 WEDO의 국제적 참가는 크게 확산되어서 1995년에는 브라질, 구야나, 노르웨이, 이집트, 케냐, 나이지리아, 코스타리카, 인도, 뉴질랜드 출신들이 공동의장으로 선출되었다(WEDO 1995a).

1990년까지 관련 유엔기구나 기증기관, 국제NGO의 관심은 1992년 리우데자네이루에서 열린 유엔 환경·개발회의를 준비하는 데 점점 집중되었다(DAC/OECD 1990). WEDO는 이 회의에 앞서 준비기간 동안 1991년 마이애미에서 열린 '건강한 지구를 위한 세계여성의회'(World Women's Congress For a Healthy Planet)를 조직하였으며, 이러한 정치행동의 절정을 이루는 부분은 다음 두 가지 문서에서 볼 수 있다. 즉 '세계여성의회'의 성과인 여성행동 아젠다 21(WEDO 1992a)과 리우데자네이루에서 채택된 지구행동 플랜인 '아젠다 21'의 제24장(UN 1992)이 그것이다. '지속가능하고 평등한 개발을 향한 여성들의 지구행동'이라는 제목이 붙은 이 장은, 현존하는 것 가운데 가장 포괄적인 WED의 공식적 정책문서이다.

1992년 이후 WED에 관한 조사·분석·정책공식은 새로운 양상을 보이는데, 이때부터 리우회의와 관련되어 개발된 정책조정에 관한 WED의 시각과 접근법에 대한 비판적 분석이 나오기 시작했고 더구나 24장은 WED 관련정책(CIDA 1995 참조)의 공식화에 관한 몇몇 새로운 작업을 장려해 왔다. 이러한 맥락에서 WEDO의 '전문가 자문집단'의 공헌은 빛을 발하게 되었다. 그들은 UNCED의 이전과 UNCED가 있던 동안, 그 이전의 WED의 정책이슈에 참가한 개인적이고 조직적 역사를 가지고 WED 분석가와 활동가에 의해 제기된 관심들을 설명하였다. 물론 WEDO의 '전문가 자문집단'의 여러 구성원들은 WED와 지역공동체나 남반구의 많은 국가들, '정통' 서유럽 국가들 그리고 북반구의 여러 공동체들을 포함하여 다양한 지역적 맥락을 가지는, 국가 차원에서 WED와 관련되어 활동하는 NGO에 직접 관여해 왔다. 이러한 이유 때문에 그들의 생각은 정책조정행동에의 참여뿐 아니라 그들이 직접 '현장'에서 얻은 여성과 환경 이슈에 관한 일상적인 경험에서 더 중요한 것들을 얻는다.

WED의 분석과 정책: 역사적 개요

확실히 WED의 정책공식은 '우리 공동의 미래'(WCED 1987)로 시작됐지만, WED의 이슈를 다루는 학문적 연구나 정책분석은 더 오랜 역사를 갖는다. 이것은 여성과 토지보유권(Rogers 1980; Lewis 1981), 특히 연료용 목재와 같은 여성의 에너지에 대한 접근권(Agrwal 1986; Cecelski 1986) 그리고 일반적인 삼림생산물(Hoskins 1979; Fortmann and Rocheleau 1985) 같은 이슈들에 관한 사례이다. 특히 깨끗하고 마실 수 있는 물(INSTRAW 1989)에 대한 여성의 접근권이나 가축생산과 여성의 연관성에 관한 초기의 몇몇 작업(Dahl 1987)을 비롯하여 사막화가 여성에게 미치는 영향(Monimart and Brah 1989)과 같은 초기 작업의 중요한 성과가 거기에 있다.

그러나 이러한 작업의 대부분은 천연자원 부문에 국한되었는데, '여성과 나무들' '여성과 물'을 다루지만 인간의 사용·관리·보호라는 좀더 넓은 범주에서 여성과 자연환경을 다루지는 않았다. 이러한 좀더 넓은 관심을 다룬 초기 조사논문 가운데 하나가 바로 백스터가 쓴 「수단의 여성과 환경 이슈 연구」(Baxter 1981)이다. 나이로비에 본부를 둔 '국제환경연락센터'(The Environment Liaison Centre International)는 더 광범위한 WED의 이슈를 다룬 초기 워크숍을 개최했다(ELCI 1985). 그러나 정책공식의 견해에 비추어보면, 이러한 초기의 선형적인 작업은 한계를 가지고 있다. '여성의 전진을 위한 진취적 전략'(Forward Looking Strategies for the Advancement of Woman)에서의 신중한 모습이나 1985년 10년회의에서 채택된 행동기준은 무리한 이야기를 하고 있었다(UN 1985). '여성의 전진을 위한 진취적 전략'은 국가의 생태계를 관리하고 환경악화를 조정하는 데 여성들이 좀더 완전히 참가할 것을 요구했지만(Kettel 1995b), 「우리 공동의 미래」 전까지만 해도 WED는 일반적으로 더 넓은 정책관심으로서 인식되지 못했다(Kettel 1993).

WED의 정책공식을 기반으로 한 「우리 공동의 미래」는 새삼 다시 평가하지 않아도 될 만큼 중요하다. 지속가능한 개발이라는 새로운 정책틀을 출발시킨 이 보고서에서 특별히 여성과 관련된다고 보이는 이슈를 다룬 분량은 불과 여섯 쪽밖에 되지 않지만, 이와 대조적으로 브룬틀란트 위원회가 '위기'의 대륙으로 인식한 아프리카는 50쪽 이상 색인이 되어 있다(WECD 1987, pp. 43, 388~400).

이와 같은 맥락에서, 이렌 당켈만(Irene Dankelman)과 조앤 데이빗슨(Joan Davidson) 그리고 반다나 시바(Vandana Shiva)의 책이 출판되었다. 당켈만과 데이빗슨의 『제3세계의 여성과 환경』은 경험을 토대로 해서 작성되었기 때문에 주요한 주장들(환경파괴는 여성에게 불균등한 영향을 준다)이 다가가기 쉽게 표현되어 있다. 이

274

책이 한때 CIDA 같은 기증기관의 관심이 되어온 '여성과 개발'의 정책공식과 관련이 있음(Rathbeber 1990)을 즉각 알 수 있다. 나아가 이 책은 여성의 참여 없이, 특히 지역 차원의 여성 참여 없이는 지속가능한 개발정책의 수립과 조정을 위한 의미 있는 제도적 노력이란 거의 불가능하다는 것을 명확히 했다.

반다나 시바의 『살아남기: 여성, 생태, 개발』은 앞의 책보다 그 선명성은 좀 덜하지만 정책 차원에서 매우 비전 있는 영향을 주었다. 당켈만과 데이빗슨은 자연환경을 여전히 천연자원 부문의 리스트로 이해하는 데 비해, 시바의 견해는 훨씬 폭넓고 또 비판적이다. 그녀는 악개발과 환경파괴는 근대과학의 '가부장적 기획'과 함께 출현한 '남성적'인 자연관에서 비롯된 필연적인 결과라고 주장한다(Shiva 1988, pp. 14, 15). 그러면서 시바는 가부장제, 과학, '자연의 죽음' 사이의 역사적 상호연관성을 밝힌 많은 초기작업들(Merchant 1980)에 의존하고 있지만, 이러한 분석적 담론을 1960년대 이후 정책과 조정을 지배해 온 주류의 개발패러다임에 대한 제3세계 페미니즘 비판의 출현과 연결시킨 사람은 바로 시바였다. 이러한 비판은 시바보다 몇 년 전에 기타 센(Gita Sen)과 카렌 그로운(Caren Grown)이 시바와 같은 비전을 제시한 『개발의 위기와 대안의 비전: 제3세계 여성의 시각』(1985)에서 시작된 바 있다.

당켈만과 데이빗슨, 시바 그리고 센과 그로운의 작업이 총체적으로 미친 영향은 WED의 「우리 공동의 미래」가 정책방안의 기초로서 매우 적절치 않음을 보여준 것이었다. 이것은 확실한 사실이었으며, 그로써 브룬틀란트 위원회의 보고서는 상당량의 WED 조사·정책을 분석하기 시작하였고 이는 WED의 정책집단이 이에 관한 문서의 부족함을 인정하고 새로운 차원의 노력을 하는 하나의 동기가 되었다. WEDNET의 발의가 만들어지고 시작된 것도 바로 이러한 맥락에서였다(Rathgeber and Kettel 1989; Kettel 1995a). WEDNET는 IDRC가 기금을 댄 조사네트워크이고, IDRC는 아프리카 8개국을 대상으로 10개의 프로젝트를 실시하여 천연자원 관리에 관한 여성의 토착적 지식을 문서화하는 조직이다. 또 같은 해 UNCED를 둘러싸고 몇 가지 중요한 조사와 정책분석이 즉각적으로 이루어지기 시작했으며(Clones 1991; Argarwal 1992; Ahooja-Patel 1992; Commonwealth Secretariat 1992; Jacobson 1992; Ofusu-Amaah and Philleo 1993), 리우회의가 막 끝난 후인 1992년 8월에는 WED의 이슈들을 직접 다루는 몇몇 조사·정책 네트워크의 코디네이터들이 처음으로 암스테르담에서 만났다(Both Ends 1992).

이상의 작업들이 씨앗 역할을 하면서, 1990년대 초 WED 정책환경의 주요한 관심은 리우에서 제시된 공식 행동기준에 설득력 있는 영향력을 행사하는 것이었다.[3] 회의와 관련된 중대한 정책조정은 대부분 1991년 8월에 열린 제3회 준비위원회 회의(Preparatory Committee Meeting, PrepComm)에서 이루어졌으나, 계획과정의 시작단계에서 많은 여성들이 UNCED 사무국과 참가국가에서 파견된 공식 대표단과 NGO포럼을 위한 국제조정위원회에서 빠졌다(WEDO 1992b, p. 9). 지구정상회의에서조차도 공식대표단과 자문 가운데 여성은 단 15%에 불과했다(Steady 1993, p. 29).

1985년 나이로비의 여성 10년회의에서 출현한 여성 활동가나 학

---

3) 1975년의 제1회 여성대회 이후 유엔 회의과정은 이론적 해석, 포럼, 토론협동의 장, 세계여성운동의 성장하는 힘들과 안녕에 관한 인식을 넓혀갔다. 세계여성대회——멕시코시티(1975), 코펜하겐(1980), 나이로비(1985), 베이징(1995)——는 이러한 과정과 경험의 중심이 되었다.

자, 정책분석가들을 중심으로 새롭게 구축된 국제네트워크로서는
이와 같은 여성의 부재가 너무나 아이러니였으며 실로 받아들여질
수 없는 것이었다.

WEDO는 제3회 준비위원회 회의에서 여성배제에 대응하여 '국제
정책행동위원회'(IPAC)를 조직했는데, 1990년 8월에 처음으로 만
난 55인이 중심이 되었다. 이 위원회 구성원들은 제네바에서 열린
제3회 준비위원회 회의에서 여러 NGO들 및 더 큰 정치집단의 다양
한 참가자들로 구성된 임시특별그룹과 함께 공식대표에게 로비를
하여 UNCED 결정의 3/5을 받아들이게 하는 성과를 거두었다.
"지속가능한 발전을 위한 여성의 중요한 경제적·사회적 공헌을
보증할 것"을 UNCED의 비서장에게 지시한 이 결정은 당시 준비단
계에서 "모든 실질적 작업과 문서화에서 주류가 되는 것뿐 아니라
명백한 삽입 이슈"로서 제기되었다(WEDO 1992b, p. 3). 1992년 4월의
제4회 준비위원회는 미국대표와 개발도상국의 G77그룹 간의 논쟁으
로 위험에 처하게 되었다. 미국대표는 행동기준 초안에서 북의 '과소
비'에 대한 모든 언급을 삭제할 것을 제안하였고, 이에 G77의 대표는
가족계획과 인구성장에 관한 모든 언급을 삭제하겠다고 위협적으로
대응하였다. 이것은 복잡하고 다층적인 것이었으며 주로 남성들에
의해 주도되었는데, 다른 곳에서 더욱 충분히 토론되었다(Kettel 1996).
우리의 목적에 비추어볼 때 이 논쟁에서 흥미로운 점은 UNCED의
여성 간부회의가 보인 반응이었다. 간부회의는 즉각 대항성명서를
발표하고 G77 수뇌부와 그 밖의 정부관계자들과 두 차례 회합을
가지는 한편, 여성들이 가족계획·재생산선택권을 비롯하여 일반적
인 인구이슈들에 대해 '여성의 시각을 표현하는 것에 관한' 여성
정부대표단 및 비정부대표단의 총회를 조직하였다(WEDO 1992b, p.

4).[4] 이러한 다방면의 개입이 가지는 중요성은 다름아니라 여성의 재생산권에 관한 내용이 아젠다 21 곳곳에서 강화되었다는 점이다. WEDO-IPAC그룹과 일찍이 확장된 여성간부회의 작업 덕분에 제24장은 제4회 준비위원회의 결론으로서 대체로 그대로 존재하게 되었으며, 여성의 이슈와 관심에 대한 부가적 언급은 이미 최종 행동기준 전체에 포함되었다.

그러나 이러한 성공 속에서도 핵심적인 이슈 하나가 UNCED의 과정에서 해결되지 않은 채 남아 있었는데, 다름아니라 WED의 국제발의권과 국내발의권을 위한 자금조달 규정이었다. WED가 자금을 조달하지 못한다는 것은 더 큰 문제가 발생할 수 있음을 보여주는 징조였다. 즉 남반구의 환경보호를 지원할 북반구의 여러 나라들이 전혀 그럴 의지가 없다는 것이다. 리우데자네이루에서 약속된 아젠다 21을 위한 최소한의 자금조달 대부분이 세계은행을 통해 길이 열렸으나, 사실 세계은행은 많은 사람들이 WED의 목표에 본질적으로 적대적이라고 간주한 기구이다. 아젠다 21의 최종판은 전적으로 '국제사회', 즉 기증기구나 각국 정부의 지원정책 의지 등에

---

4) 유엔 준비위원회회의에서 간부회의와 로비에 참여하지 않았던 사람이라면, 당연히 제3회와 4회 준비위원회에서 행해진 WED의 개입과 관계된 막대한 노력 그리고 그들의 성공에 담긴 정책적 의미들——집단적이고 감정적인 중요성——을 인정하기 어려울 것이다. 유엔 준비위원회회의와 컨퍼런스라는 맥락 속에 이루어진 효과적인 정책개입은, 관련 초안문서들에 대한 세밀하면서도 지속적인 분석과 매일매일의 간부회의, 부단한 집단적 경계와 단호함, 지속적인 로비 그리고 지루함·긴장·냉담함·피로를 견뎌낼 수 있게 변화를 불러일으키는 능력을 요구한다. 성공적인 정책개입은 또한 구체적으로 문서작성의 형태로 중요한 보완작업을 요구하는데, 이 작업에서 공식적인 상당 부분이 UNCED 사무국에서 WED 전문가로 임명된 필로메나 스테디(Filomena Steady)에게 할당되었다. 이런 공식적인 활동을 지원하기 위해서 스테디는 1991년 5월 제네바에서 열린 '여성과 어린이들에게 가해지는 환경악화의 충격'이라는 중요한 사전 UNCED 심포지엄을 조직했다(Steady 1993).

달려 있었고(UN 1992), 제출된 24장의 비용계산서는 물론 사문화되었다(Carroll-Foster 1993). UNCED 사무국은 24장을 이행하기 위한 연간총비용을 약 40만 달러로 추정하였으나, 이 액수는 사실 사무국이 더 많이 권하길 주저하면서 현실적으로 제시한 어이없게 적은 금액이었다. 대신 24장은 '현실적인 비용'이 각국 정부가 이행하기로 결정한 특별 WED전략에 의존할 것임을 순순히 암시하였다.

24장의 이런 부적절함 때문에 리우회의 직후의 WED 핵심 정책명령 가운데 하나는, 기증자의 WED에 대한 자금조달 약속과 관련한 중요한 이슈를 포함시키는 것이었다. 결국 기증자의 관여 없이는 남쪽 정부들이 24장의 공정성 목표를 수행하기 어렵게 되었다(Kettel 1993). 이러한 실용적 관심에 덧붙여, 현존 WED 정책틀과 접근법에 대한 비판 또한 필수적이다.『우리 공동의 미래』가 출판된 지 10년 후, WED 조사연구자와 정책분석가 대부분은 관련 분석작업이 상당량 남아 있다는 데 대해 의심의 여지없이 동의했다(Ketle 1995a; 1995b).

여기에는 또 리우에서의 성과물을 통해 정책파기를 막으려는(혹은 추진하려는) 민감한 관심사항이 있었다. 베이징회의 이전의 성공들을 비롯하여 1994년 카이로의 '인구와 개발에 관한 국제회의'(International Conference on Population and Development, ICPD)에서 이루어진 것들이 일부 열성적인 적대자들에 의해 위협받았다.

이와 같은 맥락에서, 리우 경험에 대한 비판적 반성과 WED의 정책개입을 위한 인식론적이고 정치적인 기반이 더욱더 중요해졌다.

UNCED의 경험에 대한 비판적 반성

1992년부터 정책분석가들은 WED와 나아가 더 큰 WED 정책환경을 위해 리우 경험의 중요성에 대해 숙고하기 시작했다. 리우에서의 WED 개입의 타당성과 성공에 관한 의견은 구구하다(van den Hombergh 1993 참조). 가령 사빈 호슬러는 지구정상회의는 '전지구적 균형의 실패'라는 부정적인 평가를 내린다. 호슬러에 의하면, 그 대부분은 단지 지속가능한 개발이라는 새로운 수사 내에서 주류의 목표에 새로운 생명을 준 것일 뿐, 여성과 토착민을 비롯하여 일반적으로 시민그룹들을 포함한 '주변적 활동가'는 '토론의 매개변수'를 바꿀 수가 없었다. 그 대신 WED의 로비노력은 그것이 특히 주류 개발담론에 대한 대안적 개발과 성인지적 언어(language of gender awareness)를 포함시킴으로써 주변화된 목소리를 위원회로 흡수하는 필수적인 과정임을 합법화시키는 데 기여했다고 본다(1994, pp. 146~47). 다양한 준비문서와 아젠다 21에 여성과 여성의 환경에 대한 관심이 포함된 것은 대체로 위선적인 행위에 불과하며 지속가능한 개발을 위한 비즈니스 협의회나 이러한 문서를 더욱 폭넓게 받아들여질 수 있도록 한 세계은행과 같은 활동의 단순한 책략이라는 것이다. 그러면서 "가장 중요한 작업 하나는 작동하는 권력의 전략과 점점 더해 가는 그들의 억지이론의 방식들을 계속해서 가시화시키는 것"이라고 말한다(1994, p. 148).

WED 정책환경에서 비판적 분석이 여전히 중요하다는 호슬러의 항변은 설득력이 있다. 기증기구나 각국 정부는 말은 그럴싸하지만 WED 행동에 지불할 준비가 되어 있지 않는데, 결국에 무엇이 수행되겠는가? 남반구 나라들의 외채누적과 환경악화에 세계은행이 구조적으로 기여했다는 것은, 그 기구의 전체적 전망과 정책 속에서의 갑작스럽고 심오한 변화들을 거의 기대할 수 없게 한다(Rich 1994).

이런 비판에도 불구하고 나는 리우에서 WED의 개입은 가치가 있었으며, WED의 언어로 개선된 공식 정책문서의 존재는 필수적이라고 믿는다. 그러나 좀더 인도적이고 공평하며, 환경 차원에서 기부금 모집과 행동에 책임성 있게 접근하는 단계로서는 확실히 충분치 않다. 아젠다 21의 24장과 같은 공식문서는 기증기관이나 정부부문의 부적절한 행위와 태만에 관해 평가하고 대중적으로 비판하는 중대한 기반을 제공한다.

어쨌든 브라이도티와 차크위비츠, 호슬러, 왕가리가 지적한 대로 WED 운동은 주로 "개발기구, 과학학회, 환경운동, 소비자운동, 재생산권운동과 관련해 일하고 있는 중산층의 교육받은 여성지도자와 전문직여성들"에 의해 주로 수행되어 왔다. 이것은 중요한 한계이다. 만약 우리가 미래를 향한 '실천적 제안'을 공식화하고자 한다면 이 점은 극복되어야 할 것이다(Braidotti et al. 1994, pp. 179~80). 그들이 제안한 대로 "향후 주요 과제의 하나는 UNCED에서 이루어져 온 것을 어떻게 민중적 차원으로 가져올 것인가 하는 것이며, 그 민중적 차원에서 일하는 여성과 어떻게 함께할 것인가 하는 것이다. 또한 어떻게 전향적인 환경변화를 위한 구체적 전략을 개발할 것인가 하는 것이다."

WEDO 자문단: 지역으로부터의 목소리

1993년 가을에 WEDO는 공식기준의 대안으로서 WED를 명확하게 취급하는 '행동기준' 초안[5]을 의뢰하였는데, 이는 베이징의 제4회 세계여성대회를 위한 준비였다. 1994년 초에 이 초안은 WEDO 내의

---

5) 나는 결국 1994년에 WEDO에서 출판된 자료의 초안 작성을 위탁받았다.

WED 자문위원들의 비공식 네트워크 참가자들에게 배포되었으며, 이 비공식 네트워크는 WEDO로부터 기준초안을 평가하고, 틀리거나 부적절한 제기라고 판단되는 중요한 관심사항을 규정할 것을 요청받은 조직이었다. 기준초안의 개정판(WEDO 1994) 역시 베이징 회의를 위한 1994년 3월의 준비회의 기간에 WEDO에 의해 조직된 공개회의에서 토론되었다.

초안은 여성행동 아젠다 21에서 만드는 것과 또 UNCED 기간 동안 토론의 틀에 포함되지 못한 개념과 이념을 강조함으로써 정책토론을 진전시키는 것을 목적으로 하였다.[6] 새로운 출발지점을 설정하기 위해, 초안은 자연세계를 이윤과 기술, 개발패러다임의 중심에 있는 남성 이해관계의 토대로 보는 조직된 세계관으로서 '자원중심주의'(resourcism)[7]라는 용어를 사용했다(Kettle 1993; Stamp 1989 참조). 또한 환경친화적 건강과 건강관리에 대한 여성접근권의 불평등성, 건강증진과 지속가능한 공동체에 대한 정보와 참여의 불평등성 그리고 공동체 내 여성들의 권력공유와 국가적·국제적 의사형성에서의 불평등성 등 세 가지 후기 UNCED의 '비판적 관심영역'을 규정했다. 전적으로 이 초안은 남반구와 북반구 여성들의 공동관심사, 특히 세 가지 비판적 관심영역에 관한 공동관심사의 고리를 규정하기 위한 시도였다.

---

6) 여기서 초안강령은 초점이 되지 않으며, 다만 자문들이 응답해야 하는 토론의 틀을 세운다. 그 결과 초안은 매우 구체적이고 제한적이며 결과적인 논평이 되었다.

7) 이 용어는 Neil Evernden과 John Livingston에게서 빌려왔다. 그들의 작업에서 '자원주의'(resourcism)는 인간이 자연을 단순히 끊임없이 이용하는 것 그리고 자원재정 소득을 위해 전세계적으로 탐색되는 것으로 정의되는 수많은 '자원'을 인식하는 문화적으로 파생된——현재 북반구의 여러 나라들에서 지배적인——세계관을 드러낸다(Evernden 1984 참조).

282

자문단의 대부분은 자원중심주의를 신경에 거슬려 했고 여전히 부적절한 규정이라고 여겼지만 잠재적으로는 의미 있는 것으로 보았다. 세밀하게 고안된 수많은 요점들이 원문에서 자세히 제시되었다. 그러나 우리의 목적을 고려할 때 여기서 중요한 것은 자문집단의 참가자들이 이 초안에서 어떤 것을 선호하는지 혹은 무엇을 감수하고자 했는가 하는 것이 아니라, 부적절하게 표현되었거나 없어졌다고 생각하는 것이 무엇인가 하는 점이다.

다양한 활동무대와 모든 차원에서의 의사형성에 여성이 동등하게 참여할 기회를 늘리고 격려하는 것에 대한 일반적 관심이 대체적인 반응이었다. 가장 주목받은 관심사항 하나는 원주민여성이라는 중요한 이슈에 대한 인식이었다. 베아틀리츠 슐테스(Beatliz Schultess)[8]는 '사회적이고 문화적인 장벽을 무너뜨릴 필요' 그리고 원주민여성들의 동화보다는 그 존재를 인정할 필요성에 대해 긴급하게 탄원하면서 다음과 같이 지적했다.

만일 우리가 근본적 변화를 위한 촉매제 역할을 하기 원한다면 우리는 자기 고유의 문화를 유지하는 여성들과 상호 교류하는 방법을 배워야 한다. 지배적인 백인과 서구사회가 만들어놓은 기준 아래서 일하는 방법을 배운 여성들뿐이라면 우리는 그 속에서 상호교류를 지속시킬 수가 없다.

아로하 테 파레아케 미드(Aroha Te Pareake Mead) 역시 "원주민 여성에게 고유한 이슈와 시각이 있다"고 논평하면서, 마오리족 여성

---

8) 여기서 주를 단 저자들은 각각 내가 이 글에서 그들의 코멘트를 이용할 수 있도록 친절하게 허가해 주었다

들이 자기 아이의 태반을 묻기 위해 만든 성소를 예로 들었다. 이 성소들은 '모든 생명탄생의 어머니에게 탄생의 열매'를 되돌려주는 것을 허락하지만, 그러나 정부기구와 정부간기구는 관습적 권리에 근거하여 '성소'라고 선언한 원주민의 권리를 여전히 인정하지 않고 있다.

많은 자문인들 또한 지역여성들과 민중 차원에 이르기까지, 특히 남반구 여성들의 직접적인 관심사항의 정체성을 확보하는 중요성을 강조하였으며, 그중 하나가 공동소유 자원에 대한 접근권과 사유재산 (특히 물려받은 토지) 등의 토지에 대한 여성의 접근권이다. 공식적 이고 비공식적인 교육에 대한 여성접근권의 중요성에도 강조점이 두어졌으며, 한 자문은 1990년 캄팔라에서 열린 '제1회 민중차원의 여성과 환경 지역워크숍'의 워크숍 권고안 사본을 기증하였다(The Uganda Women Tree Planting Movement 1990). 아프리카의 지방 차원의 WED 이슈를 세밀하고 집단적으로 반영한 이 생생한 문서의 서문에 는 "우리 아프리카 환경문제의 근본원인은 빈곤으로 인해 악화된 무지에 있다"고 되어 있다. 또한 서론에서는 이것이 곧 자원결핍 등 매우 나쁜 상태에서 살아가는 난민들을 양산해 내는 아프리카 내전을 지탱시키기 위한 무기구입에 정부가 막대한 돈을 사용했기 때문이라고 주장하고 있다.

남반구 여성들 삶에 관한 논평들은 대부분 기회·정보·소득·건 강·교육 같은 일상적 필요에의 여성접근권을 제한하는 전지구적 요소에 초점을 맞추고 있었는데, 페르디타 허스턴(Perdita Huston) 은 "여성의 생계와 안녕에 막대한 영향을 미치는 다각적인 제도들의 전지구적 맥락과 구조"에 주목하였고 또 마리아 원스티니(Maria Onestini)는 다음과 같이 논평했다.

284

여성 아젠다는 확산되어서 가정(가정을 넘어서 소규모로 확장된 공동체) 외부에 존재해야 한다. 시장의 전지구화 이후 정치시스템과 환경문제 등은 눈에 띄게 그 의사결정이 미시적 차원에서 전혀 이루어지지 않으며… 점점 더 거시적 차원에서 이루어진다는 것을 의미하게 되었다.

많은 자문들이 무역과 원조의 흐름, 채무누적, 유독성쓰레기의 배치 등 남반구 여성들에게 불균형적으로 영향을 미치는 것들의 전지구적 불평등에 주목하였다. 마리아 외제니아 페농(Maria Eugenia Penón)은 이와 같은 이슈들을 설명하는 데 '자원중심주의'라는 표현을 사용하기를 거부하면서 이렇게 말했다. "우리 스스로 현재의 자본주의 형식과 자유주의 경제 속에서 자본주의에 관해 말하고 있다는 것을 알고 있다." 그러면서 왜 그것을 실제 이름으로 부르지 않는가. 또 브레턴우즈 기구——특히 IMF와 세계은행——와 다국적기업의 부정적 역할을 강조하는 사람들도 있었다.

북반구에서 온 자문들 일부에서도 자각이 있었는데, 즉 선진국가의 바깥쪽에 있는 여성들 역시 지구화와 환경파괴로부터 영향을 받고 있다는 것이다. 특히 건강과 환경적 건강은 이 토론에서 대단한 논쟁점이 되었다. 다음은 마리암 위만의 논평이다. "남반구 여성들 대부분이 북반구 여성들보다 더 어려운 상황에 놓여 있다는 것은 의심의 여지가 없지만, 나는 모든 여성들이 '자원중심주의'의… 공격에 맞서는 주체라고 지적하는 것이 중요하다고 본다." 직장건강 문제도 특별한 관심사항이 되었으며, 나탈리아 미로비츠카야(Natalia Mirovitskaya)는 "여성들의 직업상의 건강문제는 실제로 주류 의료조사에서 비켜나 있다"고 지적했다.

또 어떤 자문은 여성의 필요와 이해관계, 특히 에너지와 관련해서 서술된 과학적이고 기술적 연구가 결여되어 있음을 예를 들어 언급하였다면, 루스 렉테(Luth Lechte)는 남성과 여성 할 것 없이 일부 사람들에게는 과학적으로 읽고 쓸 줄 아는 능력향상의 필요성이 어디에서나 존재한다면서 다음과 같이 말했다. "지역사람들은 특정한 행동을 가져다준 **무엇**이 그들의 환경 속에서 일어난 것은 알지만 그것이 **왜** 일어났는지는 모른다는 사실을 우리는 태평양지역에서 발견했다."

군사주의와 무기거래의 종식 또한 중요한 관심사였다. 자문들은 군사주의와 전쟁 극복의 필수적인 수단으로서 공적 의사결정에의 여성참여 증가의 중요성을 강조하였는데, 알리시아 바르세나(Alicia Barcena)는 다각적 금융기구와 지역개발은행에의 여성참여가 '중요하다'고 보았으며 로지나 윌트셔(Rosina Wiltshire)는 국제무역협상에의 여성참여의 중요성과 이런 협정에 '윤리적이고 공정한 관심'이 보장될 필요성을 강조했다. 이것들과 관련된 맥락에서, 시몬 빌더비크(Simone Bilderbeek)은 다음과 같이 주장하면서 여성과 생물다양성의 연관성에 관한 협상을 설득력 있게 탄원했다.

여성과 자연의 관계는 건강이나 자원의 측면뿐 아니라 영적 측면…에서 세심하게 정립되어야 한다. 자연이 우리를 먹여주고 우리에게 약과 에너지와 건축자료를 공급하기 때문만이 아니라 우리에게 주변의 아름다움이 필요하고 자연의 영적인 힘이… 필요하기 때문에, 여성들에게는 생물다양성이 필요하다.

애당초 기준초안은 여성과 관련한 이슈를 다루는 것을 목적으로 하였으나, 남성과 여성 관계에서의 성적 불평등에 관한 다양한 관심이 전세계적으로 표출되었다. 조니 시거(Joni Seager)는 "절대적으로 불평등이 초관심사이다"고 평했다. 의사결정에 여성의 참여가 토론의 중심을 이루었으며, 슐츠는 필요한 것은 "서로 다른 배경과 문화를 가진 모든 여성의 모든 차원에서의 참여"라고 말했다. 다른 자문들도 WEDO의 요구와 관련하여 "성적 평등이란 전지구적 탐험에 함께 참여하는 사람들, 남성들 사이에서 개방된 내용물로서만이 아니라 의사결정권에 도달한 일부 여성들에게 성별 인지력이 증가되는 수준"이라고 주장했다.

WEDO 자문들이 지적한 중요한 정책적 질문들은 새로우면서도 훨씬 공정하며, 그들이 주장한 환경 차원에서 존중할 만한 개발패러다임은 탈UNCED를 전향적으로 사고하며 이행 가능성이 있는 것이다. 이러한 문서화된 대응들의 근저에는 전지구적으로 공유된 **보살핌**이 있다. 보살핌의 윤리는 전세계 모든 지역과 문화들 속에 있는 여성과 남성들에 대한 존중과 관심, 우리 모두가 의존하는 자연환경의 안녕(well being)을 의미한다.

한 정책문서는 중심요소, 즉 여성 행동의제 21(Women's Action Agenda21)로서의 인류와 지구의 미래와 이 '보살핌'의 접근방식을 완전히 결합시켰는데(WEDO 1992a), 이렇게 볼 때 WEDO 자문들의 최근 문서는 그리 놀라울 것도 없다. '보살핌'이란 전세계의 무수한 사회적·문화적 맥락 속에 거의 보편적으로 존재하는, 여성들에게 할당되어 온 인간의 책임이자 환경의 책임을 말한다. 근대성의 추구와 탈근대성의 와해는 이러한 책임을 더욱더 여성의 것으로 만들었다(Kettle 1993; 1995a). 여성들의 이같은 보살핌의 경험을 적절한 정책과 효과적인 행동으로 전환시키는 것은, WEDO의 자문들이 개괄한 새로우면서도 한결 공정하며 환경 차원에서도 존중할 만한 WED

패러다임의 중심을 이룬다.

WED와 기증단체

북반구의 기증기구들은 정책의 공식화와 여성 행동의제 21에 수립된 성 평등과 환경의 지속가능성의 매개변수를 유지하는 데 주도권을 가지기 위한 자금모집을 통해 WED의 목표를 진전시키는 데 매우 중요한 역할을 할 수 있었다. WED의 구체적인 정책 및 자금모집 가이드라인과 (여성 행동의제 21의 전망 중 일부를 반영하고 있는) 24장을 효과적으로 결합시킨 것은 매우 유용한 출발이었다고 할 수 있다. 따라서 기증기구 내에서 WED 정책공식화와 행동에 관한 현재의 상태를 살피는 것은 매우 유익할 것이다.

최근 CIDA의 WID(Woman in Development) 정책틀에 대한 외부평가는 CIDA와 NORAD가 각종 상호개발조직들의 식견 있는 동료들에 의해 WID와 관련하여 유엔조직들에 가장 큰 영향력을 행사해온 기증기구로 인식되어 왔음을 보여준다(CIDA 1993a, p. 9). 캐나다 대표는 UNCED의 과정이 진행되는 내내 의제 21 제24장의 내용을 강력하게 지지하였는데(Caroll-Foster 1993), 오스트레일리아와 뉴질랜드, 스칸디나비아반도 국가들의 대표와 함께 캐나다 대표는 여성 간부회의의 작업과 WEDO-IPAC의 로비노력에 영향력을 행사하고 성공으로 이끄는 데 중요한 역할을 했다.

'개발에서의 여성과 성 평등'을 위한 새로운 CIDA 정책틀이 첫번째 주제로 설정한 것은 "경제·정치·사회·환경에 관한 정책결정과정에 여성의 참여를 늘리기 위해 개발국가간 그리고 개발국가 내의 발의들을 고무하고 그에 반응·지지하는 것"이었다. 이러한 새로운 정책틀은 관련 승인과정이 필요한 정식문서이자, 'CIDA의 모든 활동'에 적용하기 위한 것이다.

새로운 WID/성 평등 요강은 1992년에 채택된 「개발에서의 여성」과 CIDA의 「환경적 지속가능성을 위한 정책」이라는 두 문서를 바탕으로 수립되었다. 또한 이것은 1984~92년의 효과 측면에서 WID 정책틀에 대한 외부평가를 반영한 것이다(CIDA 1993a; 1992b; 1993a). 평가팀은 CIDA가 진보적이고 계몽적인 WID 기증기구로서의 명성은 획득했지만 1990년 말부터 그 추진력을 잃어버렸다는 것을 알았다. 다시 말해 WID 특별프로젝트와 그들의 총자산이 급격하게 하락한 것이다. 공교롭게도 이와 같은 쇠락은 일정 부분 CIDA가 WED와 핵심적으로 연결되어 있는 새로운 정책분야, 특히 '인권' '선치'(善治, good governance), '환경영향'을 더 많이 주목한 데서 비롯된 것이었다(CIDA 1993a, p. 4). 이 평가보고서는 WID 정책에다가 또 다른 '동시 대조적'인 정책요청들을 통합시키는 것의 중요성을 강조했다(CIDA 1993a, p. 13).

나아가 평가보고서는 1992년 중반에 WID의 요강이——CIDA가 자금모집을 하는 데 있어서의 더 나은 성 평등적 접근을 위한——정책대화를 고취하였음을 지적하였는데, 이는 전통적인 '여성전용 프로젝트'가 점점 무시되었다는 것을 의미하였다. 그러나 국가프로그램 차원에 대한 새로운 접근법을 작동시키기 위한 확실한 수단은 전혀 수립되지 않았다(CIDA 1993a, pp. 5~7). 이러한 딜레마를 극복하기 위하여 평가팀은 미래의 '적절한 자원'배분을 WID에 요구하였다. 그들이 "WID가 CIDA 작업의 주류가 되기 위해"라고 논평하였기 때문에, WID에 기여하는 자원규모는 주변적인 것 이상이 되어야 했다.

한편 새로운 CIDA의 WID 성 평등 정책틀은 평가보고서에서 제기된 관심사안에 대응하는 시도를 하였으나, 새로운 정책틀이 WED와의 관련성들을 얼마나 더 이끌어내고 CIDA의 자금모집을 어느 정도 촉진할지는 아직 미지수이다. 비록 CIDA가 WED 정책 가이드라인을 자세하게 개괄해 내지 못하였지만, 얼마간의 조직적 시도들을 통해 CIDA의 WID 프로그래밍에 있어서 WED와의 관련성을 해석할 수 있었다. 특히 WED 정보장비(CIDA 1993b)와 제24장의 함의에 대한 검토(CIDA 1993c, pp. 37~39)가 여기에 포함되는데, 정보문서는 6개의 CIDA 활동의 특별주제를 검토하면서 '아젠다 21을 다루는 CIDA의 능력을 강화하기 위한' 환경정책 개발과 WID와의 연계를 강화할 것을 권고하였다.

1995년의 CIDA 정책틀은 확실히 진보적인 문서였다. "…대행자 또는 수혜자로서 여성을 강조하는 것을 넘어서서 성 평등과 여성의 세력화(empowerment)"로 훨씬 더 나아갔다(CIDA 1995, p. 2). 젠더와 성 평등(gender equity)은 상황 속에서 구체화된 개념으로 주목을 받았으며, 여기서는 '젠더'(그 의미에 따라 '성' 혹은 '성별'이나 '성적'이라는 말로도 옮겼음—옮긴이)라는 말의 의미와 중요성을 지적해 내고 불평등을 종식시키고 자율을 육성해 가기 위해서는 평등이 집단들에 대해 차별적으로 적용되는 것을 요구한다는 점을 강조한다.

그렇지만 아이러니컬하게도 CIDA의 WID 성 평등 정책틀은 유엔의 정책공식화 과정에서 '젠더'라는 용어가 공격당하고 있던 시점에 제출되었다. 제4회 세계여성대회를 앞둔 몇 달 동안 WED의 관심과 WED 정책환경에서 다른 핵심 요소들은 시간적으로 볼 때 거의 전적으로 이 단어의 사용을 보장하는 데 초점이 맞추어졌으며, 모든 정책은 베이징회의의 행동강령에 이를 반영하는 것으로 되었다.

'젠더'용어에 대한 반발에 직면하여: 베이징회의

멕시코시티에서 제1회 세계여성대회가 열린 지 20년이 지난 1995년, 지구상에서 가장 가부장적인 일부 기구와 국가들이 유엔의 정책과정과 세계여성운동의 지속적인 노력 때문에 모든 차원의 의사결정에서 남성특권이 침식당하고 있다고 주장하기 시작했다. 이와 같은 '반발'은 1994년 세계인구개발회의가 열린 카이로와 이어 1995년 3월 코펜하겐에서 열린 '사회개발 세계정상회의'에서 계속되었다. 카이로에서는 바티칸이 이끄는 연합대표들이 여성의 재생산권과 재생산기회에 관한 일련의 반대입장을 채택하였지만, 이들의 노력에도 불구하고 여성간부회의는 그 힘이 더욱 커진 여성운동과 여성에게 동정적인 국가대표들의 지원을 얻어 여성의 참여, 여성의 관심사항, 여성의 권리를 카이로회의의 중심 행동계획으로 설정할 수 있었다. 이와 동일한 이유로 기본적인 성 평등 원칙은 코펜하겐의 세계정상회의에서 다시 한번 확인되었다. 그렇지만 1995년 4월에 베이징회의를 위한 마지막 준비회의에서는 이러한 성공을 훼손시키기 위한 시도들이 강하게 나타났다.

유엔 준비회의의 공식작업은 대부분 행동강령의 초안작성 과정에 중점을 두었다. 대표단은 예비초안에 반대의견을 제기할 수 있었지만, 회의 사무국은 이를 그대로 수용하는 것이 아니라 다만 특정 단어와 어구들을 '괄호로 묶도록'(유보하도록) 의견제시를 할 수 있었다. 그러면 괄호로 묶인 요소들은 준비회의뿐 아니라 본회의에서도 검토 혹은 거부당하거나 수정되어야 했다. 따라서 사무국과 정부 대표단은 대회에 앞서 초안에서 괄호로 묶이는 곳을 최대한 줄이는 것이 목표가 된다.

1995년 4월 준비회의에서 바티칸, 과테말라, 온두라스, 에콰도르, 수단, 말타, 리비아, 이집트를 포함한 연합대표단은 강령초안의 거의 40%를 괄호로 묶는 데 성공했다(WEDO 1995a, p. 8). 이와 같은 간섭에서 가장 쟁점이 되었던 부분은 모든 텍스트에서 '젠더'라는 단어를 괄호로 묶도록 요구한 것이었으며, 이를 과테말라 대표가 주도하였다. 여성과 남성의 지위·역할·영향력에 관한 사회·문화적인 구성을 표현하는 이 단어는 베이징대회를 불과 몇 달 앞두고 만들어지고 있던 정책에서 초점이 되었다.

1995년 4월, 준비회의 의장은 '젠더'라는 단어——적어도 UNCED 이후 유엔 행동강령에 포함된 단어——는 괄호로 묶일 수 없다는 규칙을 정하는 한편으로 "텍스트 맥락 속에서 '젠더'라는 말에 대한 상식적 이해"를 추구하는 작업집단을 설정했다(WEDO 1995a, p. 9). 이런 정의를 둘러싼 논쟁에서 실제로 쟁점이 되었던 것은 의사결정 과정에서의 남성의 특권이었다. '안티 젠더' 대표단에게 남성특권이란 생물학적으로 고유한——누군가 절대자가 부여한——인간 삶의 일부로서, 결코 변화를 시도할 수 있는 단순한 정책문서 같은 것이 아니었다. 또 한편에는, 세계여성운동이 1975년 멕시코대회 이후 주장해 왔듯이 정책결정 과정에서의 남성특권이——설령 보편적인 것이라 할지라도——단순히 사회적이고 문화적인 것이라면, 도전을 받을 수도 있고 변화시킬 수도 있다는 시각이 존재했다. 결국 '젠더'를 둘러싼 논쟁은 이 세계가 남성을 위해서 남성에 의해 굴러가야 하는 것인가, 아니면 도처의 사람들을 위해서 이 세계가 여성과 남성에 의해 함께 굴러갈 수 있는가 하는 것으로 극단적으로 양분되었다(Kettle 1995c 참조).

마침내 '젠더'라는 용어는 모든 행동강령에 사용되었으며, 나아가 베이징 강령은 성 평등(gender equity)을 요구한 데 이어 일국 내 의사결정 과정과 국제적 의사결정 과정 그리고 토지·신용·유산상속·천연자원·기술 등 경제자원에 대한 접근에서의 성 평등을 요구했다. WEDO의 분석가가 지적하고 있듯이, '평등'은 수치로 측정할 수 없으며 평등과 존엄성에 대한 정의는 더욱 어렵기 때문에 판단이나 측정은 문화상대주의를 향해 열려 있다(WEDO 1995b). 1995년 4월, '평등'이라는 단어의 사용은 WED 활동가들이 상상할 수 없었던 진전을 이룩하였을 뿐 아니라, 나아가 '환경'은 베이징 강령에서 12개 중요 관심영역의 하나로 인식되었으며 회의에서는 90개 정부가 문서의 특별 부분과 관련하여 후속작업을 하겠다는 특별 약속을 제안하였다(WEDO 1995c).

이러한 성과들은 일정 정도 WEDO에 의해 촉진된 여성들의 '연대간부회의'의 활동결과였다. UNCED와 그후 카이로와 코펜하겐에서의 승리로 얻은 성과물을 잃지 않는 것과 유엔 정책문서에서 이 성과를 진전시키는 것을 주요 목표로 삼은 연대간부회의는 베이징에서 73개국의 1320개 NGO대표들을 포괄하고 있었다(같은 책, p. 5).

그러나 베이징에서의 이같은 성과에도 불구하고, 1995년 12월의 WEDO 소식지에서 편집자는 "유토피아는 보이는 것 속에는 없다"고 말했다. 다음은 벨라 압죽의 말이다.

우리는 우리가 원하는 것을 모두 얻지 못했다. …그러나 그것은 세계 각국 정부들에 의해 만들어진 여성의 평등·세력화(empowerment)·정의에 관해 일치된 가장 강력한 진술이다. 여성을 위해서만이 아니라 남성을 위해서, 현세대만이 아니라 미래세대를 위해 이 세계가 무엇을 할 수 있을 것인가를 보여주는 변화된 모습이다.(같은 책, pp. 1~2)

WED의 미래에 관한 숙고

WEDO 고문의 코멘트처럼, 모든 차원의 의사결정 과정에서 성평등은 좀더 안전하고 지속가능한 미래를 위한 더 큰 탐색이다. 또한 WEDO의 전문가들은, 젠더에 민감한 WED 의제를 수립·실행할 때 중심적인 역할은 과거의 악개발과 환경파괴로부터 가장 큰 피해를 입고 살아가는 여성들에 의해 수행되어야 한다고 주장했다. 조직화된 남성특권층의 목소리가 아니라 이러한 여성들의 목소리가 경청되어야 한다는 것이다.

그 밖에도 WEDO의 조직화된 고문들로서 무엇이 가능하고 이런 특별한 주제들이 가장 잘 수행되기 위해서는 어떤 기구와 요소들이 필요하고 어떤 방식으로 이루어져야 하는지 평가·문서화하는 조사작업과 비판적 분석 같은 지속적으로 중요한 역할이 있다. 이러한 노력들에 대한 참여적 접근도 중요하지만, 또 한편으로 다양한 제도적 배경에서 일하는 학자와 정책분석가들의 지속적인 역할과 활동 또한 중요한 것 같다. 물론 CIDA와 같은 기증기구들도 젠더에 민감한 WED의 정책과 실행, 프로그램화에 지속적으로 노력을 기울임으로써 핵심적인 역할을 하고 있으나, 전지구적 WED 정책집단이 특히 정책의 공식화과정에 직접적으로 관여하는 등 지속적인 관심과 참여를 실천하지 않으면 어떤 중요한 일도 현실화되기 어렵다. 그래서 1995년 준비회의에서 제안한 경험들은 대부분 손실되었던 것이다.

물론 WED는 환경에 대한 여성의 관심과 요구를 중심과제로 설정해 놓고 있지만, 어떤 고문들은 WED의 더 큰 의제를 지지하는 남성들의 참여를 위해 새로운 접근방식을 찾아야 한다고 강조했다. 과거에는 WED 정책영역에, 이처럼 더 큰 의제를 집중적으로 탐색하는 사람들에 대한 존경과 우정을 확장시켜 나간 활동가·조사자·정책분석가 들의 참여나 논쟁 그리고 주목할 만한 자발성 등 많은 개방성이 존재했다.

만약 우리가 효과적인 WED 정책관여를 위한 기반으로서 공동으로 일할 열린 마음과 자발적 의지가 있다면, WEDO의 여러 고문이 분명하게 말했듯이 우리는 계속해서 다양성과 열의, 단호함을 키우기 위해 지원해야 할 것이다.

WED 고문집단은 UNCED 여성간부회의의 참여나 베이징 여성연대회의에의 개입 등으로 기여함으로써 여럿이 함께 보살피고 행동하는 노력에 관한 사례와 의제들을 제시하였다. 우리는 이러한 종류의 노력들을 소홀히 여기지 말고 더욱더 요구해야 한다. 더 많은 정책개입과 자금모집 그리고 진실로 지속가능하고 평등한 미래를 위한 더 많은 집단적 참여와 행동을 요구해야 한다.

보니 케틀(Bonnie Kettle)은 캐나다 요크대학의 환경학과 조교수이며, 5년 동안 아프리카 8개국 여성들의 지역적 지식에 초점을 둔 광범위한 조사연구를 위한 캐나다 코디네이터로 일했다. CIDA를 위한 정책기여, 연방서기, 여성환경과 개발 기구, 개발을 위한 과학과 기술에 관한 유엔 위원회, 제4회 여성대회 환경자문위원 등을 역임했으며, 여성과 환경 문제를 다루는『캐나다 여성학연구』(*Canadian Women Studies*)를 비롯한 몇 개 저널의 논문 심사위원이기도 하다. 『성별화된 부와 웰빙』(*Engendering Wealth and Well-Being*. R. Blumberg et al., 1994)에「성별과 환경: WEDNET으로부터의 교훈」(Gender and Environment: Lesson from WEDNET)을 썼다.

참고문헌

Agarwal, Bina (1986) *Cold Hearths and Barren Slopese: The Woodfuel Crisis in the Third World*, London: Zed Books.

________ (1992) "The Gender and Environment Debate: Lesson from India," *Feminist Studies* 18(1): 119~58.

Ahooja-Patel, Krishna (1992) *Linking Women with Sustainable Development*, Vancouver: The Commonwealth of Learning.

Baxter, Diana (1981) *Women and Environment*, Sudan Institute of Environmental Studies Research Paper No. 2, Khartoum: University of Khartoum.

Both Ends (1992) *Report of the Meeting of Coordinators of International Networks on Women, Environment and Development* 8~10 October 1992, Amsterdam: Both Ends.

Braidotti, Charkiewicz, E., Hausler, S. and Wieringa, S.(eds) (1994) *Women, the Environment and Sustainable Development: Towards a Theoretical Synthesis*, London: Zed Books.

Carroll-Forester, Theodora(ed.) (1993) *A Guide to Agenda 21: Issues, Debates and Canadian Initiatives*, Ottawa: IDRC.

Cecelski, Elizabeth (1986) *Energy and Rural Women's Work: Geneva 21~25 October, 1985*, Technical Cooperation Report, Geneva: ILO.

CIDA(Canadian International Development Agency) (1990) *Compendium of Readings for the Environment and Women Session, June 20~1 1990*, Women in Development Directorate Hull: CIDA.

________ (1992a) *Women in Development: a Policy Statement*, Hull: CIDA.

________ (1992b) *CIDA's Policy for Environmental Sustainability*, Hull: CIDA.

________ (1993a) *Gender as a Cross-Cutting Theme in Development Assistance: an Evaluation of CIDA's WID Policy and Activities, 1984~1992*, Executive Summary, Hull: CIDA.

________ (1993b) *Women and the Environment Information Kit*, Women in Development Directorate Hull: CIDA.

________ (1993c) *CIDA's Friendly Guide to Agenda21, Environment Policy and Assess-

ment Division, Hull: CIDA.

________ (1995) *CIDA's Policy on Women in Development and Gender Equity*, Hull: CIDA.

Clones, Julia (1991) *Women's Crucial Role in Managing Environment in Sub-Saharan Africa*, Africa Region, Women in Development, Poverty and Social Policy Division Technical Note, Washington DC: World Bank.

Commonwealth Secretariat (1992) *Women, Conservation and Agriculture: A Manual for Trainer*, London: Commonwealth Secretariat.

DAC/OECD(Development Assistance Committee of the Organization for Economic Cooperation and Development) (1990) *Focus on the Future: Women and Environment*, London: International Institute for Environment and Development.

Dahl, Gudrun (1987) "Women in Pastoral Production: Some Technical Note on Roles and Resources," *Ethnos* 51(I-II): 246~79.

Dankelman, Irene and Davis, Joan (1988) *Women and Environment in the Third World: Alliance for the Future*, London: Earthscan.

ELCI(The Environment Liaison Centre International) (1985) *Women and Environmental Crisis*, Report of the Proceedings of the Workshops on Women and Environment and Development, 10~20 July 1985, Nairobi: ELCI.

Evernden, Neil (1984) "The Environmentalist's Dilemma," in Neil Evernden (ed.) *The Paradox of Environmentalism, Faculty of Environmental Studies*, Toronto: York University.

Fortmann, Louise and Rochleau, Dianne (1985) "Women and Agroforestry: Four Myths and Three Case Studies," *Agroforestry Systems* 2: 253~72.

Hausler, Sabine (1994) "Women and the Politics of Sustainable Development," in Wendy Harcourt(ed.) *Feminist Perspectives on Sustainable Development*, London: Zed Books.

Hoskins Marilyn (1979) *Women in Forestry for Local Community Development: A Programming Guide*, Office of Women in Development, Washington DC: USAID.

INSTRAW(International Research and Training Institute for the Advancement of Women) (1989) *Women, Water Supply and Sanitation: Making the Link Stronger*, Santo Domingo: INSTRAW.

Jacobson, Jodi (1992) *Gender Bias: Roadblock to Sustainable Development*, World Watch Paper 110, Washington DC: Worldwatch.

Kettle, Bonnie (1993) "New Approaches to Sustainable Development," *Canadian Women Studies* 13(3): 11~14.

________ (1995a) "Gender and Environment: Lessons From WEDNET," in Rae Blumberg, C. A. Rakowski, I. Tinker and M. Monteon (eds) *Engendering Wealth and Well-Being*, Boulder, CO: Westview.

________ (1995b) "Key Pathways for Science and Technology for Sustainable and Equitable Development," in *Missing Links: Gender Equity in Science and Technology for Development*, Ottawa: IDRC and UNIFEM, pp. 27~53.

________ (1995c) "Putting Women and the Environment First: Poverty Alleviation and Sustainable Development," in A. Dale and J. Robinson (eds) *Achieving Sustainable Development* vol. 1. Vancouver: University of British Colombia Press, pp. 160~81.

Lewis Barbara (1981) *Invisible Farmer: Women and the Crisis in Agriculture*, Office of Women in Development, Washington DC: USAID.

Maathai, Wangari (1994) *A New Partnership for Development: Agenda for Development, the Experience of Green Belt Movement*, Statement at the UN World Hearings on Development, Nairobi: National Council of Women of Kenya.

Melntosh, Sue (1993) "On the Homefront: In Defence of the Heal of Our Families," *Canadian Women Studies* 13(3): 89~93.

Merchant, Carolyn (1980) *The Death of Nature: Women, Ecology and the Scientific Revolution*, San Francisco: Harper and Row.

Monimart, Marie and Brah, M. (1989) *Femmes du Sahel: la Desertification au Quotidien*, Club du Sahel, Paris: Editions Karthala.

Ofusu-Amaah, Waafas and Philleo, Wendy (1993), *Women and the Environment: An Analytical Review of Success Stories*, Washington DC: WorldWIDE.

Rathgeber, Eva (1990) "WID, WAD, GAD: Trends in Research and Practice,"

Journal of Developing Areas 27(7): 489~502.

Rich, Bruce (1994) *Mortgaging the Earth: The World Bank, Environmental Impoverishment, and the Crisis of Development*, Boston, MA: Beacon Press.

Rogers, Babara (1980) *The Domestication of Women: Discrimination in Developing Societies*, London: Travistock.

Saidullah, Jawahara (1993) "Children of the Himalayas: the Message of Chipko," *Canadian Women Studies* 13(3): 84~8.

Sen, G. and Grown, C. (1985) *Development Crisis and Alternative Visions: Third World Women's Perspectives*, New York: Monthly Review Press.

Shiva, Vandana (1988) *Staying Alive: Women, Ecology and Survival*, London: Zed Books.

Stamp, Patricia (1989) *Technology, Gender and Power in Africa*, Technical Study 63e, Ottawa: IDRC.

Steady Filomena (1993) *Women and Children First: Environment, Poverty and Sustainable Development*, Rochester, VT: Schenkman Books.

Thomas-Slayter, Babara, Raucheleau, D., Shields, D. and Rojas, M (1991) *Introducing the ECOGEN Approach to Gender, Natural Resources Management and Sustainable Development*, Worchester, MA: Clark University.

UWTPM(Uganda Women Tree Planting Movement) (1990) *First Regional Workship on Women and Environment: Workship Recommendations*, Kampala: UWTPM.

UN(United Nations) (1985) *The Nairobi Forward-Looking Strategies for the Advancement of Women*, New York: United Nations.

________ (1992) *Agenda 21*, New York: United Nations.

UNIFEM(United Nations Fund for Women) (1995) *Putting Gender on the Agenda: A Guide to Participating in UN World Conference*, New York: UNFEM.

van den Hombergh, Heleen (1993) *Gender, Environment and Development: A Guide to the Literature*, Institute for Development Research Amsterdam, Utrecht: International Books.

WCED(World Commission on Environment and Development) (1987) *Our Common Future*, Oxford: Oxford University.

________ (1992a) *Official Report: World Women's Congress for a Healthy Planet*, New York: WEDO.

________ (1992b) *News and Views*, May-June 1992, New York: WEDO.

________ (1994) *Environment and Development, Expert Advisory Group on Environment and Development*, New York: WEDO.

________ (1995a) *News and Views*, June 1995, New York: WEDO.

________ (1995b) *Turn the Words into Action! Highlights from Beijing Declaration and Platform for Action*, November 1995, New York: WEDO.

________ (1995c) *News and Views*, December 1995, New York: WEDO.

WorldWIDE(World Women in Defense of the Environment) (1991) "Interview with Joan Martin Brown," *WorldWIDE News* 9(2): 1, 7~8.

품성 좋은 페미니스트(The good-natured feminist): 에코페미니즘과 민주주의*

카트리오나 샌딜랜즈(Catriona Sandilands)

이 글의 제목은 최근 뉴 브룬스위크 관광국 광고판의 "뉴 브룬스위크: 당신은 우리의 멋진 자연을 사랑하게 될 것입니다"(New Brunswick: You'll Love Our Good Nature)라는 문구에서 영감을 얻은 것이다. 이 문구와 함께, 겉으로 보기에 바위투성이의 목가적인 계곡 사이로 끝없이 이어지는 늘푸른 숲으로 뒤덮인 산의 정상에서 내려다본 장관을 담은 사진이 있다. 그 장관을 배경으로 하고 서 있는, 누가 보아도 백인이 분명한 매우 젊고 이성애적인 커플도 보인다. 몸에 꼭 맞는 깨끗한 셔츠와 비싼 카메라장비를 보건대 그들은 필경 여행객일 터이며, 십중팔구 출퇴근을 반복하는 고되고 지루한 일상과

---

* 이 글은 1993년에 작성되었다. 그 중심논쟁은 여전히 유효하고 적절하지만, 이 글은 나중에 에코페미니즘 이론, 녹색정치학 그리고 두 가지 것들에 대한 나의 생각이 변화했다는 진술을 담고 있다. 특히 많은 에코페미니스트들이 그 이후로 변화했다. 비록 다른 이들이 자신들의 본질적으로 좋은 품성(good nature)을 거듭 주장하기를 좋아하는 것 같아도, 많은 에코페미니스트들이 내가 제시한 본질주의에 대해 자세하게 의문을 제기해 왔다.

고층사무실과 업무부담에서 벗어나서 대자연을 체험하는 도시인들이다.

이 사진에서 딱히 별다른 것이 눈에 띄지는 않는다. 은혜로운 자연의 광경은 비단 관광안내책자뿐 아니라 우편엽서와 야생 다큐멘터리의 시작화면, 세븐그룹의 전시포스터, 시에라 클럽의 달력, 심지어 파인 솔(Pine Sol)에서부터 키친 에이드(Kitchen Aid) 냉장고 등의 상품광고에도 나온다. 하지만 여기서 자연은 인간을 결여하고 있다. 끝없이 펼쳐진 녹색의 경치에서 인간의 신호는 보이지 않는다. 농장도 없고 숲을 깎아낸 자리도 없으며, 저 멀리 펄프공장이나 마을을 가리키는 표지판 윤곽도 없다. 여기서 자연이란 '인간'의 부재이며, '아무도 이전에 가지 않은' 곳이고, 문명의 **반대**이다.

이와 같은 모습은 경치를 배경으로 해서 서 있는 생태관광 커플의 존재로 해서 강하게 드러난다. 이 광고에서 이들은 자연의 일부가 **아니다.** 그들은 문명으로부터 와서 자연을 **감상하는** 것이다. 이 커플은 자연을 바라보는 인간을 대표한다. 그리고 그 광고를 보는 우리는 이러한 자연관에 호응하기를 권유받는다. 그들처럼 우리도 우리 앞에 펼쳐진 원시황야를 보기 위해, 말 그대로 우리 발밑의 관음적인 즐거움을 위해 그곳으로 안내되는 것이다.

이것은 자연에 대한 유별난 묘사라기보다 자연 또한 상품이 된다고 간주하는 것이다. 이런 유별난 광고에서 더 재미있는 것은 "뉴 브룬스위크: 당신은 우리의 훌륭한 자연을 사랑하게 될 것입니다"는 문구가 불러일으키는 **이중해석**이다. 우리는 전형적으로 사람 없이 펼쳐지는 자연을 가지는 동시에, 무대 뒤로부터 우리의 의식 속으로 들어오는 매우 인간적인 얼굴을 한 자연을 가진다. 그 자연은 '우리'가 뉴 브룬스위크 광고문구에서 환기시켜 낸 특별히 훌륭한 자연이다.[1]

302

비록 그 배경 속에 숨어 있지만, 우리는 훌륭한 성품을 가진 대서양 캐나다인을 찾아낸 것이다. 우리에게는 전형적인 작은 마을이 있고 공동체로부터 온 따뜻하고 친절한 시민이 있으며, 수제 숄을 걸치고 공들여 만든 퀼트와 자기 집 부엌에서 가져온 잼(그리고 종종 브리티시 콜롬비아에서 가져온 로버트 베이트맨의 작품과 시도 있다. 하지만 그건 그리 중요해 보이지 않는다) 따위를 파는 여성들의 수공예품 가게가 있다. 뉴 브룬스위크의 '훌륭한 자연'에서 우리는 또 다른 상품을 가지게 되는바, 다름아니라 **공동체**(게마인샤프트)이다. 물론 직접 만든 잼과 함께 조심스레 보존된 뉴 브룬스위크의 경이로운 야생을 추구하는 우리의 생태커플에게 먹을 것을 가져다준 역사적이고도 (아마도) 지속되어 온 해양인으로서의 환대도 있다.

내가 토론토의 가디너 고속도로에서 이 광고를 본 건 우연이 아니다. 교통지옥에 빠져 허둥대는 통근자들과 '저 멀리 또 다른 세계'의 가능성에 응답하는 그녀를 상상해 보라. 이 광고에서 생산된 두 개의 자연은 관광객들의 상품이며, 자원추출(사실 그들은 모든 숲의 흔적들을 지우기 위해 광고의 많은 부분을 수정했어야 했다)에 의지한 경제의 쇠퇴를 유지시킬 목적으로 중앙의 캐나다인과 이 지역으로 가는 미국관광객들을 사로잡기 위해 조심스럽게 배치한 진열품의 하나임이 분명하다. 그러나 하나의 **상품**으로서, 페인트를 칠한 황야와 농촌의 수제침대나 아침식사를 늘어놓는 것은 농촌주민들의 삶을 이야기하기 위한 것이라기보다 오히려 도시인들의 상상의 욕구를 이야기하기 위해 고안된 것이다.

이성애적이고 틸리(캐나다의 유명한 여행·등산 전문의류업체—옮긴이)

---

1) '우리'라는 말은 사실 인간과 인간 이외의 것들, 즉 한 지역에 거주하는 모든 것을 포함한다. '좋은 성질을 가진' 곰, 사슴, 다람쥐 들을 상상해 보라.

브랜드로 갖춰 입은 이 백인중산층 커플의 또 다른 모습을 보면, 광고에서 드러난 욕망이 바로 도시인의 욕망임을 금방 알 수 있다. 특히 그 판타지는 동시대 도시생활에서 가정된 소외의 핵심을 나타내고 또 구성한다. 1990년대의 **시대정신**을 특징짓는 작가들이 말하듯이 우리들 도시중산층은 서로 단절되어 있다. 1980년대가 '불필요한' 소비주의의 광풍을 표현했다면, 90년대는 더 간소한 시절로 돌아가고자 하는 열망을 예고한다. 80년대가 '자기중심 세대'(me Generation)을 낳고 개인주의의 만연과 든든한 아침식사, 과도한 흥청거림을 낳았다면, '코쿠닝'(cocooning, 사회생활이나 승진보다는 가족과의 생활에 가치를 두는 것—옮긴이)과 '가족가치'를 지향하는 90년대의 흐름은 우리를 건강과 간소함, 건전함으로 향한 길로 되돌아가게 한다.

　이러한 문화적 맥락 속에서 우리가 자연으로부터 단절되어 있다고 외치는 '환경주의'의 메시지는 독특한 일종의 유행성을 획득했다. 또한 '뉴에이지 운동'을 생각해 보라. 누군가 말한 대로 우리가 진실로 결여하고 있는 것은 '공동체'에 대한 깊은 감수성이다. 물론 이런 시각의 가치를 부정하는 것은 아니지만 아마 이는 다른 맥락에 속하는 것일 터이고, 뉴 브룬스위크의 여행광고는 우리에게 그러한 욕망이 얼마나 쉽게 상품으로 포장될 수 있는지를 잘 보여준다. 이 광고에서 팔고 있는 것은 다름아니라 우리 조상이, 좀더 자세히 말하자면 이 광고가 겨냥하고 있는 도시중산층 백인의 선조들이 살았던 더 간소하고 더 나은 시대의 저장소로서의 뉴 브룬스위크 건설이다.

　이렇게 간소한 삶을 살았던 시대는 인간이 자연과 조화를 이루었고, 서로 사이좋게 살았음을 보여준다. 그곳의 자연은 조심스럽고 사랑스럽게 보전되었고, 그곳의 공동체(만약 당신이 좋다면 여기서도 '가족가치'를 읽을 수가 있다) 역시 그 자신의 영적이고 정서적인

304

생육을 위해 똑같이 소중히 여겨졌다.

여기 이 광고에서 자연과 그 거주자는 모두 공예품이고 박물관 진열품이며, 현재는 당연히 존재하지도 않고 아마 있지도 않았을 생활방식——유행어로 표현하면 피상적 단어로 '라이프스타일'——의 불가능한 표현들이다. 여기서 자연은 여전히 건드려지지 않은 채 존재하고 착취되기보다 경이로운 그 무엇이 된다. 즉 공동체 가치는 여전히 선명하고 도시의 수많은 고립과 이기주의의 주차공간으로 대체된다. 아마 이 두 가지가 자연스럽게 함께 가는 것으로 보이리라는 것이 무엇보다 중요하다.

그렇다면 이것들 중 어떤 것이 에코페미니즘이나 다른 민주주의적 환경정책과 관련이 있는 것일까? 정말로 소비자 지향의 헤게모니적 질서의 한 부분인 관광포스터와 그 질서에 명백히 비판적인 급진적 사회운동은 사회생활의 서로 다른 영역에 속하는 것일까? 이 광고에서 볼 수 있는 자연과 공동체(게마인샤프트)의 표현은 사회운동으로서 나타난 에코페미니즘 맥락의 일부를 형성할 뿐 아니라 에코페미니즘이 비판적이고 변화를 이끌어내는 정치적 기획을 생산하는 데 있어서 가지는 문제점을 보여주는 것이다. 특히 에코페미니즘은 그 저항의 공식적 서술체계 안에서 자연과 공동체에 대해 매우 보수적인 관념에 의존하는 경향이 있다. 이러한 표현은 똑같이 여성에 대한 보수적인 표현과 밀접한 관계를 가진다.

물론 이런 문제들이 에코페미니스트 정책에서만 나타나는 것은 아니다. 특정의 정치의제와 관련하여 에코페미니즘에 여성과 자연에 대한 특별한 이해들이 형성되었지만, 도전적인 헤게모니적 표현들은 민주주의적 기획부분으로서 전체적으로 비판적 사회운동을 위해 중요하다. 따라서 일반적으로 사회운동, 특히 에코페미니즘은 어떻게 그들의 대항적 정책들이 여성과 자연, 공동체를 둘러싼 지배적 담론들에 도전하는지—혹은 도전에 실패하는지—에 주의를 기울일 필요가 있다. 이러한 도전유형은 일반적으로 에코페미니즘과 비판적 사회운동의 정책실행 부분을 형성할 것이다. 민중적 차원에서 시작할 때, 담론의 확산과 제어(reinscription)는 특히 **민주주의** 정치학이 되며, 그럼으로써 심하게 균일화된 반민주적 세계질서에 도전하는 환경주의자들(과 그 밖의 사람들)에게 중대한 순간이 된다.

에코페미니스트: 개관

'에코페미니즘'이라는 용어는 1974년 프랑스의 페미니스트 프랑수아 도본(Françoise d'Eaubonne)이 환경파괴를 막기 위해서는 여성들의 운동이 반드시 필요함을 역설하면서 생겨났다. 그후 도본이나 다른 에코페미니스트에게, 하나의 집단으로서의 여성은 생태적 회복을 위한 기획들의 밑바탕이 되었다. 왜냐하면 도본의 말에서는 모든 차원의 자연과의 관계에서 여성만큼 직접적인 집단은 없기 때문이다. 재생산, 양육, 생계유지 등을 하고 있는 여성들은 그들의 것이든 타인의 것이든 자연의 과정, 삶의 주기를 좀더 민감하게 인식한다. 그리고 이러한 자연과정에 대한 여성들의 통찰력은 결국 남성들이 만들고 남성들이 지배한 환경의 재앙으로부터 빠져나오는 길을 제시할 것이라는 것이다.

북아메리카에서 이런 유의 표현은 적어도 두 가지 방식을 통해서 퍼져나간다. 하나는, 나중에 러브캐널 주택소유자위원회 위원장이 된 로이 깁스(Lois Gibbs)와 같은 여성들의 투쟁에 관해 말하는 것이다. 깁스를 비롯한 여러 사람들은 뉴욕주 보건국에서 개입하기

시작하자 의심을 품었고 암, 유아돌연사, 75%의 유산율, 뇌손상과
기형 등 어린이 신체장애에 관한 증거를 수집했다. 이어 그들은 청원
서를 돌리고 설명을 요구했으며 공동체 구성원 500명을 조직하여
집회와 시위를 벌이는 등, 여태까지 비밀이었던 러브캐널 유독성
쓰레기더미 문제를 **국가적** 문제로 부각시키기 위해 모든 수단을
동원하였다. 그들은 최악의 오염지역에서 떠날 수 있도록 해줄 것과
주택소유주들에게 배상해 줄 것을 강력히 요구했다.[2]

이 경우, 에코페미니즘은 자기 아이들의 건강을 뛰어넘어서 어머
니들에 **의한** 투쟁(예를 들어 깁스는 자신의 투쟁결과 페미니스트가
되었음을 인정했다)들을 서로 연결시키고 그 위상을 설정하는 데
있어서 일종의 개념적 틀을 제공한다. 여성, 어머니 들은 자녀 돌보기
와 건강 돌보기에 대한 책임감에서 가장 먼저 오염의 신호들을 알아
챈다. 이 점에서 볼 때 여성의 재생산 책임은 그들이 자연과 좀더
밀접하게 접촉할 수 있게 해주고 특히 '자연환경이 나빠질 때' 발생하
는 문제들을 알아챌 수 있게 해준다. 온타리오 자문회의의 여성문제
에 관한 최근 문서에는 이와 같은 시각이 선명하게 드러난다.

> 자연환경에 대한 여성들의 관심은 자신의 가족과 지역사회의 건강과
> 안녕에 대한 관심에 뿌리를 두고 있다. ⋯우리는 전통적으로 어머니였으
> 며 가정과 지역사회를 돌보는 간호사이자 보호자였기 때문에 우리 여성
> 들은 핵발전의 확산, 오염된 물, 화학 독성물질에 노출된 우리 가족과
> 이웃들의 건강과 삶에 대한 위협을 빠르게 알아챈다.(Ontario Advisory
> Council 1990, p. 3)

---

2) "Action of Tragedy: Woman at Love Canal and Three-Mile Island," *Heresies* 4/1,
Issue 13, 1981 참조.

이와 동시에 에코페미니즘은 여성운동에서 진행되는 논쟁들에 관해서도 언급한다. 1970년대에 북아메리카 급진적 페미니즘 내에서는 자연에 대한 관념을 비롯하여 자연과 여성의 연관성에 관한 사고가 뜨거운 논쟁점이었다. 여성의 책임으로 되어 있는 아이 돌보기, 물질적 필요와 여성의 관련성, 가시화되어 있는 여성과 자연의 밀접한 관계 등에서 가부장적 억압의 기원을 찾는 급진적 페미니즘의 경우 자연히 논쟁은 재생산을 둘러싼 문제에 초점이 맞추어졌다. 초월적이고 탈육화된 문화로 향하는 과정에서 남성은 여성의 몸과 생산력을 통해, 그리고 자연과 몸·출산의 강한 연관성을 통해 여성을 **지배하기 위해** 이러한 여성의 경험들을 평가절하한다는 것이다.

이와 같은 공식화에서 '자연과의 연관성을 환영해야 할 것인가 단념해야 할 것인가' 하는 논쟁은 여성생물학에 관한 것이었다. 셰리 오트너(Ortner 1974), 슐라미스 파이어스톤(Firestone 1970) 같은 급진적 페미니스트들은 남성과 똑같이 문화, 이성적인 것, 관념적인 것, 지성 등에 완전히 참여함으로써 몸에 대한 전제적 횡포를 깨부수는, 즉 여성의 생물학을 포기하는 방식을 주창했다. 그런가 하면 마리 델리(Daly 1974), 수잔 그리핀(Griffin 1978) 등은 남성문화 그 자체를 바꾸어내는 방식으로, 즉 이와 같은 생물학과 재생산, 생계유지의 과정이 주는 기쁨을 찬양할 것을 주창하였다. 이렇게 폄훼된 삶의 한 부분, 생명을 낳은 재생산능력 때문에 여성에게 부여된 특성은 '남성의' 파괴적 특성이라는 헤게모니를 명확히 거부함으로써 여성을 위한 정반대의 변형된 문화의 기반이 되는 것 같다.

에코페미니즘이 이러한 양극단의 논쟁을 제공한 것은 하나의 탈출구였다.[3] 결국 이네스트라 킹과 같은 에코페미니스트는 단순히 생물학적 결정론에 동조하기보다 사실 여성은 자연을 위한 변형적 전략에

서 문화와 생물학 **모두**를 요구할 수 있다고 주장했다. 1981년에 그녀
는 다음과 같이 썼다.

> 여성은 생물학적 구분선에 서 있다. 우리는 완전히 이성화된 세계
> 속에서는 덜 이성화된 쪽의 인간이지만, 아직 우리는 남성만큼 이성적으
> 로 사고할 수 있고 다분히 이성이라는 사고 자체를 변형시킬 수 있다.
> 여성으로서 우리는 자연에 대항적으로 정의된 문화 속에 있는 자연화된
> 문화이다.(King 1981, p. 15)

이렇게 킹 등의 에코페미니스트들은 본질적이고 생물학적인 방식
으로 사실상 여성이 남성보다 더 자연에 가깝다고 보는 생각들을
거부했다. 그 대신 사회적 역할과 행동 속에 여성을 **위치지우는 것**과
자연창조물로서 여성의 **재현**은 여성에게 양쪽 면 모두를 볼 수 있는
능력을 주었다는 것이다. 다시 말해 이미 자연과 늘 접촉하는 일련의
경험을 통해 그러한 문화가 되어버린 것과 그러한 문화를 실천하는
것이다. 이와 같은 공식화는 자연을 둘러싼 여성들의 투쟁을 이론적
이고 정치적인 맥락 속에 놓으며, 또 자연을 비생물학적인 환원주의
페미니스트 변혁기획 속에서 투쟁의 영역으로 만들어놓는다. 나중에
킹이 썼듯이 "비록 자연/문화 이원론은 문화의 산물이라고 하더라도
우리는 여성/자연의 연계를 끊을 것을 의식적으로 선택할 수 없다.
…(그리고) 우리는 그것을 다른 종류의 문화와 정치들을 창조하기
위한 유리한 지점으로서 사용할 수 있다"(King 1989, p. 23).

---

3) 물론 또 다른 해결책으로 '파괴'라는 것도 있다. 그 좋은 예로는 Joan Scott, "Deconstruct-
   ing Equality-versus-Difference: Or, the Uses of Poststructuralist Theory for Feminism"
   (*Feminist Studies* 14/1, 1988) 참조.

에코페미니즘 그리고 여성과 자연에 관한 담론

에코페미니즘이 생물학적 결정주의의 난국을 넘어 급진적 페미니즘으로의 이행을 추구하는 가운데 일정한 생태적 투쟁들을 모아내고 재형성한다고 말하는 것은 옳다. 여성이 남성보다도 '당연히 더 자연적인' 것은 아니다. 오히려 여성은 가부장제 사회에서 자연과 자연계의 순환을 고유하게 이해하고 있는 양육자로서 **사회적으로** 그 위상이 설정되어 왔다. 이러한 고유한 지식은 보존되고 육성될 필요가 있다. 그것은 여성들이 현재 생태적 투쟁에 참가하는 기반을 형성시켜 줄 뿐 아니라 우리의 미래, 조화롭고 생태적인 미래를 위한 틀을 만들어준다.

이러한 지식의 산물들을 이해하기 위하여 에코페미니즘은 여성이 남성보다 자연에 더 가까운 것으로 위치지어진 상황을 만든 연관관계를 설명하려고 해왔다. 현재 서로 다른 다양한 에코페미니즘이 존재하지만——낸시 초도로(Nancy Chodorow)나 캐럴 길리건(Carole Gilligan) 등 몇몇 사람들은 대상관계론에 초점을 맞추고 있고(정신분석학에서 영향을 받은 북아메리카인), 다른 사람들은 성별분업 분석으로 좀더 기울어져 있다[4]——여성과 자연을 연결시키는 것이

---

4) 에코페미니즘 내의 다른 흐름과 1980년대 나타난 에코페미니즘의 확산에 관한 토론으로는 곧 출간될 졸저, *The Good Natured Feminist: Ecofeminism and Democracy*(Minneapolis: Univ. of Minnesota Press, ch. 2, 3) 참조. 이 주제와 관련해서는 Nancy Chodorow, *The Reproduction of Mothering: Psychoanalisis and Sociology of Gender*(Berkeley/CA: Univ. of California Press, 1978) 참조. 성별 노동분업과 여성의 '차이'의 기원에 관해서는 Nancy Hartsock, "The Feminist Standpoint Developing the Ground for a Specifically Feminist Historical Materialism"(Sandra Harding & Merrill B. Hintikka, *Discovering Reality: Feminist Perspectives on Epistemology, Metaphysics, Methodology, and Philosophy*, London: D. Reidel, 1983) 참조.

사회적 구성물이라는 현재의 가장 영향력 있는 설명은 역사적으로 양자의 관계가 어떻게 형성되어 왔는지에 중점을 둔다. 특히 이러한 분석은 일련의 2개 쌍, 위계적 이원론 속에서 여성과 자연의 위치에 초점을 맞춘다.

이러한 이야기들은 그리스시대의 시작과 함께 전개되며, 기독교 전통을 통해서 진행된다. 즉 세계는 남성과 여성, 문화와 자연, 백과 흑, 이성과 감정, 정신과 몸 등 두 개의 반쪽으로 분할되어 있다는 것이다. 각각의 이원적 쌍 가운데 아래의 것은 열등하고 위엣것과 정반대의 것으로 간주된다. 따라서 자연은 문화의 결여이며, 감정은 이성의 결여가 된다. 아마 가장 중요한 점일 텐데, 각각의 아래쪽 것은 위쪽의 요구에 봉사할 때만이 비로소 가치를 지닌다고 본다. 여기서 자연은 오로지 '자원' '문화의 원료'로서 가치를 가지며, 여성은 아내로서 어머니로서 성적 대상으로서 남성에게 봉사할 때만 오로지 가치를 가진다. 여성과 자연은 자기 고유의 권리 속에서는 '타자'가 아니지만, 가치 있는 남성성의 부정적 반영으로서 대상으로서 자원으로서 존재한다.[5] 따라서 생태위기에 대한 해결책은 이 하위의 극이 가치가 있다는 것, 인간과 인간 이외의 생물의 조화된 관점에서 중요한 구성요소라는 확신 그리고 통합성, 전체성, 지배적이지 않은 사회와 자연의 관계를 향한 운동으로서 좀더 광범위한 민중들 사이에 이와 같은 성질들이 확산되는 것을 인정하는 것 등을 포함한다.

그렇지만 이러한 설명들에는 갖가지 한계 또한 존재한다. 이원론에 대한 이런 초역사적인 설명에서 자본주의나 식민주의는 어디에

---

5) 물론 에코페미니즘과는 다른 정치적 프로젝트의 지향을 갖고 있긴 하지만, 이것은 시몬 보부아르가 말한 것이다(*The Second Sex, New York: Alfred A. Knopf*, 1952 참조).

존재하는 것일까? 이 문제와 관련하여 메리 멜러(Mellor 1992), 캐롤린 머천트(Merchant 1989), 비나 아가월(Agarwal 1992) 등 여러 에코페미니스트 저자들은 '사회주의' 에코페미니스트 분석을 내놓았고 탈식민화된 나라들에서 자연을 둘러싼 여성들의 투쟁의 특성에 대해 지적해 왔다. 그러나 이러한 설명(특히 멜러의 설명)에서도 탈구조주의와 '본질주의' 같은 용어를 빌려오는 문제가 존재한다. 에코페미니즘은 생물학적 환원주의는 아니지만, 때때로 본질주의가 **된다**. 즉 가장 현학적인 설명에서 여성과 자연이라는 구성물은 여성과 자연을 '규명하는' 아주 제한된 개념에 대한 주장을 기반으로 하고 있으며, 생태적 투쟁과 관련된 페미니즘의 **특성**을 찾는 데 기초하고 있다(그 반대도 마찬가지다). 에코페미니즘에서 여성과 자연은 그 독특한 연관성을 통해 구성된다. 즉 이러한 특성은 '차이'로 명명될 수 있으며 매우 제한적이고 비효과적이며 정치적인 표현이 될 수 있다.[6]

차이의 문제는 권력과 억압에 관한 분석으로서, 환원주의에 의존하는 에코페미니스트들의 고유한 문제이다. 만약 그들의 논리가 계속된다면 남성의 자연으로부터 분리, 재생산에 대한 남성의 지배 혹은 여성과 자연을 열등한 지위에 놓는 가부장적 구성물이 문제의 근원일 것이고, 그렇다면 해결책은 이러한 하위주체의 경험을 기반으로 하는 대안을 만드는 데 초점을 두게 될 것이다. 이네스트라 킹에게 여성은 '여성과 자연의 연관성을 끊어버리지' 않도록 선택할 수 있고 또 선택해야만 한다. 멜러에게 '페미니스트 녹색사회주의'는 지금까지 여성에게 부과되어 온 이타주의, 이기적이지 않은 보살핌, 자신들의 잠재력을 실현하고자 하는 타인들을 돕는 열의 등과 같은 가치를

---

6) 내가 에코페미니즘의 '본질주의'에 관해 비판했던 것 가운데 일부가 곧 출간될 나의 책에서는 좀더 완전하게 그려질 것이다.

312

기반으로 해야 한다(Mellor 1992, p. 237).[7] 여기서 자연에 대한 여성의 특성은 억압을 드러내는 어느 정도 하위주체의 경험형태이며, 따라서 그것은 차이에 근거한 페미니스트 정치학이다. 또한 자연을 둘러싼 여성들의 투쟁에서 드러나게 된 문화에 의해 억압당하는 자연의 특성이며, 따라서 그것은 자연의 차이를 인지하는 여성들의 능력(남성 무능력을 함의함)에 근거한 정치학이다. 그리고 이와 같은 차이들은 정체성에 대해 의문을 제기하는 것 같다. 여성의 정체성은 그들에게 자연적인 것, 주어진 자연 안에서의 사회적 위치 혹은 남성이 정의한 문화의 변두리에서, 심지어 다른 이들의 억압의 경험을 강조하는 피억압집단으로서 특권화된 유리한 지점들을 제공한다.[8]

에코페미니스트이며 브리티시 콜롬비아의 생물지역주의자인 주디스 플랜트(Judith Plant)는 이러한 논리에 대한 훌륭한 예를 들고 있다.

역사적으로 여성은 바깥세상의 일에서 진정한 능력을 발휘하지 못해 왔다. 또 (그 자체로서 자연히 논쟁점이 되는) 지적인 삶을 살지도 의사결정을 할 지위에 서지도 못했다. 하지만 오늘날 생태론은 지구에 대해 말하고 인간과 환경의 연관 속에서 '타자'에 대해 말하고 있다. 그리고 페미니즘은 여성과 남성의 관계 속에서 '타자'에 대해 말하고 있다. 에코페

---

7) '페미니즘'에 관한 이러한 시각에 관해 특히 놀라운 점은, 그것이 환경지배의 기원 속의 얽히고설킨 자본의 작용에 대한 비교적 완전한 분석을 추구한다는 것이다.

8) 아가월은 여성을 단일한 범주로 묶는 것에 의문을 가지는 에코페미니즘에 대해 쓰는 여러 저자 중 한 사람이다(그녀는 '페미니스트 환경주의'의 편을 든다는 라벨을 의도적으로 거부한다). Greta Gaard, *Ecofeminism: Woman, Animals, Nature*(Philadelphia: Temple University Press, 1993)에 실린 논문들 또한 그렇다. 심지어 이러한 복수의 평가들에서조차 자연을 둘러싼 여성들의 투쟁기반은 특별하고 억압되고 정체된 자연 속에서의 경험들과 관계가 있다고 하는 강한 인식이 있다.

미니즘은 이러한 두 가지 근본적인(!) 타자에 대해 말함으로써 저항과
변혁의 방법뿐 아니라 상호 연관된 모든 지배의 공통적인 근원에 대한
이해를 추구하고 있다.(Plant 1990, p. 156)

이 서술은 여성과 자연 모두를 위한 자유는 피억압집단의 목소리
를 키워주는 사회운동의 역량에 의지한다는 인상을 준다. 하지만
모든 목소리가 다 그런 것은 아니다. 전진하는 자유를 위해 필요한
것은 억압받고 평가절하되고 (가부장적) 사회와 문화, 즉 '차이' 속에
서 착취당한 삶의 여러 모습에서 흘러나오는 목소리이다. 따라서
에코페미니즘에서 여성은 자신과 자연의 연관성에 대해 말하도록
고무된다. 거꾸로 자연이 **여성의** 경험과 지식의 일부분으로서 나타나
는 순간 자연 또한 말하고 있거나 들려주고 있다고 주장할 수 있다.
이렇게 자연과 여성은 두 개의 연결지점으로 환원된다. 여성이 문화
화하는 곳 혹은 자연이 여성의 경험영역 밖에 있게 되는 곳은 에코페
미니스트들이 말해야만 한다고 느끼는 지점이 아니다.

나아가 자본주의의 중요성을 강조하는 에코페미니즘의 서사들과
특히 인종주의를 다루는 설명들에서조차 이러한 하위주체의 목소리
는 그 반대의 형태를 취한다.[9] 만약 가부장제가 추상적이고 고상한
합리성을 가진다면, 말해질 필요가 있는 목소리는 비합리적인 것이
된다. 과학이 지배적이라면 영성은 인간존재에 필요한 구성요소로서
재평가되어야 한다. 지나치게 열광적이었던 문제들이 시장의 삶에

---

9) 여기에는 제3세계 여성들은 다른 여성들보다 자연에 더 가깝다는 것 혹은 토착민들은
   특히 자연지식의 훌륭한 보고라고 주장하는 에코페미니즘 내의 특별히 난해한 경향이
   있다. 이런 내용들에서는 환경악화가 발생하는 특정 조건 혹은 전통적 지식을 식민화한
   제국주의의 영향에 특별한 주의를 기울이는 시도는 거의 없다.

314

초점을 맞추어왔다면 가족과 관련된 생활방식들이 우리 구원책의 열쇠가 된다. 거기에는 가부장적이고 반자연적인 사회관계들이 타자를 희생시켜 인간과 자연존재 중 한쪽의 손을 들어주었다는 보편적 생각들이 존재한다. 즉 타자의 이야기는 말해져야 하며 재평가되어야 하고, 파괴적인 관계가 도전을 받더라도 인간행동으로 재통합되어야 한다(다른 모든 행동방식에 대해 얼마간 탁월함을 가지지 않더라도 말이다).

불행하게도 그 반대 것은, 문제의 원인으로 보이는 바로 그 이원론을 구체화하는 효과를 가진다. 에코페미니즘에서 강조되는 여성의 모습은 동시대의 서구 백인중산층의 광범한 생각들, 즉 보살핌, 양육, 타자와의 관계성, 몸의 자각 등에 이상화되어 있는 여성성의 측면과 많은 부분 공통성을 가진다. 아이러니컬하게도 에코페미니즘 속의 '여성다움'은 이른바 남성적인 생각들로부터 모욕당한 여성타자를 꼭 닮으려는 경향이 있다. 즉 그 가치가 변했다는 것이다. 여기서 복잡성과 모순은 중요한 특색으로는 거의 나타나지 않는다.

마찬가지로 남성이 억압을 받는 여성의 언어를 열망하지 않듯이, 문화는 우리가 그것으로부터 왔고 또 열망해야 하는 자연상태가 되지 않는다. 여기서 자연은 문명이 온통 잘못되었음을 나타내기 위해 작용한다. 가부장적 문화가 개별화되었기 때문에, 자연은 하나의 상호 연관된 망이 된다. 남성적 이데올로기가 합리성을 강조하기 때문에, 자연은 신비한 것이다. 또한 별로 놀랄 것도 없이 여성성과 연관된 대부분의 속성은 자연의 성격을 나타내는 것이 된다. 즉 자연은 동시대의 문화가 남성적 정수를 보여주는 모든 것들의 명확한 표현이기 때문에 전형적인 여성성으로 정의된다.

이러한 모순적이고 파괴적인 전략의 반대측면이 지니는 중요성 그리고 여성과 자연의 사회적 구성성의 변덕스러움에 의해 표현되는 과정의 일정 부분이 지적된다면, 그것을 가치 있는 정치적 도구로 고려하는 것이 합당할 것이다. 이러한 입장에서 에코페미니즘은 인간/자연 존재의 어떤 부분이 가치, 값어치 혹은 가능성에 관한 지배적인 재현들로부터 어떻게 배제되는지를 성공적으로 지적한다. 즉 그것은 고전적인 감각에서 이데올로기를 비판한다. 그러나 이러한 억압된 모성, 이러한 자연의 특정 구성물은 반어적인 의미를 가지지 않는다. 진리는 남성 이데올로기를 넘어서서 존재하고, 그 진리는 하위주체의 정체성 속에 가로놓여 있다. 가부장적 지배로부터 자유로운 존재방식을 발견하기 위해 저항하는 여성정체성은, 찬양되고 고착화된 가부장적 사고로부터 전환할 필요가 있다. 마찬가지로 만약 인간과 자연의 관계성이 회복된다면, 자연과의 연속성에 대한 경험에 근거한 새로운 인간정체성 또한 재발견될 것이고 억압적이지 않은 새로운 행위코드로 통합될 것이 분명하다. 우리가 가지고 있는 것은 새로운 정체성의 창조, 좀더 정확하게 말하면 자연을 보살피고 자연과 연결되며 자연을 존중하는 오래된 가치의 재평가를 기반으로 하는 정치학이다. 이것은 어느 정도 친숙하게 들리지 않는가? 또 다른 것으로서 머천트를 인용해 보겠다.

역사적으로 자본주의의 발생은 생산이 사용가치에 의해 이루어지고 남성과 여성이 경제적 동반자로 일했던 자급자족 농업과 도시의 가내수공업을 침식시켰다. 그 결과 자본주의 경제는 남성들이 지배하게 되었고, 여성은 가정에서 무보수로 일하게 되었으며 동시에 시장경제에서 활약하는 남성노동에 종속되어 버렸다. 여성과 자연은 모두 자연의 속박으로부터의 점진적인 인간해방의 일부로서 남성에 의해 착취당했다. 그리하여

316

마침내 여성과 남성은 서로 소외되었고 남녀 모두 자연으로부터 소외되었다.(Merchant 1990, p. 153)

이 구절은 퍼즐의 마지막 조각을 제공한다. 에코페미니즘은 여성과 자연에 대한 일련의 헤게모니적 구성물 내에서 움직일 뿐 아니라 착취되지 않는 여성과 자연 속의 '좀더 단순하고 좀더 좋은 시대'를 되돌아본다. 머천트가 말하는 황금시대는 다른 에코페미니스트들이 신석기시대를 동경하는 것에 비하면 현재와 좀더 가깝지만, 우리는 똑같이 광범위한 구성물, 즉 어딘가에서 게마인샤프트를 의미하는 공동체만이 아니라 공동체가 전체적으로 작용하는 데 반드시 필요한 요소로서의 여성과 자연을 위한 좀더 나은 삶을 구현한 과거를 본다.

에코페미니즘 속에 표현된 공동체에 대한 열망은 사회적 가치(우리 시대 가족들 사이에서 나타나는 권력형태에 의문을 던지지 않고) 속에, 그 중심지를 회복한 가족과 가정을 그리려는 정치학 유형 속에 또한 명백하게 나타난다. 실로 가정이란 은유는, 자연 속의 새로운 존재는 우리에게 쉼터를 제공하고 생계를 유지해 주는 곳, 기술이나 다른 수완 없이도 '있을' 수 있는 곳, 만약 우리가 우리를 사랑하는 것들에 세심한 주의를 기울인다면 새로운 가치와 행위를 배우는 곳으로서의 지구처럼 여겨진다는 사실을 묘사하곤 하였다. 거듭 말하지만 가령 그리스어로 'eco'의 어원인 oikos가 의미하는 것은 '가정'이다. 따라서 가정은 양육, 돌봄 그리고 연결성의 은유이며 우리의 이상적인 생태공동체의 형상이다.

이렇게 거기에는 공동체, 여성, 자연이라는 세 가지 중요한 요소가 존재한다. 이러한 결합 속에서 이 세 가지 요소는 이상화된 특성들을 공유한다. 그러나 물론 아무것도 실제로 존재하지 않는다. 그러한 재현들은 우리가 꾸며낸 좋은 성품을 가진 뉴 브룬스위크의 사람들 그리고 잘 맞춰진 박물관의 조각품과 같은 것이다. 그 재현들은 여성, 자연, 공동체가 만들어지고 유통되는 것을 통해, 복잡하고 모순적인 담론들이 아니라 구체화한 열망들에 대해 말한다. 그 재현들은 아주 중요하게 비판적 사회운동에 의한 아이러닉한 허구로서 창조된 것이 아니라, 비판적 사회운동이 흔들어놓으려고 시도하고 있고 또 그래야만 하는 헤게모니적 담론의 모습들이다. 결국 여기서 에코페미니즘은 비판을 하기 위해 자세히 설명해 오던 바로 그 관계들에 도전하는 데 실패했다. 헤게모니적 담론들 속에 이미 **존재**할 뿐 아니라 여행안내책자 속의 광범위한 상품으로서 **명백하게** 사고 팔리는 이상화되고 구체화된 일련의 재현 속에는 어떠한 도전도 없다.

아마 에코페미니즘은 시장에서 유용하게 될 그러한 담론들을 단지 사서 잠가놓고 쌓아놓았을 뿐 채워넣지 않았다. 다른 한편으로 단순한 역전은 담론들이 헤게모니를 갖게 됨으로써 그 관계성에 도전하는 데 실패하기 때문에 정치적 전략으로서는 불충분하다. 위계적인 담론들을 취하고 또 단지 그것을 위계질서의 꼭대기에 가져다놓기만 하는 것은, 담론 그 자체를 바꾸어놓거나 그 담론이 말이 되게 만드는 것 속에 작동하는 권력관계에 의문을 던지지 않는다. 결국 에코페미니즘의 열망은 우연이 아니라 지난 시대의 삶의 방식, 여행객의 열망에 대한 광고와 똑같은 모습을 가지게 된다. 지배적 담론 내에서 만들어진 욕망의 재현들과 에코페미니즘은 둘 다 그 담론의 교의에 도전하는 데 실패함으로써 똑같은 구체화, 똑같은 단순화 그리고 우리가 멋지게 자연화된 여행포스터에서 보았던 타자성에 대한 동일한 주입들의 희생물이 된다.

동요시키기: 에코페미니즘과 민주주의

환경정치학에서 가장 중요한 국면 중 하나는 지배적 담론들에——민주주의적이라고 일컬어지는 그 어떤 사회운동 정치학들에도——천착되어 있는 권력관계에 대한 도전을 수반한다. 그 어떤 민주적 환경주의 안에서도 자연과 인간의 관계 그리고 인간 상호간의 관계를 범주로 규정짓는 헤게모니적인 재현능력에 저항하는 것이 반드시 필요하다. 대안을 창출하기 위해서 혹은 상식의 헤게모니 판들 속에 나타나는 감각과 실재들의 정의를 넘어서기 위해서는 그러한 헤게모니적 재현들을 강조하는 질서에 도전하고 그것을 바꾸어내는 것이 중요하다.[10]

이 점에서 동요시키기와 민주화는 맥을 같이한다. 헤게모니적 진실이 부분적이고 불완전하다는 것이 드러나는 순간은 곧 다른 담론들이 좀더 맹렬하게 드러나거나 만들어지는 순간이 된다. 그것은 확실히 우리가 늘 다중적이고 모순적인 담론들——예를 들어 여성의, 자연의, 공동체의 담론들——을 필요로 하는 경우이다. 하지만 그것은 그러한 범주들(공공)의 쟁점들이 사회생활의 더 넓은 지점에서 점점 더 많은 대응들을 생산하는 경우이기도 하다. 따라서 안정이 깨지는 순간 속에는 더 위대한 민주주의를 위한 잠재력이 내재되어 있다.

---

10) 정치적 담론 속의 자연에 대한 도전적 해석의 좋은 예로는 Shane Phelan, "Intimate Distance: The Dislocation of Nature in Modernity"(Jane Benette and William Chaloupka, *In Nature of Things: Language, Politics, and Environment*, Minneapolis: Univ. of Minnesota Press, 1993) 참조. 그리고 젠더와 자연, 유기체적 이원론의 죽음에 관한 훌륭한 해석으로는 Donna Haraway, "A Manifesto for Cyborgs: Science, Technology, and Social Feminism in the 1980s"(Linda Nicholson, *Feminism/Postmodernism*, New York: Routledge, 1990) 참조.

동시에 민주주의는 표현공간이 열려 있는 한, 공공의 쟁점들을 향한 민주주의적 열의와 더 어려워지는 갖가지 구성물 사이의 질서를 이어붙여 단일화시키는 능력에 의해 위협당하기 쉽다. 셸던 울린 (Sheldon Wolin)의 말을 바꾸어서 표현한다면 "민주주의는 헤게모니의 악몽이다." 민주주의는 그 증대과정에서 더 불안정해기 십상이지만, 그것은 오직 헤게모니를 가진 면이 부분적이고 불안전하게 보이게 될지 여부에 달렸다.

대부분의 에코페미니스트들은 자신들의 최선의 의도에도 불구하고 여성과 자연과 공동체를 둘러싼 헤게모니적 담론들이 부분적이고 불완전하다는 것을 보여주지 못했다. 대신 그들은 대체로 지배담론 내에서 연구해 왔으며, 단순히 자신들의 다양한 구성요소들에 부착된 가치들을 다루어왔다. 그들은 계속해서 창조적으로 분리시킬 필요가 있는 것들을 균일화시켜 버렸다. 또한 그들은 그렇게 하는 데 있어서 혼자가 아니었다. 종속적인 정체성, 반대편의 정체성에 초점을 맞추었듯이 다른 비판적 사회운동가들 역시 타자성이라는 사고를 취해 왔으며, 우선 그 타자성을 구축한 관계에 아이러닉한 합법성을 부여하는 정치학에서 그것을 생산해 왔다. 분석적으로 볼 때 이러한 전략은 정체성을 만드는 사회적이고 정치적인 과정을 설명하지 못하기 때문에 부적절하다.

정치적으로는 또 다른 일련의 질문들이 제기된다. 종속적인 구성물들이 어떤 정체성의 기초가 될 만큼 사람의 특정 부분을 강조한다면, 어쩔 수 없이 타자의 표현이나 창작물들을 억제한다. 예를 들어 에코페미니즘의 창작물에서 정치학은 여성으로서 혹은 여성(그리고 아주 특정화된 여성집단)에 **의해** 경험된 자연으로서 여성에게 영향을 미치는 특정의 이슈군에 의해 정의되어 왔다. 에코페미니스트들이 모든 것은 잠재적으로 에코페미니스트의 이슈가 될 수 있다고 주장하는 만큼, 그것은 다른 환경단체들이 잠재적으로 가치 있는 에코페미니스트들의 통찰들을 안전하게 주변화시킬 수 있는 특정의 정체성의 구성결과가 된다.[11]

어느 한 에코페미니즘이 그러한 수렁에 빠져 있는 것과 마찬가지로, 정체성의 정치학은 민주주의적 사회변혁이라는 도전을 일으킬 수 없다. 그 대신 필요한 것은 정체성을 생산하는 관계와 담론들을 동요시키는 것이다. 이와 같은 프로젝트는 헤게모니적 담론에서 생산된 자연과 여성과 공동체의 구체적 모습들에 대해 적극적이고도 확실하게 도전하는 것 그리고 확실히 다른 방법들이 있을지라도 (다양하게 정의되는) 지역의 지식들을 재전유함으로써 광범위한 가능성들을 자기의식적으로 민주화하는 것 모두를 포함한다.

녹색당은 그 불충분함에도 불구하고 민주화와 동요를 향해 몇 가지 흥미 있는 약속들을 보여주었다. 적어도 논문에 나타난 녹색정

______

11) 예를 들어 내가 온타리오 녹색당과 작업하는 동안, 여성활동가들은 자신들이 불만을 갖는 것은 에코페미니즘이 아니라 녹색정치학 속에서 지배당하는 방식이라고 내게 몇 번이나 표현했다. 녹색당에서 일어났던 일은 페미니즘이 우선순위, 필요성, 가능성에 대한 기존의 녹색담론에 종속되는 과정에서 에코페미니즘으로 환원되어 버린 것이다. 녹색당 안에서 페미니즘은 (나의 경험상) 거의 대부분 또 다른 것들, 여성들의 구조적인 가난, 선거정치학의 성차별주의 혹은 어느 공동체의 여성이 삼림을 벌채하는 것이 다른 것과 똑같은 영향을 미치는 않는다는 것 등과 같은 문제들은 무시하면서 양육이라든가 자연과의 연계에 대해 말하는 일종의 주장으로서 나타난다. 결과적으로 페미니즘은 온타리오 녹색당의 정치적 전략에서는 전혀 알려지지 않았다. 양육에 대한 가치평가를 둘러싼 담론들은 젠더 이슈에 대한 심각한 토론을 위해 유보되었다. 따라서 녹색당의 에코페미니즘은 페미니스트 에콜로지와는 전혀 다른 것이다. 그것은 정치적 토론, 법률위반 그리고 민주주의를 소모시키는 하나의 정체성이 된다. 나는 이런 종류의 문제들이 녹색당 내에서의 단순한 현상적 성차별주의 탓으로 간주될 수 없다고 본다(비록 그러한 귀착이 원인 없이 되지는 않겠지만).

치학의 많은 부분은 자연과 공동체에 대한 지역의 지식들을 창조해 내고 그것들에 힘을 부여하는 데 초점을 맞춘다. 우리가 여전히 몇몇 녹색 계획안들에서 '망가지지 않은 야생'의 요소를 볼 수 있는 데 반해, 그들의 행동과 정치적 강령은 특별히 인간을 포함하는 자연을 중심에 둔다. 마찬가지로 녹색정치학에서 가장 흥미로운 특징 가운데 하나는 공동체에 대한 지역적 정의이다. 적어도 온타리오 녹색당은 근본적으로 공동체에 관한 다양한 의미들을 정치학 위에다 다시 새기는 데 관심을 가진다.[12] 아마도 녹색당원 상당수가 도시인이기 때문에 이러한 공동체는 게마인샤프트와 비슷하지 않을 것이다. 오히려 그것은 지역의 의사형성, 지역의 생산과 소비, 지역의 설계를 기반으로 한다. 이러한 모든 공동체주의자들의 원칙들은 그것이 어떻게 특정 지역의 지리학과 생태계를 통해 명확히 생산될 필요가 있는지를 보여주는 의제 속에 자리잡고 있다.

따라서 자연은 지역적으로 상술된다. 즉 그것은 널리 바라보는 풍광이 아니라 일상의 인간과 자연의 상호작용이다. 그것은 '야생 속의 인간'에 초점을 맞추는 것이 아니라, 그것이 인간에게 의미하는 것이 무엇인가를 재구성하는 부분으로서의 환경 속에서 대안적인 삶의 방식을 개발하고 그 환경에 대해 생각하는 것에 초점을 맞춘다.

이와 같은 재공식화는 자본주의에 의해 파괴된 은총을 가슴 아파하기보다는 농촌의 촌락들만큼——비록 그들과 다른 식일지라도——

---

12) 적어도 그들은 그렇다. 졸고, "Ecology as Politics: The Promise and Problems of Ontario Greens"(W. K. Caroll, *Organizing Dissent: Contemporary Social Movements in Theory and Practice*, Toronto: Garamond, 1992)에서 서술한 대로 그러한 민중적 변혁에 초점을 둔 녹색당과 선거정치학에 관심을 갖는 녹색당 사이에 균열이 존재했다. '선거주의자'들이 이긴 것처럼 보였고 '민중주의자'들은 다른 운동으로 이전한 것 같았지만 이것은 또 다른 이야기이다.

소속감과 힘을 부여하는 민주적이고 책임감 있는 인식을 증진시키는 제도를 수립하는 등, 새로운 형태의 공동체를 고안하는 것을 조건으로 한다.

여기서 지역적인 것의 건설은 단순히 전지구적으로 균일화된 것 속의 작은 한 지점으로서의 건설이 아니라 그 자체의 의미생산을 위한 중심으로서의 건설이다. 여기서 지역적인 것은 좀더 넓은 계획 내에서의 중요성이 아니라 그것을 정의하는 과정 속에서의 위치를 말한다. 따라서 민주화의 필요성에 대한 인식, 즉 그러한 공동체가 정의되고 조직될지라도 광범위한 원칙들——지속가능성과 민주주의 그 자체——이 공동체 그 자체로서의 지역 차원에서 만들어져야 한다는 인식이 자리잡고 있다. 설령 누군가 이런 정치적 의제 속에서 뉴 브룬스위크의 관광포스터에 전시된 연계성에 대한 열망의 요소를 명확하게 볼 수 있다 하더라도, 정치학 그 자체는 우리에게 정치적인 관광객의 행선지를 팔지 않는다. 그보다 그것은 자연과 공동체가 잠재적으로 일상생활의 일부가 됨을 보여주지만, 존재하는 각각의 헤게모니적 구성물의 한계 내에서는 얻어질 수 없거니와 그것을 전체화하고 물화하고 상품화하고 힘을 박탈하는 헤게모니적 담론 그 자체의 작동에 대해 도전하는 투쟁 없이는 획득되지 않는다. 녹색당이 제안한 공동체는 적어도 일정 부분 고속도로 간판 위에 존재할 수 없다. 왜냐하면 그것은 지배적 담론 속에서는 의미가 통하지 않을 것이기 때문이다. 즉 자연과 공동체에 대한 헤게모니적 구성물들에 도전한다는 것은, 여행의 열망이 겨냥하는 구체화된 타자가 있을 수 없다는 것이다. 그 여행객들의 '훌륭한 품성'이 무엇과 같을지 누가 아는가? 이러한 맥락에서 볼 때, 다중적이고 지역적인 지식을 요구하고 합법화하는 담론의 확산은 일종의 민주주의적 행동이 된다.

　요컨대 자연과 공동체를 재공식화하는 녹색당의 의제는 헤게모니적 담론을 동요시키는 하나의 도전이다. 그것은 그 주요사항들이 민주화에 초점을 맞추고 있기 때문이기도 하다. 우리는 어떤 자연과 어떤 지역이 스스로 자신들을 규정하는 서로 다른 지역 집단에게 힘을 부여하는 최대한의 과정처럼 보이게 될 것인지 상술할 수 없다. 여기서 동요는 민주주의를 **통해** 진전된다. 자연과 공동체의 다양하고도 철저히 반역적인 의미들은 민중들과 지역의 관심에서 나타난다. 그리고 그것은 비공식적인 욕망을 대량의 상품으로 전환시키고 자연과 공동체를 고고학으로 만듦으로써 헤게모니를 재생산하는 이러한 지역에서 담론들에 대한 지배권을 장악하고자 하는 사회질서에 대한 명확한 거부 속에 존재한다. 따라서 확산행위, 의미 그 자체의 민주화는 하나의 심오한 도전이다.

　아이러니컬하게도 페미니스트들의 문제는 지역적인 것이 대참패를 겪은 곳에 존재한다. 지역에 대한 구체적인 구상을 지향하는 녹색당 내에는 지리학에 의미를 두는 경향이 존재한다. 어떤 점에서 녹색당은——많은 생물지역주의자들처럼——그러한 소속의 주요 재현으로서 장소를 고려하는 식의 공동체를 지향하고 있다. 그렇게 함으로써 그들은 정체성의 정치학 지형으로 빠져 들어가고 있다. 이것은 녹색당이 자신들의 그 철저한 관행에 페미니스트 정치학을 포함시키기를 어려워하는 한 가지 이유이기도 하다. 즉 상대적으로 불안정한 방식으로 지역개념에 대해 의문을 제기하게 된다는 것이다. 장소는 궁극적으로 민주주의를 보증하지 않으며, 페미니스트들에게는 전혀 필수적인 의미를 가지지 않는다.[13] 그것은 또한 지역과 자연에 대한

---

13) 가정은 많은 여성들에게 특히 안전한 장소가 아니라고 하고, 가사노동 분업이 전혀 공정하지 않다고 가정하면, 가정의 은유에 대해 심각하게 재고하게 될지도 모른다.

헤게모니적 담론을 동요시키는 것이 곧 녹색당이 할 준비가 잘 안되어 있는 것, 즉 만약 그들이 지향하는 공동체가 서로 다른 성질을 것들을 존중하고 키워주는 것이라면 마땅히 착수해야 할 과정으로서 여성에 관한 담론의 동요를 필요로 할 것이라고 제안할 것이다.

에코페미니스트들——확실히 녹색당보다는 여성에 관한 담론들을 동요시킬 준비가 더 잘되어 있다——에게 핵심적 프로젝트는 '민주화'이어야 한다. 이 과정은 여성의 목소리가 현재 재현된 것보다 더 넓게 확장될 수 있도록 열린 담론의 공간을 요구한다. 그러면서도 한편으로 억압과 구원의 지배자 서사의 기초로서의 정체성 구체화에 근거한 프로젝트에서 벗어나, 갈등하는 견해들을 양성하는 프로젝트, 자연에 대한 다양한 '상황 속의 지식'(situated knowledges, 포스트모던 페미니스트 이론가 도너 해러웨이가 "A Manifesto for Cyborgs: Science, Technology, and Social Feminism in the 1980s"에서 사용한 용어로서 지식은 특정 상황 속에서 만들어지고 특정 장소에서 구체화되고 육화된 것(embedment)이며 또 부분적이라는 의미로 사용되었다. 이 용어는 에코페미니스트들에게도 서로 다른 특정 장소와 구체적인 경험 속에 만들어지는 여성들의 활동 및 환경에 관한 지식을 고찰하는 데 유용한 것으로 받아들여지고 있다—옮긴이)의 긴장을 통해 작동하는 프로젝트 그리고 모든 맥락 속에서 모두가 얻으려고 애쓰는 이상으로서의 단일한 것을 구체화하기를 거부하는 프로젝트를 지향하면서 좀더 일반적으로 정체성의 정치학의 핵심 교의를 재고할 것을 요구한다.

민주주의는 지역적이고 부분적이고 항상 이미 진행중이다. 하지만 민주주의는 여성의 범주나 여성과 자연의 관계맺음에 대한 헤게모니적 재현들에 도전할 잠재력을 지닌 (다양하게 정의되는) 지역적 지식을 자세히 서술하고 그에 힘을 부여하는 것 등과 같은 비판적

재고를 **보증해** 주지 않는다. 민주주의는 너무나 사회적이고 정치적인
생활 속에 널리 퍼져 있다. 이러한 재현들에 진실로 도전하는 것은,
권력의 광범한 확산과 그것이 지역적이고 민주적인 구조 속에 다시
자리잡는 것을 찬성하는 주체들과의 연대를 포기할 것을 제안한다.
집단적으로 아치를 이루는 존재로서, 또 일련의 공통의 성별화된
대상을 지닌 목소리로서의 여성은 전혀 존재하지 않을 것이다.[14]
사실 공동체와 마찬가지로 여성의 범주는 본질이나 입장으로서의
여성의 위상 설정보다는 그것을 확실히 위반해 버림으로써 나타난다
고 할 수 있다.

이것은 에코페미니즘 정치학 속에서 강조되어야만 할 파괴적 잠재
력이다. 지역의 지식을 가져오고 강화하는 과정은 종국엔 저항의
정치학으로서 에코페미니즘의 가장 큰 강점 가운데 하나가 된다.
리 퀸비(Lee Quinby)는 다음과 같이 썼다.

하나의 저항정치학으로서 에코페미니즘은 우리에게 문화적으로 서로
다른 남성과 여성들이 자신들의 특정 토지와 몸의 문제를 위협하는 것들
에 대해 항거한다는 진실에 직면하게 만들고, 그럼으로써 우리가 알아온
세계와 진실, 즉 심지어 우리의 급진주의 정책의 진실들을 정해주는
경험의 범주들을 의심하게 한다.(Quinby 1990, pp. 126~27)

에코페미니스트들에게 제한적 헤게모니 구조들에서 벗어나는 파
괴의 과정은 곧 그들의 매우 광범위한 기반을 붕괴시키는 것을 의미

---

14) 이 점에 대해 나는 페미니스트 탈구조주의의 중요한 유산의 도움을 받았다. 특히
Denise Riley, *Am I That Name? Feminism and the Category of 'Woman' in History*, Minnea-
polis/MN: Univ. of Minneasota Press, 1988) 참조.

한다. 그것은 우리 자신의 좋은 품성에 심각하게 도전하는 것을 의미한다. 또 그것은 여성들의 지역적 지식의 구축을 향해 노력하는 것을 의미한다. 그러한 여성들의 지역적 지식은 전체적이고 균질적인 재현 그리고 근본적으로 힘을 박탈하는 재현들로서 우리에게 되돌아오지 않는 지식이다. 그것은 이러한 재현들이 통용되는 조건들에 저항하고 그것을 뒤엎는 지역투쟁과 지역지식들 사이의 연대감을 키워가는 것을 의미한다. 나아가 그것은 아마 무엇보다 민주주의 정치학이 우리로 하여금 우리의 상식에 이의를 제기하게 한다는 사실과 함께함을 의미한다.

카트리오나 샌딜랜즈(Catriona Sandilands)는 캐나다 요크대학의 환경연구과 조교수이며, 관심영역은 사회이론 및 정치이론, 환경사상, 환경정치학, 성별/페미니스트 이론 등이다. 주요 저서로는 『품성 좋은 페미니스트: 에코페미니즘과 민주주의 추구』(*The Good-Natured Feminist: Ecofeminism and Quest for Democracy*, Univ. of Minnesota Press, 1998) 등이 있다.

참고문헌

Agarwal, Bina (1992) "The gender and environment debate: lessons from India," *Feminist Studies* 8(1): 119~58

Daly, mary (1978) *Gyn/Ecology: A Metaethics of Radical Feminism*, Boston, MA: Beacon Press

D'Eaubonne, François (1980) "Feminism or death"(orig. "Le feminisme ou la mort," 1974), translated and excerpted in Elaine Marx and Isabelle de Courtivron (eds) *New French Feminism: An Anthology*, Amherst, MA: University of Massachusetts Press

Firestone, Schulamith (1970) *The Dialectic of Sex: The Case for Feminist Revolution*, New York: Bantam Books.

Griffin, Susan (1978) *Women and Nature: The Roaring Inside Her*, San Francisco: Harper and Row

King Ynestra (1981) "Feminism and the revolt of nature," *Heresies* 4, 1 (issues 13): 12~16.

――――― (1989) "The ecology of feminism and the feminism of ecology," in Judith Plant (eds) *Healing the Wounds: The Promise of Ecofeminism*, Toronto: Between the Lines.

Mellor, Mary (1992) *Breaking the Boundaries: Toward a Feminist Green Socialism*, London: Virago.

Merchant, Carolyn (1980) *The Death of Nature: Women, Ecology and the Scientific Revolution*, San Francisco: Harper Collins (repr. 1989)

――――― (1990) "Ecofeminism and feminist theory," in Irene Diamond and Gloria Feman Orenstein (eds) *Reweaving the World: The Emergence of Ecofeminism*, San Francisco: Sierra Club Books.

Ontario Advisory Council on Women's Issues (1990) *Women and the Environment*, Toronto, Octobor.

Ortner, Sherry (1974) "Is female to male as nature to culture?," in Michelle Zimbalist Rosaldo and Louise Lamphere (eds) *Women, Culture and Society*, Stanford, CA: Stanford University Press.

Plant, Judith (1990) "Searching for common ground: ecofeminism and bioregionalism," in Irene Diamond and Gloria Feman Orenstein (eds) *Reweaving the World: The Emergence of Ecofeminism*, San Francisco: Sierra Club Books.

Quinby, Lee (1990) "Ecofeminism and the politics of resistance," in Irene Diamond and Gloria Feman Orenstein (eds) *Reweaving the World: The Emergence of Ecofeminism*, San Francisco: Sierra Club Books.

지속가능성의 사회생태적 정치학을 향하여

프란츠 하트만(Franz Hartmann)

머리말

보통사람들에게 생태정치(ecological politics)라는 말의 의미를
묻는다면 아마도 정부의 정책변화를 통해 환경을 구하려는 노력과
관련된 어떤 것이며, 이것을 통해 환경적으로 지속가능한 사회를
창조할 수 있다고 말할 것이다. 이들은 환경단체들의 캠페인을 생태
정치의 본보기로 언급하면서 환경운동을 통한 생태정치의 확산에
주목한다. 환경을 구할 수 있는 방법을 설명하라고 한다면 이들은
인구과잉, 과소비, 탐욕과 같은 '인간성'(humanity) 문제를 제기할
것이며, 어떤 정책이나 행동이 환경을 살릴 것인지 아니면 더 해칠
것인지를 결정할 때는 자연의 작용에 대해 보다 많은 지식을 지닌
과학자들의 조언이 필요하다고 주장할 것이다.[1]

이러한 대중적 견해는 생태정치가 실제로는 매우 복잡한 주제이며

---

[1] 실제로 여러 친구들에게 이런 질문들을 던져보았더니, 이들은 앞에서 언급한 것과
같은 반응을 보였다. 물론 대표성을 가지는 모집단의 표본이 아님을 인정하지만 말이다.

단순한 정부정책 변화 이상을 포함하고 있음을 보여준다. 생태정치적 행동은 환경문제의 원인에 대한 특정한 견해를 전제로 하며, 또 이 견해는 자연과 사회 그리고 양자의 관계를 이해하는 방식에 관한 특별한 이론을 기반으로 하고 있다. 이는 생태정치가 단순한 정치활동만이 아니라 문제분석과 사회이론과 과학이론에 관한 논의들을 포함하고 있음을 말해 준다. 그럼에도 불구하고 대부분의 사람들은 문제분석과 생태정치의 이론영역을 무시하는 경향이 있다. 이들은 생태정치적 투쟁을 정부정책과 관련된 이슈들에 국한시켜서 바라본다.

하지만 생태학적 문제의 원인에 대한 지배적인 해석과 이 해석의 기반을 이루는 사회 및 과학 이론들에 대해 의문을 가지는 사람들이 점점 늘어나고 있다. 이는 생태정치 자체가 정치행동과 문제분석 및 이론을 둘러싼 실질적인 투쟁임을 의미하는 것이다.

자연은 자연적인 것인가?

자연과 사회에 대한 이해를 높이기 위해서는 존재론적이고 인식론적인 안목을 가지고 출발하는 것이 필요하다. 머천트(Merchant 1980)와 윌슨(Wilson 1992) 등은 자연적인 것으로 간주되는 것과 자연을 구성하고 있는 것은 역사적·문화적으로 변화하고 있음을 보여준다. 이들은 자연에 대한 견해가 어떤 객관적인 '자연'보다는 우리가 살고 있는 사회와 더 관련이 깊다는 점, 즉 자연은 사회적 구성물임을 시사한다. 하지만 적어도 19세기 이후부터 다윈의 진화론을 중심으로 한 자연과학 방법론을 통해 발견될 수 있는 객관적 자연이 마치 진리인 양 받아들여져 왔다. 이러한 전통 아래서 자연과학의 지배적인 견해는 우리로 하여금 자연을 사회와 분리된 것으로, 부분적 요소들로 구성된 기계로 바라보도록 하였다. 많은 '발견들' 중 하나가, 자연은 희소자원의 영역으로서 자원을 둘러싼 종들간의 경쟁이 진화를 유도한다는 것이다.

하지만 많은 이론가들은 자연과학의 존재론과 인식론이 사회적 요인들로부터 매우 강한 영향을 받고 있으며, 자연을 '객관적인' 것으로 바라보는 과학적 견해는 허구임을 인식하게 되었다. 예를 들어 레빈스와 르원틴(Levins & Lweontin, 1985)은 부르주아 사회이론과 자연과학의 존재론적 가정에는 상당한 유사성이 있음을 밝힌 바 있다.

부르주아 사회의 사회사상은 존재론적으로 개인은 사회에 우선한다는 것이다. 개인은 자유롭게 움직이는 사회적 원자(social atom)로서 각각 자신의 내재적 특성을 가지고 있으며 공간을 통해 서로가 만남으로써 사회적 상호작용을 창조하는 것으로 인식되었다….

필연적으로 사람들은 자신들의 삶이 배태되어 있는 사회적 관계들이 물리적 자연 속에 반영되어 있으며 부르주아의 사회사상이 자연에 대한 부르주아적 견해에 크게 각인되어 있는 것을 보게 된다. 이러한 관점은 17세기 데카르트의 논설(discourse)에 명백한 형태로 제공되었으며 우리는 데카르트적인 과학을 실천하고 있다.(같은 책, ch. 1)

부르주아 사상과 마찬가지로 데카르트 과학은 개인적·원자적 부분이 실체를 구성하는 요소들이라고 가정하고 있다. 자연을 탐구하기 위해서 우리는 먼저 자연을 그 구성요소로 환원시켜야 하며, 이 부분들의 본질적 측면들을 이해해야 한다. 마치 시계처럼 자연은 부품들의 조립체가 되어버린다(같은 책, pp. 1~2).

워스터는 19세기 사회의 힘들이 어떻게 다윈의 진화론에 영향을
주었는지를 논의하면서 비슷한 지적을 하였다(Worster 1977).[2] 자연
에서의 야만적인 갈등과 경쟁에 대한 다윈의 강조를 논하면서 워스터
는 다음과 같이 이야기한다.

> 다윈과 마찬가지로 19세기 문화는 절대적인 과학의 세계를 지향하는
> 방향을 정립하였다. 장소를 둘러싼 경쟁적 다툼에 대한 다윈의 강조는
> 다른 장소와 시간대에 살고 있는 사람들에게는 그렇게 믿을 만한 것이
> 못 되었다. 미국 남서부의 호피족의 자연관 같은 것은 절대적으로 이해가
> 불가능하다. …비록 19세기 서구과학의 제한된 영역이긴 하지만 다윈의
> 작업과 그의 사상에 대한 사회적 반응의 상당 부분이 사실은 대영제국과
> 미합중국의 빅토리아풍의 사고틀의 결과라는 점은 놀라운 일이다.(같은
> 책, pp. 168~69)

과학적 자연관에 대한 이와 같은 비판은 자연에 대한 우리의 이해
가 결코 가치중립적이지 않다는 것을 교훈으로 말해 준다. 자연관은
해당 사회양식의 산물이다. 이는 존재론적으로나 인식론적으로 우리
에게 잠재적으로 어려운 과제를 던진다. 만일 우리가 자연을 사회적
산물이라고 주장한다면 '자연의 법칙'을 발견하거나 자연과의 조화
로운 삶을 산다는 사고 자체가 운명을 다한 것으로 보일 수 있다.
다시 말해 우리는 자연이 객관적 자연의 반영인지 아니면 사회적
환경의 반영인지 구분할 수가 없게 되는 것이다.[3]

---

2) 어떻게 사회적 힘이 자연에 대한 다양한 사상들을 구성하였는지에 관한 좀더 최근의
   논의는 Smith(1984, ch. 1) 참조.
3) 예를 들어 과학적 자연관을 거부한 머레이 북친(Murray Bookchin)은 자신이 말하는

실체(reality)에 관한 사회생태이론

하지만 만일 우리가 자연과 사회가 존재론적으로 분리되어 있으며 별개의 힘의 산물로 볼 것을 주장하더라도 해결해야 할 과제는 여전히 남는다. 대안적 접근은 자연을 객관적이고 분리되어 있으며 인지 가능한 것으로 바라보기를 포기함으로써 시작된다. 이러한 접근에서는 사회와 자연으로 불리는 객체는 없고, 대신 사회생태적 힘의 결과물로서의 실체가 있을 뿐이다. 축조된 환경(built environment)은 실체의 물리적 측면을 말한다. 생태적 힘은 토양비옥도, 기후, 광합성, 호흡, 복사율 등을 포함한다. 이 힘들은 살아 있는 모든 유기체들과 무기적인 환경 간의 수많은 관계의 산물이며, 이것들이 유기적 생명체와 무기적 과정들의 활동을 유도하고 제한한다. 사회적 힘은 습관과 풍습, 제도, 법, 이념, 추론방식, 언어 그리고 우리의 행동을 유도하고 제한하는 기타의 것들을 말한다. 이러한 힘들은 계급, 정치, 문화, 공간 그리고 생물학적 성(sex)과 사회적 성(gender)의 관계 등과 같은 우리가 관여하는 모든 사회적 관계의 결과물이다.

이는 사회적·생태적 힘들이 지속적으로 상호영향을 주고 있음을 의미하는데, 예를 들어 태양의 복사가 변화하면 사회적 관계들에 급격한 영향이 미칠 것이다. 혹은 사람들이 화석연료의 사용을 중지하고 에너지 소비를 급격히 줄인다면 이런 새로운 사회적 관계들은

변증법적 자연주의(naturalism)를 기반으로 해서 자연에 대한 인식론과 존재론을 발전시키면서 이러한 접근이 객관적 자연을 발견하는 데 도움을 줄 것이라고 주장하였다. 하지만 에커슬리(Eckersley 1989)는 이러한 자연관은 어떤 실재적인 객관적 자연보다는 북친 자신이 보고자 하는 자연과 더 밀접한 관계가 있다고 지적하였다. 그룬트만(Grundmann 1990) 역시 자연법칙을 발견했다고 주장하는 생태주의자들(심층생태론자, 생물지역주의자 등)에 대해 비슷한 주장을 하였다.

기후에 상당한 영향을 줄 것이다. 두번째 예처럼 사회적 힘은 다른 모든 유기체들과 함께 생태적 힘을 형성하는 데 도움을 준다. 하지만 이것이 곧 우리가 생태적 힘을 결정하는 힘을 가졌음을 의미하는 것은 아니다. 첫번째 예처럼 우리 인간이 거의 영향을 미치지 못하는 생태적 힘들이 많이 존재한다.

사회생태이론은 항상 설명되어야 할 힘들의 산물로서, 결코 가치중립적이거나 객관적이지 않다. 따라서 '자연법칙'의 발견에 관한 그 어떤 주장도 항상 주의 깊게 살펴볼 필요가 있다. 이는 생태적 힘에 대한 우리의 해석이 항상 특정한 사회적 힘에 따른 굴절과정을 거치기 때문이다. 이와 같은 접근은 실체(자연)의 한쪽 면만 설명하려 하고 실체에 대한 이해가 사회적 힘으로부터 결코 영향을 받지 않아서 객관적이라고 주장하는 실증주의 과학과는 다른 것이다. 이 새로운 접근은 실증주의 과학과 달리 환원주의적이고 원자론적인 인식론과 존재론을 사용하지 않는다. 대신 실체에 대한 변증법적 접근에 의존하는데, 이는 실증주의 과학에서 사용하는 접근과 근본적으로 어떻게 다른지를 파악하는 데 도움을 준다.

변증법적 접근은 디킨스(Dickens 1992), 레빈스와 르원틴(Levins and Lewontin 1985), 하비(Harvey 1993)의 작업들에서 발견된다. 하비는 "변증법적 사고는 구성요소와 사물, 구조, 조직화된 체계들에 대한 분석을 뛰어넘어서 과정과 흐름, 관계들에 대한 이해에 우선순위를 두는 것"(같은 책, p. 34)이라고 보면서, 이러한 변증법적 분석이 개인적 유기체보다는 이들간의 관계를 강조한다는 점을 지적하였다. 사실 변증법적 관점은 변화와 전환을 규범으로 제시하고 있다. 레빈스와 르원틴은 변증법적 관점으로 다음과 같이 두 가지 원칙을 추가로 제기하고 있다.

전체는 이전에 독립적으로 존재하지 않았던 이질적인 부분들의 관계
이다. …일반적으로 부분들의 특성은 고립된 존재가 아니라 특정한 전체
의 부분으로서 특성을 획득하는 것이다.(Levins and Lewontin 1985, p.
273)

하비는 "부분과 전체의 상호 맞물림은 '주체와 객체, 원인과 결과의
상호교환 가능성'을 의미한다"고 말하였다(Harvey 1993, p. 55). 변증법
적 방법에 대한 이와 같은 간략한 고찰을 통해 우리는 실체에 대한
사회생태이론이 실증주의적 과학과는 다른 다양한 접근들이 가능함
을 분명히 알 수 있다. 개인적 유기체보다는 유기체들 상호간의 관계
에 대한 강조와 유기체는 그 자체로서 전체이자 더 큰 전체의 부분이
라고 보는 관점은 사회와 자연의 전통적인 구분을 불필요하게 만든
다. 이 새로운 이론은 비록 사회와 생태의 독특한 유형들간의 관계에
는 여전히 차이가 존재하지만 이들 관계가 더 큰 전체, 즉 실체의
부분으로서 지속적으로 상호 침투한다는 것을 알려준다. 나아가 사회
생태이론은 객관성에 대한 잘못된 보증을 제거함으로써 '자연'과
'사회'의 이론화에 관심을 가진 사람들이 자신들의 사회적 영향력을
인지할 수 있도록 해준다. 마지막으로, 이 이론은 다른 종류의 생태정
치를 유도한다. 인간과 인간 이외 존재들과의 관계맺음을 둘러싼
투쟁은 끝났다. 우리는 인간과 인간 이외 존재들과의 관계들을 어떻
게 이해해야 하며 나아가 이것들이 어떻게 되어야 하는지, 이것들을
재생산하고 변형시키기 위해 우리가 무엇을 해야 하는지를 두고
경쟁하고 있는 것이다.

지속가능성 이론

이처럼 실체에 관한 새로운 이론은 지속가능성 위기에 대한 이해를 발전시키는 데 도움을 준다. 외연적으로 지속가능성은 주어진 질서(arrangement)를 재생산하는 능력을 말한다. 일반적으로 캐나다에서 지속가능성은 발전(development)의 개념과 연결되며 "미래의 삶의 수준들을 유지 또는 향상시키는 가능성을 손상시키지 않는 현재적 실천"을 언급한다.[4] 그러나 이러한 정의는 하나의 관계체계들의 존속이 다른 관계체계들의 존속을 위협하는 상황에서는 적합하지 않다. 이는 지속가능성이 내재적으로 규범적 요소들을 포함하고 있음을 의미하는 것으로서, 특정한 관계체계들은 이것을 주창하는 자의 가치를 말해 주기 때문이다. 예를 들어 지속가능성에 필요한 관계체계들로 나는 다음과 같은 것을 주장할 수 있다.

1. 상호존중과 관용, 음식·옷·보건·주거 그리고 의미 있는 노동에 대한 동등한 접근, 사상의 자유와 정신계발 능력, 정치·경제적 의사결정에 대한 민주주의적 의사결정 등을 기반으로 한 인간관계들
2. 다른 종들에 대한 인간의 지배와 영향력을 최소화하는 방식으로 구성된 인간과 다른 종들의 관계들
3. 모든 인간역사를 통해 경험하는 기후와 물의 순환, 복사수준 그리고 기타 환경조건들(즉 생태학적 힘들)을 창조하는 유기체와 그들 환경과의 관계들

---

4) 이 정의는 캐나다의 「환경과 경제에 관한 국가특별조사단 보고서」에 실린 Rees and Roseland(1991, p. 15)를 인용한 것이다.

실체에 관한 사회생태이론은 우리에게 지속가능성에 대한 다양한 정의를 통찰할 수 있게 해준다. 이는 지속가능성에 대한 나의 이해가 사회, 생태적 산물, 즉 내가 관여하는 계급과 성 그리고 문화적 관계의 산물이자 내가 인지하는 생태학적 관계들로부터 영향을 받았음을 시사한다. 마찬가지로 나의 행동이 다른 유기체들과 공동으로 우리가 함께하는 물리적 환경을 형성하는 만큼 지속가능성은 객관적 지위를 가지고 있지 않음을 말해 준다.

지속가능성에 대한 이러한 이해는 앞에서 언급한 생태적·사회적 관계들의 재생산에 장애가 일어나는 것이 곧 지속가능성의 위기라는 점을 명백하게 해준다. 또한 실체에 대한 사회생태이론은 우리가 이러한 위기를 이해하는 데 도움을 줄 수 있다. 이 이론은 사회와 생태적 관계 양자에 대한 탐색을 요구함으로써 환경결정주의와 사회적 결정주의의 함정을 피하도록 해준다.[5] 예를 들어 현재와 같은 수준으로 화석연료를 사용하는 것이 왜 지속 불가능한지를 이해하기 위해서 우리는 생태적 요인들 즉 열역학법칙, 기후패턴, 다른 유기체들의 생물학적 과정이 어떻게 환경조건을 지속 불가능하게 구성하는지를 살펴보아야 한다. 그러나 중요한 것은 우리가 이러한 위기를 이해하기 위해서는 사회적 관계들, 즉 어떠한 사회적 과정이 화석연료의 사용을 우선적으로 증대시켰는지 탐색해야 한다. 따라서 실체에 대한 사회생태이론은 인간행동이 환경을 창조하는 데 도움을 주는 만큼 지속가능한 환경을 창조하기 위해 인간행동 또한 변화될 수 있음을 시사하는 것이다.

현재 인간은 열역학법칙을 극복하거나 지구의 기후를 통제하지

---

5) 이를 통해 나는 생태위기를 순수하게 사회적 구성물이라고 주장하는 정통마르크스주의의 주장뿐 아니라 신멜서스주의자들의 주장으로부터도 피할 수 있다고 본다.

못할 뿐 아니라 그것이 불가능하다는 점에서 사회적 관계에 초점을 맞추는 것이 지속가능성의 위기에 대한 최선의 이해방식이다. 특히 이것은 어떠한 사회적 과정이 위기에 영향을 주는지 그리고 이러한 과정들을 어떤 방향으로 전환시킬 것인지를 의미하고 있다.

산업사회의 지속가능성 위기

이른바 '근대, 산업' 사회는 특정 유형의 생태적·사회적 관계들로 인해 지속 불가능하다. 우선 지금 사회를 '유지'하는 데 필요한 재화와 서비스를 생산하기 위한 물질공급을 요구하는 생태적 관계들은 수많은 생물종과 그 서식지들을 파괴하고 있다.[6] 경제행위자들은 경제적 생산의 극대화를 추동하는 과정에서 자신들의 경제적 필요를 충족시키기 위해 유기체와 환경을 파괴하고 통제·변형시킨다. 게다가 상품의 생산과 소비 과정에서 발생하는 오염물질은 유기체와 환경의 관계는 물론 유기체의 재생산능력을 파괴시킨다. 종합적으로 현재의 산업사회 유지는 유기체들에 대한 정복은 물론 도시지역과 야생지역 모두에서 권력을 휘두르는 특정 집단의 경제행위자들의 욕구를 반영하는 환경을 만들어낸다. 이러한 지배를 기반으로 한 환경은 지구적인 기후변화와 생물의 멸종 같은 의도치 않은 부작용을 발생시킨다.

따라서 지속가능성에 대한 나의 기준에 따르면 현재와 같은 생태적 관계 체계는 지속 불가능하다. 나아가 이 관계들은 자본주의적 계급관계의 영향을 지배적으로 받는 현재와 같은 사회관계 체계들의 지속가능성도 담보해 낼 수 없다. 이것을 두고 제임스 오코너는 자본

___

6) 세계경제가 환경에 미치는 영향에 관해서는 Brown(1991) 참조.

주의의 2차모순이라고 불렀다(O'Connor 1988).

이와 같은 생태적 지속불가능성은 산업사회의 사회적 지속불가능성과 궤를 같이하고 있는데, 부자와 빈자의 양극화는 개도국은 물론 이른바 선진국에서도 늘어나고 있다. 높은 실업률과 낮은 고용율, 국가의 사회서비스 축소, 안전한 물과 음식에의 접근성 제한, 노동조합 권력의 약화, 높은 세금부담 등은 중간계층의 감소와 더불어 빈곤계층을 확대시키는 한편으로, 부(富)는 극소수의 손에 집중되었다. GATT와 NAFTA 같은 협정을 통한 국제 자유무역체계의 구축, 세계 어느 곳으로든 자본의 즉각적인 이전 그리고 국가의 조절·복지 프로그램 해체 등은 부자에게 유리한 지구경제를 창출하였다. 한마디로 계급 불평등성이 증가하고 있는 것이다.

이 계급 불평등성은 또한 인종과 성별 불평등성과 연결되어 있다. 캐나다의 경우 1990년대 초에 여성과 유색이민들은 직업을 찬탈하고 복지서비스를 과다사용하며 각종 사회적 병폐를 일으키는 요인으로 비난받았지만, 역설적이게도 바로 이들 집단은 저임금으로 사회의 비천한 직업에 종사하는 사람들이었다. 따라서 생태적 관계와 마찬가지로 사회적 관계는 불평등성과 지배를 기반으로 하고 있다. 이러한 경향들은 지속불가능성에 대한 나의 정의에 따르면 사회적 관계들이 지속 불가능하다는 것을 말해 준다.

지속가능성 위기의 사회적 원인들

이러한 관점에서 산업사회의 실천은 지속 불가능한 생태적·사회적 관계를 기반으로 하며, 따라서 이는 지속 불가능한 관계와 실천의 원인들이 무엇인가 하는 질문을 제기한다. 앞에서 언급한 바와 같이 사회생태이론은 이러한 위기에 생태적 힘들이 작용함을 말해 주지만, 일반적으로 우리는 이것들을 변화시킬 수 없으며 생존을 위해 이것들에 의존하고 있는 실정이다. 따라서 우리는 위기를 재촉하는 사회관계와 그 힘들을 살펴보아야만 한다. 여기에는 원인으로 작용하는 다수의 사회적 요인들이 존재하는데, 인간과 생태적 힘들에 대한 지배가 필요하며 바람직하다는 견해, 사회가 다른 생명체 및 환경으로부터 분리되어 있는 것처럼 행동하는 것, 재화와 서비스에 대한 지속적인 생산을 추동하는 경제적 관계와 제도의 구조화, 시장경제를 통해 자본의 사적 축적을 극대화하기 위한 경제와 국가의 조직화 등이 포함된다. 이 원인들은 모두 서로 연결되어 있다.

많은 자유주의와 마르크스주의 사회이론가들과 달리 머레이 북친은 인간의 '자연'지배[7]를 필요로 하는 것은 인간의 조건 어디에도 내재되어 있지 않다고 주장한다(Bookchin 1989, pp. 44~46). 이는 지배 자체가 지속 불가능성을 야기하는 데 중요한 역할을 하고 있음을 말해 주며, 여기서 지배란 당신의 의지를 당신 외부의 그 무엇에게 강요하는 행동을 정당화시키는 것과 관련된 것이다. 워렌은 지배가 이루어지기 위해서는 "지배관계를 설명하고 정당화하고 유지하기 위한 억압적인 개념틀(예를 들어 세계관을 형성하는 신념·가치·태도·가정)"이 있어야 한다고 주장하는데(Warren 1990, p. 127), 이 개념틀은 다음 세 가지 요소를 포함한다.

---

7) 앞에서 언급한 바와 같이 사회생태이론에서는 자연의 개념이 실체로서의 지위를 가지고 있지 않다. 하지만 대다수 사람들이 인간 이외의 유기체와 활동, 사건들과의 관계를 묘사할 때 이것에 의존하기 때문에 사용 또한 피할 수 없다. 따라서 다른 **사람(것)**들에 의해 야기될 때만 나는 이것을 사용한다.

① 가치 위계적 사고, 즉 '하위'보다는 '상위'에 있는 것에 더 높은 가치와 지위·특권을 부여하는 '하향적' 사고

② 가치이원론, 즉 보완적이기보다는 대립적이고 포용적이기보다는 배타적으로 보이는 분리된 쌍들과 이것들 중 하나에 높은 가치를 부여하는 것

③ 지배논리, 즉 종속을 정당화하도록 하는 논쟁구조(같은 책, p. 128)

워렌이 지적하듯이, 지배논리는 피복종자로 하여금 복종의 정당함을 허용 또는 인정케 하는 윤리적 전제를 필요로 하기 때문에 '실재적인 가치체계'를 포함하고 있다(같은 책, p. 127). 요점을 구체화하자면 가부장사회에서는 남성과 여성이 다르며 남성은 여성보다 우수한 질적 차이를 명백히 가지고 있고 남성의 우수한 특성은 여성의 복종을 정당화한다는 사고를 요구한다.

따라서 지배의 핵심요소는 위계화된 차이에 의해 촉진된 복종을 도덕적으로 정당화하는 것이다. 이러한 도덕적 정당화 없이는 억압적인 개념틀은 존재할 수 없거니와 적어도 체계적인 기반에 의한 지배는 불가능할 것이다. 지속가능성의 관점에서 이는 흥미로운 사실을 제기한다.

북친은 사회체제의 '자연'지배는 억압과 강제, 복종을 허용하는 사회구조에 그 뿌리를 두고 있다고 주장하며(Bookchin 1989, pp. 45~46), 워렌은 연구에서 이러한 성향은 억압적인 개념틀에 의해 유지된다고 지적한다. 이와 같은 주장은 만일 복종 또는 지배의 도덕적 정당화가 사회의 개념틀 속에 존재하지 않으면 강압과 강제, 복종을 통한 체계적 지배는 존재할 수 없음을 뜻한다. 다시 말해 만일 개념틀이 어느 누구도 '자연'이나 다른 사람들을 복종시킬 권리가 없다고

표방한다면 현재와 같이 생태계파괴와 누군가를 위해 다른 누군가를 비참한 상황으로 몰아넣는 사고와 행동을 도덕적으로 정당화시키는 것은 사라질 것이다. 복종과 나의 지속가능성 정의의 중요한 전제인 생태적 힘의 변화 없이 사회관계들이 존재할 수 있다고 가정한다면, 지속 불가능한 행위의 급격한 감소를 목격하게 될 것이다. 이는 북친이 주장하듯이 지배에 대한 정당화와 실천들이야말로 지속 불가능한 사회의 핵심임을 말해 주는 것이다.[8]

지속불가능성의 또 다른 이유는 마치 사회가 다른 유기체들, 생태계, 환경(즉 생태적 힘들)과 분리·독립되어 있는 것으로 생각하고 행동하는 데 있다. 자연과학과 사회과학의 지배적인 견해들이 이와 같은 접근법을 받아들이고 있으며, 이는 우리가 사회와 생태적 힘들의 상호침투성에 대한 탐구를 의식적으로 배제하고 있다는 증거이다. 그러나 더 중요한 것은 우리가 사회와 자연의 이분법을 강화하는 방식으로 행동한다는 점이다. 예를 들어 인간과 생물계의 관계에 대해 적어도 이성적으로 인지하며 '지속가능한 발전'을 옹호하는 사람들조차 명백히 지속 불가능한 실천과 관계를 더 정당화하는 개념을 사용한다는 것이다(Schmidheiny 1992). 그러나 우리 대부분은 이처럼 특정 행동들이 생태계에 얼마나 해로운지에 대해 실로 무지한 편이다. 가령 거의 대부분 자동차관련 경제와 문화가 생태계에 끼치는 위험스런 영향은 잘 알고 있으면서도, 단지 편리성이라는 이유만으로 자동차를 통행수단을 사용하고 있는 실정이다. 이와 같이 인간이 생물계의 한 부분으로서 이에 의존하고 있다는 것을 망각하는 사고와 행동은 지속불가능성을 불러일으킨다.

---

8) 북친의 사회적 위계체제 테제라 불리는 것에 대한 비판적 평가에 관해서는 Eckersley (1992, pp. 148~54).

또 이것은 재화와 서비스의 끊임없는 생산과 소비를 추동하는 경제 관계와 제도의 구조화라는 지속불가능성의 세번째 이유를 발생시킨다. 경제에 대한 이러한 접근은 산업화된 사회의 특징이라 할 수 있으며,[9] GNP와 생산성 증대에 대한 우리의 강박관념에 잘 반영되어 있다.[10] 이것이 지속불가능성의 원인이 되는 이유는, 앞에서 언급하였듯이 더 많은 생산과 소비가 결국 더 많은 자원이용과 오염물질 배출을 가져오기 때문이다. 비록 기업들이 보다 녹색적인 시도에 대한 고려를 한다 해도 시장경제는 성공적이라고 판단될 만큼의 더 많은 생산을 해야 한다. 더 높은 생산과 소비를 위한 이러한 추동력이 존재하는 한 지속가능성은 성취하기 힘들 것이다.

지속불가능성의 마지막 원인으로 나는 시장경제를 통한 자본의 사적 축적을 극대화하기 위한 경제와 국가의 조직화를 거론하고자 한다.[11] 자본주의 경제에 대한 생태학적 비판 가운데 하나는 최근 수년 동안 플러스성장을 한 산업이 매우 드물다는 것이다.[12] 여기서 비판의 핵심은 자본주의적 생산양식은 지속가능한 생태적·사회적 관계들의 파괴를 전제로 하고 있다는 점이다. 잉여가치의 극대화를 통한 축적과정은 필연적으로 노동과 생태계 상품화의 증대를 요구하며, 이 과정은 축적을 지원하는 행동은 가치 있게 보고 그렇지 못한 것은 평가절하함으로써 지배관계를 성립시킨다. 따라서 서식지를

---

9) 소비에트적 공산국가 역시 지속적인 성장에 사로잡혀 있었다.

10) 경제와 환경복지의 측정에서 GNP의 한계에 관해서는 Daly and Cobb(1989) 참조.

11) 캐나다의 자본주의 국가와 경제를 탁월하게 다룬 것으로는 Panitch(1997); Clement and Williams(1989) 참조. 하지만 이들의 연구에서는 생태학적 힘들을 분석적으로 고려하지 못했다.

12) 이 비판의 예로는 *CNS*(*Capitalism, Nature and Socialism*)에 실린 Harvey(1993); McLaughlin(1990); Bookchin(1991a); Altvater(1993); Eckersley(1992) 등이 있다.

파괴하고 사람들을 불평등하게 취급함으로써 부가 형성되고 지배는 정당화된다. 게다가 이것은 유기체와 자원이 화폐와 같은 형태의 교환가치로 될 수 있다고 가정함으로써, 유기체와 환경을 각각 분리된 개별단위로 취급하여 양자의 무수한 상호작용들을 무시해 버린다. 특히 잉여가치의 극대화가 모든 자본주의적 경제의 의사결정에서 우선적 목표가 되면서, 생태적이고 사회적인 모든 관계를 축적을 지향하는 방향으로 전환시키는 시도가 등장하게 되었다. 다시 말해 다른 생명형태들은 전혀 고려치 않고 오로지 가치는 화폐단위로 측정됨에 따라, 이윤과 경쟁이라는 이름으로 종과 서식지, 사회적 조건들 모두가 지속적으로 파괴되어 나가는 것이다.

국가는 이러한 지속 불가능한 과정에 개입하여 사적 축적이 가능한 조건들을 제공하고 있다. 계급투쟁을 비롯한 다양한 형태의 투쟁의 결과 국가권력은 기업에 대한 과세와 국민 소득 및 소비에 대한 세수(稅收)에 의존하게 된다. 즉 국가권력은 자본주의 경제의 존속을 기반으로 하고 있는 것이다.

요컨대 지속가능성의 위기에는 우리의 신념체계에서 지배에 대한 도덕적 정당화, 우리가 생태계에 연관되어 있고 의존하고 있음을 무시하는 행동, 경제활동의 지속적인 성장을 강제하는 경제 제도와 관계들, 자본주의적 경제 등 네 가지 사회적 원인이 존재한다. 이러한 원인은 모두 특정 유형의 사회적 관계와 힘들로서 명백히 드러나는데, 실체에 관한 사회적·생태적 이론에서는 이 사회적 힘들이 새로운 생태적 힘이나 물리적 환경체계를 창조하는 생태적 힘들과 상호 침투된다고 본다. 이러한 새로운 환경과 생태적 힘들의 체계가 인간의 재생산을 저해함을 보여주는 증거는 갈수록 늘어나고 있다.

344

지속가능성의 정치를 향하여

이상의 분석은 지속가능성을 촉진시키기 위해서 우리는 무엇을 해야 하는가라는 물음을 던지게 한다. 여기서 사회적·생태적 이론 전개는 비록 위기가 부분적으로는 생태적 요인들에 의해 촉진되지만 이 역시 사회적이라는 것을 시사해 준다. 다른 생명유기체들과 환경은 산업사회의 요구를 충족시키기 위해 자발적으로 변화하지는 않을 것이다. 대신 인간이 자신들의 실천을 변화시켜야 한다. 그 첫단계가 우리의 분석에서 위기를 해결해 줄 것 같지 않은 전략들을 밝혀내는 것이다. 이런 전략들 중 하나가 바로 현재의 체제를 개혁하는 것으로서, 아마 생태정치의 실천가들이 옹호하는 지배적인 전략일 것이다. 하지만 앞의 분석에서 보듯이 자본주의는 상당수의 지속 불가능한 실천들의 존속을 요구하고 있다. 자본주의 사회는 생태계와 사람에 대한 지배와 지속적인 경제성장 그리고 유기체와 환경의 관계에 대한 무시를 기반으로 하고 있으며, 이는 자본주의의 지속가능성을 불가능하게 만드는 것은 아닐지라도 그것이 매우 어려운 과제임을 말해 준다.[13) 또 하나의 전략으로는 단순히 자본주의 경제를 국가통제로 대체하는 것이 있다. 하지만 구 소비에트연방과 중국의 실천이 남긴 유산은 지배와 경제성장, 생태계에 대한 무시 등이 자본주의 사회에만 국한되지 않음을 보여준다. 세번째 전략은 영성적 수단을 이용하는 것이다. 단순히 영성적 수단을 통해 지속가능한 사회를 달성할 수 있다고 믿는 사람들은 우리의 일상적인 물질생활이 경제체제를 기반으로 하고 있으며 이것이 환경파괴를 가져온다는 사실을

---

13) 자본주의가 지속가능한가에 하는 이슈를 둘러싼 논쟁에 관해서는 Bell at al.(1994); O'Connor(1994); Brugmann(1994) 참조.

망각하고 있다. 다시 말해 생태적 힘과 인간평등의 중요성을 인식하는 영성주의가 지속가능성을 촉진하는 데 유용할지는 몰라도 여기에는 우리의 물질생활 자체의 변화를 위한 전략이 병행되어야 한다는 것이다.

그러면 지속가능성을 위한 전략으로서 어떤 것이 유용할까? 앞의 분석에서 제시한 바처럼 무엇보다도 먼저 지속 불가능한 사회관계들, 특히 지속불가능성을 재생산하는 구조와 제도, 신념 및 실천 들을 제거해야 할 것이다. 우리는 사회의 모든 면에서 지배를 근절함으로써 지속성장의 필요성에 의해 추동되지 않고 또한 맹목적인 시장의 힘에 의해 통제되지 않는 경제를 만들어내는 노력을 해야 할 것이다. 나아가 사회적·생태적 힘들이 항상 서로에게 영향을 미치고 있음을 인지하는 사고체계가 장려되어야 할 것이다. 이는 우리의 사회적 관계를 전환해야 함을 말해 준다.

가장 명백한 출발점은 우리의 사회적 관계를 형성하는 제도와 구조라 할 수 있으며, 여기에는 가족과 공동체 문화의 제도, 국가 그리고 경제 등이 포함된다. 가족과 공동체 문화의 제도들 내에서 우리는 모든 사람을 동등하게 취급하고 타자도 같은 방식으로 행동할 것이라는 기대를 바탕으로 해서 지배체제에 대해 도전할 수 있다. 성차별, 인종차별, 계급차별, 동성애차별을 비롯하여 그 밖의 지배성향들은 차이에 대한 관용과 평등에 대한 근본적인 믿음으로 대체되어야 한다. 이를 달성하기 위해서 우리는 워렌이 정의한 '억압적인 개념틀'로부터 우리 자신을 해방시켜야 할 뿐만 아니라 현존하는 국가들이 불평등을 완화해 나가는 사회정책을 개발하도록 요구해야 한다. 또 국가와 같은 공적 제도에 존재하는 지배를 척결해야 하는데, 이는 관료제의 민주화와 지방정부 권력의 강화를 통해 가장 효과적으로 달성할 수 있을 것이다.[14] 경제영역의 경우에는 작업장과 경제적 의사결정의 민주화를 통해 지배에 대한 도전이 가능할 것이며, 여기에는 초국적기업과 GATT와 같은 국제제도들을 대체하는 지역사회 통제하의 기업과 생산위원회 설립이 포함된다. 생물지역주의(Sale 1985)와 급진적 지방자치주의(Bookchin 1985; 1989; 1990; 1991) 등이 이것을 말해 주고 있다.

국가와 경제 양자의 민주화와 권력분권화를 주장하는 논리는 다음과 같다. 권력의 집중은 다수에 대한 소수의 지배를 위한 구조를 만들어내는 데 반해, 권력의 분권화는 소수에 의한 광범위한 지배를 어렵게 만든다. 동시에 민주화는 더 많은 사람들의 권한강화를 포함하며, 특정 행동에 대한 의사결정 구조에서 소수가 아닌 다수의 동의가 있어야 한다. 만일 지배가 일어난다면 이것은 다수에 의한 결과일 것이다. 이것이 제시하는 바처럼 권력의 분권화와 민주화는 비지배적인 행동을 보장해 주지는 않지만, 적어도 국가와 경제에서의 지배를 촉진하는 데 일조하는 구조들을 제거해 준다. 종합하면 지속가능성을 위한 첫번째 단계는 지배를 촉진시키는 구조를 억제하는 사회 관계와 구조를 창출해 내는 것이다.

다음 단계는 지속적인 성장과 자본주의적 축적을 억제하고 대신 지속가능한 생태적·사회적 관계를 촉진시키는 경제를 모색하는 것이다. 이를 달성하기 위해서는 경제와 국가의 의사결정이 더 이상 사적 자본의 축적을 북돋우는 방향으로 이루어지는 것이 아니라, 생태적으로 민감한 방식으로 사회적 필요를 충족시키는 것을 기반으로 해서 이루어져야 할 것이다. 예를 들어 지역사회의 생산위원회는

---

14) 국가의 민주화에 관해서는 Albo, Langille and Panitch(1994) 참조.

소비자와 지방의 생산자들과의 협의를 통해 지역사회의 필요를 결정하는 것이다. 그러면 이들은 생산자들이 지속가능한 방식으로 지역사회의 필요를 충족시킬 수 있게 도와줄 것이다.

그렇다면 구체적인 정치행동을 통해 지속가능성을 촉진시키는 구조적 변화는 어떤 방식으로 고양시킬 수 있을까? 앞에서 언급하였듯이 우리의 관심과 열정을 가족과 문화, 경제와 국가의 제도에 집중시켜야 하는데, 바로 이것들이 우리의 사회적·생태적 관계에 상당한 영향력을 행사하기 때문이다. 우리는 효과적으로 이들 제도를 전환시켜야 한다. 이러한 목적을 달성하기 위해서는 다음의 몇 가지 정치적 행동이 요구된다고 본다.[15]

1. 정치적 행동이 협소한 단일 이슈에 초점을 맞추는 경향이 너무 자주 일어난다. 목표달성이 중요함에도 불구하고 많은 정치적 활동들이 원인보다는 증상을 다룬다.[16] 이런 문제를 완화시킬 수 있는 하나의 방법은 사회정의 및 환경문제와 문제의 근본원인을 우리의 모든 정치적 운동과 연결시키는 것이다. 예를 들어 우리가 공원에 살충제

---

15) 나는 정치와 경제구조가 내 관심영역이라는 점에서 이들에 초점을 맞추고 있다. 이러한 주제를 다룬 몇 가지 탁월한 연구들이 있는데, Marcia Nozick의 글(1993), 그리고 Toronto Environmental Alliance에서 발간한 "Sustaining Our Communities Factsheets" 등이 있다.

16) 캐나다의 환경정치에서는 이런 경향이 일반화되어 있는데, 가령 환경단체들이 조직한 폐기물관리 캠페인들을 보면 대부분이 포장크기의 축소나 재활용을 강조하고 있다. 폐기물 생산에 축적과정이 작동한다는 사실, 즉 폐기물을 만들어내는 생산과 소비의 지속적인 증대를 요구한다는 점을 흔히 무시해 버린다. 물론 3R, 즉 감량화(Reduction), 재사용(Reuse), 재활용(Recycle)의 실천이 축적과정에 대한 도전을 의미하지만 이와 같은 방식의 캠페인으로는 생산과 소비 감축이라는 주제를 다루기가 힘들다. 사실 이러한 캠페인은 폐기물 생산의 원인보다는 증상만을 다루는 것이다.

살포를 중단시키는 운동을 하고자 한다면 거대 화학산업들이 오염을 대가로 돈을 벌 수 있게 권력을 제공하는 정치·경제적 체제의 불평등성에 대해 이야기해야 할 것이다. 결국 이것은 살충제에 대한 규제의 변화는 물론 노동자의 권리 같은 사회정의를 위한 운동이 되어야 함을 의미한다. 이와 동시에 우리는 국가와 경제의 민주화를 요구해야 하는데, 이러한 과정은 기존의 지배적인 정치·경제적 관계들에 대한 조정과 집단적 반대를 활성화시키는 데 도움을 줄 것이다.

2. 경제의 민주화를 위한 최선의 길은 협동조합과 같은 지방 차원에서 통제되는 기업과 생산물·서비스의 지방생산을 육성하는 것이다. 대다수 사람들은 자신의 생존을 지역사회 구성원들에게 의존하고 있는 만큼 지역사회의 필요에 매우 민감하다. 이것은 일정한 이윤을 보장하는 한에서 지역사회에 머무르는 거대한 체인점과는 직접적으로 대비된다. 소비자들의 의사결정을 바꾸는 것은 물론 중요한 행동임에도 불구하고 이것만으로는 경제를 전환시킬 수 없다. 우리는 무언가를 구매할 때마다 경제적·생태적 관계체계를 재생산하는데, 가령 우리가 대형 과일체인점에서 멕시코에서 생산된 토마토를 산다면 그때마다 우리는 지속 불가능하고 지배적인 경제활동을 재생산하는 것이 된다. 하지만 지방의 농부나 직접 유기농법으로 재배하여 생산된 토마토를 소비한다면 우리는 착취에 의존하지 않는 지속가능한 경제활동을 재성산하게 될 것이다. 따라서 우리가 지방의 기업들을 지원하면 할수록 그만큼 지금과 같은 파괴적 체제의 재생산은 줄일 것이다. 게다가 이러한 과정은 대안적인 경제관계를 만들어내고 사회적 관계형성에서 공동체와 개인의 역할의 중요성에 대한 지식을 구성하는 데도 도움을 줄 것이다.[17]

3. 생태적으로 해로운 재화와 서비스에 대한 중독을 몰아내거나

적어도 최소화해야 한다. 우리는 가정과 직장 혹은 주민자치센터 (community centre) 내에서 그리고 정부를 위해서 생태적인 생필품 조달(procurement) 정책을 지원할 수 있으며, 이것은 한편으로 필요 (needs)와 편의(convenience)에 대한 재정의를 의미한다. 많은 사람들이 비생태적인 상품과 서비스의 포기를 희생으로 바라보지만, 사실 이런 태도는 인간과 환경 파괴를 통해 생산된 생산품의 소비를 필요하고도 편리한 것이라고 우리에게 확신시키는 광고자들로부터 유래한 것이다. 이러한 재화에 대한 중독을 몰아내고 지속 불가능하고 착취적인 체제의 재생산을 다시 한번 중단시켜야 한다.

4. 우리의 지역사회는 물론 전세계적으로 다른 지역사회에서도 지방적인 정치적 동원을 지지해 나가야 한다. 최근 들어서 많은 집단들이 지방적 정치동원의 수단으로서 정부에 의해 조장되는 지방적·국가적인 다중적 이해당사자(multi-stakeholder)의 과정에 의존하는 경향이 있다. 이 과정들 중에서 긍정적인 결과를 가져오는 것도 일부 있지만 대부분이 지방적 집단을 왜곡시켜 버리는데, 그것은 다중적 이해당사자 모두가 의사결정 과정과 정부정책에 영향력을 행사하는 데 있어서 동등한 기회를 가지지 못하기 때문이다. 호베르크가 지적하고 있듯이, 환경이슈를 둘러싸고 형성된 다중적 이해당사자 과정에서 환경단체들은 정부나 기업에 비해 시간이나 제도적 지원, 돈 그리고 홍보역량이 떨어진다(Hoberg 1993, p. 322). 더구나 국가는 다중적

---

17) 지속가능한 지역사회(공동체) 경제발전의 잠재력이 흔들리고 있다. 연간 1인당 얼마의 돈이 단지 의식주와 여가를 위해 소비되고 또 얼마가 지역사회와 지방 밖으로 유출되는지를 생각해 보라. 캐나다의 일반대학의 교수와 학생들이 소비습관을 바꾸고 지방 차원에서 통제되는 기업과 지방생산품들에 자신의 돈 절반 정도를 사용한다고 가정해 보라. 아마 상당수의 직업이 창출될 뿐 아니라 초국적기업과 지속 불가능하고 착취적인 경제에 대한 우리의 의존도를 줄일 수 있을 것이다.

이해당사자 과정을 자본가와 국가를 위해 작동하는 경제체제의 재생산을 돕는 활동을 정당화하는 데 사용하고 있다. 결국 다중적 이해당사자 과정은 지역사회 조직들이 지역사회의 권한강화 보다 관료적 요구를 충족시키기 위해 동원되는 시간과 기술을 의미한다. 따라서 우리는 다중적 이해당사자 과정으로의 편입을 최소화함으로써 비로소 정치투쟁의 유력한 대상인 국가의 탈중심화를 시작할 수 있다. 즉 지역사회 구성원들이 기술과 지식의 교환에 초점을 맞추어서 직접적으로 행동함으로써 지역사회의 진정한 권한을 강화시켜 나가는 것이다. 또한 이 과정은 자립과 지속가능성의 형성을 통해 공동체 행동주의(community activism)를 고양함으로써 관료적 행동을 최소화하고 국가의 정당화를 피할 수 있게 해준다. 물론 국가에 대한 투쟁의식은 여전히 필요하지만 말이다.

5. 우리의 지역사회 내부는 물론 외부에 있는 다른 지방·사회적 변화세력들과 협력해야 한다. 우리가 가지고 있는 지방·지구적 차원의 사고와 경험, 도전들에 관한 자유로운 교환은 지구를 기반으로 하는 지방적 자기권한 강화(local self-empowerment)에 도움을 줄 수 있다. 지구적 규모의 사회변화가 반드시 거대하고 중앙집권화된 제도를 필요로 하는 것은 아니다. 이는 지방적 행동을 강조하는 것으로서, 지방적 행동의 지구적 협력이야말로 지구적 차원의 정치·경제적 힘들에 대항하고 극복해 나갈 수 있을 것이다.

맺음말

이상의 다섯 가지 제안은 물론 우리가 지속가능성을 지향하는 사고를 할 수 있게 해주는 실체에 관한 사회생태이론에서 등장한 생태정치학적 실천의 예들이다.[18] 이런 유형의 생태정치(eco-politics)는 다음 두 가지 면에서 다른 유형들과 근본적으로 차이가 있다. 첫째, 이것은 지속가능성의 장애를 다르게 이해하는 것에서부터 출발한다. 대부분의 환경캠페인들은 적절한 오염축소시설의 부족이나 오염유발 생산방식, 환경비용의 외부화를 환경파괴의 주요한 원인으로 들고 있다.[19] 다시 말해 지속가능성의 장애요소는 기술적 문제라는 것이다. 이런 유형의 생태정치는 사회와 자원은 분리되어 있다는 실증주의적 과학관을 재생산할 뿐 아니라, 다른 사회 관계 및 구조들과 환경파괴의 관계를 거의 규명하지 못한다.

반면 여기서 제시하고 있는 생태정치는 모든 사회 관계 및 구조들과 생태적 힘들 그리고 물리적 환경형태는 상호 밀접한 관계를 맺고 있다는 입장을 토대로 하고 있다. 따라서 환경파괴의 원인을 이해함에 있어 우리는 계급, 성, 문화와 같은 다양한 사회관계들을 살펴봄으로써 이것들이 파괴에 어떻게 영향을 주는지를 살펴보아야 한다. 이것이 가능해질 때 우리는 지배와 지속적인 성장, 사회와 자연의 분리 그리고 시장의 힘들에 의존하고 있는 사회 관계와 제도의 중요성을 제대로 보게 될 것이다.

이것은 좀더 전통적인 것과 여기서 제시한 생태정치의 두번째 중요한 차이를 유도한다. 환경캠페인들은 지속불가능성에 대한 기술주의적 설명에 의존하여 단지 기술적 변화만을 요구하고 있다. 보다 나은 오염축소시설, 청정 생산공정 그리고 환경을 고려한 경제적

---

18) 생태정치적 투쟁의 적절한 지점, 생태정치에 참여하는 적절한 사회적 행위자들 그리고 지방과 지구적 행동들의 결합이 의미하는 바를 둘러싸고 많은 논쟁들이 있다. 이에 관해서는 Eckersley(1992) 참조.

19) 캐나다의 환경운동에 관한 탁월한 분석으로는 Adkin(1992) 참조.

가치평가 등은 환경캠페인의 가장 흔한 목적들이다. 반면 사회생태적 정치(social-ecological politics)는 지속불가능성을 야기하는 사회적 관계와 구조의 전환을 요구한다. 예를 들어 이것은 단순히 오염축소 시설 요구나 지속적인 성장을 지원하는 사회관계를 그대로 내버려두는 데 그 목적이 있지 않다. 이것은 앞에서 언급한 다섯 가지 정치적 행동 모두 사회 관계와 구조의 근본적인 변화를 요구하는 이유이다. 이들의 목표는 지속가능한 실체(reality)와 물리적 환경을 창조할 수 있게 생태적 힘들과 상호 작용하는 사회적 힘들을 발전시키는 것이다.

마지막으로 가장 중요한 것은 여기서 제시한 사회생태 이론과 정치는 우리에게 희망을 제공한다는 점이다. 모든 유기체들과 마찬가지로 인간 역시 자신의 환경을 변형시킬 뿐 아니라 그에 의해 변형되는 만큼 우리는 현재와 같은 파괴적인 관계가 영속적이지 않음을 알아야 한다. 인간행위자가 긍정적인 변화를 가져올 가능성을 우리는 분명히 알아야 한다.

프란츠 하트만(Franz Hartmann)은 캐나다 요크대학에서 정치학박사학위를 받았으며 지방자치, 도시환경관리, 지속가능성을 위한 정치경제학 등에 관심을 가지고 있다. 1990년부터 토론토의 '환경테스크포스'(Environmental Task Force)와 '지속가능성 원탁회의'(Sustainability Roundtable)에 적극 참여하여 다양한 실천활동도 해오고 있다. 잡지『자본주의, 자연, 사회주의』(*Capitalism, Nature, Socialism*)의 토론토편집위원회 위원으로 활동하고 있다.

참고문헌

Adkin, L. (1992) "Counter-hegemony and environmental politics in Canada," William K. Carroll(ed.), *Organizing Dissent: Contemporary Social Movements in Theory and Practice*, Toronto: Garamond Press, pp. 135~56.

Albo, Gregory, Langille, David and Panitch, Leo(eds.) (1993) *A Different Kind of State? Popular Power and Democratic Administration*, Toronto: Oxford University Press.

Altvater, Elmar (1989) "Ecological and Economic Modalities of Time and Space," *Capitalism, Nature and Socialism* 3, pp. 59~70.

_________ (1993) *The Future of the Market*, Patrick Camiller trans., London: Verso.

Bell, David, Keil, Roger and Wekerle, Gerda(eds.) (1994) *Human Society and the Natural World*, Toronto: Facullty of Environmental Studies, York University.

Benton, Ted (1989) "Marxism and Natural Limits: An Ecological Critique and Reconstruction," *New Left Review* 178, pp. 51~86.

Bookchin, Murray (1985) "Theses on Libertarian Municipalism," *Our Generation* 16, pp. 9~22.

_________ (1989) *Remaking Society*, Montreal: Black Rose.

_________ (1990) *The Philosophy of Social Ecology: Essays on Dialectical Naturalism*, Montreal: Black Rose.

_________ (1991a) "The Meaning of Confederalism," *Our Generation* 22, pp. 88~101.

_________ (1991b) *The Ecology of Freedom*, Montreal: Black Rose.

Brown, Lester (1991) "The New World Order," Lester Brown et al.(eds.), *State of the World 1991*, New York: W. W. Norton.

Brugmann, Jeb (1994) "Comparing the Imperatives for Ecosystemic and Capitalist Development," John P. Clark(1989) "Marx's Inorganic Body," *Environmental Ethics* 11, pp. 243~58.

Clement, Wallace and Williams, Glen(eds.) (1989) *The New Canadian Political Economy* 11, pp. 243~58.

Clow, Michael (1992) "Ecological Exhaustion and the Global Crisis of Capitalism,"

Our Generation 23, pp. 1~25.

Daly, Herman and Cobb, John B. Jr. (1989) *For the Common Good,* Boston/MA: Beacon Press.

Dickens, Peter (1992) *Society and Nature: Towards a Green Theory,* Philadelphia/PA: Temple University Press.

Eckersley, Robyn (1988) "The Road to Ecotopia? Socialism Versus Environmentalism," *The Ecologist* 18, pp. 142~47.

__________ (1989) "Dividing Evolution: The Ecological Ethics of Murray Bookchin," *Environmental Ethics* 11, pp. 99~116.

__________ (1992) *Environmentalism and Political Theory: Toward an Ecocentric Approach,* Albany/NY: State University of New York Press.

Grundmann Reiner (1991) "The Ecological Challenge to Marxism," *New Left Review* 187, pp. 103~20.

Harris, Judith and Alexander, Donald (1991) "Beyond Capitalism and Socialism: The Communication Alternative," *Environments* 21, pp. 29~37.

Harvey, David (1993) "The Nature of the Environment: The Dialectics of Social and Environmental Change," Ralph Miliband and Leo Panitch (eds.), *Real Problems False Solutions, Socialist Register 1993,* London: Merlin Press.

Hoberg, George (1993) "Environmental Policy: Alternative Styles," Michael M. Atkinson(ed.), *Governing Canada: Institutions and Public Policy,* Toronto: Harcourt Brace Jonavich.

Kemp, Penny et al. (1992) *Europe's Green Alternative: A Manifesto For A New World,* Montreal: Black Rose.

Levins, Richard and Lewontin, Richard (1985) *The Dialectical Biologist,* London: Harvard University Press.

Martinez-Alier, Juan (1992) "Ecological Economics and Socialist Economics," *Our Generation* 23, pp. 26~45.

McLaughlin, Andrew (1990) "Ecology, Capitalism and Socialism," *Socialism and Democracy* 10, pp. 69~102.

Merchant, Carolyn (1980) *The Death of Nature,* San Francisco: Harper Collins.

Nozick, M. (1992) *No Place Like Home: Building Sustainable Communities*, Ottawa: Canadian Council on Social Development.

O'Connor, J. (1988) "Capitalism, Nature and Socialism: A Theoretical Introduction," *Capitalism, Nature and Socialism* 1, pp. 11~38.

________ (1990) "Socialism and ecology," *Our Generation* 22, pp. 75~87.

________ (1994) "The Politics of Sustainability: Remaking Capital or Remaking Nature?," D. Bell, R. Keil and G. Wekerle(eds.), *Human Society and the Natural World*, Toronto: Faculty of Environmental Studies, York University.

O'Connor, M. (1989) "Codependency and Indeterminacy: A Critique of the Theory of Production," *Capitalism, Nature and Socialism* 3, pp. 33~57.

Panitch, L.(ed.) (1977) *The Canadian State: Political Economy and Political Power*, Toronto: University of Toronto Press.

Rees, William E. and Roseland, Mark (1991) "Sustainable Communities: Planning for the 21th Century," *Plan Canada 21* 3, pp. 15~24.

Ryle, M. (1988) *Ecology and Socialism*, London: Radius.

Sale, Kirkpatrick (1985) *Dwellers in the Land: The Bioregional Vision*, San Francisco: Sierra Club Books.

Schmidheiny, Stephan (1992) *Changing Course: A Global Business Perspective on Development and the Environment*, London: MIT Press.

Simon, Thomas (1989) "Varieties of Ecological Dialectics," *Environmental Ethics* 12, pp. 211~31.

Smith, Neil (1984) *Uneven Development: Nature, Capital and the Production of Space*, Oxford: Basil Blackwell.

Toronto Environmental Alliance (1994) "Sustaining Our Communities," A Factsheet Series produced by the Toronto Environmental Alliance.

Warren, K. J. (1990) "The Power and Promise of Ecological Feminism," *Environmental Ethics* 12, pp. 125~46.

Wilson, A. (1992) *The Culture of Nature*, Oxford: Blackwell.

Worster, D. (1977) *Nature's Economy: A History of Ecological Ideas*, Cambridge: Cambridge University Press.

환경권과 민주주의[*]

로빈 에커슬리(Robyn Eckersley)

머리말

자연의 총체성에 우선적인 관심을 두고 있는 환경운동이 자신들의 주장을 권리라는 말 속에 담아내는 데 관심을 가지는 이유는 무엇인가? 설마 환경권 담론이라는 것이 생태문제를 해결함에 있어 시민도덕성과 사회적 연대, 공동체의 책임성 함양에 대한 최우선적인 강조의 필요성으로부터 관심을 돌리고, 호전적이고 난폭한 개인주의는 말할 것도 없이 달갑지 않을 정도의 개인적 추상화를 환경정책의 논쟁에 도입하려는 것은 아닌가?

제대로 구성된 환경권이라면 환경보호에서 지역사회의 일반적인 이해관계를 훼손시키기보다는 보존하는 데 기여해야 할 것이다. 특히 환경권은 현재의 환경법과 행정의 단점을 밝히는 것 뿐 아니라 민주주의적 관심과 생태적 관심을 연결시키는 데 사용될 수 있을 것이다.

* 이 글은 1994년과 95년에 발표된 환경권과 민주주의에 관한 초기의 작업을 토대로 한 것이다. 이 글의 초안에 유익한 의견을 준 David Bell과 Peter Christoff에게 감사한다.

비록 여기서의 논의는 주로 국가와 국제 차원의 **인간의** 환경권에 우선적인 관심을 두고 있지만 '자연의 권리'에 대해서도 간략히 다룰 것이다.

자유민주주의의 생태학적 실패

울리히 벡에 따르면 지금 우리는 '위험사회'에 살고 있다(Beck 1992). 부(wealth)의 사회적 생산과 분배는 점점 더 환경적 **위험과 유해성**(risk and hazards)을 동반하고 있지만 일상에서 벗어난 이러한 것들이 대부분 오랜 시간이 흘러서야 비로소 인식되고 구체화된다는 것이다. 오염과 같은 생태학적 문제들은 "**정상적인 소비 속에 감추어진 것들로서 다른 많은 요인들이 복합된 '부수적인 산물'**"이다(같은 책, p. 40). 신고전주의 경제이론의 전문용어로 표현하면 이것들은 시장활동에서 발생되는 '부의 생태학적 외부성들'(negative ecological externalities), 즉 생산과 소비의 원치 않고 의도치 않는 부작용들일 뿐이다.

생태학적 문제들은 민주주의 이론과 실천에 새로운 도전을 제기하고 있다. 특히 어디에나 존재하는 비가역적이며 경계를 초월하는 특성을 가진 많은 생태학적 문제들은 의사결정을 하는 사람들, 적절한 지식을 가진 사람들, 의사결정에 대해 책임을 지는 사람들 그리고 이것들로부터 영향을 받는 사람들 상호간의 부조화가 점점 높아지고 있음을 밝혀주고 있다. 민주주의에 대한 관심과 생태학에 대한 관심의 재결합을 추구하는 사람들에게 있어 도전은 사회계급이나 종, 지리적인 지역, 물과 공기 같은 생태학적 매개체 그리고 사법과 행정의 경계 등을 뛰어넘는 전치(轉置)의 문제(displacement problem)에 대해 저항하거나 이를 최소화하는 길을 찾는 것이다.[1]

지난 30년 동안의 환경법과 관련기관의 급격한 증대만으로는 많은 생태학적 문제들의 규모와 속도, 심각성의 증대에 대한 대중의 우려를 완화시켜 주지 못했음이 확인되었다. 사실 환경론자들 사이에서는 자유민주주의의 규제 원칙과 제도, 협상노력들이 위험사회를 적절히 관리하는 데 있어 적합하지 않다는 우려가 높아지고 있다(Eckersley 1994; 1996). 이러한 부적합성은 다음으로부터 제기된다.

1. 대의의 결함(representation deficit): 미래세대, 인간 이외의 생물종 그리고 정치체제(polity)의 영토 바깥에 거주하는 사람들 등 '새로운 환경유권자들'을 위한 공식적 대의(representation)의 제한된 범주

2. 시간지평의 결함(time horizon deficit): 많은 생태학적 문제들과 관련하여 신중한 정치적 결정보다는 정략적인 결정에 대한 압력을 발생시키는 정치적 심의의 협소한 시간지평

3. 지식의 결함(knowledge deficit): 복잡한 생태학적 문제들에 대한 지식과 이해의 제약

4. 정치적 합리성의 결함(political rationality deficit): 환경보호와 같은 집합적 이익들을 보호하지 못하는 민주주의적 의지형성(democratic will formation)의 파당적이고 경쟁적인 거래과정

5. 실행의 결함(implementation deficit): 생태학적 문제에 대한 통합되고 조화로운 접근을 방해하는 구획화되고 임의적인 특성을 지닌 다수의 환경법과 행정들

---

1) 이 문제에 대한 최근의 논의로는 Mathew(1996) 참조.

대의의 측면에서 보면, 단일체든 연방제든 현대 자유민주주의 국가는 영토를 기반으로 한 정치공동체 내 시민들만의 대의를 위해 조직되어 있다. 영토적으로 제한된 정치의 공식적인 정치적 의사결정 과정에서 투표나 다른 방식의 참여를 하지 못하는 '비시민'(non-citizen)들을 포괄하는 상당히 확장된 유권자의 이해관계 '대변'에 비록 환경운동이 관심을 가지고 있다고는 하지만, 그럼에도 불구하고 이미 주어진 정치체제 속에서 만들어지는 의사결정으로부터 상당한 영향을 받을 수밖에 없다. 이 확장된 유권자에는 환경오염으로 영향을 받는 모든 대상, 즉 시민들 중에 특정의 불이익을 받는 계층이나 집단뿐 아니라 다른 나라 사람들과 미래세대, 인간 이외의 생물종까지 포함된다.

심지어 자유민주주의 국가들의 영토 내에서도 환경보존의 '공적 이해관계'가 민주주의적 의지형성의 경쟁적인 정치적 거래과정에서 악화되어 간다. 환경보호는 단기적인 특수 이해관계가 아니라 장기적인 보편적 이해관계를 보호할 수 있는 공적 이해관계의 고취에 크게 의존하고 있다. 건전한 환경관리는 장기적 시간지평과 위험에 대한 평가에서 신중한 접근에 의한 의사결정을 필요로 하는데, 특히 새로운 환경적 유권자들의 이해관계를 고려할 경우 더욱 그러하다.

하지만 자유민주주의에서 정치적 의사결정은 대부분 선거주기에 맞추어 매우 단기적인 시간지평에 근거해서 이루어진다. 잠재적인 생태적 위험성에 대한 평가는 흔히 일반인들이 접근하기 힘든 과학적 전문지식을 요구할 뿐만 아니라 과학자집단 내에서도 논쟁의 여지가 매우 많다. 이러한 과학적 논쟁과 불확실성은 의사결정자들로 하여금 사전예방의 원칙에 입각하여 예견적이고 예방적인 반응을 하도록 하기보다는 '기다리면서 관망하는' 반응을 하게 하는 경향이 있다.

자유민주주의는 '누가 무엇을 언제 어떻게 얻는가'를 둘러싼 싸움에서 이기적 행위자들간의 파당적인 정치적 경쟁을 전제로 하고 있다. 이러한 파당적 경쟁은 점차 조합주의적 형태를 취하게 되는데, 이는 지역사회의 환경단체처럼 보편적 이해관계의 보장을 추구하고 훨씬 분산적이면서 자원과 조직력이 취약한 집단들보다는 이기적이고 자원이 풍부한 집단에 구조적으로 유리하게 작용한다. 조합주의적 거래과정은 보편적 이해관계보다 기득권의 특수한 이해관계를 만족시키는 방식으로, 정치적 토론에서 협약과 교환의 여지를 제약한다. 더구나 환경로비조직들 역시 사적 로비조직과 마찬가지로 단순히 자기 구성원들의 '영역적' 또는 '기득권적 이해관계'를 추구하는 특징을 가지고 쉽게 타협하도록 만듦으로써 환경적 주장들은 흔히 환원되어 버린다. 따라서 이러한 이해관계들은 자유민주주의를 특징짓는 조합주의적 협상, 정치적 타협 그리고 점진적 정책이동에서 다른 이익집단들의 주장과 균형을 이루어야만 한다. 그 결과 환경보호에서 장기적인 공적 이해관계는 자본의 보다 직접적인 요구와 노동의 요구에 의해 체계적으로 대체되어 버린다. 자유민주주의에서 긴급을 요하고 중요하다고 간주되는 것들이 이러한 것들을 체계적으로 대체해 버리며, 이에 반하는 의사결정들은 흔히 심각한 논쟁과 비판에 직면하게 된다.

게다가 상당수의 환경법들이 정부의 행정·사법 기관에는 상당한 재량권을 부여하면서 집행에 대한 대중의 권리에 대해서는 매우 제한된 기회를 제공한다. 특히 오스트레일리아의 법률체계는 로위(Lowi 1979)가 말한 '사법민주주의' 즉 정부와 행정이 명확한 법률과 절차·기준에 따르는 것과는 거리가 있다. 만일 환경법이 관료제나 법원의 추측 혹은 선호도에 따르지 않고 입법부의 요청에 따르는 것으로 해석된다면 이러한 명확성은 필수적이다.

마지막으로, 행정국가가 갈수록 경계를 초월하는 특성을 지닌 복잡하고 체계적인 각종 생태학적 문제에 대해 유연하고 협력적인 반응을 제공하는 제도적 능력을 가지고 있는가 하는 문제가 있다. 관료적 조정체제는 문제를 분석·분해하고 구획과 분배를 기반으로 해서 작동한다. 하지만 많은 생태학적 문제들은 전통적인 행정과 관료적 합리성에 중요한 도전을 하고 있다. 이것들은 관료적 '체계의 경계'(systemic boundary)를 초월하여 문제를 전치(轉置)시켜 버리는 작동양식이다. 관료적 합리성은 '생태적 합리성'과는 상당히 다르다(Dryzek 1987). 가령 오스트레일리아는 9개의 서로 다른 정치적 권위체(그리고 지방정부)로 구성되어 있으며 이 정치적 권위체는 지리·기후가 다양한 지역들을 포괄하는 중첩된 관할권의 영역인데, 오스트레일리아 같은 연방체제에서는 이러한 어려움이 혼재되어 나타난다.

환경권 담론이 민주주의적 원칙에 부합하면서도 이와 같은 다양한 자유민주주의의 '결함'을 극복하기 위해서는 어떤 방식이 필요한가?

권리에 대한 일반적 호소

환경권의 가능한 범주와 내용 문제를 다루기에 앞서, 왜 환경운동이 권리주장의 형태로 환경적인 관심을 표현하는 데 관심을 가지게 되었는가를 살펴볼 필요가 있다. 여기에는 몇 가지 일반적인 이유가 있는데, 특정 관할권 내의 **시민권**으로든 또는 보다 발전된 국제적 **인권**담론으로든 간에 환경권에 대한 일반적 호소는 이것들이 지방적·국가적·지역적·국제적으로 '새로운 환경적 유권자'의 이해관계는 물론 시민들의 환경적 이해관계에 관한 보다 체계적인 대의와 고려를 제공할 것을 약속하는 것이다.

경쟁적 주장들에 대항하여 환경적 가치를 고양하기보다 비용–편익분석을 통해 경쟁적인 이해관계들을 조정하는 데 주된 관심을 가지고 있는 현재와 같은 환경법 및 행정과 대비해 볼 때, 지방·국가 수준에서 적절히 고안된 실체적이고 절차적인 환경권은 전자의 단점을 교정할 잠재력을 가지고 있다. 환경영향평가법의 도입으로 대표되는 1970년대 초의 환경법과 행정에 대한 주요한 혁신은 주로 권리중심의 경로(right-based path)보다 공리주의를 추종하였다. 이러한 혁신들은 근대 후생경제학의 분석과 틀을 확립하면서 주요 환경적 의사결정에 대해 강력한 통제를 실행하고 비용–편익분석에 근거한 위험평가나 영향평가의 새로운 기술들을 확립시켰다. 매케이가 보여주고 있듯이, 미국환경보호청은 '권리혁명'의 산물임에도 사실 권리를 기반으로 한 기구가 아닐 뿐더러 결코 이것을 의도하지도 않았다(Mackay, 1994). 이 점은 오스트레일리아도 마찬가지여서 주정부와 연방정부의 환경보호법은 행정부와 내각에 상당한 재량권을 제공하였고 대중의 기소권한은 크게 제한시켰다.[2]

이처럼 집행에 대해 조언만 제공하는 공리주의적 환경적 의사결정의 틀은 환경주의자들에게 환경권이 매우 매력적인 것처럼 보이게 하였다. 즉 환경권의 촉구는 환경적 주장들을 비협상적(nonnegotiable)이거나 적어도 지금보다 협상의 여지가 좁은 것으로 만드는 것을 의도했다. "누군가가 자유발언권을 요구한다면 우리는 항상 비용–편익분석을 수행할 수는 없다"는 스톤의 지적처럼(Stone 1987, p. 54), 자유발언의 권리는 비용과 관계없이 신성불가침의 것이다.

---

2) 그 한 가지 예가 New South Wales Environment and Planning Act 1979로, 이것은 제3정당 강화권리(third-party enforcement rights)를 제공하고 있다(123항 참조).

이것은 효용극대화를 지향하는 경쟁적 주장들에 대한 비장의 카드이다(Dworkin 1984). 점진적 개선과 달리 엄격한 오염예방의 비용이 공리주의적 계산에서 깨끗한 공기와 물의 효용성을 초과하더라도, 깨끗한 공기와 물에 대한 환경권 침해에 근거한 행동들을 적절히 방어하는 데 있어서 이러한 비용이 이유가 될 수는 없다. 환경권 도입은 기존의 의사결정 틀을 환경적인 방향으로 급진적으로 변화시킬 잠재력을 가지고 있다. 물론 비슷한 효과는 특정의 사람들이나 생물종들에 대한 법적 권리를 부여할 필요도 없이 생태파괴적인 특정의 활동들을 무조건 금지시키는 법률을 제정함으로써도 얻을 수 있다.

연방체제나 유럽공동체 같은 '결집된 주권'을 가진 지역들에서 환경권은 관심을 정부의 서로 다른 층위의 개별권력에서 국가와 대면하는 시민과 기업의 권리와 책임으로 전환시킴으로써 정부간 갈등이나 책임을 회피할 수 있다. 나아가 하나의 관할권 내에서 특정한 권리를 희석 또는 유린하려는 시도들은 다른 관할권 내에서 잠재적으로 영향을 받게 될 시민들의 저항을 잉태하게 될 것이다. "권리존중에 의한 시민권 강화는 범국가적이며 따라서 비영토적이고 나아가 고전적 의미에서 반(反) 연방적이다."(Courchene and Walsh 1994, p. 26) 이러한 '신연방주의'에서 분할은 전통적인 기득권층의 이해관계에 대항한 내재적 권리의 이해관계를 적용시킨다. 물론 일정한 관할권 내에서 경쟁적 권리나 효용성 주장을 이길 수 있게 하는 권리의 제정은 관련 입법기구에 의해 이것들이 어떤 형태와 배치를 취하게 되고 또 법정에서 어떻게 해석되는지에 달려 있다. 예를 들어 캐나다의 경우 1982년 권리와 자유에 관한 헌장은 최고권리라기보다 제한된 권리의 한 예로서, 특정 환경에서 법원에 의해 정의될 수 있는 권리이기 때문에 특히 입법부에 의해 유린된다.

국제적 수준에서 인권담론은 국가와 관할권, 지리적 경계를 초월하고 있으며 점차 지구화의 역동성에 대항하는 중요한 완충기능을 하고 있다. 인권담론의 한 부분으로 환경권을 포함하는 것은 환경적 관심에 대해 더 많은 도덕적 무게와 정치적 정당성을 부여할 가능성을 가지며, 정부가 환경보존에 보다 협력적인 단계를 채택하도록 추가적인 형태의 압력을 제공한다.

권리와 잘못된 권리

환경권을 옹호하는 일반적 주장 가운데 일부는 논쟁의 여지가 있으며 약간의 의문점도 제기되는데, 가령 보수주의와 사회주의 전통(예를 들어 에드문트 버크와 마르크스)은 물론 자유주의 전통(예를 들어 제레미 벤덤)에서 제기되는 권리에 대한 비판들을 제대로 인식하지 못하고 있다는 것이다. 이런 비판들은 물론 서로간의 차이에도 불구하고 개인과 공동체의 이해관계들간의 갈등이나 긴장을 지적함으로써 보편주의자들의 권리담론에 대한 추상적인 주장에 대해 도전하고 있다. 일반적으로 권리는 보편적 이해관계보다 개인적 이해관계와 연결되어 있기 때문에, 일찍부터 보편적인 환경적 관심의 표현수단으로 권리라는 것이 적합하지 않다는 주장이 제기된 바 있다.

더구나 "법이 궁극적으로 스스로를 정의하고 사회적 질서가 자신의 부분을 구성하는 것은 실행에 달려 있다"는 주장(Yeager 1991, p. 175)과 같이, 법체계가 돈과 권력과 교육과 지위를 갖춘 사람에게 유리하다는 것은 이제 진부한 주장이 되었다. 사실 환경권 담론은 중산층 녹색운동의 특성을 반영하고 있으며, 따라서 중산층의 급진주

의자들은 오염산업의 재배치·재구조화와 폐쇄를 강제하는 것과
똑같이 노동계급의 이해관계를 위협하는 방식으로 환경담론을 적용
한다고 말할 수도 있다.

또한 추상적인 보편적 권리개념과 법관 등 중립적인 도덕적 판단
자에 대한 사고를 포함하여 공법(public law)의 비인격적인 공명정대
함에 대해 최근의 포스트모더니스트와 페미니스트들의 반대도 있다.
이들은 환경권에 대한 보편적 담론을 개발하려는 그 어떤 시도도
제국주의적이고 자민족중심적(ethnocentric)이며, 특히 추상적인 국
제적 담론으로 구성될 경우 필연적으로 갈등으로 치닫게 될 뿐 아니
라 추상적인 보편적 권리는 문화적·지리적·성별 차이를 적절하게
고려하지 못한다고 주장한다.

그리고 공정하면서도 강제력이 있는 방식으로 환경권의 범위와
내용을 어떻게 설정하고 정의하는가와 관련해서도 매우 난처한 문제
가 남아 있다. 여기서 복잡한 환경적 갈등을 사법체계에 의해 인지·
강화되는 전통적인 권리-의무관계 속으로 모두 다 집어넣기란 매우
어렵다는 주장이 제기된다.

이미 상당한 권력을 가진 법관이 매우 복잡하고 기술적인 질문들
과 다중적인 집단들을 포함하는 소송을 확산시킬 가능성이 있을
것 같지는 않다. 이 점에서 법관은 이미 너무 많은 정치권력을 가지고
있다는 주장이 자주 제기되기도 한다.

마지막으로, 새로운 환경적 주장과 관련한 권리담론의 팽창과
과부하는 현실에서 기존의 권리에 대한 논의를 강화시키기보다 약화
또는 평가절하시키는 역할을 한다는 주장이 있다.

하지만 모든 환경적 관심을 권리라는 언어 속에서 규명하려는
지나치게 의욕적인 시도들의 중요한 한계를 지적한 이러한 주장들에

도 불구하고 그 어떤 것도 환경권이 지닌 치명적인 약점을 밝혀내지는 못했다. 국제적 수준과 달리 국가수준에서 환경권의 보편적 일반화로부터 얻을 수 있는 것은 별로 없다. 사실 재판회부(justiciability)와 강제성(enforceability) 문제가 새로운 헌법과 법률상의 환경권이 형성될 수 있을 정도로 일반화 수준의 비중 향상을 직접적으로 가져올 것으로 예상할 수 있다.

하지만 권리와 재판회부에 대한 문제제기에서 도덕적 권리와 법적 권리 주장을 구분하는 것이 중요하다. 더구나 법적 권리 측면에서 환경과 관련한 실체적 권리와 절차적 권리는 중요한 차이가 있다. 앞으로 살펴보겠지만 국제적 인권담론은 매우 일반적인 용어로 표현될 필요가 있는 도덕적 담론을 선취하고 있으며, 나아가 그러한 권리는 시민의 실체적 환경에 대한 법적 권리를 언급할 필요 없이 국민국가에 의해, 즉 일반법(general law)에 의해 보호를 받을 수 있다. 이와 비슷하게 생물종이 '존재의 권리'(existence rights)를 가지고 있다는 도덕적 주장은 생물종에 대한 실체적인 법적 권리를 언급하는 것과는 다른 수단에 의해, 예를 들어 '생태적 시민'(Christoff 1996)에 대한 어떤 절차적 권리를 언급함으로써 가장 잘 실행될 수 있다. 하지만 이러한 핵심적 개념정의와 실행의 문제를 탐구하기에 앞서 우선 국제인권의 건강한 환경에 대한 일반적인 사례를 살펴보고자 한다.

국제적인 환경권을 향하여?

이미 우리가 알고 있는 바와 같이, 환경운동의 관점뿐만 아니라 인권과 관련한 요구들이 국가와 관할권 및 지리적 경계를 초월한 국제적 담론으로 발전하고 있다. 시민권은 특정 정치체제의 시민으로서 자질을 가진 사람들에게만 부여되는 반면 인권은 인종이나 종교·성·언어에 상관없이 인간이라는 사실 때문에 모든 사람에게 부여되는 것이다. '주권국민'의 타고난 권리와 자유민주주의 국가의 기본원리 이후 이제는 권리담론이 국민국가와 연방체계의 하위국가적 정치단위의 통치권 주장에 대해 유력한 도전을 제기하고 있다.

파시즘의 경험을 통해 2차대전 이후 인권에 대한 인식이 높아지면서 최근에는 사회헌장, 시민권 그리고 지금의 환경권에 이르기까지 새로운 관심들이 '새로운 유럽' 속에서 확산되고 있다. 예를 들어 네덜란드 정부가 의장직을 맡고 있는 전문가위원회에서 '환경권과 개인·집단·조직의 책무에 대한 헌장' 초안을 작성하였고, 1990년 5월 노르웨이의 베르겐에서 열린 환경과 개발회의에서는 35개 참가국이 서명하였으며, 이는 이후 1992년 지구정상회의(Earth Summit)를 이끌어낸 국제전문가회의의 토대를 제공하였다(Rehling 1991). 지구정상회의에서 비록 이 문서가 발표에 필요한 충분한 지지를 얻어내지는 못했지만 유럽의 환경NGO들은 이 헌장이 EC나 유럽위원회, ECE, UN에 압력을 가하는 근거로 남아 있어야 한다고 주장하고 있다(같은 글, p. 153).

사실 세계적으로, 특히 유럽에서 경제통합과 정치적 파편화가 증대되고 있는 상황에서 많은 소수집단들은 권리(rights)를 통한 보호에 크게 의존하고 있다. 권리에 대한 공식적인 승인의 측면에서 영국은 유일하게 공식적인 헌법적 제한을 통해 의회가 구속받지 않을 것을 주장하고 있다. 이와 대조적으로 다른 유럽국가들은 구속받지 않는 의회에 대해서는 회의적이며 '편의에 의한 전제정치'(tyranny of convenience)에 대해 성문헌법을 선호하고 있다. 사실 유럽

국가의 2/3는 파시즘을 겪은 직후 1950년에 유럽인권협정을 맺어 이것을 국내법의 한 부분으로 채택해 왔다(Dworkin 1990, p. 18~19).

오랫동안 권리에 대한 많은 반대에도 불구하고 2차대전 후 국제적 인권담론은 1787년 미국의 권리장전과 1789년 프랑스 국민의회가 선포한 '인간과 시민의 권리선언'의 범주를 넘어서고 있다. 권리의 1세대로 알려진 이들의 보다 전통적인 정치적·공민적 권리는 1948년 유엔의 보편적 인권선언과 1966년 공민적·정치적 권리와 경제적·사회적·문화적 권리에 관한 국제규약을 통해 좀더 포괄적인 2세대 인권을 옹호하였다. 이들은 '의료혜택과 필요한 사회적 서비스'에 대한 권리(제25조) 그리고 '실업으로부터의 보호'에 대한 권리(제23조) 등을 포함하고 있다. 좀더 논쟁적인 것으로는 개발도상국과 최근에는 동유럽국가의 열망을 구체화한 1986년 UN의 개발에 대한 권리선언이 있는데, 이는 제3세대의 '연대의 권리'(solidarity rights)로 자기결정과 비차별의 권리를 포함하고 있다.

이들 인권과 관련한 3세대, 즉 '공민적·정치적 권리' '경제적·사회적 권리' '개발과 연대의 권리'는 권리에 대한 철학적 부조화의 유산을 반영한 것이다. 즉 이들 각각은 18세기 후반의 부르주아혁명, 20세기 초의 사회주의혁명과 복지국가의 탄생 그리고 전후(戰後) 식민지 반대혁명 등 세 가지 서로 다른 정치혁명과 관련된 철학과 밀접하게 연결되어 있다(Marks 1980~81). 그러면 국제적인 환경권 담론은 인간권리의 제4세대를 제공함으로써 기존의 인권을 20세기 후반의 정치혁명과 환경주의 철학을 반영하는 방식으로 다시금 맥락을 잡고 자격을 부여할 것인가?

아직 환경권이 국제적 인권담론의 일부로 충분히 들어와 있는 것은 아니다. 사실 일부 관찰자들은 1948년의 UN선언과 1966년의 공민과 정치적 권리 그리고 경제·사회·문화적 권리에 관한 국제협약을 조사하면서 이 가운데 많은 권리들이 **반생태적 편향성**을 가지고 있음을 발견하였다(Aiken 1992). 예를 들어 이 협약들은 모두 "모든 사람은 자신의 자연적 부와 자원을 즐기고 충분히 이용할 수 있는 권리를 가지고 있음"을 지지하는 규정을 가지고 있는데(제47조와 25조), 이와 같은 권리들은 생태계와 위기에 처한 생물종의 보존을 매우 어렵게 만들고 있다.

하지만 경제적·사회적·문화적 권리에 관한 국제협약에서 건강 권리와 같은 소수의 인권에서는 생태적 효율성을 제공하는 요소들을 발견할 수 있다. 사실 인간의 건강권은 대리 환경권(proxy environ-mental rights)으로의 역할을 할 가능성을 가지고 있으며, '깨끗한 공기와 물에 대한 권리'와 같은 일반적이고 거창한 주장들보다는 정치적으로 훨씬 유력한 환경권을 제공할 수 있다. 그러나 일반적으로 우리가 흔히 인권의 제 1, 2, 3세대로 부르는 1948년의 보편적 선언, 1966년의 협약과 1986년의 개발에 대한 권리선언은 '환경적으로[매우] 무능력'하다(Aiken 1992, p. 193).

국제법에서 파괴되지 않는 환경에 대해 일반적으로 승인된 권리란 없지만(Pain 1992, p. 320; Bailey 1993, pp. 100~101), 국제적인 환경권에 대한 논의들이 일어나고 있다. 예를 들어 환경권은 이제 1972년 스톡홀름선언, 1982년 UNEP의 자연보호 세계헌장 그리고 1992년의 리우선언을 비롯하여 공식적·비공식적 헌장들에서 자주 발견되고 있다.

사실 리우로 향하는 길에 있어 리우선언보다 더 야심 찬 문서들이 제공되었으며, 결국은 1992년 UN의 승인으로 채택되었다. 일찍이 1987년 환경과 개발세계위원회(WCED)의 영향력 있는 보고서, 즉 부룬틀란트 보고서는 지속가능한 개발의 '법적 원칙'을 권고하였는데 다음과 같다.

인간의 기본권리
1. 모든 인간은 자신의 건강과 행복에 적절하도록 환경에 대해 기본적인 권리를 가진다.

세대간 형평성
2. 국가는 현재와 미래 세대의 이익을 위해 환경과 자연자원을 보존하고 이용할 수 있다.

나아가 앞에서 언급한 베르겐의 환경과 개발회의가 발의한 환경권 헌장초안에 덧붙여 환경권은 UN인권위원회의 의제로 자신의 길을 찾고 있다. 1994년 UN인권특별위원회의 부속기구인 차별방지와 소수민족 보호에 관한 분과위원회의 최종보고서에서 인권과 환경에 대한 특별보고를 통해 야심 찬 국제적인 '인권과 환경의 원칙선언'이 권고된 바 있다.[3] 비록 이 문서는 초안형태이지만 보다 진전된 인권과 환경 논의를 위한 준거점이 될 수 있었다. 이 초안발표는 건강, 복지, 문화적 권리 같은 기존의 인간권리를 생태학적 맥락에서 효과적으로

---

3) 초안은 1994년 5월 제네바에서 국제 인권과 환경 전문가들이 3일간 회의를 통해 정리되었다. UN인권센터가 직면한 재정적 제약 때문에 이 회의는 시에라클럽 법률보호기금으로 조직·개최되었으며, Fatma Zohra Ksentini여사와 함께 차별방지와 소수민족 보호를 위한 UN분과위원회에서 인권과 환경에 관한 특별보고가 이루어졌다. 1994년 8월 분과위원회의 최종보고서에서 Ksentini여사는 초안발표(선언)를 부록에 포함시켜 유엔총회에서 인권과 환경 결의를 최종적으로 채택할 수 있는 토대를 제공할 것을 권고하였다(Sierra Club Legal Defense Fund Inc, 1994. 11. 28).

재구성하였는데, 원주민들이 자신의 땅을 관리하고 전통적인 생활방식을 유지하는 권리를 포함하여 문화적 소수민족 보호를 중요하게 다루고 있으며, 자원과 관련한 세대 내, 세대간의 형평성을 재천명하고 실체적 권리를 실현하는 데 필요한 광범위한 절차적 권리를 정립하였다.

확실히 이러한 발의들이 이루어짐으로써 국제환경권 조약을 향한 움직임은 이제 더 이상 공상이 아니게 되었다. 예를 들어 베일리는 특별 지역을 다루는 수많은 관련 의정서의 모범이 될 국제협약의 토대로서 지속가능한 환경에 관한 핵심적인 인권을 제안하였다(Bailey 1993, p. 104). 원주민의 환경권과 인간의 환경적 건강권 같은 특별한 문제를 다룬 이 의정서들은 지속가능한 환경에 대한 보편적 혹은 핵심적 인간권리의 특정 표현으로 간주될 수 있으며, 나아가 이러한 권리는 개인보다 공동체에 우선적으로 부여되며 생태적으로 지속가능한 포괄적 발전전략의 기초를 제공할 수 있다.

국제적 인권담론은 필연적으로 국가경계를 뛰어넘는 도덕적 담론이다. 이것은 가끔 적용 면에서 불확실한 일반원칙과 기준으로 발달해 왔다. 사실 인권에 대한 고귀한 생각의 실현은 국민국가들간의 협력과 적절한 지역·국가·지방 법률의 제정에 달려 있듯이, 많은 경우 '천상의 인권이론'과 '속세의 인권실천' 사이의 간격은 매우 크다.

하지만 인권담론은 진화하는 담론이기 때문에 국제·지역·국가적 권리담론들간의 역동적인 상호작용이 증대하고 있다. 이 상호작용은 가끔 차별받는 집단들이 지방이나 국가 수준에서 차별적인 법률에 대항하여 국제적·지역적 인권의 보다 높은 도덕적 권위를 호소하는 방식으로 정치적 전망을 단계적으로 끌어올리는 효과를 가진다. 뿐만 아니라 제안된 국제적 환경권에 대해 영향을 주거나 보완하는 헌법·법률 차원의 환경권 사례들은 이미 상당수가 존재한다.

UN은 국제인권을 감독·강화할 경찰력이 부재한 가운데 인권에 대한 순응을 보장하는 수단으로 국가간 협력과 도덕적 권고 및 처벌에 크게 의존하고 있다. 국제 기구와 위원회의 활동과 더불어 국제적인 비정부기구나 환경단체들이 중심이 되어 환경권 오·남용에 대한 조사, 보고 및 출판 활동이 증가하고 있다.

> 아마도 이러한 측면에서 전후 가장 위대한 업적이라 지칭될 수 있는 합의는 권리침해가 유죄라는 비난에 대해 민감하거나 당황해하지 않는 국가가 이제 지구상에는 거의 없을 것이라는 점이다. 문제는 권리침해를 중단시키는 것이 아니라 이에 대해 민감하도록 정치적·국제적 압력을 위한 최소한의 발판을 제공하는 데 있다.(Waldron 1987, p. 155)

환경권과 민주주의 이론

인간 환경권의 어떠한 기반이 민주주의 이론과 접합될 수 있을까? 도덕적 주장으로서 권리는 더 이상 신이 부여하거나 '자연적인' 어떤 것으로 인식될 수 없다. 이런 도덕적 주장들은 자원권에 대한 고전적인 자유주의적 옹호를 시도했던 로크가 제기한 것으로 이후 벤덤으로부터 '과장된 허튼소리'라는 비판을 받았다. 이런 주장들은 궁극적으로 개개인의 천부적인 존엄성과 가치, 자율성 존중에 궁극적으로 의존하는 도덕적 원칙체계로부터 나온 것으로, 기본적인 도덕적 원칙으로서 1인1표 원칙을 강조하고 있다. 이런 사고는 모든 인간은 신 앞에서 영적으로 동등한 가치를 가진 존재라는 기독교적 사고를 세속화시킨 것으로 보통선거권을 위한 오랜 투쟁에 강력한 추진력을 제공하였으며 마침내 1948년 보편적 인권선언 속에 남아 있게 되었다.

자유민주주의 이론의 권리에 기초한 전통은 개인과 집단은 보통 다수에 의해 헐값에 팔아넘겨져서는 안되는 어떤 '기본적인' 권리가 있음을 특징적으로 주장하고 있다. 왜냐하면 이것들은 민주주의를 위한 전제조건을 제공하거나 집회와 결사의 자유 같은 효과적인 시민권에 필요하기 때문이다.

보다 많은 '민주화'와 해방을 위한 정치투쟁들은 흔히 차별받는 집단으로의 권리확장을 통한 정치적 인정과 포용을 지향하는 투쟁을 포함하고 있는데, 인정을 위한 투쟁의 경우 권리담론은 일반적으로 전통적 자유민주주의 사상에 대한 '내재적 비판'과 더불어 민주주의를 강화하는 수단으로 사용된다. 즉 전통적인 자유주의 권리의 형식적 존재와 이러한 권리의 실질적 향유 사이에는 명백히 불일치가 존재하여 현대 복지국가의 성장과 경제·사회·문화적 권리를 포괄하는 권리담론의 확장을 유도하였다. '복지권리' 속에서의 이러한 성장은 부분적으로 보다 전통적인 권리의 적절한 행사를 위해 필요한 것으로 정당화되었으며, 또 복지권리는 점점 자신들의 권리에서 도덕적으로 정당한 주장으로 인식되었다.

같은 이유로 환경주의자들은 자유민주주의에서 거래될 수 없는 환경권 혹은 이해관계가 있다는 주장의 근거를 가지고 있는바, 그것은 그러한 권리가 민주주의를 위한 장기적인 전제조건이거나 또는 타협될 수 없는 기본적인 복지에 대한 요구를 충족시켜 주기 때문이라는 것이다. 이러한 관점에서 환경권은 복지권과 함께 적절한 자신의 위치를 잡아 시민권을 충분히 보완해야 한다. 왜냐하면 복지와 환경권 모두가 충족될 때 비로소 개인들이 **시민권**을 충족시킬 수 있기 때문이다. 벤턴은 최근 전통적인 자유권 담론이 인간과 인간 이외 개체들의 '구체화'(embodiment)와 생태학적 '배태성'(embedd-edness)을 무시하고 있음을 보여주고 있다(Benton, 1993). 환경권의 발전은 또한 생태적 지속가능성을 향한 구체적인 사회적·경제적 전환을 위해 보다 나은 근거를 제공해야 하며, 그러한 담론은 인간과 인간 이외 생물 모두를 위한 '보호서비스'를 제공하는 잠재력을 가지고 있다.

그러나 어떻게 이러한 보호서비스를 인간 이외 세계에서도 작동시킬 것인가? 지난 20년간 환경철학자들은 인간뿐 아니라 인간 이외의 생물종도 내재적 가치(intrinsic value)를 가지고 있다고 주장하면서 자유민주주의 이론의 인간중심적 철학기반에 대해 도전해 왔다. 동물권과 환경윤리의 논쟁은 도덕적으로 가치로운 주체가 되기 위해서는 유능한 도덕적·이성적 또는 언어적 행위자로서의 존재를 필요로 한다는 것이 사실이 아니라는 점에 주목하도록 하였다. 미성년자나 지적 장애자 같은 많은 인간들은 '기본적인 권리'를 가지는 것으로 인식됨에도 불구하고, 도덕적 능력을 갖춘 인간의 입장에서 직접적으로 도덕적 의무를 창조해 낼 수 있을 만큼 충분한 이성이나 도덕적 능력을 가지고 있지 못하다. 이 주장에 따르면, 인간의 '도덕적 관용'과 실질적으로 다르지 않은 방식으로 생물종들이 인간행동에 의해 손상을 입는 것이 분명할 때 도덕적 고려에서 인간 이외의 생물종들을 배제한다면 이것은 독단적이고 부당한 것이다. 단지 인간이 아니라는 이유로 인간이 아닌 동물들을 도덕적·법적 고려에서 제외시키는 것은 편협한 인간중심주의로서 정당하지 못한 편견을 드러내는 것이다. 게다가 인간 이외의 세계에 대해서 순전히 도구적인 자세를 취하게 되면 여기에는 혼동스러운 암시가 뒤따른다. 결국 자연보존을 위한 유일한 우리의 이성은 단순히 우리 인간에게 유용한 것으로서, 여기에는 자연에 대한 기술주의적 대체에 대한 저항이나 '(인간에게) 쓸모없는' 생물종들의 보존을 주장할 그 어떤 기반도 있을 수 없다.

생태 지향적인 정치이론들은 인간과 자연 사이에 명확하고도 도덕적으로 중요한 구분을 설정하고 있다. 대부분의 정치이론이 전통적으로 무엇이 인간에게 특별한 것이고 차이를 만들어내는지에 초점을 맞추고 있다면, 생태 지향적인 정치이론들은 인간과 인간 이외의 동물들의 공통점에 관심을 기울인다. 벤턴은 도덕과 정치이론을 지탱하는 인간과 동물의 대립을 인간과 동물의 연속성체계를 기반으로 한 생태학적 틀로 대체함으로써 모든 동물의 복리(wellbeing)에 필수적인 건강과 영양, 물리적 보호와 같은 육체적인 필요와 생물물리적 상호의존성의 포괄적 범주를 확인하였다(같은 책). 그가 **구체화**(em-bodiment)와 **배태성**(embeddedness) 개념으로 요약한 바와 같이, 인간과 비인간의 연속성 영역은 인간을 포함한 모든 동물에게 도덕적으로 중요한 것으로 여겨질 수 있다. 만일 우리가 인간을 비롯한 모든 동물개체의 자율성과 완전성에 대해 도덕적 우위를 부여한다면, 이러한 자율성이 행사되는 육체적·생태적 조건 같은 물질적 조건에 대해서도 동일한 도덕적 우위를 부여해야 하는 데도 동의해야 한다. 인간은 도덕적 고려의 범주를 확장시킴으로써 개인과 집단 모두에서 인간과 인간 이외의 생명체들 모두의 번영과 행복을 보장하는 방식으로 자신들의 삶을 영위해 나가야 하는 도덕적 책임성을 가지게 된다.

고전적 자유민주주의 이론이 개인의 천부적 가치와 존엄성(이것이 없다면 민주주의를 위한 약속도 없다)을 인정하는 정의이론을 기반으로 하고 있듯이 '환경민주주의' 이론 역시 모든 생명의 천부적 가치에 대한 인정을 요구하고 있다.

이러한 근본적인 도덕적 주장들을 따른다면 '환경민주주의'의 확장된 윤리적 틀은 모든 생물종의 개체적 또는 총체적 권리가 정치적·법적으로 '대의되는'(represented) 것을 보장할 수 있도록 확장될 필요가 있음을 말해 준다. 하지만 인간 이외 생명들의 법적 승인과 보호형태 가운데 어떤 것은 이와 같은 '확장된 환경민주주의'를 위한 도덕적 상황을 따를 필요가 있겠지만, 이러한 승인과 보호가 반드시 **법적 권리** 형태를 취해야 하는 것은 아니다. 살펴보겠지만 환경민주주의는 시민들이 인간을 포함한 모든 생명의 이익을 위해 공적인 환경법 제정을 감독·지원할 수 있게 그에 적합한 자질을 갖출 것을 요구하고 있다. 한마디로 환경민주주의는 '생태적 시민권'(ecological citizenship)을 강화하고 촉진하는 것이다(Christoff 1996).

사실 환경철학 진영에서는 인간 이외의 생명으로의 권리확장이 과연 적합한가를 둘러싸고 활발한 논쟁이 있어왔다. 일정 부분 이 논쟁은 환경진영이 소송을 제기한 공법적 지위를 공적 이해관계에 제한시킨 데 대한 반응으로서, 자연존재물로 법적 지위를 확장시키려는 스톤의 야심찬 시도에 의해 촉발되었다(Stone 1974). 인간 이외 존재들의 권리(non-human rights)에 대한 비판은 권리담론이 필수적으로 인격화를 통해 비인간세계를 인간의 윤리법에 포함시키기 위한 인간주의자들의 담론임을 지적하고 있다(Livingston 1981, pp. 62~63). 권리의 언어는 인간과 가축·포획동물 같은 인간과 유사한 유형의 경우에 대한 고려에서, 생물공동체 전체와 기타 생태학적 실체에 대한 고려로 확장되면서 매우 부자연스럽고 어색해지게 된다. 이러한 인간주의자들의 담론은 '생태학적 정의'로서 역할을 할 수 없다(Eckersley 1996, pp. 17~18).

아직도 많은 비판가들은 스톤이 『지구와 기타 윤리』(*Earth and*

Other Ethics)에서 탐구하고 발전시킨 법적 권리와 고려 또는 승인 간의 구분을 간과하고 있다(Stone 1987, p. 45). 즉 생물종이나 야생지역 같은 자연적 실체들을 보호하는 어떠한 환경입법도 실체의 측면에서 법적 권리를 창조한다기보다 법정에서 법적으로 승인된다고 볼 수 있다. 스톤에 따르면, 이러한 법률에 대한 일체의 위반이 영속적 규칙으로서의 관습법에서 요구되는 '인간 후견인'(human guardian) 의 개인적인 조사나 이해관계와 무관하게 자연적 실재(entity)를 대신하여 인간후견인에 의해 기소될 수 있어야 한다.

스톤의 다소 독창적인 법률체계는, 환경에 관심을 가진 시민이나 특히 지명된 후견인들이 자연적 실재를 대신하여 환경입법을 검토하는 데 있어서, 영속적 규칙으로서의 관습법을 확장시키는 토대를 제공한다. 그런데 만일 그러한 법률이 인간 이외의 생물의 이해관계를 보호하는 데 우선적인 관심을 두고 있다면, '인간 후견인'이 인간 이외의 생물들의 이해관계를 위해 특별한 피해나 사적 권리에 대한 침해를 보여줌으로써 결과에 대한 개인적 이해관계를 대변하는 법률을 지지하도록 요구하는 것은 비논리적이고 비이성적이다.

오스트레일리아에서 관습법의 규칙들은 일반법의 '실행결함들'이 공적 이해관계에 대한 보호자로서 법무장관에 의해 채워져야 한다는 것을 가정하고 있으며, 이는 개인이 법무장관을 대신하여 소송을 제기할 수 있도록 허용하는 등 직권상 행동이나 관계를 통해 이루어진다고 보고 있다. 하지만 법무장관이 이와 같은 방식으로 재량권을 행사하는 경우는 매우 드물다. 사실 내각에서 서열이 높은 법무장관은 일반적으로 국가권력의 행사에 대한 도전보다는 정당화에 더 많은 관심을 가지고 있다. 이러한 점에 비추어볼 때 후견인적 기능은 생태학적 지식과 법적 권한을 갖춘 시민이나 상대적으로 독립된

378

역할을 수행할 수 있는 자원이 풍부한 법적 기구에 의해 훨씬 잘
수행될 것이다.

멸종위기에 처한 생물종 등 인간 이외의 존재물의 이해관계를
보호하려는 원고의 입장에서 개인적인 권리침해를 주장하는 것은
비논리적이고 비이성적인 것과 마찬가지로, 보편적인 인간의 이익을
위해 환경법 제정을 지지하는 원고의 입장에서 개인적 이해관계를
요구하는 법률 또한 비논리적이고 비이성적이다. 환경법과 관련하여
참여와 지지에 대한 그 어떤 제약도 이의제기가 되어야 할 것이다.

그러나 어느 정도 환경권이 수행되어야 하는가? 잠재적으로 경쟁
적인 모든 주장들로부터 '환경적 유산'의 윤곽체계를 철저하게 보호
하는 실체적인 환경권의 주문(主文)을 어느 정도까지 바람직하게
발전시키고 정의할 수 있는가? 선험적인 인간환경의 건강권이나
인간의 다른 이해관계에 앞서서 어떠한 기반에 의해 특정 환경적
유산이 구성되거나 혹은 정식법률로 자리잡아야 하는가? 경쟁적인
효용들에 대한 평가에서 법원의 개입 없이 어떻게 그러한 권리들이
형성될 수 있는가?

실체적 권리와 절차적 권리의 연결

단순히 절차적 권리와 구분되는 실체적 권리의 경우, 환경권은
두 가지 심각한 도전에 직면해 있다. 그 첫째는 권리주장들의 내용
및 서열과 관련하여 강력한 정치적 합의를 전제하는 문제와 관련되어
있으며, 둘째는 환경적 의사결정에서 사법부의 역할과 관련된 것이다.

앞에서 살펴본 바처럼 권리주장에 대한 호소는 교환이나 흥정의
대상이 되지 않음에도, 성공을 위해서는 경쟁적 주장과 비교해서

환경적 주장의 불가침성을 고려하는 강하고 지속적인 정치적 합의를 도출해야 한다. 특정 환경유산과 관련한 정치적 합의는 흔히 가능할지 몰라도 좀더 체계적이고 선험적인 차원의 환경권과 의무는 그에 합당한 정치적 합의를 얻어내기가 쉽지 않다. 엄밀하게 말한다면 이것은 환경법을 특정 환경가치의 옹호보다 이해관계의 조정과 관련된 절차적 경로로 유도해 내는 합의가 부재함을 뜻한다. 경제학에서 공공재와 외부성에 관한 이론은 문제에 대한 단순한 분석뿐 아니라 비용–편익분석을 도입하여 환경적 선호도를 계산하는 일종의 시장적 기법도 제공한다. 결국 후생경제학은 "환경권 이론의 발전을 저해하고 있는" 것이다(Tarlock 1988, p. 63).

실체적 환경권을 옹호하는 사람들이 당면하는 두번째 문제는 정의(definition)와 판결과 관련한 것이다. 여기서 '깨끗한 공기와 물' 같은 추상적이고 일반적인 공식은 '고용의 권리' 등과 같은 추상적인 주장과 비슷한 범주에 속한다. 양자의 주장은 모두 타당하지만, 사실 오염이나 실업 문제의 원인을 누가 책임질 것인가를 정의하기란 항상 쉽지가 않다. 설령 '피고'가 밝혀지는 경우라 해도 법적 소송절차에 너무나 많은 사람들이 개입될 가능성이 있다. 게다가 원고는 인과관계와 책임소재를 규명하는 과정에서 상당한 장애에 부딪히게 되고, 판사는 명확하게 정립된 판결기준이 없는 상황에서 유의미한 판정을 내리기가 쉽지 않다. 실제로 이러한 장애들은 환경권을 옹호함에 있어 결정적인 약점을 제공하며, 이것이 환경법이 특정 활동과 구체적인 해악 간의 인과관계를 정립하기보다 위해성 평가에 더 관심을 가지는 이유가 된다.

그러나 이러한 두 가지 일반적인 도전도 실체적 환경권의 경우에 있어서는 치명적이지 않다. 만약 도덕적 상황이 다른 방식으로 받아들여진다면, 환경권과 다른 권리들 간의 갈등고조의 가능성을 기존 권리들에 환경권을 추가하는 데 대한 반대주장으로 비치게 해서는 안 될 것이다. 기존 권리들간의 갈등은 자주 일어난다. 가장 대표적인 것이 언론의 자유권과 사생활 자유권이지만, 이와 같은 갈등이 중요한 권리의 불필요성을 주장할 이유가 되지는 못한다. 오히려 권리들 간의 필연적인 충돌은 입법부와 사법부가 변화하는 환경에 대응하여 지속적으로 권리를 재평가·적용·세련화시켜야 할 필요성을 부각시켜 준다.

그럼에도 불구하고 권리들간의 갈등고조 가능성은 환경권 주장——갈등의 최소화를 위해 사법부 권한을 축소하고 입법부에 그 역할을 맡긴다——의 선택과 형성에서 얼마간의 자제와 현실주의가 요구됨을 시사한다. 환경권과 관련하여 '사법적 민주주의'를 보장하는 한 가지 방법은 실체적 요구와 절차적 요구의 관계를 명확하게 정립하는 것이다. 즉 추상적이고 모호한 '깨끗한 공기와 물에 대한 권리'와 달리, 환경청구권은 시민들이 현재의 환경법에 따라 설정된 기준(이 기준에 따라 정기적으로 공적 감시가 이루어질 수 있다)에 맞게 공기와 물의 질이 유지되는 것을 보장하는 권리를 가질 수 있게 해준다. 다시 말해 재판회부와 경직성의 문제는 시민의 실체적 환경권을 사법적인 것이 아니라 민주적 과정에 의해 설정된 기준으로 구성함으로써 풀어나갈 수 있다.

이러한 실체적 환경이 유효하기 위해서는 환경정보에 대한 접근과 새로운 계획을 통보 받을 권리와 같은 알 권리, 정책과 기준 설정에 참여할 권리, 법에 근거하여 의무를 수행하지 못한 기관 및 기구에 대해 반대하고 행동을 취할 권리 등 환경적인 절차적 권리체계와 결합된 법규가 전제되어야 한다. 실체적 권리와 절차적 권리의 상호 연결 체계는 '무엇이 얼마나 합당한가'를 결정할 수 있기 때문에 시시비비를 가리는 환경적 판결을 위해 재판에 호소할 필요성을 없애주는 대신, 법원의 감독역할을 강화시킴으로써 책임 있게 반응하는 국가와 환경을 존중하는 '법률'을 보장해 준다. 또 이와 같은 절차적 보호장치는 지금과 같이 거의 대변되지 못하고 있는 환경적 이해관계를 바로잡는 데 도움이 될 뿐 아니라 법에 따른 환경적 의사결정 또한 강력히 보장해 준다.

마지막으로, 잠재적으로 심각하고 비가역적인 환경파괴의 경우에 사전예방 원칙을 절차적 규칙으로 채택함으로써 환경권을 지지하는 원고 쪽에서 인과관계와 책임을 규명해야 하는 상당한 부담이 크게 완화될 수 있다. 사전예방 원칙은 과학적 확실성의 결여가 환경파괴의 방지대책을 미루는 이유가 되어서는 결코 안되는 비가역적인 환경파괴의 위협이 심각한 곳에 대한 대비책이라 할 수 있는데, 지난 10여 년 동안 정책문안과 리우선언, EU의 마스트리히트조약 같은 국제·지역 협약이나 선언 그리고 국가법률에 등장하였다. 사실 증거원칙(evidentiary principle)으로 해석되는 사전예방 원칙은 환경문제 전치(displacement)의 냉혹한 과정에 저항할 수 있는 아마 가장 중요한 절차적 규칙일 것이다. 사실 단일한 의사결정 규칙만으로는 생태학적 시민과 '새로운 환경적 유권자'의 이해관계를 더 잘 대변할 수 있을 것 같지는 않다. 환경권의 경우 부정(negative)을 증명하는 데 종사하는 사람에게 책임을 전가시키기 때문에, 환경권을 지지하는 행동에 있어 원고가 겉으로 보기에 심각하거나 비가역적인 환경파괴의 위협이 존재하는 경우에 대해 문제를 제기할 수 있다는 의미로 적용될 수 있다.

포괄적인 정관과 공식적 환경법령을 포함하여 일부의 권고된 환경적인 절차적 권리는 이미 상당 정도 성공적으로 일부 사법체계에 도입되어 있다. 그 한 가지 예가 온타리오의 환경권에 관한 법안(Bill 26, 1993)으로, 전문에서 "온타리오 사람들은 자연환경의 내재적 가치를 인정"하며 "건강한 환경을 가질 권리가 있음"을 천명하고 있다. 비록 이 법안이 새로운 구체적인 환경권을 만들어내는 데까지는 이르지 못했지만 환경 측면에서 중요한 의사결정 범위와 관련하여 새로운 참여와 소송권의 범위를 확장시켰다. 이는 환경적 의사결정 작성에 대한 대중의 참여기회를 늘리고 온라티오 환경법이 지탱되도록 하는 행동을 보증해 주는 효과를 가졌다. 좀더 간결한 미시간의 권리에 관한 환경법으로부터 부분적으로 영감을 받은 온타리오의 환경권 법안(EBR)은 또한 정책·행동·규제·도구에 관한 자료를 전산화시켜 가정용컴퓨터나 공공도서관에서 모뎀을 통해 접속할 수 있도록 해놓았다.

EBR은 제정 이전의 시민들의 높은 기대와 달리 내각이 법률시행에 대해 행정적으로 엄격한 통제를 함으로써 비판을 받았는데, 재심이나 조사 요청에 대한 거부, 내각에서 환경부장관이나 에너지장관의 낮은 위치, 환경위원의 추천에 대한 무시 등이 그 예라 할 수 있다(Official Report of Debates(Hansard) 1993, p. 3, 083-4). 그럼에도 EBR은 보다 강한 환경민주주의를 향한 길로 접어들게 하였으며, 앞에서 언급한 절차적 보호장치를 포함시키는 시행에서 이를 강화·확장한다면 생태적 시민권과 크리스토프가 말한 '생태적으로 유도되는 민주주의'(Christoff 1996)를 상당 정도 향상시킬 수 있을 것이다.

오스트레일리아에서 환경법과 관련한 대중참여 및 강화의 가장 광범위한 권리에 관한 사법권은 뉴사우스웨일스 주에 있는데, 랜(Wran) 노동당정부에 의해 도입된 개혁, 즉 수많은 환경법률과 관련한 대중소송권,[4] 1984년 시드니에 설립된 환경보호자기구(EDO)에 대한 정부의 재정지원, 환경사건에 대한 법률지원 확대 등을 통해 시민과 환경조직들을 사적 이해관계나 재정적 이해관계를 드러내지 않고도 공적 이해관계의 행동으로 이끌어낼 수 있게 되었다. 이에 대한 비판이 많았음에도 불구하고 이와 같은 발의들에 의해 토지·환경법정에 회부된 소송이 우려할 정도로 많은 것은 아니었다(Comino 1994a; 1994b). 뉴사우스웨일스 주의 경험은 환경사건에 대해 법률적 조언을 함으로써 높은 소송비용으로 인한 장벽을 낮추는 것이 중요하다는 것을 보여주었다. 변호사 수임비용이나 원고측에서의 자격손상이 없는 상황에서 소송의 재정적 장벽을 낮추는 것이 논쟁을 봇물처럼 터져나오게 하지는 않을 것 같다.

헌법상의 문제

실체적 환경권과 절차적 환경권의 상호연결 체계와 관련하여 만약 이러한 권리들이 있다면 헌법에 어느 정도 명시되어야 하는가 하는 중요한 질문이 남는다. 이에 대한 대답은 첫째 성문법의 목적과 기능에 대해 우리가 믿고 있는 것이 무엇인가, 둘째 우리는 어떤 종류의(실체적 또는 절차적) 환경권을 이야기하고 있는가 하는 문제와 연결되어 있다.

고전적인 헌법설계는 특정 방향으로 권력을 유도하거나 연결시키기보다 정치권력의 행사에 대한 제한과 공무원이나 시민 외부로부터

---

4) 여기에는 유해화학물질, 우라늄광산, 야생지역을 다루는 법률뿐 아니라 환경계획 및 영향평가법, 상속법, 국립공원 및 야생생물법 등이 포함되어 있다(Bonyhady 1993, p. 71).

시민을 보호하는 법률적 규칙을 지지하는 것에 관한 것이었다. 사실 고전적 자유주의 관점에서 헌법은 이념적으로나 절차적으로 가치중립적이며 다만 독재를 피하는 데 관심을 기울여야 했다. 이러한 관점에 따르면, 헌법에 사회적 선택을 반영시키려는 어떤 노력도 일부 사람들의 타자에 대한 선택을 강제하는 결과를 가져올 수 있다.

물론 임의적 권력에 대한 제한이라는 고전적 관심이 지금까지 이어져 오지만, 오늘날 헌법설계는 훨씬 목적의식적이며, 2차대전 이후에 2세대와 3세대 인권이 크게 성장한 점은 발전으로 평가될 수 있다. 목적의식적 헌법은 단순히 정부를 제약하는 것이라기보다, **민주주의 조건의 적극적인 유지**에는 현재 시민의 사회·환경 복지 유지도 포함되어야 하는 것과 관계가 있다. 따라서 현대 헌법은 정부의 권력과 의무에 관한 엄격한 헌장, 기본권에 대한 보장, 사회적 열망에 대한 계약·상징·선언 등과 같은 형식을 갖출 필요가 있다(Murphy 1993, pp. 8~9).

다양한 범위에서 헌법설계에 접근하기 때문에 헌법에서 환경관련 규정의 사례는 매우 많이 찾아볼 수 있으나,[5] 대부분의 헌법규정들은 단순히 보편적 의무를 표현하고 있어 시민의 입장에서 정부의 직무태

---

5) 미국의 여러 주와 유럽국가들의 헌법에는 환경관련 규정들이 명시되어 있다. 예를 들어 플로리다 헌법 제2조 7항에는 "주 정책은 자연자원과 풍경의 아름다움을 보존하고 보호해야 한다. 대기와 수질오염, 과도하고 불필요한 소음을 줄이기 위해 법률을 통해 적절한 규정을 만들어야 한다"고 규정하고 있으며(Klipsch 1974, p. 235, 주 168), 미시간 헌법 제4조 52항에는 "주 자연자원의 보존과 개발은 건강, 안전, 보편적 복지에 대한 사람들의 이해관계에 대한 대중의 관심이 천명되어 있다. 주의 대기, 수질, 기타 자연자원을 오염·손상·파괴로부터 보호하기 위한 법률을 제공해야 한다"고 되어 있다(같은 책, pp. 235~36, 주 172). 또 네덜란드 헌법 제21조에는 "정부는 환경 보호와 개선은 물론 국가의 거주가능성(habitability)을 고려할 책임을 가지고 있다"고 밝히고 있다.

만에 대한 저항행동을 불러일으킬 수 있는 강제력 있는 권리를 창출해 내지는 못하고 있다. 권리라는 명백한 언어가 사용되고 있는 경우에도 일반적으로 법률조항은 행동적이기보다 상징적인 방향으로 흐른다. 예를 들어 스페인과 포르투갈은 각각 헌법 제45조와 제66조에 환경권을 두고 있지만 두 나라 모두 유럽공동체 가운데 환경에 대한 기록이 빈약한 국가에 해당하는가 하면, 독일은 그러한 법률을 가지고 있지 않고 매우 제한적인 기준법을 두고 있음에도 남부유럽 국가들보다 환경에 대한 기록이 우수하다.

그럼에도 불구하고 헌법 전문이나 본문에서 열망에 대한 포괄적 선언이 가지는 상징적 중요성을 평가절하해서는 안 된다. 왜냐하면 이것은 실체적인 환경개선을 위한 정치적 발판을 제공할 뿐 아니라 일상적 법률 외에 특정의 헌법적 법률을 해석하는 데 도움을 주기 때문이다.

그러나 분리해 생각해 보면 환경권과 의무의 포괄적인 헌법적 형태는 만병통치약이 아니다. 사실 실체적 공식화가 총괄적일수록 이러한 법률이 영향력을 가지거나 기소할 수 있는 가능성은 낮아지는데, 이는 분명하고 강제력 있는 권리와 의무, 의사결정 규칙을 창출하는 헌법체계에서 훨씬 많은 환경적 이익이 **엄밀한** 절차적 법률을 통해 얻어질 수 있음을 말해 준다. 클립슈가 '환경에 대한 정당한 법적 절차'에 관한 헌법적 권리의 보호에서 설명하고 있듯이, 이와 같은 권리는 "민주적 절차의 확장과 환경문제에 대한 법원 단독 개입을 약화시키는 것을 우선적인 목표"로 삼을 수 있을 것이다(Klipsch 1974, p. 229). 여기서는 국가의 환경정보에 대한 권리 또는 정부의 국가환경정보를 규칙적으로 제공할 의무, 환경에 큰 영향을 줄 수 있는 의사결정에 대해 알 권리, 공적인 환경적 의사결정작성에 대한 참여권리 같은 '근본적인' 환경적인 절차적 법률을 고려할 수 있다.

이러한 절차적 권리와 관련한 규정들은 일상적 입법과 실행 가능한 헌법으로 수렴되는 세련화와 정제화 과정을 통해서 만들어지고 검증될 수 있다. 이런 단계적 접근은 특히 (개혁의 가능성이 결코 평가절하될 수 없는) 캐나다와 오스트레일리아 같은 국가들에서 헌법변화에 대한 정치적·심리적 저항을 완화시키는 데 기여할 수 있으며, 실체적 환경권과 절차적 환경권의 상호연결 체계의 일반적 경우 헌법침해라는 이슈에 빠지지 않고 오히려 지방이나 주·연방 정부 차원에서도 이런 권리들이 일상적 입법처럼 제정될 수 있을 것이다.

맺음말

권리의 부패와 관련한 여러 비판들에 대한 대답들이 논의를 진행하는 과정에서 나왔다. 우리는 권리담론이 전통적인 권리목록에 대한 '내재적인 비판'과정을 통해 어떻게 확장되는지 살펴보았다. 전통적인 자유주의적 권리는 매우 추상적이고 형식적이어서 복지권의 포함 등 담론을 확장시킬 필요가 있다는 것이 정확할 것이다. 생태학적 비판은 사회적 비판에 대한 중요한 역사적 결과를 제공함으로써 개인의 자율성에 대한 자유주의적 이념형을 사회적 상호의존성, 생물물리적 구현체, 생태학적 상호의존성에 대한 인식방향으로 다시 맥락을 잡을 수 있게 해주었다.

더구나 환경권은 단순히 개인적 이해관계와의 결합만으로는 적절하지 않다는 주장이 역사적 실천을 통해서 무너지는 것을 보았다. 이는 권리가 언어공동체나 원주민, 특정의 생태학적 집수(集水)지역

(예를 들어 멕시코-미국 국경 근처의 '오염항만' 마퀴다도라 Maqui-dadora) 등 집합적 이해관계와 필요 및 정체성을 표현하는 수단을 제공해 준다는 인식이 점점 높아지고 있음을 말해 준다. 이런 공동체 권리는 공동체와 개별구성원 양자에 속하는 것으로 표현된바, 환경권은 '강건한(muscular) 개인주의'(Waldron 1987, p. 1)를 발생시키기보다는 토지에 대한 원주민의 유대를 포함한 집합적 요구를 보호하고 공동체적 연대성을 형성시키는 수단을 제공한다.

'중간계급의 성향'에 대한 주장이 환경권 추진을 포기하게 하는 이유가 될 수는 없다. 사실 환경권이 공장과 농촌, 가정에서 노동대중의 일상적인 건강과 삶의 질을 향상시키는 중요한 수단이 될 수 있음을 보여주는 상황은 매우 많다. 게다가 환경적 주장을 펼치는 시민들을 위하여, 환경에 대한 법적 지원과 자원이 풍부하고 독립적인 환경보호자 기구의 설립과 같은 메커니즘을 통해서 계급적으로 편향된 법적 체계가 다루어질 수도 있다.

'환경적 건강'에 관한 언명을 비롯한 구체적인 요구와 생태학적 조건 및 한계는 인간과 나머지 자연의 사회·경제·기술적 상호작용의 특정 양상을 독립적으로 정의하지 못하지만(Benton 1993, p. 175), 페미니스트와 포스트모더니스트들의 문제제기에 응답하여 국제적 수준에서 보편적 주장을 만드는 것은 가능하다. 따라서 환경권의 정확한 범주와 내용은 특정한 인간문화나 이것이 배태된 생물물리적 공동체와 분리되어서 정의될 수 없다(같은 책, p. 178). 벤턴이 주장하듯이, 이것은 보편적 환경권의 비판적 가능성 여지를 모호하게 하는 완벽한 문화적 상대주의를 의미하는 것이 아니다. 왜냐하면 환경권은 "유기적 기능의 일정한 공통 핵심 그리고 건강에 대한 부정적 개념으로서 비교문화적으로 옹호될 수 있는 발전의 변형, 장애, 만성적 질병의 부재"를 요구하기 때문이다. 사실 많은 페미니스트들의 권리에 대한 비판은 권리주장의 총체적 포기의 위험성을 알려주는 것이다 (Young 1990 참조).

마지막으로, 환경권은 환경이나 민주주의의 만병통치약으로 제시된 것이 아님을 강조하는 것이 중요하다. 환경권은 민주주의 이론과 실천에서 나타나는 모든 생태학적 도전들을 충족시켜 주지 않거니와, 환경권 주장은 완벽하지도 않다. 사실 국제적 권리담론의 과다사용과 평가절하 또는 재판에의 회부나 강제가 어려운 국가수준의 모호한 공식화는 위험하다. 그럼에도 실체적 환경권과 절차적 환경권의 상호 연결 체계를 갖추는 것은 현재와 같은 환경법 아래서 보다 체계적으로 생태학적 고려를 할 수 있게 해준다. 정치적 대의의 범주를 확장시키고 정보의 흐름을 증가시키며, 의사결정자와 영향 받는 공동체들 사이의 책임성 계통을 강화시킬 가능성을 가지고 있다. 이런 면에서 공간·시간·계급·종 혹은 정부 기관이나 부서·하위단위를 뛰어넘어서 생태학적인 '문제 전치(problem-dis-placement)'라는 지방 고유의 도전에 대해 환경권은 가장 신중한 저항형태의 하나로 볼 수 있다. 또한 환경권은 '생태학적 시민들'이 환원 불가능한 공동체적 가치를 보호하는 수단들을 강화시킬 수 있다.

로빈 에커슬리(Robyn Eckersley)는 환경정치학과 정치이론을 공부했으며, 현재 오스트레일리아 멜번대학 정치학과 교수로 있다. 『환경정치학』(*Environmental Politics*), 『지구환경정치학』(*Global Environmental Politics*), 『신정치경제학』(*New Political Economy*)의 편집위원이며, 환경정치이론 분야에서 활발한 연구활

동을 하고 있다. 주요 저서로는 『환경주의와 정치이론: 생태중심적 접근을
향하여』(*Environmentalism and Political Theory: Toward an Ecocentric Approach*, 1992)
『시장, 국가 그리고 환경』(*Markets, the State and the Environment*, 1995) 『녹색국가:
민주주의와 주권에 대한 재고』(*The Green State: Rethinking Democracy and Sovereignty*,
2004)가 있으며, 그외 많은 논문들을 발표하였다.

참고문헌

Aiken, W. (1992) "Human rights in an ecological era," *Environmental Values*
    1/3, pp. 191~204.

Bailey, P. (1993) *Bringing Human Rights to Life*, Annandale/NSW: The Federation
    Press.

Beck, U. (1992) *The Risk Society: Towards a New Modernity*, New York: Sage
    Publications.

Benton, T. (1992) *Natural Relations: Ecology, Animal Rights and Social Justice*, London:
    Verso.

Bonyhady, T. (1993) *Places Worth Keeping: Conservation, Politics and the Law*, Sydney:
    Allen and Unwin.

Christoff, P. (1996) "Ecological citizens, ecologically guided democracy and
    the state," F. Mathews(ed.), *Ecology and Democracy*, Portland/OR:
    Frank Cass.

Comino, M. (1994a) "The Sydney EDO: Past Experiences and Future Challenges,"
    paper presented at Defending the Environment: A Public Interest
    Environmental Law Conference, 7~8 May, Australian Centre for
    Environmental Law, Law School, University of Adelaide/Adelaide.

________ (1994b) *EDO Submission to the Federal Government*, Sydney: Environ-
    mental Defender's Office.

Courchene, T. J. and Walsh, C. (1994) "Globalization and the New Technoecolomic Paradigm: Implications for Constitutional Federalism," paper presented to the Conference on 'Redesigning the State: The Politics of Mega-Constitutional Change,' Australian National University, 27～9 July(pre-conference version).

Dryzek, J. S. (1987) *Rational Ecology: Environment and Political Economy*, New York: B. Blackwell.

Dworkin, R. (1984) "Rights as Trumps," J. Waldron(ed.), *Theories of Rights*, edited by Oxford: Oxford University Press.

________ (1990) *A Bill of Rights for Britain*, London: Chatto and Windus.

Eckersley, R. (1994) "Connecting Ecology to Democracy: The Rights Discourse Revisited," paper presented to the European Consortium for Political Research Conference, Madrid, Spain, 17～22 April 1994. A revised version of this paper appears in B. Doherty and M. de Geus(eds.) (1996) *Democracy and Green Political Thought: Sustainability, Rights and Citizenship*, London: Routledge.

________ (1996) "Liberal Democracy and the Environment: The Rights Discourse and the Struggle for Recognition," F. Mathews(ed.), *Ecology and Democracy*, Portland/OR: Frank Cass.

Klipsch, P. (1974) "Aspects of a Constitutional Right to a Habitable Environment: Towards an Environmental Due Process," *Indiana Law Journal* 49/2, pp. 203～37.

Livingston, J. (1981) *The fallacy of Wildlife Conservation*, Toronto: McCelland and Stuart.

Lowi, T. (1979) *The End of Liberalism: The Second Republic of the United States*, New York: W. W. Norton.

Mackay, M. B. (1994) "Environmental Rights and the US System of Protection: Why the US Environmental Protection Agency Is Not a Rights-based Administrative Agency," *Environment and Planning A* 26, pp. 1761～85.

Marks, S. (1980～81) "Emerging Human Rights: A New Generation for the 1980s?," *Rutgers Law Review* 33, p. 435.

Official Report of Debates(Hansard) (1993) No. 60, Third Session, 35th Parliament,

Legislative Assembly of Ontario, Tuesday 28 September, pp. 3083~84.

Pain, N. (1992) "The Right to a Healthy and Safe Environment: Can International Law Provide the Answer?," R. Harding(ed.), *Ecopolitics V Proceedings*, Kensington/NSW: Centre for Liberal and General Studies.

Rehling, D. (1991) "Legal Standing for Environmental Groups within the Administrative System: The Danish Experience and the Need for an International Charter on Environmental Rights," N. Fuhr and G. Rller(ed.), *Participation and Litigation Rights of Environmental Associations in Europe*, Frankfurt am Main: Peter Lang.

Sierra Club Legal Defend Fund, Inc. (1994) Written correspondence, 28 November.

Stone, C. (1974) *Should Trees Have Standing?: Toward Legal Rights for Natural Objects*, Los Altos/CA: William Kaufmann.

________ (1987) *Earth and Other Ethics*, New York: Harper and Row.

Tarlock, A. D. (1988) "Earth and Other Ethics: The Institutional Issues," *Tennessee Law Review* 56, pp. 43~76.

Waldron, J.(ed.) (1987) *Nonsense Upon Stilts: Bentham, Burke and Marx on the Rights of Man*, London: Methuen.

World Commission on Environment and Development(WCED) (1990) *Our Common Future*(Australian edn), Melourne: Oxford University Press.

Weager, P. (1991) *The Limits of the Law: The Public Regulation of Private Pollution*, Cambridge: Cambridge University Press.

Young, I. M. (1990) *Justice and the Politics of Difference*, Princeton/NJ: Princeton University Press.